CLASSIC REVIEWS IN TOURISM

포스트모던 관광의 이해와 연구

크리스 쿠퍼 엮음 | 고동완 옮김

(주)교문사

| 옮긴이의 글 |

'사람들이 왜 관광을 하는가'라는 질문에 대한 대답은 유보하더라도 관광은 이제 하나의 사회현상이고, 대중문화현상으로 전 세계적으로 거대한 성장산업이라는 사실은 의심할 여지가 없다. 이미 많은 국가 및 지방에서 공공 및 민간은 굴뚝 없는 산업, 꿈의 산업이라는 기치 아래 관광개발에 동참하고 있다. 또한 국내의 경우, 최근에 대학의 관광관련 학과가 꽤나 인기가 있고, 관광관련 학과를 개설한 4년제 대학이 40개교 가까이에 이른다는 사실에서 관광학은 학문적으로도 성장 분야라고 할 수 있다.

이러한 발전 속에서, 관광학이 자체적인 이론적 발전과 방법론을 가진 분과학문(discipline)으로 간주할 수 있는지에 논쟁은 다만 국내의 일만은 아니며, 그리 놀랄 일도 아니다. 이 책에서도 언급하고 있듯이, 관광학은 1960년대 초에야 비로소 학문적 접근이 시도된 신생 분야로서의 한계, 다학제적 특성, 개념적 취약성과 모호성, 겉핥기식의 사례연구 및 특정 문제에 대한 집중 등 1980년에 제기되었던 문제가 현재까지도 대부분 해결되지 않고 남아 있다. 또한, 현실적으로 관광은 학문적 접근과 실무적 접근의 대립관계가 공존하는 것이 당연하다. 닝 왕(Ning Wang)의 의견을 빌리면, 현대관광은 경험[즐거움]의 추구라는 에로스 관광과 이윤의 추구라는 로고스 관광산업의 양면성을 내포하는 유기적 조합이다. 따라서 이제 관광연구는 다학제적 특성하에서 이 양면적 대립관계를 지식기반의 토대로 발전시켜야 할 것이다.

이 책은 크리스 쿠퍼(Chris Cooper)가 12개 관광연구 이슈를 모아 편찬한 『Classic Reviews in Tourism』(Channel View Publications, 2003)을 완역한 것이다. 이 책은 13장으로 구성되어 있다. 1장은 이 책의 편찬 배경과 구성 등에 관한 크리스 쿠퍼의 서문이고, 나머지 12장은 각각 저자가 다른 독립적인 주제이다. 즉, 이 책은 관광사회학, 관광경제학, 관광통계, 관광·레크리에이션 및 환대산업 연구, 서비스 마케팅, 인적자원개발 등의 포괄적인 학문 주제에서부터 신관광, 도시관광, 유산관광, 환경감사, 대안관광 비판, 그리고 성별(gender)과 관광

등 새로운 시각까지 12개 관광연구 주제에 대한 연구동향과 방향을 다룬 관광연구 길라잡이라 할 수 있다. 서문에서 알 수 있겠지만, 12개 주제(장)는 1989년에서 1994년까지 《관광, 레크리에이션 및 환대산업의 진보(*Progress in Tourism, Recreation and Hospitality Management*)》(이후 *International Journal of Tourism Research*로 변경)에 발표하였던 논문을 수정하여 모은 것이다. 10여 년이 지난 시점에서 발표된 논문을 수정하여 재조명하고 있다는 점은 이 책이 관광연구 길라잡이라는 것과 함께 번역을 시도하게 된 가장 큰 이유이다.

많은 고민을 하였지만, 원저의 제목으로 보면 『포스트모던 관광의 이해와 연구』라는 번역서의 제목이 다소 거창하다는 느낌도 있다. 그러나 현대관광이 탈근대 관광이든 후기근대 관광이든 그 논쟁은 미루더라도, 우리는 포스트모던(post-modern) 시대를 살아가고 있다는 점에서 원저의 범위를 벗어나지는 않는 것으로 판단하였다.

서문에서 크리스 쿠퍼는 관광연구의 미래를 당연히 낙관적으로 보고 있으나 12개의 주제 모두가 낙관적이고 동일한 관점은 아니다. 일부는 원론적이고, 일부는 급진적 자세를 취하고 있기도 하다. 예를 들어, 8장에서 아울리나 푼(Auliana Poon)은 신관광(new tourism)을 강조하고 있지만, 12장에서 브라이언 휠러(Brian Wheeler)는 '문제가 되는 것은 의사(擬似) 지식인 취향의 민감한 여행자'이고 '유감스럽게도 우리는 전 세계적으로 메가관광(mega-tourism)으로 이동하고 있는 것이 현실'임을 지적하고 있고, 더 나아가 대안관광을 신뢰할 수 없는 술책이라고 비판하고 있다. 이러한 다양한 관점 또한 번역의 중요한 이유가 되었다. 물론 다양한 관점을 수용하고 비판하는 것은 모두 독자의 몫이다. 닝 왕(Ning Wang)의 『관광과 근대성(*Tourism and Modernity: Sociological Analysis*)』(이진형·최석호 역)을 먼저 읽는다면 이 다양한 관점의 수용과 비판에 훨씬 도움이 될 것 같고, 리차드 샤플리(Richard Sharpley)와 데이비드 텔퍼(David Telfer)의 『관광개발론: 개념과 이슈(*Tourism and Development: Concepts and Issues*)』(고동완 외 역)를 함께 읽는다면 이해와 지식의 축적에 훨씬 도움이 될 것 같다.

이 책의 또 다른 특징으로 12개 주제의 저자 18명 중에는 유럽에서 활동하고 있는 학자가 대부분이고, 미국에서 활동하고 있는 학자가 전무하다는 것이다. 이것이 편저자의 의도인지는 알 수 없으나, 우리가 미국적 지식 정보에 익숙해 있다는 점에서 영국 및 유럽적 사고와 사례를 접하는 것도 매우 유익할 것으로 판단하였다. 이 서문을 미국 땅에서 쓰고 있다는 것이 역설적이지만…

그러나 아쉬움도 있다. 관광은 관광객과 이들의 이동뿐만 아니라 관광목적지와 지역사회를 포함하는 많은 부분과 상호 연계되어 구성되는 복합적인 현상이다. 이러한 맥락에서 관광의 한 축으로서 중요한 의미를 가지고 있고, 특히 역자의 주요 관심 영역인 지역사회에 대한 논의가 포함되지 않은 것은 너무 안타깝다. 그러나 이는 역자의 권한을 벗어나는 것이고, 한편으로 역자에게 또 다른 노력을 요구하는 것으로 받아들이기로 하였다.

2004년에 관광연구 전반에 대한 비판적 논의를 위해 특별히 개설한 박사과정의 '특별과제연구' 강좌에서 이 책을 소개하였고, 이후 여러 수업에서 활용한 것이 이 번역 출판의 직접적인 계기가 되었다. 물론 이 책이 관광연구 입문자에게 큰 도움이 될 것이라는 주위의 격려가 큰 힘이 되었지만, 역자의 게으름과 저작권 문제 등 여러 어려움으로 예정보다 다소 늦어져 이제 겨우 빛을 보게 되었다. 수업에서 수강생의 초벌번역과 발제, 그리고 토론이 이 번역의 토대가 되었음은 자명한 일이기에 이에 참여하였던 모든 수강생에게 감사한다. 특히, 1장과 2장은 공동번역이라고 해야 할 만큼 송대효 선생의 초벌번역에 적극 의지하였음을 밝히며, 더 크게 감사한다.

번역은 가능하면 원저에 충실하기로 하고, 의역보다는 직역을, 다소 난해한 부분도 모두 포함하는 완역의 형태를 갖도록 하였다. 독자의 이해를 위하여 의역과 과감한 생략 등에 대한 주변의 권고와 욕심이 없었던 것은 아니지만, 혹시나 저자의 의도를 간과하거나 몰이해에 의한 오류는 범하지 않아야 한다는 원칙을 우선하고자 하였다.

원고 제출 약속을 몇 번씩 어기면서 노력하였지만, 여전히 오역이나 졸역이 남아 있을 것이다. 몇 번의 손질을 거듭하였지만, 역자의 박약하고 일천한 지식과 솜씨로 그리 매끄럽지도 못하다. 아무래도 원서보다도 역서가 더 난해하다는 불평을 받아야 할 것 같다. 독자의 질정을 기꺼이 받을 것이며, 학문의 발전과 국가의 경쟁력이라는 측면에서 번역의 역할을 강조한 어느 문화비평가의 이야기에서 위안을 삼고 싶다.

관광관련 대학 교육기관이 많은 만큼 관광 교재도 막대하다. 그러나 이 책은 산업보다는 학문으로서 관광연구에 관심이 있는 대학원생 및 전문가 집단에게 유용할 것이라는 점에서 그리 시장성이 있을 것 같지 않다. 이러한 미래에도 불구하고, 특히 다른 곳에서 거절한 원고를 흔쾌히 받아주고 빛을 보게 해 준 ㈜교문사의 류제동 사장님과 김재광 부장님께 무한한 감사를 드린다.

늦어지는 일정에서 이곳 일리노이대학교(UIUC)로 해외파견 연구의 기회를 얻어 이 번역에 집중하고 마무리할 수 있었던 것은 큰 다행이었다. 특히, 미리 조용한 연구실까지 배정하여 맞아 주었고, 예정된 지역사회에 관한 연구가 지체됨에도 격려하고 배려하여 준 빌 스튜어트(Bill Stewart) 교수에게 감사한다. 아내와 두 아들의 응원이 큰 힘이 되었음은 물론이다. 비록 이국땅이지만 무자년 첫날을 오래 지고 있었던 짐을 내려놓고 맞을 수 있어서 기쁘다.

2008년 3월

일리노이대 아모리홀 연구실에서

고동완

차 례

| 기고자 소개 |

그레고리 애쉬워스(Gregory Ashworth) 네덜란드 그로닝겐대학교(University of Groningen) 유산경영 및 관광학과(Heritage Management and Tourism) 교수. 연구 관심분야는 도시관광(urban tourism), 유산경영(heritage management), 그리고 도시중심계획 및 관리(city centre planning and management)

톰 바움(Tom Baum) 영국 글래스고(Glasgo)의 스트라스클라이드대학교(University of Strathclyde) 호텔학부(Scottish Hotel School) 학장 겸 교수. 연구 관심분야는 인적자원 관리 계획(human resource management planning)과 주변지역 관광(tourism in peripheral areas)

아담 블레이크(Adam Blake) 영국 노팅엄대학교(University of Nottingham) 크리스텔 디한 관광여행연구소(the Christel DeHaan Tourism and Travel Research Institute) 연구교수. 연구 관심분야는 관광의 경제적 영향(economic impact of tourism)과 관광조세(tourism taxation)

마이클 콜린(Michael V. Conlin) 호주 캔버라(Canberra)의 호주국제호텔경영학교(Australian International Hotel Management School) 학장 겸 최고경영자. 섬(Island) 관광을 다루는 국제포럼의 창립멤버였으며, 톰 바움(Tom Baum)과 공동으로 『섬 관광: 관리 원칙과 실제(*Island Tourism: Management Principles and Practice*)』를 저술

크리스 쿠퍼(Chris Cooper) 호주 브리스번(Brisbane)의 퀸스랜드대학교(University of Queensland) 관광여가경영학부(School of Tourism and Leisure Management) 학장 겸 관광경영(Tourism Management) 기금교수. 연구 관심분야는 리조트개발(resort development), 관광교육 및 훈련(tourism education and training), 지식경영(knowledge management)

크리스 에드워드(Chris Edwards) 영국 사우샘프턴연구소(Southampton Institute) 사우샘프턴 경영학부(Southampton Business School) 조교수. 연구 관심분야는 관광의 마케팅 효과와 소비자만족 평가(assessing marketing effectiveness and customer satisfaction)

프랭크 고(Frank Go) 네덜란드 에라스무스대학교(Erasmus University) 로테르담 경영대학(Rotterdam School of Management) 관광경영학과(Tourism Management) 학과장. 연구 관심분야는 여행 및 환대 네트워크(travel and hospitality networks), 지역사회 정체성(community identify)

브라이언 구달(Brian Goodall) 영국 레딩대학교(University of Reading) 도시지역학부(Urban and Regional Studies) 학부장 겸 지리학 교수. 연구 관심분야는 관광의 환경성과(environmental performance in tourism), 휴가선택 행동(holiday choice and behaviour)

마이클 헤이우드(Michael Haywood) 캐나다 겔프대학교(University of Guelph) 호텔외식행정학부(School of Hotel and Food Administration) 교수. 연구 관심분야는 관광개발(Tourism development), 관광기업 전략경영(strategic Management of tourist enterprises)

존 라탐(John Latham) 사우샘프턴연구소(Southampton Institute) 사우샘프턴 경영학부(Southampton Business School) 학장 겸 경영분석(Business Analysis) 담당 교수. 연구 관심분야는 관광통계측정(statistical measurement of tourism), 관광상품 수요 해석(interpretation of demand for the tourism product), 시장분석(market analysis) 및 방법론(methodology)

조앤 노리스(Joanne Norris) 캐나다 토론토(Toronto)에 있는 벤처 자선단체인 사회적 자본 파트너스(Social Capital Partners)의 사회회복(Social Return) 이사. 기업개발 사업(enterprise development projects)의 전문가로 관광(tourism), 지역사회 경제개발(community economic development) 및 성별(gender)에 관한 다수 도서 저술

아울리나 푼(Auliana Poon) 카리브해 미래 주식회사(Caribbean Futures Ltd.)의 연구 및 컨설팅 부서인 국제관광지식(Tourism Intelligence International)의 대표. 『관광기술과 경쟁전략(*Tourism Technology and Competitive Strategies*)』의 저자

리차드 프렌티스(Richard Prentice) 영국 선덜랜드대학교(University of Sunderland)의 유산해설 및 문화관광학과(Heritage Interpretation and Cultural Tourism) 교수. 연구 관심분야는 마케팅과 소비자 개발에 대응하는 유산과 문화관광(Heritage and Cultural Tourism)

데아 싱클레어(M. Thea Sinclair) 영국 노팅엄대학교(University of Nottingham) 크리스텔 디한 관광여행연구소(the Christel DeHaan Tourism and Rravel Research Institute) 연구이사 겸 경제학 교수. 국제연합(UN)과 세계은행(World Bank)을 위한 연구를 포함하여 관광경제학(economics of tourism) 분야의 주목할 만한 연구를 수행. 연구 관심분야는 관광수요 모델링(tourism demand modelling), 관광영향 모델링(tourism impacts modelling), 관광조세 정책(tourism taxation policy), 경제개발(economic development) 및 지속가능성(sustainability)

건터 스기야토(Guntur Sugiyarto) 영국 노팅엄대학교(University of Nottingham) 크리스텔 디한 관광여행연구소(the Christel DeHaan Tourism and Rravel Research Institute) 연구원. 노팅엄대학교 경제학과에서 박사학위 취득. 연구 관심분야는 경제적

관광영향 모델링(modelling of the economic impacts of tourism) 및 세계화(globalisation), 무역 자유화(trade liberalisation), 조세(taxation) 등과 관련한 관광의 배분 관계(distributional implications of tourism)

존 어리(John Urry) 영국 랭커스터대학교(University of Lancaster) 사회학 교수. 『관광객의 시선(*The Tourist Gaze*)』, 『소비하는 장소(*Consuming Places*)』, 『관광문화(*Touring Cultures*)』(C. Rojek 공동편집), 『경쟁중인 자연(*Contested Natures*)』(P. Macnaghten과 공동저술), 『사회를 넘어서 사회학(*Sociology Beyond Societies*)』, 『자연체(*Bodies of Nature*)』(P. Macnaghten과 공동편집) 등의 저자

제프 월(Geoff Wall) 캐나다 온타리오(Ontario)의 워털루대학교(University of Waterloo) 대학원 부학장 겸 지리학 교수. 연구 관심분야는 연안지역관리(coastal zone management), 생태계획(eco-planning) 및 환경관리(environmental management)

브라이언 휠러(Brian Wheeler) 영국 버밍엄대학교(University of Birmingham) 도시지역센타(Centre Urban and Regional Studies) 관광학 조교수. 연구 관심분야는 국제계획 및 개발 이슈(international planning and development issues), 생태/지속가능한 관광(eco/sustainable tourism) 및 대중문화와 관광(popular culture and tourism)

제 1 장

관광연구의 진보

Progress in Tourism Research

크리스 쿠퍼(CHRIS COOPER)

《관광, 레크리에이션 및 환대산업의 진보(*Progress in Tourism, Recreation and Hospitality Management*)》가 1989년에 처음 출간되고 분기 출판의 형태를 띤 연구논문집 《관광과 환대산업의 진보(*Progress in Tourism and Hospitality Research*)》로 개정되었고, 이후 현재의 《관광연구 국제저널(*International Journal of Tourism Research*)》로 발전하기까지 총 6편의 연구 책자를 발간하였다. 출판의 역사가 특정 연구 분야의 발전상을 반영한다는 관점에서 보면, 이러한 관광연구 논문집이 어느 정도는 관광연구 단체의 욕구를 대변해 왔다고 볼 수도 있겠지만, 이보다는 오히려 관광 분야의 학문적 역할과 방향을 제시하는 하나의 시도였다고 보는 게 더 타당할 것이다.

저자는 이 책의 머리말에서 관광의 학문적 연구 현실에 대해서 회의적이라고 표현한 바 있다. 과거 1980년대 말에 있었던 관광연구의 문제가 오늘날에도 해결되지 않고 그대로 남아 있기 때문인데, 이를 살펴보면 다음과 같다.

- 관광연구 분야는 현재까지도 개념적 취약성과 모호성을 극복하지 못하고 있다(Cooper, 1989; Cohen, 1974; Britton, 1979; Dann, Nash and Pearce, 1988). 예를 들어, 전문 용어가 실질적으로 통일되지 않아 많은 혼선을 야기하고 있어서 근원적으로 심각한 문제가 되고 있다.
- 연구 문제에 대한 초점이 빈약하다(Pearce, 1993). 연구의 관심과 초점이 관광실무 분야와 학문적 주제 분야로 제멋대로 나뉘어져 있어서 본격적인 학제적 접근과 보다 집중적인 연구 분야의 설정이 요구된다.
- 관광은 아직도 학문 세계에서 비교적 신생 분야이다. 관광연구의 대부분이 주관적 기술(descriptive) 형태를 벗어나지 못하고 있다. 또한 대부분 겉핥기식의 사례연구를 중심으로 하고 있고, 특정 목적지와 특정문제 분석을 전체로 일반화시키고 있으며, 상관관계를 규명하려는 연구에만 일관하고 있다(Sheldon *et al.*, 1987; Pearce, 1999). 또 핵심이론을 구축하여 이를 일반화하려는 노력이 상당히 부족하며, 20세기 말과 21세기 초 관광연구의 주된 특징이었던 이론적 틀의 형성에 관한 연구가 여전히 미흡하다.
- 《관광, 레크리에이션 및 환대산업의 진보(*Progress in Tourism, Recreation and Hospitality Management*)》 제1편이 출간된 이후로 세계관광기구(WTO)가 이러한 문제를 해결하기 위해 많은 노력을 해오고 있기는 하지만, 결국 이러한 문제들이 해결되지 않음으로써 관광연구는 객관적인 데이터의 수집 및 이의 처리와 관련해서 심각한 문제에 봉착하고 있다. 대부분 관광 데이터의 질과 적합도가 객관적이지 않아 통계 처리상의 문제와 같은 심각한 연구 문제를 낳고 있는 것이다.

이러한 특성 때문에 관광연구 분야가 아직 '전(前)학문'(pre-science) 혹은 '전(前)패러다임'(pre-paradigmatic) 단계에 머물러 있는 것으로 힐책받아 마땅하다고 얘기할 수도 있다(Echtner & Jamal, 1997; Pearce, 1993). 쿤(Kuhn, 1970)이 주장한 패러다임(paradigm)[1]의 견지에서 보면, 현 단계의 관광연구는 분명히 독자적인

역주 1) 패러다임[paradigm]: 어떤 한 시대 사람들의 견해나 사고를 지배하고 있는 이론적 틀이나 개념의 집합체. 미국의 과학사학자이자 철학자인 토마스 쿤(Thomas Kuhn)이 그의 저서 『과학혁명의 구조(The Structure of Scientific Revolution)』(1962)에서 처음 제시한 개념이다. 쿤에 따르면, 과학사의 특정한 시기에는 언제나 개인이 아니라 전체 과학자 집단에 의해 공식적으로 인정된 모범적인 틀이 있는데, 이 모범적인 틀이 패러다임이라는 것이다. 그러나 이 패러다임은 전혀 새롭게 구성되는 것이 아니라 기존의 자연과학 위에서 혁명적으로 생성되고 쇠퇴하며, 다시 새로운 패러다임으로 대체된다.

패러다임의 개념을 충족시키지 못하고 있다. 쿤의 접근방식에 따르면, 관광연구가 다양한 학문과 주제들로 분리된 채 남아 있는 경우, 전문용어의 통일이 어렵게 되어 점점 깊이가 없고 짜임새 없는 지식체로 남게 될 위험이 많다. 따라서 관광연구는 이른바 '한 시대를 지배하는 과학적 인식, 이론, 관습, 사고, 관념, 가치관 등이 결합된 총체적인 틀 또는 개념의 집합체'로 정의(Kuhn, 1970: 175)되는 패러다임의 특성을 만족시키기가 곤란하게 될 것이다.

하지만 오늘날의 관광연구는 이러한 심각성을 반영하지 않은 채 이루어지고 있다. 사실 쿤의 접근방식이 제시하는 암울한 측면을 극복할 수 있는 최선의 방법이 없는 것은 아니다. 이렇게 낙관할 수 있는 것은 다음과 같은 두 가지 중요한 이유 때문이다.

(1) 다양한 학문적 배경을 가지고 있는 관광연구의 새로운 조류는 *학문적 통찰력(disciplinary insights)*을 향상시켜 관광연구의 영역을 확장시켜 줄 것이다.
(2) 순수 학문적 연구와 산업 응용 연구가 본질적으로 분리되어 있음은 *상품화 의제(commercialization agendas)*에 관한 연구가 통합 발전될 수 있는 계기를 마련해 준다.

학문적 통찰력 Disciplinary Insights

학문적 연구 분야가 더욱 엄격해지고 체계적으로 전개되고 있을 당시에, 쿤은 자신의 신념을 더욱 구체화시키고 있었다는 사실을 우리는 새롭게 깨달아야 한다(Ryan, 1997). 출판물이 넘쳐나고 정보기술이 첨단화된 21세기 초에 각 연구 분야와 주제, 학문이 고유의 영역을 넘어 서로 교류하기 시작하면서 타

쿤은 이러한 과정을 다음과 같이 설명한다. 즉, 하나의 패러다임이 나타나면, 이 패러다임에서 나타나는 갖가지 문제점을 해결하기 위해 과학자는 계속 연구·탐구 활동을 하는데, 이를 정상과학(normal science)이라고 한다. 이어 정상과학을 통해 일정한 성과가 누적되다 보면 기존의 패러다임은 차츰 부정되고, 경쟁적인 새로운 패러다임이 나타난다. 그러다 과학혁명이 일어나면서 한 시대를 지배하던 패러다임은 완전히 사라지고, 경쟁관계에 있던 패러다임이 새로운 패러다임으로 자리를 대신하게 된다. 따라서 하나의 패러다임이 영원히 지속될 수는 없고, 항상 생성·발전·쇠퇴·대체되는 과정을 되풀이한다. 본래 패러다임은 자연과학에서 출발하였으나 자연과학뿐 아니라 각종 학문 분야로 파급되어 오늘날에는 거의 모든 사회현상을 정의하는 개념으로까지 확대되어 사용되고 있다.

분야의 사상과 이론, 학문을 본격적으로 도입하기에 이르렀다. 피어스(Pearce, 1993)가 주장하기를 "이러한 학문적 흐름은 관광 분야의 강점으로 작용하기 때문에, 우리는 관광연구가 쿤의 패러다임 모델을 충족시키지 못하는 것을 염려하지 않아도 된다"고 하였다. 오히려, "관광은 타 분야의 사상과 이론, 학문에 대한 선택의 여지가 더 많아짐으로써 다양한 접근이 가능하게 될 것이다"(Echtner & Jamal, 1997: 869)고 하였다. 이러한 논의는 엑트너와 자말(Echtner & Jamal, 1997: 877)이 관광연구의 주요 이슈는 이전의 부적절한 접근방식을 탈피하여 보다 다양화될 것이라고 주장하면서 보다 구체화되었다.

…관광연구는 사회과학이 본질적으로 가지고 있는 폐단 속에서 진행되어 왔다. 이른바, '과학성'(scientific)의 추구와 실증적인 방법에 의한 성급한 결론 도출이 그것이다.

수많은 학자의 연구 속에서 이러한 흔적을 쉽게 찾아 볼 수 있다. 예를 들어, 라이언(Ryan, 1997: 3)은 "만일 우리가 맹신하고 있는 실증적인 방법에 얽매이지 않았더라면, 많은 학자가 지금과는 다른 사회과학을 발전시켰을 것이다"라고 주장하고 있다. 이러한 다른 사회과학 속에 실증적인 접근방법을 배제하고 있는 지금과는 사뭇 다른 새로운 모습의 관광연구가 존재했을 것이다. 예를 들어, 관광을 주제로 다룬 로젝과 어리(Rojek & Urry, 1997)의 책 《여행문화(*Touring Cultures*)》는 실증적이고 경제적인 개념을 반대하는 견지에서 쓰인 반면, 여가에 관한 로젝(Rojek, 1995)의 책 《포스트모더니즘과 여가(*Decentring Leisure*)》 (최석호·이진형 역, 2002)는 전통적인 사회과학 접근방법을 반대하는 논리를 펴고 있다.

프랭클린과 크랑(Franklin & Crang, 2001)은 이전 관광연구의 진부함과 식상함을 좀더 노골적으로 비판하였다. 그들은 다음과 같은 세 가지 이유를 들어 비판하고 있다.

- 관광이 급속히 성장함에 따라 관광학자는 사례연구로 일관된 관광연구에 머물러 있다. 또한 일부 학자가 참여하고 있는 프로젝트에서 그들은 정형화된 설명

방식과 분석방법, 기본적인 사고만 고집하고 있어 관광연구의 경직성을 조장하고 있다(p. 6).

- 관광이 경제 활동의 하나로 축소되어 이해되어 왔다.
- 관광연구가 지역축제 연구 중심으로 나아가고 있어 축제 개최지가 관광활동의 주요 유인책으로 다뤄지고 있다.

관광학자는 개념적이고 이론적인 관광연구 방식을 적극 도입함으로써 지금까지 관광연구의 주된 형태였던 *메니스커스*(*meniscus*, 凹凸, 요철)를 벗어나야 한다. 실증주의의 속박으로부터 자유분방한 관광연구를 지향하고 지금까지와는 다른 접근방식을 받아들임으로써 관광과 관광객의 본질을 분석하고 설명하는 기여학문(contributory disciplines)으로 거듭나야 할 것이다(Hall, 1998). 이러한 접근방식의 가능성을 다음의 두 가지 예에서 찾아볼 수 있다.

(1) 크로우치(Crouch, 1999: 12)는 현대 지리학적 개념을 관광연구에 접목하였다. 그는 현재의 관광 개념은 너무 협의적이기 때문에 '여가/관광'(leisure/tourism)의 개념으로 확장되어야 한다고 주장하였다. 이러한 접근의 중심에 관광이 '교차점'(encounter)으로 존재한다.

여가생활 속에서 인간이 어떤 행동을 하고 어떻게 지각하는지에 대해 질적이고 민족지학적(ethnographic) 연구방법[2]을 동원하면, 비판적인 설명 구조를 발전시킬 수 있다. 이와 같이, 관광연구의 사회적 독특성과 관련성을 보다 잘 설명하기 위해서는 지금까지의 연구 관행과 연구 범위, 관련 지식을 확장해야 한다.

(2) 프랭클린과 크랑(Franklin & Crang, 2001)은 사회학적 문헌의 고찰을 통하여 현대사회는 새로운 연구 의제가 절박한 시점이며, 인간의 이동현상을 규명하고 관광활동과 학제적 접근의 복잡한 특성을 규명해야 하는 관광연구는 관광활

역주 2) 民族誌學的 硏究方法(ethnographic investigation): 한 문화적 집단의 삶과 지식에 대한 묘사를 산출하기 위해 이론가가 자신과 질적으로 다른 문화를 소유한 집단의 생활 속에 참여하여 그들과 하나가 되어 자연스러운 맥락에서 이루어진 행동을 관찰하고 그들의 관점에서 그들의 삶과 지식을 묘사하는 과정을 통해 문화적 형태를 찾아가는 인류학 분야에서 사용되는 연구방법이다.

동 자체를 설명하는 것과 동시에 '재미있는(enjoyable)' 연구가 되어야 한다고 제안하였다. 이러한 연구 의제를 추구하는 데 있어서 우리는

> …'선망의 이론'(theory envy)이라 하여 하나의 주제에 대해 전체 이론을 도입하는 일이 없도록 해야 한다… 따라서 관광(객)연구(tourist studies)는 사회이론을 지속적으로 검증하고 발전시키기 위한 토대로서 기능해야 한다(Franklin & Crang, 2001: 18).

상품화 의제(商品化 議題) Commercialization Agendas

관광의 학문적(academic) 연구와 산업적(industry-based) 연구 사이에는 팽팽한 대립관계가 존재한다. 응용연구 분야로서의 관광연구는 관광 분야의 공급측면(관광산업과 정부)에 대한 연구를 필히 수용해야 한다. 하지만 두 연구 형태가 갖는 대립관계는 두 연구 분야가 서로 다른 연구 목적을 지향하는 데에 본질적인 원인이 있다(Cobanoglu & Moreo, 2001). 젠킨스(Jenkins, 1999)는 관광의 학문적 연구와 실무자 연구의 논쟁에 대해 하나의 통찰력 있는 접합을 제공하였다. 그가 제안하는 학자란 실무자를 지원하기 위해서 기술자와 전문가로서 고용된다. 그러나 정책과 의사를 결정하고 시행하는 것은 실무자의 고유권한으로 인정된다. 이러한 점에서 학문적 문헌은 관광 실무자에게 거의 영향을 미치지 않는다(표 1-1 참조).

이와 같은 대립관계는 학문과 산업 사이의 커뮤니케이션 부족에 주된 원인이

표 1-1 관광연구의 학문적 접근과 실무적 접근의 차이

학문적 접근	실무적 접근
지식 향상과 현안의 이해	계약업무, 특정 프로젝트, 수익환경 마련
강좌, 출판물, 회의 등을 통한 정보 전달	프로젝트 보고서, 기본 계획 및 연구보고서 등을 통한 정보 전달
학생교육, 학문과 산업의 관계 규명	지속적인 업무 확보를 위한 전문능력과 지명도 향상

자료: 젠킨스(Jenkins, 1999)

있다. 관광이 산업으로 성장하면서, 관광의 상업성 고려와 정책 결정에 있어서 '지식기반의 근거(knowledge-based platform)'를 채택하는 것이 필수사항이 되었다(Jafari, 1990, 2000; Smith, 1995). 이에 대해, 릿치(Ritchie, 2000)는 서로 다른 연구 형태를 범주화하여 산업(업무)에 응용할 수 있는 이론적 체계를 구축하였다. 관광연구에 필요한 것은 관광조직이 예측 불가능한 상황에 대처하고, 이론적 지식을 활용하여 더욱 경쟁력을 갖추며, 지속적인 수익을 보장받을 수 있고, 미국의 9·11테러와 같은 갑작스런 사건에 대응할 수 있는 학습 조직의 올바른 개발이다.

이는 트라이브(Tribe, 1997)의 연구에서 잘 설명되고 있는데, 그는 관광에 관한 기존의 전통적인 학문체계를 수정하였다. 그는 관광을 '사업 관광(business of tourism)'과 '비사업 관광(non-business of tourism)'의 두 가지로 개념화하고, 각각에 대해 4가지의 연구방법을 채택하여 접근하였다(그림 1-1). 그림 1-1에서 맨 바깥쪽 부분은 관광에 기여하는 주요 학문으로 이루어졌고, 중간 부분은 사업 관광과 비사업 관광의 두 가지 관광 분야로 구성되었으며, 이 바깥과 중간 부분 사이는 관광 이론과 개념이 스며들어 있는 밴드(band) K가 위치한다. 트라이브(Tribe)가 제작한 이 다이어그램의 핵심은 기본즈 등(Gibbons *et al.*, 1994) 등의 연구에서 도입하였는데, 지식생산(production of knowledge) 관점은 다음과 같다.

- '양식 1(mode 1)'은 학문 분야에서 주로 생성된다.
- '양식 2(mode 2)'는 학문적 틀을 벗어난 특정 현안에 대한 응용연구로부터 발전하였다. 관광에 있어서는 정부와 실무자, 산업체 및 전문 연구기관 등이 참여하는 산업 관련 연구이다.

관광 연구에 있어서, 학문적 접근과 실무적 접근 사이의 긴장은 실제적으로 위에서 살펴본 지식생산의 두 가지 방식 사이의 대립이다. 이러한 접근방식은 본 장에서 주로 논의하고 있는 다음의 두 가지 이슈로 간단하게 요약할 수 있다.

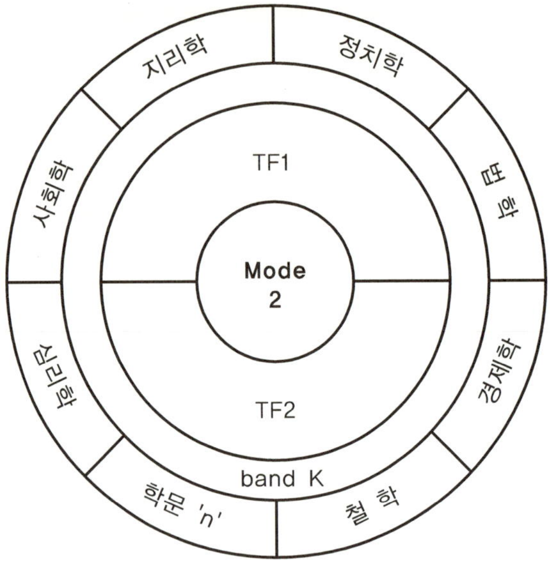

그림 1-1 관광 지식의 창출 바깥 원 = 분과학문과 하위학문(disciplines and subdisciplines), 가운데 원 = 관광 분야(fields of tourism), 안쪽 원 = 관광의 세계(world of tourism), TF1=사업 학문(business interdisciplinarity); TF2 = 관광과 관련된 비사업(non-business related tourism)
자료: Tribe(1997)

(1) 그림 1-1의 맨 바깥 부분에 속하는 새로운 연구경향을 다른 학문 분야에 접목하여 많은 발전을 가져올 수 있도록 연구 의제를 확대
(2) 관광 연구의 사업 관리, 산업 중심적 접근과 다른 접근 사이의 긴장

이러한 대립관계를 해결하는 방법은 명쾌하다. 학문적 관광연구 단체는 상품화의 연구 개념을 수용하고 관광 분야에 자신의 지적 재산(intellectual property: IP)을 확산할 필요가 있다. 호주의 지속가능한 관광을 위한 합동연구센터(Cooperative Research Centre for Sustainable Tourism in Australia)에서는 이러한 접근방식을 적극 수용하여 자세한 상품화 전략과 함께 관광연구 전략을 보급하고 학문 분야로서의 지적 재산을 확보하였다(Cooper *et al.*, 2002; Scott, 1999). 상품화 과정을 공식적으로 채택함으로써 그림 1-1의 바깥 부분에서 발전되어 온 관광연구는 관광사업과 정부 단체에 의해 발전되고 효용화될 수 있었고, 이

에 따라 관광학문과 관광산업 사이의 전통적 간격이 완화되기에 이르렀다.

관광연구의 진보 Progress in Tourism Research

본 장에서는 관광연구의 미래를 낙관하는 입장을 취하였다. 관광연구의 다학제적(多學制的, inter-disciplinary) 특성과 새로운 관광연구 접근방식 및 연구 대상은 이미 공포된 바 있고, 정작 중요한 것은 연구자와 교수, 학생 모두가 참여하여 연구 대상을 발굴하여 이들을 지속적으로 종합하는 것이다. 이것이 바로 과거 《진보(*Progress*)》 시리즈의 원칙적 개념이었으며, 이러한 개념을 기반으로 해서 이 책 『포스트모던 관광의 이해와 연구(*Classic Reviews in Tourism*)』를 출간되게 되었다. 《진보》 시리즈는 관광 분야의 학문적 '연구의 논평(state of the art)'을 제공하는 데 목적이 있었다. 어찌되었든, 21세기에 들어서면서 이러한 필요성이 관광연구 분야에 본격적으로 일기 시작하였으며, 새로운 학자가 관광 분야에 입문하면서 각종 관련 저널이 증가하였고 관광이 독자적인 학문으로 그리고 연구 분야로 주목을 받게 되었다.

이 책은 저명한 관광학자에 의해서 저술되었으며, 또한 《진보》 논문집 원판 6편을 기반으로 하여 개정판인 '연구의 논평'을 제시하고 있다. 원판 《진보》 시리즈에 수록된 수많은 논문은 오랜 세월에 걸쳐 유효성이 입증되고 있으며, 지금은 자주 인용되는 고전이 되었다는 데 의심의 여지가 없다. 최초의 개정판은 15년 전에 처음으로 출간되었으며, 지금은 절판되었다. 따라서 본 저자는 이러한 영향력 있는 연구가 이 책으로 거듭 출간되어 재조명될 충분한 가치가 있다고 생각한다. 이 책의 저자는 각기 다른 접근방식으로 이러한 문제를 다루었다. 일부 학자는 매우 원론적인 관점을 취하였고, 또 일부의 학자는 그들의 견지를 급진적으로 변화시키기도 하였다. 이 책 『포스트모던 관광의 이해와 연구』에서는 포괄적인 학문주제 분야(경제학, 사회학, 통계학, 역사학, 인적 자원관리 및 마케팅 등)에서 성별, 대안관광, 도시관광, 유산관광, 환경감사 및 푼(Poon)의 '신관광'(new tourism)에 이르기까지 폭넓게 다루고 있다.

ㅣ참고문헌ㅣ References

Britton, R.(1979) Some notes on the geography of tourism. *Canadian Geographer* 33(3), 276–82.

Cobanoglu, C. and Moreo, P.J.(2001) Hospitality research: Educators' perceptions. *Journal of Hospitality and Tourism Education* 13(5), 9–20.

Cohen, E.(1974) Who is tourist? A conceptual classification. *Sociological Review* 22(4), 527–55.

Cooper, C.(1989) Editorial Preface. In C. Cooper(ed.) *Progress in Tourism, Recreation and Hospitality Management* 1(pp.1–3). London: Belhaven.

Cooper, C., Prideaux, B. and Ruhannen, L.(2002) *Destination Management Framework: Final Report*. Brisbane: Cooperative Research Centre for Sustainable Tourism.

Crouch, D.(1999) Introduction: Encounters in Leisure/tourism. In D. Crouch(ed.) *Leisure/Tourism Geographies* (pp.1–16). London: Routledge.

Dann, G.M.S., Nash, D. and Pearce, P.L.(1988) Methodology in tourism research. *Annals of Tourism Research* 15(1), 1–28.

Echtner, C.M. and Jamal, T.B.(1997) The disciplinary dilemma of tourism studies. *Annals of Tourism Research* 21(4), 868–83.

Flood, R,L.(1999) Rethinking the Fifth Discipline. *Learning Within the Unknowable*. London: Routlege.

Franklin, A, and Crang, M.(2001) The trouble with tourism and travel theory? *Tourist Studies* 1(1), 5–22.

Gibbons, M., Limoges, C., Nowotny, H., Schwartzman, S., Scott, P. and Trow, M.(1994) *The Production of New Knowledge*. London: Sage.

Hall, C.M.(1998) Editor's Introduction. *Current Issues in Tourism* 1(1), 1.

Jafari, J.(1990) Research and scholarship: The basis of tourism education. *Journal of Tourism Studies* 1(1), 33–41.

Jenkins, C.(2000) Introduction. In J. Jafari(ed.) *Encyclopedia of Tourism* (pp.xvii–xxiii). London: Routledge.

Jenkins, C.(1999) Tourism academics and tourism practitioners. Bridging the great divide. In D.G. Pearce, and R.W. Butler(eds) *Contemporary Issues in tourism Development*(pp. 52–63). London: Routledge.

Kuhn, T.(1970) *The Structure of Scientific Revolutions* (2nd edn). Chicago: University of Chicago Press.

Pearce, D.G.(1999) Introduction. Issues and approaches. In D.G. Pearce and R.W. Butler(eds) *Contemporary Issues in Tourism Development* (pp.1–12). London: Routledge.

Pearce, P.(1993) Defining tourism study as specialism: A justification and implications. *TEORUS International* 1(1), 25–32.

Ritchie, J.R.B.(2000) Research and the tourism industry: Building bridges of understanding and insight. *Tourism Recreation Research* 25(1) 1–8.

Rojek, C.(1995) *Decentring Leisure. Rethinking Leisure Theory.* London: Sage.

Rojek, C. and Urry, J.(1997) *Transformations of travel and theory.* In C. Rojek and J. Urry(eds) *Touring Cultures: Transformations of Travel and Theory*(pp. 1–19). London: Routledge.

Ryan, C.(1997) Tourism–A mature discipline? *Pacific Tourism Review* 1(1), 3–5.

Scott, N.(1999) *Tourism Research in Australia.* Brisbane: Cooperative Research Centre for Sustainable Tourism Work in Progress, Report Series 11.

Sheldon, P.J., Juanita, C.L. and Gee, C.Y.(1987) The status of research in the lodging industry. *International Journal of Hospitality Management* 6(2), 89–96.

Smith, S.L.J.(1995) *Tourism Analysis: A Handbook* (2nd edn). Harlow: Longman.

Tribe, J.(1997) The indiscipline of tourism. *Annals of Tourism Research* 24(3), 638–57.

제 2 장

관광사회학

The Sociology of Tourism

존 어리(JOHN URRY)

서 문 Introduction

관광사회학은 과거 10여 년 동안 가장 많은 성장을 거듭한 학문 분야 중 하나이다. 이러한 학문적 성장에는 다음과 같은 요인이 작용하였다.

- 서구 경제체제가 서비스에 대한 중요성을 수용하면서 서비스에 대한 관심이 증가하였다.
- 관광객에 대한 서비스의 복합성에 대해 뒤늦게 자각하기 시작하였다.
- 한 사회의 '문화(culture)'와 관광목적지의 고유 이미지 및 본질적 가치의 다양성에 대한 관심이 증가하였다.
- 예기치 않았거나 다소 괴이한 형태로 전개되는 관광의 사회학적 인과관계에 대한 관심이 일고 있는 가운데, 산업, 녹색, 도시 중심 및 '암울한(dark)' 관광[3]이 급성장하는 등 관광산업의 양상이 급속하게 변화하였다(Lennon과 Foley가 2000

년에 펴낸 아우슈비츠[Auschwitz] 암살 및 살인현장, 전쟁 포로수용소 등에 관한 'dark tourism'을 참고).

그럼에도 불구하고, 관광사회학은 비성숙된 학문으로 인식되고 있다. 맥커넬(MacCannell)의 『관광객(*The Tourist*)』(오상훈 역, 1994)은 여전히 최고의 베스트셀러이다(1989; 1992). 그러나 경험적인 연구가 많이 이루어지기는 하지만, 연구결과를 뒷받침해 주기에는 정확성이 상당히 부족하다(*Annals of Tourism Research*가 그 대표적인 예이다). 하지만 최근 몇 년 동안 관광사회학은 다른 사회학 분과학문이나 문화 및 여가연구, 산업사회학, 도시 및 지역사회학, 박물관 및 문화사회학, 문화인류학이 급격히 등장하면서 관심을 받게 되었다. 전반적으로 봤을 때, 관광사회학은 우리가 일반적으로 '관광(tourism)'을 분류하는 방식의 사회적 관행을 크게 벗어나지 않고 순차적인 변화를 꾀하고 있다. 하지만 관광사회학은 일반적인 사회과학의 다양한 학문과 쟁점사항을 적극 도입하거나 일부 협력하는 방식을 취해 오고 있다. 또는 사회학의 다른 분과학문에서 제기되는 학문적 논의를 수용하는 방식으로 이루어진다. 이에 대해서는 지금부터 논의할 관광과 여행에 관한 사회학적 논의의 주요 이슈를 통해서 자세하게 얘기할 것이다.

진정성 Authenticity

부어스틴(Boorstin, 1964)의 의사(擬似, 가짜) 이벤트(pseudo-event)에 관한 연구가 시작된 이후에, 진정성(authenticity)은 가장 두드러진 연구의 주제로 등장하였다. 대량 관광객은 지역의 전반적인 환경이나 지역주민과는 특별하게 상관없이 오직 자신이 속한 단체 속에 둘러싸여서 여행한다. 관광객은 가짜로 만들어진 것에서 쾌락을 추구하고 의사(擬似) 이벤트에도 잘 속으며, '실제 세상(real world)'

역주 3) dark tourism을 '암울한 관광'으로 번역하였다. 전쟁이나 대량학살 등 비극과 재앙의 역사현장을 관광 자원화하여 관광객의 역사의식 고취와 역사에 대한 이해를 도모하고자 하는 관광형태이다.

을 소홀히 하는 사람이라고 알려져 있다. 시간이 지나면서도 관광은 그 실체를 알 수 없는 환상 그 자체이다. 이 때문에 지역주민은 관광을 괴짜들의 전유물로 간주하게 되었다(Duncan, 1978: 277). 터너와 애쉬(Turner & Ash, 1975)는 고도로 제한된 관광객의 세계를 적나라하게 설명하였다. 여행사, 호텔 종사원은 대리부모의 역할을 맡아 관광객 행동에 따른 일체의 책임을 떠안는다. 에코(Eco, 1986)는 원조(original)보다 더 '진짜'(real) 모습을 가진 모조의(simulated) 고안된 공간인 '초현실'(hyper-real, 진짜 같은 가짜)을 훌륭하게 분석하였다. 이렇게 진짜보다 더 진짜같이 계획된 공간에서는 강하게 표현된 특징에 시각이 사로잡히기 때문에 다른 감각이 무디어지게 된다. 표면적인 모습에 의해 특징지어지는 진짜 같은 초현실 공간(hyper-real places)은 보는 사람에게 반응하거나 환영하지 않는다. 디즈니랜드(Disneyland) 중심가의 꾸며진 외관에 매료되는 것과 같이 시감각(sense of sight)은 즉각적으로 보이는 경관만을 지각하게 된다(Bryman, 1995; Fjellman, 1992).

코헨(Cohen, 1972, 1979, 1988)은 관광객의 경험은 다양한 형태로 이루어진다고 주장하면서 이러한 왜곡된 관점에 반론을 제기해 왔다. 그는 종교심리학의 관점을 바탕으로 관광객을 유형화하였다. '경험적인(experiential)', '실험적인(experimental)', 그리고 '실존적인(existential)' 관광객은 어떠한 환경적인 허상에도 속지 않을 뿐만 아니라, 현지의 낯설음과 현지주민의 '이방인(strangeness)'을 쳐다보는 눈길도 당당하게 수용하는 경향이 있다.

맥커넬(MacCannell, 1989)은 이러한 관점이 다른 사람은 '관광객(tourist, 제도적인 여행자)'인데 반해 자신은 '여행자(traveller, 비제도적인 자유분방한 여행자)'임을 고수하는 상류층의 관점을 중시하고 있다고 하여 부어스틴(Boorstin) 등의 주장을 반박하였다(Buzard, 1993). 또한 맥커넬(MacCannell)은 관광객이 진정성을 지니지 않은 의사(擬似) 이벤트를 선호하지 않는다고 주장하였다. 그에 따르면, 관광객은 오히려 진정성을 추구하는 사람이며, 타 문화권의 진실한 생활상을 경험하고자 하는 한 부류의 순례자이다. 진실한 생활상은 명백한 현지인의 생활공간이기 때문에, 관광객을 위한 공간이 아니다. 열의에 찬 수많은 관광객은 사실상 너무 지나친 침입행위를 일삼고 있고, 현지인을 관찰대상으로 간주하고 있다. 따라서 지방의 관광업체는 현지주민의 준엄한 생활공간을 계획적이고 인위적인 관광공간으로 만들고 있다. 맥커넬(MacCannell, 1973)은 이러한 것을 '무대화된 진정성(staged authenticity)'이라 명명하였다. 이러한 무대화는 관광의 사회적 관계에서 도출되는 것이지 결코 비진정적인 것을 연출하려는 개인적인 노력에서 나오는 것이 아니다. 피어스와 모스카르도(Pearce & Moscardo, 1986)는 상황의 진정성(authenticity of the setting)은 사람의 진정성(authenticity of the persons)과 구별되어야 하며, 각 관광객의 경험을 이루는 요인으로 구별되어야 한다고 하면서 이러한 주장에 반박하였다(Pearce, 1982; Turner & Manning, 1988).

아브라함 링컨(Abraham Lincoln)이 1830년대의 어느 해를 보냈던 뉴 살렘(New Salem)에 대한 연구에서 브루너(Bruner, 1994)는 진정성에 대한 다양한 관점을 다음과 같이 분류하였다.

- 건물은 실제로 오래된 것도 있고 그렇지 않은 것도 있지만, 170년 이상의 역사를 가진 것처럼 보이는 조그마한 도시의 진정성
- 실제로는 건물의 대부분이 '새로운 건물(new buildings)'로 이루어졌지만, 1830년대의 모습을 그대로 간직하고 있는 것처럼 보이는 도시의 진정성
- 기록상으로는 1830년대의 것으로 그때부터 내려온 것으로 되어 있는 건물이나 인공물(人工物)
- 도시 내의 문화유산을 관리하는 기관에 의해서 진정성이 인증된 건물과 인공물

홀더니스(Holderness, 1988)는 셰익스피어(Shakespeare)의 출생지인 스트랫퍼드어폰 에이번(Stratfordupon Avon)을 대상으로 하여 이러한 과정을 설명하였다. 그의 연구에 따르면, 셰익스피어가 남긴 유산의 진정성은 건물과 장소, 인공물에 입각하고 있기 때문에, 이는 본질적으로 진정성을 지녔다고 볼 수 없다고 하였다(Lash & Urry, 1994: 264-6). 브루너(Bruner)는 또한 오늘날의 뉴 살렘(New Salem)은 말끔한 정장 차림의 배우를 흥미롭게 쳐다보는 수많은 사람들 속을 배회하는 카메라를 둘러맨 관광객은 찾아 볼 수 없었던 1830년대와는 전적으로 다른 모습을 하고 있다고 얘기한다.

이는 '진정성 추구(search for authenticity)'만으로는 현대의 관광을 설명하기에

너무 부족하다는 것을 의미한다. 진정성에 관해 수많은 주장이 제기되었는데, 파이퍼(Feifer, 1985)는 '포스트 관광객(post-tourists, 포스트모더니즘 성향의 관광객)'은 비진정성의 관광경험을 선호한다고 한다. 포스트모더니즘 성향의 관광객은 게임 참여와 폭넓은 지식 추구(진정성을 지니지 않은 것에도 관심이 많음)를 통해 만족을 얻으며, 또한 그들이 경험하는 대부분의 진정성이 정교하게 무대화되어 온 것을 알고 있다.

한편 크릭(Crick, 1988)은 모든 문화는 본질적으로, '무대화(staged)'되었거나 '비진정적(inauthentic)'이라고 주장하였다. 관광객이 문화를 보았든 보지 못했든 상관없이, 모든 문화는 지속적으로 개조(remade)되고 재창조(reinvented)되며, 문화의 모든 요소 또한 재조직(reorganised)된다(Rojek & Urry, 1997)는 것이다. 예를 들어, 19세기 중반에는 유명한 지역이나 전시관, 건물, 경관, 선진국의 발전상을 보기 위한 여행이 한 국가의 문화발전을 위해서 매우 중요하였다(McCrone, 1998: 53-5). 모든 문화는 진정성을 창조(혹은 재창조)하기 때문이다. 이렇게 해서 국립박물관이 건립되고, 국가를 대표하는 예술가와 건축가, 음악가, 극작가, 소설가, 역사학자, 고고학자가 발굴되며, 세계적인 박물관에 한 국가의 발전상이 소개되는 것이다. 문화의 전시방식은 1851년 런던의 국립박물관에서 처음 시작되었으며, 이후에 시드니 올림픽과 같은 소위 '메가 이벤트(mega-events)'를 통해 그 나라의 문화를 선보이려는 수많은 이벤트가 생겨나고 있다.

성지순례(聖地巡禮) Pilgrimage

위와 같은 모든 방문 형태는 한 나라의 신성한 지역을 경험하려는 순례의 한 형태를 취하는 것이다. 따라서 조금 더 깊이 살펴보면 성지순례와 같은 관광객 경험의 특성을 발견할 수 있다. 이는 종교사회학에서 도입된 개념이다. 터너(Turner, 1973; 1974)는 성지순례를 한 단계에서 다음 단계로 이동하는 일종의 *통과의례(rites de passage)*의 개념으로 해석하였다. 첫째, 일상적인 거주공간과 사회적인 속박으로부터 사회적·공간적 분리가 이루어진다. 둘째, 경계영역(liminal zone, 한계지대)[4]이 존재한다. 이는 시간과 공간을 초월하는 반구조(anti-structure)로서 여기에서 개인은 자아를 발견하게 된다. 이러한 반구조 공간에서 사람은 신성한 공간을 직접 경험할 수 있을 뿐 아니라, 긴밀한 사회적 유대관계 또는 '코뮤니타스'(communitas)[5]를 느낄 수 있다. 셋째, 한 개인이 상류층으로 구성된 사회단체에 편입되는 재결합이 이루어진다. 따라서 성지순례와 관광 사이의 균형과 조화가 이루어져 왔다(Cohen, 1988; Eade & Sallnow, 1991). 관광객은 친숙한 일상공간(familiar place)을 떠나 먼 공간으로 이동하고 다시 일상공간으로 돌아온다. 따라서 일상공간을 벗어난 공간에는 신성한 대상에 대한 숭배의식이 존재하여 관광객은 일상생활의 모든 속박과 의무로부터 탈피하여 다른 차원의 긴밀한 사회적 관계를 가지게 된다. 경계영역(한계지대)에는 모든 행동에 대한 규범과 원칙이 존재한다. 그렇기 때문에 이전보다 향상된 사회적 위상을 가지고 일상생활로 돌아올 수 있는 것이다.

쉴즈(Shields, 1991)는 이러한 성지순례의 개념을 '주변부의 장소(places on the margin)'로 부르며 관광연구에 접목하였다. 예를 들어, 나이아가라(Niagara) 폭포에서 신혼 여행자는 경직된 부르주아적 사회관행(bourgeois social conventions)이

역주 4)

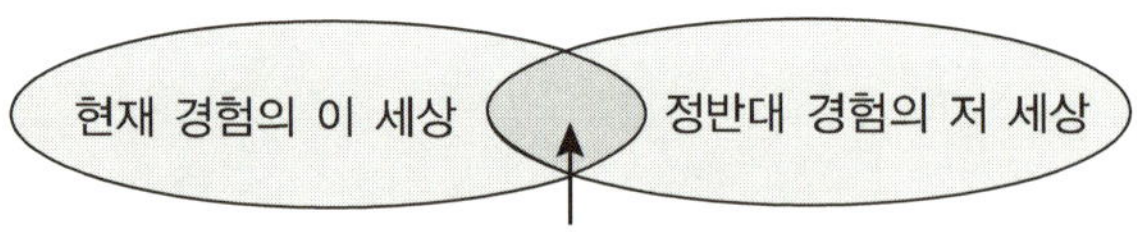

- 이 세상과 저 세상의 경험이 모두 일어나는 경계영역(liminal zone, 한계지대)
- 성스러운 영역(sacred area)
- 의례 활동의 장소(field of ritual activity)

역주 5) 역주 4의 그림에서 경계영역(한계지대)은 하나의 상태이면서 동시에 그 상태가 아닌 영역을 나타낸다. 이처럼 서로 대립되는 두 범주가 겹쳐지는 경계영역을 터너(Turner)는 코뮤니타스(communitas)라고 하였다. 의례의 참가자는 코뮤니타스의 특징인 경계의 단계(liminal stage), 곧 과도기적 단계를 통과하게 된다. 여기에서 경계, 즉 문턱(liminal)은 라틴어에서 따온 용어이다. 코뮤니타스는 사회구조의 구조화되지 않은(unstructured) 영역으로서 개인의 정상적 지위가 역전되거나 지위의 상징이 전도되는 상황이다. 일상적인 생활에서는 사회구조가 지배한다. 그러나 일상을 벗어난 의례나 축제 등에서는 일상적 구조가 아닌 반구조(anti-structure)가 지배하는 것이다.

해이해지는 이상적인 경계영역에 들어감으로써 자아를 발견한다. 다시 말해서, 일상공간의 사회체제 감시 및 감독으로부터의 해방, 익명성의 보장, 그리고 경이롭고 장엄한 나이아가라 폭포를 경험함으로써 자기 자신을 통찰하게 된다. 이와 유사한 연구가 브라이톤(Brighton) 해변을 대상으로 해서 이루어졌는데, 19세기 중반에 이 해변은 건강을 테마로 한 리조트에서 쾌락추구를 테마로 한 해변으로 탈바꿈하였다. 따라서 일상적인 도시생활의 형태와 리듬으로부터의 전형적인 일탈기회를 제공하게 되었다. 이 해변은 점점 광란의 장소로 변해갔으며, 소음과 혼잡이 더해가고 예상치 못한 사회적 접촉이 난무하며, 기존의 사회계급이 바뀌고 지나치게 신체를 노출시킴으로써 도덕과 규범이 무시되었다.

어떤 학자는 이러한 '쾌락적인' 행동(ludic behaviour)은 일종의 보상욕구의 표현이며, 이는 오히려 관광객을 집과 직장이라는 일상공간으로 되돌아가게 하는 역할을 한다고 주장한다(Lett, 1983). 또 어떤 학자는 이러한 경계(liminality, 문턱)와 전도현상(inversion)은 아주 특별한 만족감을 가져다준다고 주장한다. 따라서 관광객의 일상생활이 가지는 사회 · 문화적 형태를 정확하게 파악하는 것이 중요하다. 에딘소어(Edensor, 1998)는 무수히 많은 다양한 공간적 행위를 설명하였는데, 그는 대부분의 관광객은 인도의 타지마할(Taj Mahal)과 같은 단일 관광목적지를 선호한다고 하였다. 이러한 그의 주장은 관광객의 행동을 설명하는 단순한 '이론(theory)'에 불과하다는 평이다.

시 각 Visuality

『관광객의 시선(*The Tourist Gaze*)』은 관광경험의 시각적 특성에 대해서 다루고 있다(Urry, 2002; 1995). 관광객의 시선은 관광객이 '다른 것[타자]'(other)과 조우하는 과정에서 발생하는 것으로서, 일종의 경쟁의식과 즐거움, 그리고 경험의 틀을 제공한다. 특정한 시공간에서 발생하는 쾌락은 관광객의 시선에 따라 질적으로 분류된다. 일상을 떠나 있는 동안의 감각적인 경험 사이의 관계를 밝혀 주는 기준이 바로 관광객의 시선(gaze)이다. 또한 시선은 시각적으로 비일상적인 것(out-of ordinary)이 무엇이고, 이는 어떤 것이 '차이(difference)'이며, '다른 것(other)'이 무엇인가를 분별하게 해준다. 이에는 많은 대조관계가 존재하는데, 에펠탑(Eiffel Tower)과 같이 유명하지만 독특한 물체를 보는 것, 전통적인 독일 맥주 집과 같은 특별한 상징물을 보는 것, 농경생활박물관과 같은 친숙하다고 생각한 것의 낯선 측면을 보는 것, 특별한 상황에서 살고 있는 사람의 평범한 삶의 단면을 보는 것, 그 집에 누가 살았으며, 누가 그림을 그려 놓았는지를 알 수 있게 하는 특별한 상징물을 보는 것 등이 그것이다.

그러나 이러한 주장은 많은 학자에 의해 비난받아 왔다. 일부 학자는 시선의 관점이 푸코의 이론(Foucauldian legacy)과 관련되어 발전되어 왔다고 하기에는 불충분하며, 특히 의학에서 얘기하는 시선(medical gaze)의 개념과는 더욱 상관관계가 없다고 주장하였다(Hollingshead, 2000; Urry, 1992). 휴가 동안 겪는 대부분의 경험은 단순한 시각적 경험이 아니라, 육체적인 경험이다(Veijola & Jokinnen, 1994). 또한 시선의 개념은 너무 정적이고 수동적이며, 행위와 돌발적 사건을 무시한다고 주장한다(Perkins & Thorns, 1998). 결국, 시선은 '다른 것(other)'을 재빠르게 보거나 스치듯 쳐다보는 속성을 지녔기 때문에, 각종 움직임을 포착하지 못한다. 따라서 시선은 걷는 동안의 일견(一見)하는 행위 혹은 차창 밖을 쳐다보는 행위보다 오히려 휴식 중의 관광객에게 더 초점을 맞추고 있다(Larsen, 2001; Urry, 2002).

최근에 테일러(Taylor, 1994)와 오스본(Osborne, 2000)은 관광객의 시선과 사진술의 관계를 상세하게 설명하였다. 사진촬영은 관광개발에 있어서 매우 중요한 요인으로 간주되고 있다. 오스본(Osborne, 2000)에 의하면 사진술은 과정의 분리가 아니라 '전체적인 효과(ensemble)'인 다른 것(other)을 이끌어 내고 극대화하는 작업이다. 만일 사진술이 발명되지 않았더라면 오늘날의 관광은 전적으로 다른 모습을 하고 있었을 런지도 모른다. 쏜살같은 이미지를 고정시키려는 '낭만적(romantics)' 욕망에 대한 크로쇼와 어리(Crawshaw & Urry, 1997)의 연구를 참조해도 알 수 있지만 어쩌면 오늘날의 세계적인 관광산업이 존재하지 않았을지도 모른다. 오스본(Osborne, 2000: 70)은 "이 매개체(사진술)는 관광의 일반적인 문화와 경제로부터 근본적으로 분리될 수 없고, 관광이 이룩해 놓은 다양한 현대문화와도 분리될 수 없다"라고 기술하고 있다.

무엇이든지 촬영만 되면 관심을 끌기 때문에, 사진술은 수많은 움직임과 동작을 대중화하는 데 중요한 역할을 해왔다(Barthes, 1981: 34). 사진술은 여행 중의 '좋은 장면(good view)'을 필름으로 포착해 줌으로써 여행을 형상화시켜 준다. 촬영 대상, 카메라 및 필름 기술은 시선을 사로잡는 곳으로서 여행의 매우 중요한 본질을 구성하고, 또한 '구경할 만한(sightsee)' 가치가 있는 것과 이미지나 기억을 되돌릴 수 있는 것을 구체적으로 제시해 준다(Taylor, 1994). 카메라는 자연환경이나 삶의 모습을 붙잡을 수 있는 사진(photo)으로 전환시킨다. '스냅 사진은 자연의 인내하는 모습을 친숙하고 자세하게 보여 주며, 우리가 우리의 손과 기억에 가질 수 있게 해준다. 이러한 방식으로, 우리는 카메라를 통해 우리 문화의 시각적인 부분을 관리하고 통제할 수 있게 된다'(Wilson, 1992: 122). 자연, 문화, 인간은 사람들이 주고받을 수 있는 사물로 변형된다. 집을 장식하기 위해서 벽에 붙여지기도 하고, 과거를 떠올리며 그곳에 대한 이미지를 만들어 주기도 한다(Taylor, 1994).

사진술과 관광의 관계를 볼 수 있는 가장 대표적인 사례는 19세기 말의 이집트(Egypt)에서 찾아 볼 수 있다. 그레고리(Gregory, 1999)는 이집트가 시각적 공간으로 조각되어 영화 속의 한 장면으로 액자 속에 끼워져서 유럽인 관광객에게 홍보되거나 시각적인 소비를 촉구하는 '코닥화(kodakisation)'의 과정을 설명하였다. 따라서 이집트의 카이로(Cairo)는 '겨울의 런던 교외 이상의 것(Winter Suburb of London)'이 되지 못한다(Lofgren, 2000: 162). 따라서 액자 속에 갇힌 '새로운 이집트(new Egypt)'가 어떻게 관광객의 시각적인 소비를 촉진시켜 주는가를 규명하기 위한 연구가 적지 않게 이루어졌다. 액자 속의 이집트는 수에즈 운하(Suez Canal), 나일강 위의 파리(Paris-on-the-Nile), 토마스 쿡(Thomas Cook)과 그 후손들, 깨끗하게 정돈된 고대 이집트(ancient Egypt), 이국적이고 동양적인 '다른 것(other)', 편리하고 접근성이 좋은 입지, 한눈에 볼 수 있는 전망 장소로 이루어져 있다(Brendon, 1991).

유 산(遺産) Heritage

영국의 관광사회학은 유산의 관계 및 박물관학(museum studies)과의 관계 설정을 중요하게 다루고 있다. 박물관학은 오늘날의 박물관이 어떻게 변형되어 왔는가를 주로 다루고 있으며, 진정한 역사적인 산물이 가지는 독특한 분위기에 초점을 맞추고 있다. 홈(Home, 1984)은 관광객은 여행 안내책자를 성경책처럼 가지고 다니는 현대판 '순례자(modern pilgrims)'라고 묘사하고 있다. 박물관에는 전례서(ceremonial agenda)가 존재하여 보여 줘야 하는 것이 무엇인지를 명확히 정해 놓고 어떤 순서로 보여 줘야 하며, 어떤 것이 경외심(sense of awe)을 불러일으키는 것인지 규정하고 있다.

독특한 분위기의 박물관이 사라지게 된 데에는 세 가지의 주요 요인이 있다. 첫째, 대안적이거나 혹은 고유한 역사가 번성해 옴에 따라, 보존의 가치가 있다고 생각되는 문화유산이 두드러지게 많아졌다. 박물관이 영적인 기운(aura)에서 향수(nostalgia)로 변형됨에 따라 방문객은 '보통(ordinary)' 또는 '대중적인(popular)' 특성에 점점 이끌리고 있다(Lumley, 1988). 사무엘(Samuel, 1994)은 다양한 사회조직이 지금껏 지켜오면서 보여 주고 있는 새로운 민주주의, 가족관, 노동주의자, 페미니스트(feminist), 소비주의자, 자국 고유의 유산(domestic heritages)을 체계적으로 정리하였다(Macdonald, 1997).

둘째, 박물관은 자체적으로 변화되어 왔다. 방문객은 더 이상 실내의 전시물 앞에 멍청하게 서 있고 싶어 하지 않는다. 오늘날에는 박물관 전시물이 실외에도 배치되고 있으며, 음향과 향기를 내뿜는 특수장치까지 겸비하여 방문객의 참여를 부추긴다. 전시물을 가두어 놓고 있었던 유리상자가 서서히 사라지고 있고 또 방문객은 단지 눈으로 보는 것에 그치지 않고, 경우에 따라서는 만져 보기도 하며, 들어보기도 하고, 추억에 젖어보기도 한다. 어떤 경우에는, 연극배우가 역사적인 인물의 역할을 맡아 공연도 하고 간단한 역사촌극을 무대로 방문객과 어울려 보기도 한다(Hewison, 1987).

셋째, 박물관과 다른 시설 사이의 관계가 변화되고 있다. 가게, 식음료점, 술집과 같은 시설들이 점점 박물관처럼 꾸며지고 있다. 이와는 반대로 박물관은 점점 더 상업적인 시설로 변화되고 있는 것처럼 보인다. 불변의 국가 문화유산을 기념하기보다는 오히려 전시물을 오락적으로 보여 주고 카페나 가게를 설치하고 있다(Vergo, 1989). 포스트모더니즘의 박물관은 대중교육과 상업적 오락을 혼합한 '에듀테인먼트(edutainment)'를 제공한다(Judd & Fainstein, 1999).

웨일즈(Welsh)의 광산촌을 대상으로 하여 고유의 문화유산을 '경험(experience)'할 수 있는 장소에 관한 연구가 이루어졌는데, 딕스(Dicks, 2000)는 론다(Rhondda) 계곡에 유일하게 남아 있는 탄갱(colliery)이 어떻게 오늘날의 '론다 유산공원(Rhondda Heritage Park)'이 되었는지를 얘기하고 있다. 론다 유산공원은 '루이스 머시어(Lewis Merthyr)' 광산을 모델로 하여 생겨났다. 론다 유산공원은 딕스(Dicks)가 '기념주의(memorialism)'라고 언급함으로써 대대적인 지역 홍보효과를 가져왔다. 또한 과거에는 광산산업이 주를 이루던 론다 계곡에 공공기념비(public memorial)를 세우게 되었다(Dicks, 2000; 6, 7장). 그러나 역사공원을 건립하기까지는 기념비의 규모와 형태를 둘러싸고 수많은 대립과 갈등이 있었으며, 더 광범위한 관광 및 유산 관리계획에 이 기념비를 어느 정도까지 적용시킬 것인가의 문제를 놓고 수많은 논쟁이 있었다. 사실, 이 계획에는 지역주민의 의견이 거의 반영되지 않았다고 평가되고 있다.

소 비(消費) Consumption

마지막으로 지적할 것은 변화하고 있는 소비의 본질에 관한 것으로 요즘 들어 관심이 증가하고 있다. 캠벨(Campbell, 1987)은 자본주의 성장에 있어서 소비자주의(consumerism)의 중요성에 관한 연구에서 각 개개인은 사물의 실질적인 구매와 이용보다는 평소의 기대감과 상상력에 의한 쾌락을 추구함으로써 만족을 얻으려고 한다고 주장하였다. 따라서 사람은 이미 그들의 상상 속에 존재하고 있는 실제의 재미있는 드라마를 경험하고 싶어 한다. 하지만 그 실제는 언제나 깊은 실망감을 안겨 주기 때문에 소비자는 계속해서 새로운 상품이나 새로운 방문지를 찾게 된다.

캠벨(Campbell)의 연구는 비교적 변화하지 않는 특성을 지닌 현대의 소비자를 대상으로 하고 있기 때문에 일반화하는 데 많은 문제점이 지적될 수 있다. 하지만 많은 학자가 오늘날의 서구사회에 현저한 구조적 변화가 일어나고 있으며 이에 따라 '포디즘(Fordism)'에서 '포스트-포디즘(Post-Fordism)'으로 변형[6]되고 있다고 주장하고 있다(Harvey, 1989; Urry, 2002). 이에 따라 전형적인 소비방식이 변형되고 있다. 또한 대량소비에서 개인적인 소비 형태로 변화되고 소비자의 선호가 점점 더 다각화되고 변덕스러워지며 생산자가 소비자의 요구에 강요당하고 시장이 점점 더 구조적으로 세분화되고 있다. 한때 '포디스트 관광(Fordist tourism, 대량관광)'을 가장 대표했던 영국 휴가캠프(holiday camps) 이름의 변형 속에서 그러한 조짐을 찾아 볼 수 있는데, 오늘날에는 휴가세상(holiday world)으로 이름이 바뀌어 다각화된 세분시장의 요구와 욕구를 충족시켜 주고 있다(Ward & Hardy, 1986). 푼(Poon, 1993: 8장)은 패키지화, 획일화, 표준화로 대표되는 '구관광(old tourism)'에서 세분화, 유연화, 주문 생산으로 대표되는 '신관광(new tourism)'으로의 변화에 대해 설명하고 있다.

오늘날에는 휴가객이 서비스의 소비에는 많은 관심을 두지 않기 때문에 관광 서비스를 제공하는 사람들이 당황해 하고 있다. 웅장한 알프스(Alpine) 산이나 라스베이거스(Las Vegas), 나이아가라(Niagaga) 폭포를 경험하는 것과 같이 관광객이 추구하는 특정 경험에 부수적으로 따르는 것이 서비스이다. 소비는 아주 작은 부분만 설명할 수 있으며 관광객의 특정 경험에 부수적으로 구매되는 광범위한 서비스와 관광객의 시선(gaze, 일종의 시각적 소비)은 관계가 명확하지 않다(Urry, 2002).

서비스 Services

사실 제조된 일용품으로서 상품이 무엇인가에 대해서는 명확하게 규정되어 있다. 그러나 서비스의 범위와 내용을 규정하는 데는 적지 않은 어려움이 있다

역주 6) 소품종 대량생산주의에서 다품종 소량생산주의로의 변형

(Mars & Nicod, 1984). 이는 대부분의 노동지출이 서비스에 집중되어 있고, 생산자와 소비자의 상호 작용, 즉 의도적인 사회화 과정을 포함하고 있기 때문이다. 이러한 상호 작용 자체가 바로 서비스이다. 서비스를 구매하는 것은 특정한 사회적 혹은 사회학적 경험을 구매하는 것이다. 대부분의 관광 서비스는 제공자와 수혜자 간 매우 밀접한 접촉과 관계를 요구하는 속성을 지니기 때문에 합리적으로 규정하기가 어렵다(Pine, 1987). 구매한 것의 일부는 전방(front line)에서 제공되는 사회적 구성에서 나오는 것이고, 따라서 서비스는 성별(gender), 계급, 인종, 세대, 교육수준 등의 특별한 사회적 특성에 크게 의존한다(Hochschild, 1983; Wouters, 1989). 더구나 일반적인 관광 서비스는 소비자와의 특별한 사회적 상호 작용을 발생시킨다. 서비스를 소비하는 데 시간이 소요되고, 소비자와의 밀접한 접촉이 요구되는 이유가 바로 여기에 있다. 따라서 서비스의 사회적 의미는 소비자의 사회적 특성을 중심으로 한 지표(markers) 이외에는 명확하지 않다(Urry, 2002: 4장).

서비스는 '감정노동(emotional labour)'을 필요로 하기 때문에, 유쾌한 미소로 다정다감하게 소비자 속에 파고드는 자세가 요구된다. 호쉬차일드(Hochschild, 1983)는 항공사 승무원을 대상으로 한 연구에서, 인간의 감정을 상업화하는 효과를 가진 훈련인 '감정노동'을 제공하기 위한 특별한 훈련에 대해 설명하였다. 스코틀랜드의 식당을 대상으로 한 연구에서, 마셜(Marshall, 1986: 41)은 종사원이 '미소를 머금고 가벼운 농담을 주고받으며, 가능하다면 많은 시간을 대화하고' 고객을 '접대(cater)'하도록 독려되고 있다고 주장하였다. 하지만 감정작업(emotional work)은 너무 힘이 들고 많은 노력이 요구되는 반면 거의 대부분이 인정받지 못하고 대가가 뒤따르지 않는다. 이는 흔히 여성에 의해서 이루어진 경우가 많아서 '성의 서비스화(sexual servicing)'라는 오해를 받기도 한다.

사실상 "대부분의 사람이 실제로 소비하는 것은 상대적으로 낮은 수준의 서비스 전달자에 의한 순간적인 전달행위이다"라는 것이 많은 연구에서 입증되었다. 이는 관리의 문제를 들추어내는데, 뒷전에 근무하면서도 많은 보수를 받는 (남성)직원과의 갈등을 최소화할 필요성이 제기된다(Whyte, 1948). 스칸디나비아(Scandinavian) 항공사 'SAS'의 사장을 지냈던 얀 칼슨(Jan Carlzon, 1987)은 서비스 제공자와 소비자의 만남을 '결정적 순간(moments of truth)'이라고 하였다. 두 존재의 만남은 너무나 중요하기 때문에, 우수한 능력과 자질을 갖춘 사람으로 조직을 재구성할 필요가 있는데, 소위 회사의 '보병(foot soldiers)'인 실제 서비스 전달자는 고객의 특별한 요구에 효과적이고, 신속하게 그리고 친절하게 대응하기 위한 책임의식을 가지고 있어야 한다. 서비스 전달자는 스스로 '경영자(managers)'임을 인식해야 하며, 더욱 고객 지향적인 자세를 경주해야 한다(Poon, 1993: 제8장 참조).

크랑(Crang, 1993)은 캠브리지(Cambridge)에 소재한 '재미있는' 식당(fun restaurant)을 대상으로 한 연구에서 몇 가지 중요한 이슈를 다루었다. 그는 서비스의 만남이 어떻게 행위적 특성을 갖는지 언급하였다. 어떤 사람은 서비스가 오고가는 장소를 '정신노동(mental labour)', '육체노동(manual labour)', '감정노동(emotional labour)'이 혼합된 하나의 무대(a stage)로 생각할 수도 있다. 따라서 서비스를 제공하는 종사원은 훌륭한 품성을 지니고 있어야 한다. 또한 전문가는 종사원이 질 높은 감정노동을 제공하기 위해서는 문화적 자본(cultural capital)을 갖추고 있어야 하는데, 이를 위해서는 단아한 몸차림과 기술을 겸비하되, 형식에 얽매이지 않은 사람, 젊은 사람, 친절한 사람이 되어야 한다고 권고한다. 종사원 스스로가 매우 중요한 사람이기 때문에 그의 행동 하나하나가 재치 있고, 형식에 얽매이지 않으며, 사교적이어야 한다. 또한 전문가는 종사원이 문화적인 상식, 사교적인 태도를 갖추어 행동해야 한다고 하면서 다양한 '사교기술(social skill)'과 '감정기술(emotional skill)'에 대해 강조하고 있다. 전문가가 이른 저녁시간의 '분위기에 매료되는 공간(getting in the mood)'이라고 언급하는 바와 같이, 식당은 사람들의 감정이 교차되는 '감정의 공간(place of emotions)'이다. 종사원, 특히 젊은 여성 종사원은 고객의 눈높이에 맞추어 서비스를 제공해야 하며, 또한 여성 고유의 부드러움과 사교술을 발휘하여야 한다(Desmond, 1999).

결 론 Conclusion

이상에서 살펴본 내용이 단지 '이론(single theory)'일지라도, 오늘날의 관광사회학은 존재의 가치가 충분하다. 관광사회학은 정통사회학과 문화연구 분야에서 일고 있는 수많은 논쟁 속에 기생하면서 지금까지 전개되어 왔다. 따라서 이 장에서는 관광사회학의 가능성을 희망적으로 보았다. 관광사회학의 미래 발전가능성이 매우 고무적이라 할 수 있으며, 세계에서 가장 범위가 큰 사회학적 연구가 진지하게 행해질 것이다. 특히 관광사회학은 주 - 객(hosts[主] and guests [客])의 사회적 관계를 본질적으로 규명하는 학문이다(smith, 1989). 오늘날 관광사회학은 관광이 사회 · 경제적 발전에 기여하는 사실을 담고 있다.

비 고 Note

1. 처음 논문은 'The sociology of tourism' in Volume 1 of Progress in Tourism, Recreation and Hospitality Management (1989), pp. 48-57.

| 참고문헌 | References

Adkins, L.(1995) *Gendered Work*. Buckinghamshire: Open University Press.

Barthes, R.(1981) *Camera Lucida*. New York: Hill And Wang.

Boorstin, D.(1964) *The Image: A Guide to Pseudo-Events in America*. New York: Harper.

Brendon, P.(1991) *Thomas Cook: 150 Years of Popular Tourism*. London: Secker & Warburg.

Bruner, E.(1994) Abraham Lincoln as authentic reproduction: A critique of postmodernism. *American Anthropologist* 96, 397-415.

Bryman, A.(1995) *Disney and his Worlds*. London: Routledge.

Buzard, J.(1993) *The Beaten Track*. Oxford: Clarendon Press.

Campbell, C.(1987) *The Romantic Ethic and the Spirit of Modern Consumerism.* Oxford: Blackwell.

Carlzon, J.(1987) *Moments of Truth.* Cambridge, MA: Bollinger.

Cohen, E.(1972) Towards a sociology of international tourism, *Social Research* 39, 164-82.

Cohen, E.(1979) A phenomenology of tourist types. *Sociology* 13, 179-201.

Cohen, E.(1988) Traditions in the qualitative sociology of tourism. *Annals of Tourism Research* 15(1), 29-46.

Crang, P.(1993) A new service economy: On the geographies of service employment. PhD thesis, University of Cambridge.

Crawshaw, C. and Urry, J.(1997) Tourism and the photographic eye. In C. Rojek and J. Urry(eds) *Touring Cultures.* London: Routledge.

Crick, M.(1988) Representations of international Tourism in the social sciences:

Sun, sex, sights, savings, and servility. *Annual Review of Anthropology* 18, 307-44.

Desmond, J.(1999) *Staging Tourism.* Chicago: University of Chicago Press.

Dicks, B.(2000) *Heritage, Place and Community.* Cardiff: University of Wales Press.

Duncan, J.(1987) The social construction of unreality: An interactionist approach to the tourist's cognition of environment. In D. Ley and M. Samuels(eds) *Humanistic Geography: Prospects and Problems.* London: Croom Helm.

Eade, J. and Sallnow, M.(1991) *Contesting the Sacred. The Anthropology of Christian Pilgrimage.* London: Routledge.

Eco, U.(1986) *Travels In Hyper-Reality.* London: Picador.

Edensor, T.(1998) *Tourists at the Taj.* London: Routledge.

Feifer, M.(1985) *Going Places.* London: Routledge.

Fjellman, S.(1992) *Vimyl Leaves: Walt Disney World and America.* Boulder, CO: Westview Press.

Gregory, D.(1999) Scripting Egypt: Orientalism and the cultures of travel. In J. Duncan and D. Gregory(eds) *Writes of Passage.* London: Routledge.

Harvey, D.(1989) *The Condition of Postmodernity.* Oxford: Blackwell.

Hewison, R(1987) *The Heritage Industry.* London: Methuen.

Hochschild, A.(1983) *The Managed Heart: Commercialization of Human Feeling.* Berkeley: University of California Press.

Holderness, G.(1988) Bardolatry: Or, the cultural materialist's guide to Stratfordupon-Avon. In G. Holderness(ed.) *The Shakespeare Myth.* Manchester: Manchester University Press.

Hollingshead, K.(2000) The tourist gaze and games of truth. An elaboration of the governmentality of Foucault via Urry. Millennium Conference: Tourism 2000, Sheffield, September.

Home, D.(1984) *The Great Museum.* London: Pluto.
Judd, D. and Fainstein, S.(1999) *The Tourist City.* Yale University Press: Cornell.
Larsen, J.(2001) Tourism mobilities and the tourist glance: The 'tourist gaze' in motion. Mimeo. Dept of Sociology, Lancaster University.
Lash, S. and Urry, J.(1994) *Economies of Signs and Space*, London: Sage.
Lennon, J. and Foley, M.(2000) *Dark Tourism.* London: Continuum.
Lett, J.(1983) Ludic and liminoid aspects of charter yacht tourism in the Caribbean. *Annals pf Tourism Research* 10(1), 35–56.
Löfgren, O.(2000). *On Holiday*: A History Of Vacationing. Berkeley: University of California Press.
Lumley, R.(1988)(ed.) *The Museum Time-Machine*, London: Routledge.
MacCannell, D.(1973) Staged authenticity: Arrangements of social space in tourist settings. *American Sociological Review* 79, 589–603.
MacCannell, D.(1989[1976]) *The Tourist.* London: Macmillan.
MacCannell, D.(1992) *Empty Meeting Grounds.* New York: Routledge.
Macdonald, S.(1997) A people's story: Heritage, identity and authenticity. In C. Rojek and J. Urry(eds) *Touring Cultures.* London: Routledge.
Mars, G. and Nicod, M.(1984) *The World of Waiters.* London: Allen and Unwin.
Marshall, G.(1986) The workplace culture of a licensed restaurant. *Theory, Culture and Society* 3, 33–48.
McCrone, D.(1998) *The Sociology of Nationalism.* London: Routledge.
Osborne, P.(2000) *Travelling Light. Photography, Travel and Visual Culture.* Manchester: Manchester University Press.
Pearce, P. and Moscardo, G.(1986) The concept of authenticity in tourist experiences. *Australian and New Zealand Journal of Sociology* 22, 121–32.
Pearce, P.(1982) *The Social Psychology of Tourist Behaviour.* Oxford: Pergamon.
Perkins, H. and Thorns, D.(1998) Gazing or performing: Characterising the contemporary tourist experience: Work in progress. Paper giver to World Congress of Sociology, Montreal, July–August.
Pine, R.(1987) *Management of Technology Change in the Catering Industry.* Aldershot: Avebury.
Poon, R.(1993) *Tourism, Technology and Competitive Strategies.* Wallingford: CAB International.
Roche, M.(2000) *Mega-Events and Modernity.* London: Routledge.
Rojek, C. and Urry, J.(eds)(1997) *Touring Cultures.* London: Routledge.
Samuel, M.(1994) *Theatres of Memory.* London: Verso.
Shields, R.(1991) *Places on the Margin.* London: Routledge.
Smith, V.(ed.)(1989) *Hosts and Guests. The Anthropology of Tourism.* Philadelphia:

University of Pennsylvania Press.

Taylor, J.(1994) *A Dream of England. Landscape, Photography and the Tourist's Imagination.* Manchester: Manchester University Press.

Turner, C. and Manning, P.(1988) Placing authenticity–on being a tourist: A reply to Pearce and Manning. *Australian and New Zealand Journal of Sociology* 24, 136–8.

Turner, L. and Ash, J.(1975) *The Golden Hordes.* London: Constable.

Turner V.(1973) The center out there: Pilgrim's goal. *History of Religions* 12, 191–230.

Turner, V.(1974) *The Ritual Process,* Harmondsworth: Penguin.

Urry, J.(1992) The tourist gaze 'revisited'. *American Behavioral Scientist* 36, 172–86.

Urry, J.(1995) *Consuming Places.* London: Routledge.

Urry, J.(2002) *The Tourist Gaze.* 2nd edn. London: Sage.

Veijola, S. and Jokinen, E.(1994) The body in tourism. *Theory, Culture and Society* 6, 123–51.

Vergo, P.(ed.)(1989) *The New Museology.* London: Reaktion.

Ward, M. and Hardy, D.(1986) *Goodnight Campers! The History if the British Holiday Camp.* London: Mansell Publishing.

Whyte, W.F.(1948) *Human Relations in the Restaurant Industry.* New York: McGraw Hill.

Wilson, A.(1992) *Culture of Nature.* Oxford: Blackwell.

Wouters, C.(1989) The sociology of emotions and flight attendants: Hochschild's *'Managed Hear'. Theory, Culture and Society* 6, 95–124.

제 3 장

관광경제학

The Economics of Tourism

데아 싱클레어(M. THEA SINCLAIR)
아담 블레이크(ADAM BLAKE)
건터 스기야토(GUNTUR SUGIYARTO)

서 문 Introduction

관광경제학은 관광에 대한 소비자의 수요를 만족시키기 위한 제한된 자원의 배분과 미시 및 거시경제 측면의 관광영향과 밀접한 관련을 갖는다. 관광공급은 숙박, 운송, 대행 서비스, 식음료, 기념품을 포함하여 그 자체가 다양한 재화와 서비스로 구성되어 있다. 기존의 관광연구가 관광수요를 심층적으로 연구해 왔던 반면 관광공급에 관한 연구는 공급의 분산 특성으로 인해서 주로 호텔숙박, 항공운송 및 투어운영자(tour operator)[7] 등의 특정 분야에 집중되는 경향이 있었다. 관광수요에 관한 기존의 연구는 수요의 결정인자에 의한 반응을 추정하는 미래 수요예측과 관광의 동기에 대해 분석하여 왔다. 관광공급에 관

역주 7) tour operator는 엄밀하게 '패키지 투어 전문 여행업자'를 의미하는데, 이 책에서는 '투어운영자'로 사용하였다.

한 연구는 호텔, 항공사, 투어운영자 및 여행사(travel agents) 내부 또는 상호간의 수직적이고 수평적 통합뿐만 아니라 각각의 관광시장에서 발생하는 경쟁유형을 포함한 관광부문의 구조에 초점을 두어 왔다.

관광의 수요 및 공급 특성은 광범위한 관광영향 평가의 제공, 투입산출모델(input-output model)에 의한 관광규모의 측정과 분류, 일반균형모델(general equilibrium models)에 의한 추가 관광수요의 효과 추정, 경제개발에 있어 관광의 중요성 평가 등과 결합되어 있다. 관광의 환경적 영향은 환경적 외부성(externalities, 외부 효과)을 바로잡기 위한 방법을 제시했던 기존의 연구에서 지속가능한 관광개발의 중요성을 평가하는 연구로 확장되어 다양한 관점에서 분석되었다. 이러한 모든 분야는 관광의 실제적 통치를 위해 관광조세(taxation), 규제(regulation) 그리고 통제(control)의 적정성 등에 관한 정책적 건의를 제공할 수 있도록 상호간에 깊은 관련성을 갖는다.

관광수요 The Demand for Tourism

관광수요 분석은 수요의 서로 다른 경제적 결정인자에 대한 상대적인 중요성에 대한 이해를 증진시키거나, 예측하는 데, 그리고 정책수립에 유용하다. 대부분의 관광수요에 관한 과거의 경제연구는 1차 방정식(single equation)과 방정식 시스템(system of equation) 등 2가지 접근에 기초하였다. 전자는 전통적인 접근방법으로 1차 자료(priori basis)를 통해 자세히 설명되는 1차 방정식을 포함하는 반면, 후자는 보다 최근의 방법으로 소비자 수요이론에 기초한 방정식 시스템을 구성하고 있다. 2가지 접근방법은 관광수요에서 특정 변수의 효과에 관한 가설의 구성과 검증을 가능하게 하였고, 각각의 설명변수에 의해 변화하는 수요의 반응을 계량화한 탄력성 값(elasticity value)을 추정할 수 있게 하였다. 관광수요의 변화를 설명하는 1차 방정식에서 탄력성 값을 얻었을 때, 이러한 2가지 접근방법을 통해 얻은 탄력성 값은 엄격하게 비교할 수 있는 것이 아니어서 방정식 시스템에서 얻은 탄력성 값은 서로 다른 지역(또는 해안관광과 도시관광 같은 다른 유형)에서 관광으로 소비하는 관광지출액의 변화를 설명하는 반면 1차 방정식 방법에서 얻은 탄력성 값은 다른(*per se*) 관광수요의 변화에 관한 것이다. 예를 들어, 업무여행과 친구, 친척방문 등은 선택보다는 일정 수준의 의무를 포함하고 있어서 일반적 관광목적지 수요보다 더 가격이 탄력적이지 못하다(price inelastic)(Bull, 1995).

관광수요에 관한 초기 문헌이 관광수요의 결정인자를 규명하는 데 유용한 역할을 담당한 반면, 최근의 연구는 관광수요 분석의 개념적 토대 구축과 관광수요 모델링에 있어 계량경제학적 혁신(econometric innovations)에 중요한 공헌을 하였다. 이 장에서는 그 동안 전개되어 온 관광수요에 대한 경제학적 사고의 기여와 방법을 논의하고, 수요의 1차 방정식 모델에 기초한 초기 연구의 학문적 기여를 또한 논의할 것이며, 이때 방정식 시스템 접근방법을 통해서 소개되었던 점점 증가하는 엄격함에 대해서도 다루게 될 것이다. 계량경제학적 기법의 혁신에 관한 참고문헌은 토의과정에서 형성될 관광수요 모델에 유용할 것이라 전망되며, 관광수요 모델은 계량경제학적 접근, 통계모델(statistical models)과 인공지능 기법(artificial intelligence techniques)을 포함한 광범위한 모델링방법을 예측하는 데 사용할 것이다. 그러나 이 관광수요 모델이 더 광범위하게 고려되어야 하는 부분에 대해서는 논의에서 배제하겠다(예, Witt & Witt, 1995).

1차 방정식 접근방법과 관광수요의 경제적 결정인자

The single equation approach and the economic determinant of tourism demand

관광수요는 국가, 지방, 지역의 개인과 집단, 서로 다른 형태의 방문객과 관광객, 스포츠관광과 자연자원 기반의 관광과 같은 특수한 형태의 관광상품, 운송, 매력물(attractions), 숙박과 같은 특별한 요소의 관광상품에 대해 검토할 수 있다(Darnell *et al.*, 1990; Sinclair and Stabler, 1997; Crouch, 1994a, 1994b). 또한 관광수요의 계절성이 고려될 수 있다(Baron, 1975; Sutcliffe & Sinclair, 1980; Lim & McAleer, 2001). 노발(Noval, 1975)은 여행송출 경향(tendency to generate travel),

여행수용 및 유인 경향(tendency to receive/attract travel), 여행의 장애(impediments to travel), 국가 간의 상호 작용(interaction between pairs of countries), 상호 의존적 요인(interdependence factors) 및 추측적 방해(stochastic disturbance) 등 6가지 형태의 변수를 분류하였다. 반호브(Vanhove, 1980)는 시장, 목적지, 입지와 결속요소를 논의하였다. 미쿨리치(Mikulicz, 1983)는 시장규모, 여행비용과 이미지 등 3개의 독립변수로 분류했다.

많은 연구(Archer, 1976; Johnson and Ashworth, 1990; Sheldon, 1990; Crouch, 1994a; Sinclair, 1991a)는 출발과 도착 관광객수, 관광목적 지출과 관광수입, 숙박일수와 같은 수요를 측정하는 국가적 수준의 관광수요에 초점을 두었다(Jafari, 2000). 초기 연구는 관광수요의 소득, 상대가격, 환율, 운송비와 같은 주요 경제적 결정인자를 논의하고 규명하는 데 유용하였다. 추가적으로 특별한 이벤트(events)는 관광수요에 영향을 준다. 그러므로 1차 방정식의 관광 수요함수는 다음과 같은 형태를 갖는다.

$$Dij = f(Yi\,,\ Pij/c\,,\ Eij/c\,,\ Tij/c\,,\ DE\,,\ \varepsilon)$$

여기에서 D_{ij}는 관광목적지 j로 향하는 출발지 i에 의한 관광수요이다. Y_i는 출발지 i의 소득이다. $P_{ij/c}$는 관광목적지 j와 경쟁 관광목적지 c와 관련이 있는 출발지 i 사이의 상대가격이다. $E_{ij/c}$는 관광목적지 j, 경쟁 관광목적지 c와 출발지 i 사이의 환율이다. $T_{ij/c}$는 관광목적지 j, 경쟁 관광목적지 c와 출발지 i 사이의 운송비이다. DE는 스포츠 행사 또는 정치적 격변과 같은 특별한 이벤트를 설명하는 더미(dummy)변수이다. 그리고 ε는 수요에 영향을 주는 모든 요인을 설명하는 교란항(disturbance term)이다. 모든 변수는 동일기간 t에서 발생한다.

소득(income)은 일반적으로 관광수요의 중요한 결정인자로 고려되고, 균등[단위당] 형태(per capita form)로 수요방정식에 투입된다(Artus, 1970, 1972; Askari, 1973; Barry and O'Hagan, 1971; Chadee and Mieczkowski, 1987; Diamond, 1977; Gray, 1966; Gunadhi and Boey, 1986; Kliman, 1981; Kwack, 1972; Little, 1980; Loeb, 1982; Martin and Witt, 1987, 1988; Papadopoulos and Witt, 1985; Smith and

Toms, 1978; Summary, 1987; Syriopoulus, 1995; Uysal and Crompton, 1984; Witt and Martin, 1985, 1987). 일부 연구는 총국민소득(GNP: total national income)을 설명변수로 사용했고(Jud and Joseph, 1974; Kwack, 1972; Papadopoulos and Witt, 1985; Tremblay, 1989), 다른 일부 연구는 총가처분소득(total disposable income)을 설명변수로 사용했다(Gray, 1966; Kwack, 1972; Oliver, 1971). 실증적 연구 결과 소득은 국제관광수요의 중요한 결정인자로 나타났다(Archer 1989; Crouch 1994a, 1994b).

상대가격(relative price)은 수요의 중요한 결정인자지만 수요함수에 포함되는 가격의 적정한 형태에 대해서는 결코 명확하지 않다. 관광객이 구입하는 재화량을 측정하는 관광가격지수(tourism price index)의 한계 때문에, 일반적인 접근은 관광객의 생활비용에 대한 대리(proxy)로서 소비자가격지수(consumer price index)를 이용하였다(Witt & Witt, 1995). 김과 위살(Kim & Uysal, 1997)은 가격이 독립적이지 않고 오히려 관광수요의 변화(endogeneity, 내인성)에 따라 변할 가능성에 대해 논의한 바 있다. 서머리(Summary, 1987)는 개인의 출발지와 목적지 국가 가격의 비율을 설명변수에 포함하였고, 올리버(Oliver, 1971)는 관광목적지의 가중평균가격에 출발지 가격의 비율을 설명변수에 포함시켰다. 로브(Loeb, 1982)는 출발지의 가중평균가격과 대안의 목적지지역가격에 목적지가격의 비율을 사용하였다.

환율(exchange rates)도 종종 관광수요의 결정인자로 받아들여지고 있는데, 관광객은 관광목적지의 생활비용보다 환율에 대해 더 많이 의식한다. 일부 연구에서 관광객 출발지와 관광목적지 통화 사이의 환율을 포함하였다(Gray, 1966; Gunadhi & Boey, 1986; Loeb, 1982; Martin & Witt, 1987, 1988; Smith & Toms, 1978; Summary, 1987; Uysal & Crompton, 1984; Witt & Martin, 1985, 1987). 다른 연구는 관광객 출발지와 관광목적지의 가중평균(Gunadhi & Boey, 1986; Little, 1980; Tremblay, 1989) 또는 혼합상대가격(또는 관광비용과 환율) 사이의 환율을 사용하였다(Artus, 1970; Barry & O'Hagan, 1971; Jud & Joseph, 1974; Kliman, 1981; Kwack, 1972; Martin & Witt, 1987, 1988; Paradopoulos & Witt, 1985; Stronge & Redman, 1982; Uysal & Crompton, 1984; Witt & Martin, 1985, 1987). 관광목적

지에서 유리한 환율은 높은 인플레이션을 차감(offset)할 수 있기 때문에 수요함수에 상대가격과 환율 양쪽 모두를 포함시키는 경우가 있다(Witt & Witt, 1995; Song & Witt, 2000). 추가적 연구가 필요하겠지만 기존의 경험적 연구는 소비자가격지수에 의해 조정된 환율을 관광비용을 위한 합리적인 대리(proxy)로 제시하고 있다(Martin & Witt, 1987).

운송비용(transport cost)은 가끔 수요함수에 포함된다(Askari, 1973; Bechdolt, 1973; Gray, 1966; Kliman, 1981; Little, 1980; Martin & Witt. 1987, 1988; Papadopoulos & Witt, 1985, Smith & Toms, 1978; Stronge & Redman, 1982; Summary, 1987; Tremblay, 1989; Witt & Martin, 1985; 1987). 그러나 운송비 구조가 매우 복잡하기 때문에 자료의 유용성과 측정에 상당한 문제가 있다. 항공료와 숙박을 포함하는 패키지 여행에 참가하는 관광객의 증가는 추가적인 복잡함을 더해 준다. 일반적으로 운송비에는 항공료, 유류비, 운송거리와 같은 개략적인 측정이 이용된다(Song & Witt, 2000). 그러므로 관광수요의 결정인자로 운송을 포함할 것인지의 문제는 보다 더 주의하여야 하고, 지금까지 해왔던 것보다 더 이론적이고 경험적인 연구주제로 다루어져야 한다(Sinclair & Stabler, 1997).

또한 관광수요에 영향을 미치는 특별하거나 '일회성(one off)'의 이벤트를 산정하기 위해 더미(dummy)변수의 사용이 일반적이다. 여기에는 스포츠 행사(Kliman, 1981; Little, 1980; Loeb, 1982)와 석유위기와 같은 정치적 사건(Barry & O'Hagan, 1971; Gunadhi & Beoy, 1986; Kliman, 1981; Little, 1980; Martin & Witt, 1987, 1988; Papadopoulos & Witt, 1985; Summary, 1987; Syriopoulos, 1989; Tremblay, 1989; Uysal & Crompton, 1984; Witt & Martin, 1985, 1987)을 포함한다. 다른 변수로 외국환 규제(Barry & O'Hagan, 1971; Gunadhi & Boey, 1986; Martin & Witt, 1987, 1988)와 마케팅 지출(Barry & O'Hagan, 1971; Papadopoulos & Witt, 1985; Uysal & Crompton, 1984) 등을 포함한다.

1차 방정식 모델을 사용하는 대부분의 관광수요 추정연구는 총량이나 국가사이의 수준에서 다변량회귀분석(multivariate regression analysis)을 사용하여 왔다. 방정식 시스템 접근과 달리 1차 방정식방법은 각각의 다른 지역(또는 관광유형)에 대한 동일한 설명변수의 포함을 요구하지 않고, 다른 지역(또는 유형)의 특수한 상황을 설명하는 변수를 포함하는 관광수요 함수를 인정하였다. 로그선형모델(log-linear model)은 상대적으로 훌륭한 경험적 수행(Crouch, 1994a; Witt and Witt, 1995; Lee *et al.*, 1996)과 수요 탄력성 제공의 편리성(Crouch, 1994a) 때문에 가장 일반적으로 이용하는 함수 형태이다. 그러나 이 모델은 관광수요의 변동을 설명하는 데 왜 우수한지에 대한 논쟁이 있어 왔는데, 아마도 계산의 편리성과 모수 설명의 용이성이 이 모델을 선택하게 했을 것이다(Ong, 1995). 이 방정식은 관광수요에 대한 장단기 탄력성을 추정하게 해주는 역동적 형태라는 점에서 특별하다고 할 수 있다(Syriopoulos, 1995). 역동적 측면은 관광객의 기대, 공급의 엄격성과 습관의 지속성 또는 안정적 행동 패턴과 결합을 통해 이 모델에 투입될 수 있다(Witt & Moutinho, 1989; Seddighi & Shearing, 1997; Kim & Song, 1998; Morley, 1998; Song and Witt, 2000; Song *et al.*, 2000; Rodriguez *et al.*, 2001).

관광수요에 관한 정량적인 접근은 원인과 효과를 모델화하고, '어떻게 될까(what if)'의 예측을 가능하게 하며, 통계측정의 정확성과 유의성을 제공한다. 모델화 형식은 관광수요에 영향을 주는 변수에 초점을 둔 계량경제학적 모델, 질량(mass)과 거리의 고려(최근에 더배리[Durbarry]는 전통적인 1차 방정식 모델보다 공개자료를 사용하여 추정함)를 강조하는 지리학적 관점에서 채택한 중력 모델(gravity models)과 이전 2가지 방법을 혼합한 여행발생 모델(trip generation models)을 포함한다. 이 모델은 소득의 변화에 따른 수요의 반응을 측정하는 소득 탄력성 값을 파악하는 데 이용할 수 있다. 가격과 환율 탄력성은 수요가 가격이나 환율변화에 민감한지 아니면 민감하지 않은지에 따라 관광목적지를 분류하는 데 사용할 수 있다.

그러나 1차 방정식 접근을 사용했던 많은 연구결과에 대한 평가에서 상당한 차이가 나타났다. 후지이 등(Fujii *et al.*, 1985) 등은 1차 방정식 모델이 정보 이용에 있어서 비효율적이고, 교차가격탄력성(cross-price elasticities) 분석에 불충분하다고 지적하고 있다. 소득, 가격, 환율의 측정은 때때로 측정 대상으로 선택하게 된 경제학적 설명이 없이 다른 연구에서 다양하게 사용되었고, 경제학적

이론의 토대가 부족한 1차 방정식 모델은 방정식 시스템 모델에 통합하게 되었다.

관광수요 모델링의 방정식 시스템 접근방법

System of equations approaches to tourism demand modelling

최근의 관광수요 연구의 발전은 소비자 수요이론을 사용하여 관광수요 모델링과 개인적 소비자 행동과 관련된 총체적 수준에서 관광수요와 관련하여 분명한 이론적 토대를 마련하였다는 것을 포함한다. 소비자수요이론에 기초하고 있는 방정식 시스템은 디튼과 뮤엘바우어(Deaton & Muellbauer, 1980a, b)에 의해 발표된 '준이상수요체계(Almost Ideal Demand System: AIDS)'[8] 접근을 이끌어 낼 수 있었다. 비록 선형지출 시스템(Linear Expenditure System: LES) 모델이 AIDS 모델보다 덜 만족스러운 결과를 도출하는 경향이 있었지만 사용되어 왔다(Fujii *et al.*, 1987). 디튼과 뮤엘바우어(Deaton & Muellbauer)에 따르면 소비자수요이론은 고정된 수입(예산)을 가지고 있는 소비자는 식음료, 숙박 그리고 관광과 같은 주요 필수품 목록에 따라 먼저 예산을 배분한다는 '단계별 예산(stage budgeting)'의 절차에 의해 소비한다고 제안한다. 이때 소비자는 서로 다른 관광목적지에서의 관광을 포함하여 각각의 목록에 대한 지출을 배분한다. 소비자선택이론의 응용은 '선택의 일관성(consistency of choice)'과 같은 소비자 행동에 관한 수많은 가정을 포함하고 있기 때문에 서로 다른 관광목적지에 할당된 총지출의 배분은 합리적인 개인 소비자에 의한 선택의 결과로 취급된다. AIDS 모델에 의해 서로 다른 지역(또는 관광유형)에 할당된 총관광목적 지출의 배분을 추정할 수 있다.

역주 8) 이 방법은 비선형인 엥겔의 지출함수를 활용함으로써 응용범위가 넓고, 소득과 가격 조건에 따라 가변적이기 때문에 일반화가 비교적 용이한 수요모델로 평가되고 있다.

표 3-1 지출 및 비보상 가격 탄력성: 프랑스, 포르투갈, 스페인의 영국관광 수요

국 가	소비 탄력성		자체-가격 탄력성		교차-가격 탄력성					
					프랑스 가 격		포르투갈 가 격		스페인 가 격	
	1969 ~1979	1980~ 1997	1969~ 1979	1980~ 1997	1969~ 1979	1980~ 1997	1969~ 1979	1980~ 1997	1969~ 1979	1980~ 1997
프랑스	0.64**	0.81**	-2.04**	-1.90**	-	-	0.03	0.02	1.38**	1.08**
포르투갈	0.82**	0.95**	-2.24**	-1.80**	0.07	0.02	-	-	1.35*	0.83*
스페인	1.20**	1.15**	-1.82**	-1.93**	0.52**	0.66**	0.10*	0.12*	-	-

주 : *과 **은 각각 5%와 1%에서의 유의수준을 나타냄

$$\omega_i = \alpha_i + \sum_i r_{ij} \log p_j + \beta_i \log (x/P) i_i \; j = 1, ..., n$$

ω_i는 j국가(지역) 거주자가 관광목적지 i에 할당한 지출액 배분이고, p_j는 j국가(지역) 가격수준이다. x는 j국가(지역) 거주자의 관광지출액이고, P는 관광목적지에 따른 가격을 산정하는 가격지표이며, α_i, r_{ij}, β_i는 매개변수(parameters)이다. 방정식 시스템 접근방법은 관광수요의 지출탄력성(expenditure elasticities), 자체가격탄력성(own-price elasticities) 및 교차가격탄력성(cross-price elasticities)을 산정해 준다(표 3-1의 탄력성 산정 참조). 백분율로 표현되는 지출탄력성은 총지출액의 변화율로 관광목적지 i지역에서의 관광목적지출액의 변화율을 나타낸다. 자체가격탄력성은 지역의 자체가격변화율에 따른 관광목적지 i의 관광목적지출액에 대한 변화율을 나타내고, 반면에 교차가격탄력성은 다른 관광목적지 j의 변화율에 따른 목적지 i의 관광목적 지출액에 대한 변화율을 나타낸다. 실제 불변지출에 근거하는 보상 탄력성(compensated elasticities)과 상대가격의 변화에 따른 지출의 변화를 설명하는 비보상 탄력성(uncompensated elasticities)은 양쪽 모두에서 계산된다. 이 접근방법은 대규모의 정보를 제공한다.

오헤이건과 해리슨(O'Hagan & Harrison, 1984), 화이트(White, 1985)는 이러한 AIDS 모델을 적용하여 다른 유럽 국가를 방문한 미국 관광객의 지출을 분석하였고, 사이리오 포우로스와 싱클레어(Syriopoulos & Sinclair, 1993), 파파데오드로

우(Papatheodorou, 1999)와 드 멜로 등(De Mello *et al.*, 2002)은 여러 지중해 국가를 방문하는 유럽 선진국가의 관광지출을 연구하였다. 상대적으로 높은 지출탄력성 값(e>1)은 결합된 지역(combined areas)에서 관광지출액이 올라가는 것과 마찬가지로 그 국가(지역)에 할당된 관광지출액이 증가하는 것을 나타내고, 반면 상대적으로 낮은 지출탄력성 값(0<e<1)은 할당된 관광지출액이 비례적으로 보다는 덜 증가하는 것을 나타낸다. 1보다 작은 자체가격탄력성은 자체가격 변화에 대하여 낮은 수요 민감도(비탄력적 수요)를 나타내는 반면 1보다 큰 탄력성 값은 높은 수준의 민감도(탄력적 수요)를 나타낸다. 교차가격탄력성의 부호는 관광목적지가 대체지역(+)인지 보완지역(-)인지를 표시하고, 서로 다른 관광목적지 사이의 상호 경쟁 또는 보완의 정도를 나타내는 데 유용하다. 예를 들어, 표 3-1의 드 멜로 등(De Mello *et al.*, 2002)에 의한 영국의 관광수요에 관한 연구에서 1967~1997년 동안 스페인은 프랑스와 포르투갈에 비해 상대적으로 지출탄력적인 관광목적지로 나타났다. 스페인에 대한 수요가 시간이 갈수록 점점 더 민감해짐에 따라 3개 국가에 대한 영국의 관광수요는 자체가격의 변화에 크게 민감하였다. 영국 관광객에 대한 포르투갈과 스페인, 프랑스와 스페인 간의 교차가격탄력성 값이 정(+)의 관계의 유의한 수준을 나타낸 것은 이들 목적지는 모두 대체지역임을 나타낸다.

관광수요를 모델링하는 데 있어 1차 방정식 접근방법과 비교했을 때의 AIDS 모델의 장점은 관광수요를 설명하는 데 사용한 변수를 정당화하기 위해 경제학적 추론을 사용했다는 것과 이를 모델에 포함한 형태(예를 들어, 모델을 추정하기 위해 사용되는 방정식의 특수성)를 사용했다는 것이다. 반대로 1차 방정식 접근방법은 1차 자료를 상술했는데, 엄격한 경제학적 토대가 없는 상황에서 이 모델을 통해 제공된 연구결과의 정확성을 평가하는 것은 불가능하다. 그러나 비록 AIDS 모델이 방정식과 관련된 경제학적 특수성에 기초하지만, 그 결과는 경향(trending) 또는 내인성(endogeneity)에 따른 계량경제학적 문제 때문에 여전히 문제가 될지도 모른다. 예를 들어, 소득과 같이 외부 효과(external forces)에 의해 결정된다고 가정하는 일부 변수는 사실 관광수요 변화에 따라 변화(내인성)할지도 모른다. 이러한 이슈는 심즈(Sims, 1980)와 요한센(Johansen, 1988)에 의해 연구한 추가적 절차의 적용과 상호 통합 분석으로 알려진 계량경제학적 기법과 함께 벡터자기회귀(Vector Autoregression: VAR)로 알려진 모델을 사용해서 해결될 수 있을 것이다.

연구자가 연구한 결과가 진실하다고 확신하는 상황에서 AIDS 모델이 VAR 모델에서 얻었던 결과와 유사한 결과를 제공한다면, VAR 모델은 관광수요의 AIDS 특수성이 적정한지를 평가하는 데 유용하다. 추가적으로 VAR 모델은 시간의 경과에 따른 관광수요의 역동적 조정에 관한 정보를 제공하고 예측하는 데 사용할 수 있다. 그러므로 AIDS 모델과 VAR 모델은 상호 보완적이라 할 수 있다. AIDS 모델은 경제적 추론의 관점에서 정당화할 수 있는 모델을 제공하고, VAR 모델은 심사숙고하여야 하는 상황에서 AIDS 모델이 적정한지를 평가하는 수단을 제공한다. 구조방정식 모델링(Turner *et al.*, 1998; Turner & Witt, 2001)은 다중 방정식 상황으로 관광을 분석하고, 통합된 분석 체계에서 서로 다른 관광수요 유형 사이의 원인과 상호 관련성을 평가하는 추가적인 수단을 제공한다.

명확한 이론적 근거에 기초한 관광수요에 관한 추가연구는 소비자가 특정 관광목적지를 선택하는 개연성(probability)을 추정하기 위해 맥패든(McFadden, 1973), 스토퍼와 메이부르그(Stopher & Meyburg, 1976), 헨셔와 달비(Hensher & Dalvi, 1987)에 의해 사용하였던 것과 같은 이산선택모델(discrete choice models)의 사용을 받아들였다. 그러나 이산선택모델은 관련된 분산자료(disaggregated data)의 유용성에 의해 많은 제약을 받아왔다. 따라서 관광수요를 예측하기 위해 신경 네트워크(neural networks)의 사용을 기초로 하는 몇 개의 새로운 모델링 개발이 있었다(예를 들어, Pattie & Snyder, 1996; Uysal & Roubi, 1999; Law, 2000). 추가 연구는 다양한 특성에 의해 구성되는 혼합물로서 관광수요에 관한 더욱 구체적인 평가를 포함해야 한다(Papatheodorou, 1999, 2001). 특정 관광목적지에 대한 수요나 관광유형이 중요한 경제적 변수의 변화에 왜 민감한가 또는 민감하지 않은가의 이유를 밝히는 것은 실무 정책과 관련한 추가 연구의 과제이다.

관광공급 The Supply of Tourism

관광공급의 경제학은 관광수요보다 관심을 갖지 못했다. 특히 자료의 유용성에 대한 한계는 관광공급의 결정인자와 관련된 관광의 공급 탄력성에 관한 계량적인 연구를 배제하여 왔다. 관광은 운송, 숙박, 식음료, 매력물 및 상점과 은행 같은 다른 서비스를 포함하는 혼합물이다. 관광은 구매 이전에 평가할 수 없고, 저장할 수도 없으며, 여행의 요소를 포함하고 있어 다른 상품과는 다르다. 관광은 하나의 산업 *그 자체*(an industry *per se*)보다는 상호 관련된 산업과 시장의 집합체(collection)로 고려하는 것이 유용하다. 이들 산업은 관광객뿐 아니라 개별 소비자, 기업 및 정부 같은 다른 범위의 소비자에게 상품을 판매한다. 그러므로 관광공급에 관한 연구는 개별 관광 구성 요소의 공급을 평가하는 것을 포함한다.

관광산업의 구조 The structure of the tourism industry

1960년 이후에 관광산업의 가장 두드러진 특징 중의 하나는 호텔, 투어운영자 및 항공사 같은 거대기업의 시장점유율이 크게 증가하였다는 것이다. 훈지커(Hunziker, 1969) 및 바레테와 드페르(Baretje & Defert, 1972)는 초기 단계에서 같은 유형의 기업 사이의 수평적 통합(horizontal integration) 및 기업과 전체 공급자 또는 전체 구매자 사이의 수직적 통합(vertical integration)의 경제적 그리고 기술적 장점을 지적하였다. 과학기술은 경제의 규모가 증가함에 따라 변화의 동인(driver)으로서 중요해졌다(Morrell, 1988). 귀비라토(Guibilato, 1988)는 거대 항공사가 호텔 체인(hotel chain)의 투자를 철회했던 것처럼 1980년대에는 수평적 통합이 상대적으로 중요했다고 주장하였다. 그러나 1986년에는 적어도 12개의 주요 유럽 항공사와 국내외 호텔이 전체 소유권 또는 상당한 지분참여의 형태로 상호 연계하였다(Randall, 1986). 다른 형태의 연계방법으로 호텔과 여행사 사이의 상호 조직 관계(inter-organisational relationship; Medina-Munoz &Garcia-Falcon, 2000)와 호텔과 패스트푸드 간의 제휴(alliances; Preble *et al.*, 2000) 등을 들 수 있다. 크로츠 등(Crotts *et al.*, 2000)은 관광사업의 제휴에 관한 다양한 사례연구를 하였으며, 데이비스와 다운와드(Davies & Downward, 1996; 1998), 그리고 데이비스(Davis, 1999)는 관광 부문을 평가하기 위해 산업조직과 행동의 구조(structure), 행위(conduct), 실행(performance) 모델(SCP모델)을 사용해서 영국의 투어운영자와 호텔 분야에서 독과점이 있음을 찾아냈다. 그러나 국내시장에서 투어운영자에 의한 독과점이 있다 하여도 국제적으로 하나의 회사 또는 기업집단이 우세한 것은 아니다(Sinclair & Stabler, 1997: 113). 새로운 진입 가능성을 통한 시장 경쟁성은 다른 관광시장의 경쟁력 수준에 영향을 주는 중요한 요인이다(Sinclair & Stabler, 1977; Davies & Downward, 1988). 더욱이 관광목적지는 적어도 부분적으로, 투어운영자의 시장 지배력에 대항할 수 있는 전략을 수립할 수 있다.

숙박시설 The accommodation sector

숙박시설의 형태는 개인 운영회사에서뿐만 아니라 대부분의 대규모 호텔의 경영에서도 규모의 경제(economies of scale)에 의해 설명할 수 있다는 증거가 있다(Horwath Consulting, 1994; Hickey, 1988; McGuffie, 1990a, b; Wardell, 1987). 이것은 부분적으로 숙박 분야의 시장집중을 설명한다(McVey, 1986; McGuffie, 1987; Go, 1988, 1989). 고(Go)는 1948년에 호텔 체인에 가입한 미국 호텔이 4.7%였는데, 1988에는 60%가 넘었다는 점에서 증가하고 있는 대규모 호텔 체인의 중요성을 지적하였다. 1986년에 유럽, 캐나다, 미국에서는 10개의 호텔 기업보다 많은 약 3,000개 이상의 호텔 체인이 있었고, 200여 개의 대규모 체인이 적어도 전체 객실의 20%를 소유했다. 대규모 호텔 체인의 상대적으로 높은 성장률은 수평적 통합의 증가를 이끌어 냈으며, 대규모 체인 소유권의 실제적 증가는 상대적으로 단기간에 이루어졌다. 즉, 1994년과 1997년 사이에 호텔 체인에 의한 독일 내 호텔객실의 시장점유율은 24%에서 36%로 증가하였고(Zimmermann, 1988), 대규모 체인에 소속된 호텔의 부지는 특히 주요도시의 중심에 자리잡았으며(McVey, 1986), 여러 국가의 자본이 호텔 체인에 투자하였다.

보루아(Borooah, 1999)는 표면상무관회귀방정식(Seemingly Unrelated Regression Equations)을 이용하여 호텔객실수(number of guest rooms)와 점유객실당 수익

(earning per occupied room), 객실점유율(room occupancy rate)과 다른 '변동 요인(shift factor)' 사이의 인과관계를 연구하였다. 객실의 공급은 점유객실당 수익을 증가시키고, 객실점유율을 낮춘다는 것이 강력하게 뒷받침되었다. 보루아(Borooah)는 호텔이 거의 완전점유(near-to-full occupancy)에 이르는 때는 단지 가격을 올리고 호텔의 수용능력 확장에 투자할 때뿐이라고 결론지었다.

제프리와 바덴(Jeffrey & Barden, 2000, 2001)은 일정 기간 동안(영국 1992-1994년) 객실 점유율을 상승시키고, 성수기와 비수기에 영향을 미치고, 계절성 효과의 길이에 영향을 미치는 요인을 결정하기 위하여 호텔 객실 점유율에 대한 월별 시계열 자료를 활용하였다. 연구결과 지역의 경쟁업체와 관련되는 우수한 입지를 확보하는 것이 전체 점유율에 영향을 미치는 가장 강력한 요인임을 알 수 있었다. 조그만 도시나 업무지역의 교외에 위치한 호텔은 낮은 점유율을 나타낸다. 비즈니스 호텔은 계절성이 매우 낮은 반면 여가관광에 의존하는 호텔은 계절성이 매우 높다. 점유율의 장기 추세는 투자(높은 수준의 투자는 상승 추세와 관련)와 지역(상승 추세를 경험하는 일부 지역과 다른 하향 추세 지역)에 의해 좌우된다. 이들 연구는 호텔경영과 마케팅을 추진하는 데 있어서 점유자료(occupancy data)의 사용 범위를 제시하고 있는데, 호텔 점유율은 호텔경영과 마케팅 정책의 종점이 아니라 표적선점(targeted initiatives)을 개발하는 데 이용할 수 있다.

관광 분야에 있어서 대규모의 시장집중을 논증하는 연구와 더불어 중소규모 관광기업의 역할에 대한 관심이 증가하여 왔다. 유럽연합(EU)에서 9명 이하의 종업원을 고용한 호텔과 식당이 전체의 96%에 달하는 것과 같이 대부분의 관광회사는 소규모이며(Smeral, 1998: 371), 이러한 이유로 관광분석에서 소규모 기업에 대한 관심이 중요하다. 완힐(Wanhill, 2000)은 웨일즈(Wales) 지역의 216개 표본을 통해 중소규모 관광기업의 실적은 설립 당시 기대하였던 것보다 훨씬 나았다고 보고하였다. 벡톤과 그라에츠(Becton & Graetz, 2001)는 호주의 소규모 관광기업이 필요로 하는 기술(skill)에 대한 연구에서 소규모 기업은 교육훈련의 필요성을 인식하고 있는 반면 내부적으로 훈련하는 것을 선호하여 직원을 위해 외부 교육을 이용하는 것을 꺼리고 있음을 발견하였다. 그러나 대기업의 교육훈련 전략과의 비교는 없었다. 러너와 하버(Lerner & Harber, 2000)는 이스라엘의 소규모 관광기업의 실적에 영향을 주는 요인을 연구하였는데, 기업의 경영기술이 소규모 기업의 성공을 결정짓는 가장 중요한 단일 요인이라는 것을 밝혔다. 이전의 고용과 기업경험과 같은 다른 요인은 기업성공과는 관련이 없었다.

항공사 Airlines

전세 항공사(charter airline) 운영의 시장집중 수준은 국가 사이 및 국가 내의 지역에 따라 다르게 나타나지만, 주요 핵심시장에서는 고도의 집중을 나타내고 있다. 예를 들어, 1980대 말에 주요 5대 전세 항공사는 스페인 여행자의 80%와 영국 여행자 약 70%의 시장을 공유하였다(Bote Gomez and Sinclair, 1991). 그러나 주요 전세 항공사의 우위는 가격전략이 항공산업의 행동에 중요한 변화를 가져온 저가 항공사의 출현(Piga & Filippi, 2002)과 주요 항공사 간의 가격경쟁의 증가로 인해 점차 도전을 받게 되었다(Milman, 1997; French, 1998).

반대로 정기항공 운영(scheduled airline operations)은 부분적으로는 각각의 국가에서 국영항공을 운영하기 때문에 상대적으로 낮은 집중을 나타냈고, 양자간 착륙협약(bilateral landing rights agreements)을 통해서 엄격한 보호를 받아 왔다. 그러나 1990년대에 이러한 구조가 중요한 변화를 보였는데, 항공사 사이의 제휴가 아주 단기간에 세계시장 집중화의 대규모 증가를 이끌었다. 1988년에 대형 5개 항공사는 여행자 수송의 약 30%를 담당하였는데, 1999년에 5대 제휴사는 3분의 2의 운송을 담당하였다(Evans, 2001: 232).

클레이만과 세리스토(Kleymann & Seristo, 2001), 그리고 샤비타(Shabita, 2001)는 항공사 제휴형성(alliance formation)의 동기를 연구하였다. 클레이만(Kleymann)과 세리스토(Seristo)는 잠재적인 이익에 대한 제휴형성의 위험을 비교·평가하여, 제휴에 대한 투자와 효율성을 증진시키고 제휴 항공사 사이의 신뢰를 촉진시키는 데 사용될 수 있다고 주장하였다. 샤비타(Shabita)는 미국은 국제 관문으로의 국내 연결을 개발하고 유럽은 이 관문으로 또는 이로부터 국제 항공시장을 보호하려는 미국과 유럽 사이의 제휴에 대해 집중하였는데, 이러한 항공사 제휴의 인기는 유럽과 미국 양측의 규제철폐(역주 - 1978년) 때문이라는 결론을 내렸다.

구드문손과 로드(Gudmundsson & Rhoades, 2001)는 항공사 제휴의 수명을 연장시키는 요인을 분석하였는데, 확실한 활동이 - 공동계산(pooling, 공동구매 시스템), 마케팅, 부호공유(code-sharing, 다른 제휴 회원사의 항공로 운행)와 블록스페이스(blockspace, 제휴 회원사가 다른 회원사의 항공기 좌석 예약을 허용) - 제휴의 조기 종결 가능성을 감소시키는 경향이 있다고 하였다. 이들의 다른 모델에서는 어떤 활동에 - 공동 서비스(joint service, 동일한 항공 서비스 제공)와 지상시설(ground facilities, 수화물 취급 공유 및 시설과 직원의 관리) - 포함된 전반적 복잡성과 자원 위탁은 항공사 제휴 종결의 위험을 증가시키는 경향이 있다고 하였다. 또한 리(Li, 2000)는 항공사 제휴의 수명을 연장하는 요인에 관심을 가졌는데, 부호공유와 공동계산이 제휴관계를 지속시키는 중요한 특징인 반면, 고객충성도의 합동운영과 운영통합이 제휴의 수명을 연장시키는 핵심 요인이라고 결론을 내렸다. 항공사 제휴가 비핵심 활동 분야로 확장하는 것은 제휴를 조기에 종결시키는 경향이 있으며, 반면에 단지 부호공유, 공동운영 또는 공동 마케팅에 집중하는 것은 또한 단기에 그치는 경향이 있다.

박 등(Park *et al.*, 2001)은 시장에 대한 항공사 제휴의 효과에 대해 연구하였는데, 서로 중복된 네트워크를 가진 항공사 사이의 수평적 제휴는 제휴한 회원사의 생산과 이익을 분리하는 반면 서로 중복되지 않는 네트워크를 가진 항공사 사이의 보완적 제휴가 서로의 생산과 이익을 증가시키는 경향이 있음을 밝혔다. 팬더(Pender, 1999)는 유럽에서 항공 프랜차이징(airline franchising)의 함축된 의미를 논의하였다. 래퍼티와 반 포센(Lafferty & van Fossen, 2001)은 관광 구성 부문 내의 수평적 통합과 관광 구성 부문 사이의 수직적 통합의 차이에 대해 논의하였다. 경영전략이 부문에서 차이가 있을 때, 특히 '포디스트(Fordist)' 항공과 '포스트-포디스트(post-Fordist)' 호텔 사이의 수직적 통합에서 문제가 발생한다.

관광산업에 있어서 다른 최근의 발전은 항공운송의 규제철폐와 민영화를 포함한다. 알-자자프(Al-jazzaf, 1999)는 항공사 민영화가 운영에 전체적인 긍정적 효과를 가져왔음을 밝혔다. 바렛(Barrett, 2000)은 규제가 철폐된 유럽 항공시장의 항공사 경쟁이 공항의 상업화와 민영화를 이끌었고, 이것이 승객과 저가 항공사에게 더 매력적이었다는 것을 밝혀냈다. 노선규제의 수준이 항공사 운영에 영향을 미치는데, 멜빌(Melville, 1998)은 더 경쟁적인 환경이 소규모 항공사에게 시장 경쟁력(market power)을 제공한다는 것을 밝혔다. 포시드(Forsyth, 2001)는 항공운송의 자유화가 이루어져 온 반면 대부분의 국가는 더 많은 규제철폐로의 전환을 꺼려한다고 주장하였다. 자유화의 잠재력은 항공운송 규제의 양자간 시스템에 의해 제약받았지만, 다른 부문을 포함하는 지역적 합의는 항공운송 자유화를 성취해 왔다.

투어운영자와 여행사 Tour operators and travel agents

투어운영자와 여행사 부문은 소수의 기업에 의해 좌우되어 왔다. 싱클레어와 보트 고메즈(Sinclair & Bote Gomez, 1991)는 1980년대 말에 영국의 상위 5위 여행사가 47%의 시장을 공유한 반면, 상위 5개 투어운영자는 77%의 시장점유율을 차치했다고 보고하였다. 이러한 대기업의 집중은 수많은 소기업의 눈앞에서 이루어진다(Sheldon, 1986; Liston, 1986; Evans & Stabler, 1995). 소규모 투어운영자의 창업과 실패 비율은 높다(Sheldon, 1994). 컴퓨터 예약시스템과 같은 과학기술은 투어운영자의 규모를 증가시켰지만, 여행사가 투어운영자의 컴퓨터 시스템에 더 많이 의존하게 된 것처럼 여행사에 복합 효과(mixed effects)를 가져왔다(Bennett, 1993).

최근 10년 동안에 연구되었던 관광사업 운영에 대한 추가적 측면은 협력적인 사회적 책임감이다. 밀러(Miller, 2001)와 탭퍼(Tapper, 2001)는 협력적인 책임감과 관련하여 영국 투어운영자의 역할을 분석하였다. 이 연구에서 많은 투어운영자가 속박력(constraining force)과 같은 강력한 경쟁적 산업구조를 알고 있는 반면 그들이 책임감 있게 경영을 한다면 이익을 볼 수 있다고 믿고 있다는 것을 밝혀냈다. 무책임한 기업으로 보이는 부정적 평판에 대한 두려움은 또한 기업행동에 영향을 미친다.

관광의 광범위한 영향 The Wider Impacts of Tourism

관광은 거시경제 및 미시경제 수준에서 광범위한 영향을 갖는다. 예를 들어, 소득창출, 임금과 고용 그리고 국제수지, 수출수익의 안정성 및 수출의 다양성과 같은 탁월하게 경제발전과 관련이 있는 이슈 등은 현재 고려될 것이며, 환경에 미치는 관광의 광범위한 영향은 다음에 다루도록 하겠다.

경제적 영향 The economic impact

과거에 관광의 경제적 영향에 대한 측정은 투입-산출(input-output)과 소득승수(income multiplier)의 접근방법에 의존하였다(예를 들어, Archer, 1973, 1977a, 1989; Sinclair & Sutcliffe, 1978, 1988; Johnson & Thomas, 1990; Fletcher & Archer, 1991). 투입산출모델은 한 국가의 계정체계(accounting framework)에서 관광에 의한 부가가치(Archer, 1977b, 1995; Archer & Fletcher, 1996; Henry & Deane, 1997; Statistics New Zealand, 1999; Kweka *et al.*, 2001)와 하나의 지역 환경에서 관광영향을 분석하는 데 사용될 수 있다(Andrew, 1977; Wangner, 1977; Schwer *et al.*, 2000; Stauss & Lord 2001). 투입산출모델링은 경제의 산업적 구조와 투입산출표에 의해 제공되는 각 분야의 상호 관련성에 관한 자료를 사용한다. 관광 분야에 있어서 재화와 서비스에 대한 관광객의 최종수요는 고정된 투입산출계수의 가정 하에서 이들 자료를 통하여 추적하는데, 이는 부가가치와 최종수요를 만족시키기 위해 필요한 경제의 각 부문과 전체의 고용을 추론하기 위한 것이다. 투입산출 접근방법은 가격과 임금은 변하지 않는다고 가정하고 있기 때문에 수용능력은 시장요인(factor market)에 의해 제약을 받지 않는다. 앤드류(Andrew, 1977)는 관광이 전통적인 수출 분야에 있어 부정적 영향을 갖지만 대부분의 분야에서 긍정적 영향을 보여준다는 결과에서 지역적 외부의 균형을 제한하면서 동시에 '정상적인'(normal) 투입-산출 관련성을 가지는 선형 프로그램 접근방법(linear programing approach)을 포함하였다.

그러나 관광수입의 상당한 증가는 가격과 임금의 변화를 가져오고, 고용 제약 및 외부 균형 제약이 중요한 효과를 갖는다는 것은 분명하다(Copeland, 1991; Janaki & Wiktor, 2000; Kulendran & Wilson, 2000). 따라서 계산이 가능한 일반 방정식 모델(general equilibrium model)이 관광수요 증가 또는 감소의 경제적 영향을 평가하는 데 이용되었다(Adams & Parmenter, 1991, 1994, 1995; Zhou *et al.*, 1997; Blake, 2000; Blake *et al.*, 2001a, b). 이러한 모델은 외환시장과 외부 균형을 포함하는 모든 경제시장에서 가격과 임금이 동등하게 변하도록 해주는 투입-산출모델에 기반을 둔다. 추가 관광객 지출의 영향에서 필수적인 영향은 가격과 임금이 외화가격과 비례하여 상승하는 실제 환율상승이며, 이는 다른 산업의 경쟁우위를 잠식한다. 예를 들어, 아담스와 파멘터(Adams & Parmenter, 1995)는 관광수입 성장률의 증가는 전통적 수출 분야의 성장을 늦추게 하고, 전통적인 수출에 의한 특화된 지역에서 후생복지의 손실을 발생하도록 한다는 사실을 밝혀냈다. 관광의 경제적 효과는 관광이 발생하는 거시경제학적 환경(Dwyer *et al.*, 2000)뿐만 아니라 과세정책에 의존하게 되는 것이다.

고용과 임금 Employment and Wages

관광은 직접적으로 관광지출이 발생하는 부문 및 더 광범위하게는 연계산업을 통하여 상당한 고용을 창출한다. 관광에서 고용은 지출방법(expenditure method)을 통해서 측정될 수 있어서 투입-산출표의 자료는 재화와 서비스에 의한 관광목적 지출과 부문별 고용을 맞추는 데 사용된다(Statistics New Zealand, 1999; Heerschap, 1999). 이러한 접근은 차라리 자료 집약적이다. 그러므로 일부 연구자는 비록 관광산업에 포함되는 직업목록이 문제가 있을 수 있지만(Johnson & Thomas, 1990) 관광산업과 관련이 있는 직업목록과 분야별 고용의 합계를 이용한 고용계산방법(employment count method)을 사용하였다(Thomas & Townsend, 2001). 1995년도 뉴질랜드의 관광고용은 4.1%이고(Statistics New Zealand), 1998년도 영국의 관광고용은 7%에 달하였다(Thomas & Townsend, 2001: 297).

관광에 종사하는 고용의 합계는 풀타임(full-time)과 파트타임(part-time), 숙련도, 남성과 여성 고용, 소수 이민족과 원주민 노동자 사이의 비율과 같은 고용의 다양한 구조적 특성을 나타내지 못한다(Goodall, 1987; Williams & Shaw, 1988). 영국의 풀타임과 파트타임 관광고용을 연구한 토마스와 타운센드(Thomas & Townsend, 2001)는 1980년대 관광 및 전체 경제의 고용비율은 파트타임보다 풀타임이 떨어졌고, 1990년대에 하향추세가 지속되는 경제에서 관광의 고용비율은 파트타임보다 풀타임이 상승하였다는 사실을 파악하였다. 관광고용에 있어 성별구조(gender structure)에 관한 연구(Bagguley, 1990; Kinnaird *et al.*, 1994; Adkins, 1995; Swain, 1995; Sinclair, 1991a, 1997)는 최상위의 직업은 남성에 의해 수행된다는 수직적 분류와 교통운송은 남성고용이 우세한 반면 숙박과 식음료는 여성고용이 우세하다는 수평적 분류 두 가지를 제시하고 있다(Purcell, 1997). 여성은 많은 지역에서 대부분 계절적이고, 파트타임이며, 저임금의 관광노동을 수행하고 있다(Breathnach *et al.*, 1994).

관광산업의 임금은 다른 경제 분야보다 낮은 경향이 있다(Lee & Kang, 1998; Szivas & Riley, 1999). 그러나 이와 강(Lee & Kang)에 따르면 다른 경제 분야에서는 성별에 따른 많은 임금의 차이를 보이지만, 관광 분야에서는 다른 분야보다 더 수입의 공평한 분배가 이루어진다. 스지바스와 릴리(Szivasd & Riley, 1999)는 1986~1996년 사이 헝가리(Hungary) 관광(호텔과 식당)에서의 노동의 유동성(mobility of labor)을 분석하였다. 이들은 관광의 신규 노동자는 모든 경제 분야에서 옮겨 오지만 무역과 제조 분야의 평균임금이 관광보다 높은데도 불구하고 이들 산업 분야에서 가장 큰 비율로 옮겨 온다는 사실을 밝혔다.

관광과 경제개발 Tourism and economic development

관광객을 끌어들일 수 있는 상당한 자연자원을 보유한 개발도상국에 있어서 관광은 종종 거대한 잠재력을 가진 것으로 보인다(Bird, 1992). 전통적인 수출이 떨어지고 불규칙한 가격에 직면한 개발도상국에서 관광은 실질적인 이익을 가져오고, 외환수입을 증가시키며, 수익의 다양성에 기여할 수 있기 때문에 수출·수익 전체의 가변성을 줄여 준다(Sinclair & Tsegaye, 1990; Sinclair, 1998, 1999;

Durbarry, 2002; Lea, 1993). 많은 개발도상국에서 관광은 서비스 분야를 통한 발전의 방향(Sinclair & Bote Gomez, 1996)과 성장증대(Kweka *et al.*, 2001)를 제공하는 주요한 수출 또는 가장 중요한 수출 중의 하나이다(Sinclair, 1991a; Dieke, 1993; Varley, 1978; Curry, 1992; Mudambi, 1994; Archer, 1995; Archer & Fletcher, 1996; Conlin & Baum, 1995 및 제7장 참조). 그러나 개발도상국을 위한 관광의 혜택은 수입누출(import leakages: Sinclair, 1991a; Telfer & Wall, 1996), 호텔 개발을 위한 외국투자의 필요성과 개발이익의 본국송환(Kusluvan & Karamustafa, 2001) 그리고 환경적 손상(Faulkner, 1988)에 의해 제약을 받게 된다. 또한 관광개발은 특정한 비정부기구(NGO)와 정부의 제도적 지원(Dieke, 1995; Pryce, 1998; Holm-Petesen, 2000; de Villiers, 2000), 훈련과 교육(Doswell, 2000) 그리고 지역적 협동을 필요로 한다(Teye, 2000).

관광과 환경 Tourism and the environment

관광과 환경 사이의 관계는 최근에 상당한 관심을 받고 있다(예를 들어, Pawson *et al.*, 1984; Sindiyo & Pertet, 1984; Andronikou, 1987, Smith & Jenner, 1989; Romeril, Farrell & Runyan, 1991; Cater & Goodall, 1992; Eber, 1992). 주요 논쟁은 관광이 환경에 불리한 영향을 주어서 미래 세대의 이익이 손상되거나 또는 환경적 지속가능성의 강화 또는 증대를 가져올 범위와 관련이 있다. 이러한 사실로부터 환경에 미치는 영향은 수많은 자원의 이용에 제약을 받지 않고 누구나가 자유롭게 이용이 가능한 공공재(public goods)로서 관광객이 이용한다는 것과 또는 자원이용을 위해 전체 사회적 비용과 편익을 반영하지 않은 가격을 조건으로 한다는 사실로부터 나온다(Sinclair & Stabler, 1997). 사회적 그리고 개인적 비용과 편익의 차이는 대부분 자연자원을 포함한 물리적 환경과 관련된 외부성(externalities)으로 알려져 있지만 일부는 사회문화적 특성의 영향을 받는다(Saveriades, 2000). 실제로 인구밀집과 같은 관광과 관련된 비가격 외부성(un-priced externalities)은 일시적인 효과(intertemporal effects)에 의해 (대부분은 측정되지 않는) 발생한다. 가격할인의 일반적 결과는 많은 관광객에게 원래 가격에서는 이용하지 못했던 자원을 이용하게 함으로써 환경적 자원의 가치를 하락시킨다. 따라서 관광은 환경적 지속가능성과는 상반된다고 할 것이다.

그러나 극히 일부의 연구는 환경적 지속가능성의 정의를 그들이 언급하고자 하는 바에 맞추어 특수화하였다. 예를 들어, 서로 다른 정의가 자연자원(natural resource) 자본, 인조(human-made) 자본 및 인적(human) 자본 등 서로 다른 자본의 다양한 조합에 따라 언급되었다. 지속가능성의 가장 약한 정의는 서로 다른 자본 유형 사이의 대체를 허용(Cook *et al.*, 1992; Beiolely, 1995)하였으나, 반면에 강력한 가정은 대체를 허용하지 않았고, 매우 강력한 가정은 서로 자연자원의 다른 유형 사이에서도 대체를 허용하지 않았다. 근본적인 주장은 세대 사이의 공평의 관점으로부터 각 세대는 적어도 유산으로 물려받은 것과 같은 수준의 자본을 다음 세대에 남겨야 한다는 것이다.

관광개발이 환경적 지속가능성과 양립할 수 있는지(Ioannides, 1995; Collins, 1999), 어떻게 하면 이것을 성취할 수 있는지(Garrod & Fyall, 1998; Collins, 1999), 이 책임은 누구에게 있는지 등에 관하여 특별한 관심이 있다(Berry & Ladkin, 1997; Godfrey, 1998; Bramwell & Alletorp, 2001). 외부성이 시장실패와 관계가 있고, 시장 메커니즘(market mechanisms)이 이것을 바로잡는 데 이용할 수 있다고 주장되어 왔다. 그래서 세금 또는 보조금 형태의 가격기반방법(price-based instruments)으로 자원의 비싼 가격 또는 값싼 가격을 바로잡는 데 이용할 수 있고(Mourmouras, 1993; Wanhill, 1980; Piga, forthcoming), 관광과 관련된 지출을 조달하는 데 세수를 제공할 수 있다(Bird, 1992). 이는 헤도닉가격(hedonic pricing: Sinclair *et al.*, 1990; Garrod & Willis, 1991; Willis and Garrod, 1993a), 여행비용방법(travel cost method: Smith *et al.*, 1991; Loomis *et al.*, 1991)과 가상가치평가법(contingent valuation: Hanley & Ruffel, 1993; Lockwood *et al.*, 1993; Willis & Garrod, 1993a, 1993b; Bostedt & Mattsson, 1993; Garrod & Fyall, 1998)과 같은 방법의 수단에 의해서 가격이 결정되지 않은 자원에 대한 사회적 가치의 우선 속성(prior attribution of a social value)을 요구한다. 자원의 사회적 가치를 추정할 때 미래 세대뿐만 아니라 현재 세대의 이익 또한 헤아리는 것을 보증하는 것이 과제이다.

비록 수용할 수 있는 환경의 손상 정도에 대한 합의가 자원의 가치에 대한 이해 없이는 어렵다고 하여도(Davis, 1999), 다른 형태의 개입과 정책전략이 환경적 목표를 지원하기 위해 사용될 수 있다(Stabler, 1997; Inskeep, 2000; Mahalie, 2000). 콜린스(Collins, 1999)는 환경의 지속가능성은 가격을 기반으로 측정해서는 달성될 수 없고, 강력한 양적 제약에 초점을 맞추어야 한다고 주장하였다. 이 메커니즘은 방문객수의 제한을 포함한다. 관광개발 과정에서 현지 지역사회의 참여는 사회적 문제를 감소시키고(Sinclair & Pack, 2000), 환경에 대한 현지 지식(local knowledge)과 결합을 가능하게 하는 경향이 있다(Ioannides, 1995).

항공운항(aviation)은 소음공해, 사고위험 그리고 오존층 파괴와 지구온난화를 유발하는 가스 배출에 이르기까지 특수한 환경적 관련을 내포하고 있다. 비록 지구의 온도상승에 대한 인위적인 가스배출에 의한 항공운항의 책임이 단지 약 1%에 불과한 것으로 산정된다고 하여도(Janiæ, 1999), 항공의 배기가스는 사실상 향후 50년간 증가할 것이다(Olsthoorn, 2001). 그러나 항공운항의 증가는 긍정적 결과를 가져왔다. 공항 숫자와 표준화, 항공 연결의 숫자와 빈도가 관광객의 수요에 적합하도록 개선되었기 때문에 많은 여행목적지를 이용할 수 있게 되었다.

환경적 질의 관리는 관광목적지의 경쟁력을 개선할 수 있다(Mahalie, 2000). 관광은 한 국가의 자연자원을 위한 수익을 제공하고(Boo, 1990), 환경을 더 해롭게 할 수 있는 다른 활동을 대체할 수 있다(Forsyth, 1995). 또한 관광활동은 긍정적 외적 결과를 위한 잠재력을 가지고 있다. 관광자원을 보기 위한 관광객의 지불의사는 환경보호와 개선 프로그램을 수행하기 위해 정부뿐만 아니라 기업을 위한 유인(incentives, 우대)을 제공한다. 역사적 건물 및 지역, 그리고 문화적 활동과 행사는 관광객에게 매력물이 될 수 있고, 이를 개선하고 보호하기 위해 정부와 기업을 유인할 수 있다(Stabler, 1988). 관광 분야에서 고용을 창출하고, 관광을 통한 외화를 획득하기 위한 능력은 다른 부문에서 멀리 떨어진 자원을 취하는 것으로, 이는 환경적으로 '옳지 않은(dirty)' 활동일지도 모른다.

관광과 환경에 대한 논쟁을 마치기 전에 이 논쟁은 문헌에서 언급되었던 몇 가지 모호함을 지적하는 데 유용하였다. '지속가능한 관광(sustainable tourism)' (Clarke, 1997)이라는 말은 자원 이용에 있어서 단기의 수평적 관심의 맥락에서 제기되었고, 애매모호한 부분이 있다. 다른 한편으로 이 지속가능한 관광은 진행 중인 사업의 수익성과 일치하는 관광(Wight, 1993, 1994; Forsyth, 1995b; Stabler & Goodall, 1996; Curtin & Busby, 1999)을 언급할 때 사용하기도 하였고, 또 다른 한편으로는 환경적 지속가능성과 일치하는 관광을 언급할 때 사용되기도 하였다. 전자의 경우는 자연자원이 훼손되고, 인위적 자원(시설)이 이를 대체할 수 있다는 것을 포함하고 있으며, 이에 따라 비록 환경적 지속가능성은 달성할 수 없지만 관광과 사업 이익은 장기간 유지된다는 것이다. 예를 들어, 사업은 단기이익 동력을 위해 관광목적지에서 가격을 인하하고 관광을 하려고 하지만 결과로 나타나는 밀집과 부정적인 관광목적지 이미지는 관광목적지의 장기적인 생명력을 감소시킨다(Curtin & Busby, 1999). 후자의 경우는 관광이 일부 환경적 지속가능성에 관한 정의와 일치한다고 가정한다. '지속가능한 관광(sustainable tourism)'이라는 용어는 환경이 아닌 관광을 직접적으로 언급하고 있어, 문자 그대로는 전자의 정의가 더 정확하다.

'생태관광(ecotourism)'이라는 용어 또한 애매모호하다. 위버(Weaver, 1979: 793)는 다음의 3가지 기준을 가지고 생태관광을 논의하였다. 생태관광은 ① 자연에 기반을 두고, ② 문화적 요소를 가지며, ③ 관광활동은 관광목적지의 환경과 문화에 해롭지 않도록 수행되어야 한다. 그러나 다른 연구자는 이 3가지의 기준 중에 하나 또는 둘 만을 포함시켰다. 예를 들어, 두 번째의 문화적 기준은 가끔 제외되었다. 세 번째 기준은 자연에 기반을 둔 하나의 활동으로서 생태관광을 판매하는 사업에 의해 무시되었고, 관광목적지의 환경과 (또는) 문화를 훼손하는 것을 피하도록 체계화하는 것도 실패하였다. 단지 하나의 기준만이 이 용어의 전체 사용에 일반적이라는 것은 어떤 의미에서는 생태관광은 자연에 기반을 둔 관광을 언급하는 용어라는 것이다. 그러므로 추가적 설명이 없이 이러한 조건을 사용하는 것은 문제가 있다. 실제로 자연에 기반을 둔 관광의 개발은 소규모, 개발지역과 주변부의 적합성 그리고 환경적 지속가능성과 조화되는 범위에서 수행하는 것을 포함해서 많은 이슈를 함축하고 있다(Lawrence & Wickins, 1997; Lew, 1998; Campbell, 1999).

세금, 규제, 정부정책 Taxation, regulation and government policy

관광경제학에 관한 최근의 연구는 적지만 앞에서 논의되었던 환경 및 지속가능한 관광과 관련된 정부정책에 더하여 관광 분야에서 정부의 역할에 관한 연구가 확장되고 있다. 파요스-솔라(Fayos-Sola, 1996)는 지난 반세기 동안 나타났던 관광정책을 3단계로 설명하였다. 첫 단계로 관광정책의 절대적이고 명확한 목표는 국제수지에 기여하기 위해 대량관광을 촉진시켜 관광객 방문을 확대하려는 데 있다. 대량관광에서 발생되는 수많은 문제의 인식에 따라 관광정책은 관광의 사회적·경제적 그리고 환경적 영향을 조절하기 위해 시도한 두 번째 단계로 들어갔다. 세 번째 단계에서 관광정책의 목적과 방법은 세분화된 시장에 맞게 관광 마케팅을 통합하도록 변화하였고, 정부정책이 관광경쟁에 미치는 실제적 영향에 대한 이해와 통합하였다.

버드(Bird, 1992)는 관광 관련 국가의 재정정책에 관심을 가지고, 추가로 공공기반시설의 이용에 적정한 요금을 부과할 것과 조세수입은 관광 기반시설을 제공하고 현지 지역주민을 보상하는 데 책정하는 것을 확실히 하여야 한다고 주장하였다. 특수 관광세금이 숙박시설과 같은 적절한 근거가 있는 곳에 부과될 수 있지만 징수할 세금부담 범위를 평가하는 것이 중요하다(Fish, 1982; Fujii *et al.*, 1985). 더배리와 싱클레어(Durbarry & Sinclair, 2001)는 관광수요의 가격 탄력성이 높은 지역에서 관광세금의 감면은 관광수익을 증대시킬 수 있다고 설명하였다. 블레이크(Blake, 2000)는 세금을 올리는 것이 효율적인 곳에서만 올려야 하며, 이렇게 증가된 추가 조세의 한계복지효과(marginal welfare effect)를 고려해야 한다고 주장하였다. 예를 들어, 스페인에서 적절한 세금부과 근거를 파악하는 데 대한 어려움은 세금을 효율적으로 증가시키기 위한 능력을 저하시킨다. 내국인 관광객에 대한 세금 효과와 국내 관광객인지 국제 관광객인지에 따라 직면하게 되는 초기 단계의 세금은 양쪽 모두 관광조세의 중요한 이슈이다.

경쟁정책(competition policy) 또한 관광 분야에서 함축된 의미를 갖는다. 영국에서 1998년 제정된 경쟁법(Competition Act)에 따라 경쟁기관(competition authorities)의 증가된 경계(vigilance, 조심)와 1999년에 퍼스트초이스(First Choice)에 대한 에어투어스(Airtours, 역주 - 모두 영국의 여행 및 항공사임)의 입찰을 금지한 유럽위원회(European Commission)의 엄격한 경쟁규제의 신호는 투어운영자가 강력한 경쟁규제 하에서 운영하도록 압력을 넣었다(Sinclair, 2001). 항공운송 분야는 유럽공동체(EU)와 많은 다른 국가의 자유화 정책에 의해서 설명되어 왔다. 미국의 '열린 하늘(Open Skies)' 정책과 유럽공동체(EU)의 규제철폐는 항공운송 서비스와 복지증대에서 중요한 개선을 이끌었다(Button & Talyor, 2000; Forsyth, 2001; Al-Jazzaf, 1999; Barrett, 2000; Gillen & Hinsch, 2001). 그러나 항공운송의 자유화는 환경적 외부성에 대한 관심과 알맞게 섞여야 할 것이다.

결 론 Conclusions

비록 최근 몇 년 동안에 관광수요 연구의 본질이 변화되었지만, 관광경제학의 광범위한 수준에서 관광수요 연구는 여전히 우세하다. 초기의 관광수요에 관한 연구와 대조적으로, 최근의 연구는 보다 발전된 계량경제학적 방법과 방정식 시스템 모델의 추정을 통합한다. 이러한 연구에서 제공되는 결과는 중요한 경제적 결정인자, 상대적인 인플레이션 비율의 두드러진 변화, 주요 송출시장의 환율과 수입에 따른 관광수요의 민감도 수준을 예측하는 정책결정자에게 유용하다. 예를 들어, 정책결정자는 관광 가격정책과 관련된 기준 또는 다른 자원시장의 우선순위를 정해야 하는 범위를 제공한다.

관광수요 연구가 분석적이고 계량적 방향인 것과는 달리 많은 관광공급과 관련된 연구는 상대적으로 비분석적(un-analytical)이다. 관광공급은 부분적으로는 식음료와 운송 같은 관광객에게 제공되는 서비스이기 때문에 공급 측면에 관한 계량적 연구는 분산된 형태로 존재하고, 또한 현지 지역주민의 요구에 부합되도록 사용되었다. 따라서 관광객에게 제공되는 공급과 비관광 목적을 위해 제공되는 공급을 구별하는 것은 종종 불가능하거나 어렵다. 이러한 이유로 관광공급의 결정인자에 대해 논의한 연구는 거의 전무하였다. 관광과 관련된 산업에서 사용된 생산 요인 사이 또는 개인적 부문을 위한 공급 탄력성 사이의 대체성(substitutability)이나 보완성(complementarity)에 대한 연구는 거의 없었다. 일부 연구는 관광의 수직적 그리고 수평적 통합을 분석한 반면, 서로 다른 형태의 국내외 통합의 원인과 효과 그리고 공공정책의 함축적 의미 같은 많은 영역이 여전히 사실상 손을 대지 못한 상태로 남아 있다.

비록 다른 경제 분야에 대한 관광의 영향을 평가하기 위한 일반균형모델(general equilibrium models)의 사용이 증가하고 있는 중이지만, 관광의 광범위한 영향의 산정에 관한 연구에서 다른 경제 분야에 대한 관광영향의 규모를 산정하기 위한 투입-산출 모델의 사용은 한계가 있다. 관광수요의 추가적 증가가 전체 경제에 미치는 영향을 분석한다거나, 또는 관광이 임금과 고용에 미치는 영향을 분석한 연구는 거의 전무하다. 개발도상국의 관광경제에 관한 일부 연구가 수행되었는데, 이는 여전히 개발의 필요에 포괄적인 반응을 제공하는 정도이다.

관광의 환경적 영향에 대한 상당한 연구가 수행되어 왔지만, 부분적으로는 서로 다른 지역의 자연자원에 대한 특수한 특성 때문에 이러한 연구는 주로 특정 환경에 관한 소규모 연구로 한정되어 왔다. 극소수의 구체적인 정책적 합의만이 이루어진 결과로 환경적 외부성과 지속가능한 개발 사이에는 혼동이 있어 왔다. 특히 항공 자유화 및 규제와 관련되어 정책 관련 연구가 일부 이루어졌지만, 조세와 규제정책의 대부분 영역은 상대적으로 연구되지 않은 상태로 남아 있다. 결론은 비록 관광경제학에 관한 연구가 최근에 들어 상당히 진전되었지만 상대적으로 연구되지 않았고, 새롭게 공헌할 수 있는 중요한 범위를 제공할 특수한 영역이 남아 있다는 것이다.

비 고 Note

1. 처음 논문은 'The economics of tourism' in Volume 1 of *Progress in Tourism, Recreation and Hospitality Management* (1989), pp. 1-27.

| 참고문헌 | References

Abeyratne, R.I.R.(1999) Management of the environmental impact of tourism and air transport on small island developing states. *Journal of Air Transport Management*. 5, 31-7.

Adams, P.D. and Parmenter, B.R.(1991) *The Medium-Term Significance of International Tourism for the Australian Economy*(Part Ⅰ). Canberra: Bureau of Tourism Research.

Adams, P.D. and Parmenter, B.R.(1994) *The Medium-Term Significance of International Tourism for the Australian Economy*(Part Ⅱ). Canberra: Bureau of Tourism Research.

Adams, P.D. and Parmenter, B.R.(1995) An applied general equilibrium analysis of the economic effects of tourism in a quite small, quite open economy. *Applied Economics* 27, 985-94.

Adkins, L.(1995) Gendered Work: *Sexuality, Family and the Labour Market*. Buckingham and Philadelphia: Open University Press.

Al-Jazzaf, M.I.(1999) Impact of privatization on airlines performance: An empirical analysis. *Journal of Air Transport Management* 5, 45-52.

Andrew, B.P.(1997) Tourism and the economic development of Cornwall. *Annals of Tourism Research* 24(3), 721-35.

Andronikou, A.(1987) Cyprus: Management of the tourist sector. *Tourism Management* 7(2), 127-29.

Archer, B.H.(1973) *The Impact of Domestic Tourism*. Occasional Papers in Economics, No. 2. Bangor: University of Wales Press.

Archer, B.H.(1976) *Demand Forecasting in Tourism*. Occasional Papers in Economics, No. 9. Bangor: University of Wales Press.

Archer, B.H.(1977a) *Tourism Multipliers: The State of the Art*. Occasional Papers in Economics, No. 9. Bangor: University of Wales Press.

Archer, B.H.(1977b) *Tourism in the Bahamas and Bermuda*: Two Case Studies. Occasional Papers in Economics, No. 10. Bangor: University of Wales Press.

Archer, B.H.(1989) Tourism in island economies: Impact analysis. In C.P. Cooper(ed.) *Progress in Tourism, Recreation and Hospitality Management*(Vol. 1). London: Belhaven.

Archer, B.H.(1995) Importance of tourism for the economy of Bermuda. *Annals of Tourism Research* 22(4), 918–30.

Archer, B.H. and Fletcher, J.(1996) The economic impact of tourism in the Seychelles. *Annals of Tourism Research* 23(1), 32–47.

Artus, J.R.(1970) The effect of revaluation on the foreign travel balance of Germany. IMF *Staff Papers* 17, 602–19.

Artus, J.R.(1972) An econometric analysis of international travel. IMF *Staff Papers* 19, 579–614.

Askari, H.(1973) Demand for travel to Europe by American citizens. *Economia Internazionale* 26, 305–17.

Bagguley, P.(1990) Gender and labour flexibility in hotels and catering. *Services Industries Journal* 10, 737–47.

Baretje, R. and Defert, P.(1972) *Aspects Économiques du Tourism*. Paris: Berger, Levrault.

BarOn, R.R.V.(1975) Seasonality in tourism. Technical Series 2. *Economist* Intelligence Unit, London.

Barrett, S.D.(2000) Airport competition in deregulated European aviation market. *Journal of Air Transport Management* 6, 13–27.

Barry, K. and O'Hagan, K.(1971) An econometric study of British tourist expenditure in Ireland. *Economic and Social Review* 3(2), 143–61.

Bechdolt Jr, B.V.(1973) Cross-sectional travel demand function: US visitors to Hawaii, 1961–1970. *Quarterly Review of Economics and Business* 13, 37–47.

Becton, S. and Graetz, B.(2001) Small business-small minded? Training attitudes and needs of the tourism and hospitality industry. *International Journal of Tourism Research* 3, 105–13.

Beioley, S.(1995) Green tourism-soft or sustainable? *Insights*(May), B75–89.

Bennett, M.M.(1993) Information technology and travel agency: A customer service perspective. *Tourism Management* 14(4), 259–66.

Berry, S. and Ladkin, A.(1997) Sustainable tourism: A general perspective. *Tourism Management* 18(7), 433–40.

Bird, R.M.(1992) Taxing tourism in developing countries. *World Development* 20, 1145–58.

Blake, A.(2000) *The Economic Impact of Tourism in Spain*. TTRI Discussion Paper No. 2000/2.

Blake, A., Durbarry, R., Sinclair, M.T. and Sugiyarto, G.(2001a) *Modelling Tourism and Travel Using Tourism Satellite Accounts and Tourism Policy and Forecasting Models.* TTRI Discussion Paper No. 2001/4.

Blake, A., Sinclair, M.T. and Sugiyarto, G.(2001b) *The Economy-Wide Effects of Foot-and-Mouth Disease in the UK Economy.* TTRI Discussion Paper No. 2001/3.

Boo, E.(1990) Ecotourism: *The Potential and Pitfalls.* Washington: World Wildlife Fund.

Borooah, V.K.(1999) The supply of hotel rooms in Queensland, Australia. *Annals of Tourism Research* 26(4), 985-1003.

Bostedt, G. and Mattsson, L.(1995) The value of forests for tourism in Sweden. *Annals of Tourism Research* 22(3), 671-80.

Bote G mez, V. and Sinclair, M.T.(1991) Integration in the tourism industry. In M.T. Sinclair and M.J. Stabler(eds) *The Tourism Industry: An International Analysis.* Wallingford: CAB International.

Bote G mez, V., Sinclair, M.T., Sutcliffe, C.M.S. and Valenzuela Rubio, M.(1989) Vertical integration in the British/Spanish tourism industry. Leisure, labour and lifestyles: International comparisons. Tourism and leisure: Models and theories. *Proceedings of the Leisure Studies Association 2nd International Conference.* Conference Paper No. 39, 8(1), Brighton: Leisure Studies Association.

Bramwell, B. and Alletorp, L.(2001) Attitudes in the Danish tourism industry to the roles of business and government in sustainable tourism. *International Journal of Tourism Research* 3, 91-103.

Breathnach, P., Henry, M., Drea, S. and O'Flaherty, M.(1994) Gender in Irish tourism employment. In V. Kinnaird and D. Hall(eds) Gender: *A Tourism Analysis.* Chichester: Wiley.

Bull, A.(1995) *The Economics of Travel and Tourism.* Harlow: Longman.

Button, K. and Taylor, S.(2000) International air transportation and economic development. *Journal of Air Transport Management* 6, 209-22.

Campbell, L.M.(1999) Ecotourism in rural developing communities. *Annals of Tourism Research* 26(3), 534-53.

Cater, E. and Goodall, B.(1992) Must tourism destroy its resource base? In A.M. Mannion and S.R. Bowlby(eds) *Environmental Issues in the 1990s.* Chichester: Wiley.

Chadee, D. and Mieczkowski, Z.(1987) An empirical analysis of the effects of exchange rate on Canadian tourism. *Journal of Travel Research* 26(1), 13-18.

Clarke, J.(1997) A framework of approaches to sustainable tourism. *Journal of Sustainable Tourism* 5, 224-33.

Collins, A.(1999) Tourism development and natural capital. *Annals of Tourism Research* 26(1), 98-109.

Conlins, M.V. and Baum, T.(1995) *Island Tourism.* Chichester: Wiley.

Cook, S.D., Stewart, E. and Repass, K.(1992) *Discover America*: Tourism and the Environment. Washington: Travel Industry Association of America/London: Belhaven.

Copeland, B.R.(1991) Tourism, welfare and de-industrialization in a small open economy. *Economica* 58(4), 515-29.

Crotts, J., Buhalis, D. and March, R.(eds)(2000) *Global Alliance in Tourism and Hospitality Management*, Haworth Hospitality Press, USA. Reviewed by A. Reichel *Annals of Tourism Research* 28(4), 1084-86.

Crouch, G.I.(1994a) The study of international Tourism demand: A survey of practice. *Journal of Travel Research*(Spring), 41-55.

Crouch, G.I.(1994b) The study of international Tourism demand: A review of findings. *Journal of Travel Research*(Summer), 12-23.

Curry, S.(1992) Economic adjustment policies and the hotel sector in Jamaica. In P. Johnson and B. Thomas(eds) *Perspectives on Tourism Policy*. London: Mansell.

Curtin, S.(1992) and Busby, G.(1999) Sustainable destination development: The tour operator perspective. *International Journal of Travel Research* 1, 135-47.

Darnell, A,. Johnson, P. and Thomas, B.(1990) Modelling museum visitor flows: A case study of Beamish Museum. *Regional Studies* 10(3), 215-57.

Davies, B.(1999) Industrial organization: The UK hotel sector. *Annals of Tourism Research* 25(2), 294-311.

Davies, B. and Downward, P.(1996) The structure, conduct, performance paradigm as applied to the UK hotel industry. *Tourism Economics* 2, 151-58.

Davies, B. and Downward, P.(1998) Competition and contestability in the UK package tour industry. *Tourism Economics* 4(3), 241-51.

Davis, P.B.(1999) Beyond guidelines: A model for Antarctic tourism. *Annals of Tourism Research* 26(3), 516-33.

De Mello, M. Pack, A. and Sinclair, M.T.(2002) A System of equations model of UK tourism demand in neighbouring countries. *Applied Economics*. Forthcoming.

De Villiers, N.N.(2000) Open Africa: An african NGO tourism initiative. In P.U.C. Dieke(ed.) *The Political Economy of Tourism Development in Africa*. New York, Sydney and Tokyo: Cognizant.

Deaton, A. and Meullbauer, J.(1980a) *Economics and Consumer Behaviour*. Cambridge: Cambridge University Press.

Deaton, A. and Meullbauer, J.(1980b) An almost ideal demand system. *American Economic Review* 70(3), 312-26.

Diamond, J.(1977) Tourism's role in economic development: The case re-examined. *Economic Development and Cultural Change* 25(3), 539-53.

Dieke, P.U.C.(1993) Tourism in the Gambia: Some issues in development policy. *World*

Development 21(2), 277–89.

Dieki, P.U.C.(1995) Tourism and structural adjustment programmes in the African economy. *Tourism Economics* 1, 71–93.

Doswell, R.(2000) African tourism training and education: Hits and misses. In P.U.C. Dieke(ed.) *The Political Economy of Tourism Development in Africa.* New York, Sydney and Tokyo: Cognizant.

Durbarry, R.(2001) *Tourism Expenditure un the UK: Analysis of Competitiveness Using Gravity-Based Model.* Christel Dehaan Tourism and Travel Research Institute Discussion Paper No. 2001/1, Business School, University of Nottingham.

Durbarry, R.(2002) The economic contribution of tourism in Mauritius. *Annals of Tourism Research* 29(3), 862–65.

Durbarry, R. and Sinclair, M.T.(2001) Tourism taxation in the UK. Mimeo.

Dwyer, L., Fousyth, P., Madden, J. and Spurr, R.(2000) Economic impacts of inbound tourism under different assumptions regarding the macroeconomy. *Current Issues in Tourism* 3(4), 325–63.

Eber, S.(ed.)(1992) *Beyond The Green Horizon. Principles for Sustainable Tourism.* Godalming: World Wide Fund For Nature.

Evans, N.(2001) Collaborative strategy: An analysis of the changing world of international airline alliances. *Tourism Management* 22(2), 229–43.

Evans, N. and Stabler, M.J.(1995) A future for the package tour operator in the 21st century? *Tourism Economics* 1(3), 245–63.

Farrell, B.H. and Runyan, D.(1991) Ecology and tourism. *Annals of Tourism Research* 18(1), 26–40.

Faulkner, W.(1998) Tourism development. In E. Laws, W. Faulkner and G. Moscardo(eds) *Embracing and Managing Change in Tourism: International Case Studies.* London and New York: Routledge.

Fayos-Sol, E.(1996) Tourism policy: A midsummer might's dream? *Tourism Management* 17(6), 405–12.

Fish, M.(1982) Taxing international tourism in West Africa, *Annals of Tourism Research* 9(1), 91–103.

Fletcher, J. and Archer, B.(1991) The development and application of multiplier analysis. In C.P. Cooper(ed.) *Progress in Tourism, Recreation and Hospitality Management,* 1. London: Belhaver.

Forsyth, T.J.(1995a) Tourism and agricultural development in Thailand. *Annals of Tourism Research* 22(4), 877–900.

Forsyth, T.J.(1995b) Business attitudes to sustainable tourism: Responsibility and self regulation in the UK outgoing tourism industry. Paper presented at the Sustainable Tourism World Conference, Lanzarote.

Forsyth, P.(2001) Promoting trade in airline services. *Journal of Air Transport Management* 7, 43–50.

French, T.(1998) Europe's regional airlines. *Travel and Tourism Analyst* 5, 1–18.

Fujii, E., Khaled, M. and Mak, J.(1985) The exportability of hotel occupancy and other tourist taxes. *National Tax Journal* 2, 169–77.

Fujii, E.T., Khaled, M. and Mak, J.(1987) An empirical comparison of systems of demand equations: An application to visiter expenditures in resort destinations. *Philippine Review of Business and Economics* 24(1–2), 79–102.

Garrod, B. and Fyall, A.(1998) Beyond the rhetoric of sustainable tourism? *Tourism Managenent* 19(3), 199–212.

Garrod, G. and Willis, J.(1991) The environmental economic impact of woodland: A two–stage hedonic price model of the amenity value of forestry in Britain. *Applied Economics* 24, 715–28.

Gillen, D. and Hinsch, H.(2001) Measuring the economic impact of liberalization of international aviation on Hamburg airport. *Journal of Air Transport Management* 7, 25–34.

Go, F.(1998) Key problems and prospects in the international hotel industry. *Travel and Tourism Analyst* 1, 27–49.

Go, F.(1989) International hotel industry–capitalizing on change. *Tourism Management* 10(3), 195–200.

Godfrey, K.B.(1998) Attitudes towards 'sustainable tourism' in the UK: A view from local government. *Tourism Management* 19(3), 213–24.

Goodall, B.(1987) Tourism policy and jobs in the United Kingdom. *Built Environment* 13(2), 109–23.

Gray, H.P.(1966) The demand for international travel by United Stated and Canada. *International Economic Review* 7(1), 83–92.

Gudmundsson, S.V. and Rhoades, D.W.(2001) Airline alliance survival analysis: Typology, strategy and duration. *Transport Policy* 8, 209–18.

Guerrier, Y.(1986) Hotel manager: An unsuitable job for a woman? *Service Industries Journal* 6(2), 227–40.

Guibilato, G.(1988) Les évolutions récentes de l'éconmie hôtelière. *Teoros* 7(3), 29–35.

Gunadhi, H. and Boey, C.J.(1986) Demand elasticities of tourism in Singapore. *Tourism Management* 7(4), 239–53.

Hanley, N. and Ruffell, R.(1993) *The Contingent Valuation of Forest Characteristics. Journal of Agricultural Economics* 44, 218–44.

Heerschap, N.M.(1999) The employment module for the tourism satellite account of the OECD. *Tourism Economics* 5(4), 383–413.

Hennessy, S.(1994) Female employment in tourism development in south–west

England. In V. Kinnaird and D. Hall(eds) Gender: *A Tourism Analysis. Chichester*: Wiley.

Henry, E.W. and Deane, B.(1997) The contribution of tourism to the economy of Ireland in 1990 and 1995. *Tourism Management* 18(8), 535–53.

Hensher, D.A. and Dalvi, Q.(eds)(1987) *Determinants of Travel Choices,* Aldershot: Saxon House.

Hickey, J.(1988) Hotel reservation systems and sources of business. *Travel and Tourism Analyst* 2, 23–36.

Hicks, L.(1990) Excluded women: How can this happen in the hotel world? *Service Industries Journal* 10(2), 348–63.

Holm–Petersen, E.(2000) Institutional support for tourism development in Africa. In P.U.C. Dieke(ed.) *The Political Economy of Tourism Development in Africa.* New York, Sydney and Tokyo: Cognizant.

Horwath Consulting(1994) *The United Kingdom Hotel Industry*(1994). London: Horwath International.

Hunziker, W.(1969) Tendances concentrationistes dans le tourisme national et international. *Tourist Review* 4, 146–52.

Inskeep, E.(2000) Planning sustainable tourism in Ghana. In P,U,C. Dieke(ed.) *The Political Economy of Tourism Development in Africa.* New York, Sydney and Tokyo, Cognizant.

Ioannides, D.(1995) A flawed implementation of sustainable tourism. *Tourism Management* 16(8), 583–92.

Jafari, J.(ed.)(2000) *Encyclopaedia of Tourism.* London: Routledge.

Janaki, R.R. and Wiktor, L.(2000) Tourism impact modelling for resource extraction regions. *Annals of Tourism Research* 27(1), 188–202.

Janić, M.(1999) Aviation and externalities: The accomplishments and problems. *Transportation Research Part* D 4, 159–80.

Jeffrey, D. and Barden, R.R.D.(2000) Monitoring hotel performance using occupancy time–series analysis: The concept of occupancy performance space. *International Journal of Tourism Research* 2, 383–402.

Jeffrey, D. and Barden, R.R.D.(2001) Multivariate models of hotel occupancy performance and their implications for hotel marketing. *International Journal of Tourism Research* 3, 33–44.

Johansen, S.(1988) A statistical analysis of cointegration vectors. *Journal of Economic Dynamics and Control* 12, 231–54.

Johnson, P. and Ashworth, J.(1990) Modelling tourism demand: A summary review. *Leisure Studies* 9(2), 145–60.

Johnson, P. and Thomas, B.(1990) Measuring the local employment impact of a

tourist attraction: An empirical study. *Regional Studies* 24(5). 395–403.
Jud, G.D. and Joseph, H.(1974) International demand for Latin American tourism. *Growth and Change* 5(1), 25–31.
Kim, S. and Song, H.(1998) Analysis of inbound tourism demand in South Korea: A cointegration and error correction approach. *Tourism Analysis,* 3, 25–41.
Kim, Y. and Uysal, M.(1997) The endogenous nature of price variables in tourism demand studies. *Tourism Analysis* 2, 9–16.
Kinnaird, V., Kothari, U. and Hall, D.(1994) Tourism: Gender perspectives. In V. Kinnaird and D. Hall(eds) Tourism: *A Gender Analysis*. Chichester: Wiley.
Klemm, M. and Parkinson, L.(2001) UK tour operator strategies: Causes and consequences. *International Journal of Tourism Research* 3, 367–75.
Kleymann, B. and Seristo, H.(2001) Levels of airline alliance membership: Balancing risks and benefits. *Journal of Air Transport Management* 7, 303–10.
Kliman, M.L.(1981) A quantitative analysis of Canadian overseas tourism. *Transportation Research* 15A(6), 487–97.
Kulendran, N. and Wilson, K.(2000) Is there a relationship between international trade and international travel? *Applied Economics* 32, 1001–09.
Kusluvab, S. and Karamustafa, K.(2001) Multinational hotel development in developing countries: An exploratory analysis of critical policy issues. *International Journal of Tourism Research* 3, 179–97.
Kwack, S.Y.(1972) Effects of income and prices on travel spending abroad(1960Ⅲ –1967Ⅳ). *International Economic Review* 13(2), 245–56.
Kweka, J., Morrissey, O. and Blake, A.(2001) *The Economic Significance of Tourism in Tanzania: Input–Output Multiplier Analysis,* TTRI Discussion Paper No. 2001/1.
Lafferty, G. and Van Fossen, A.(2001) Integrating the tourism industry: Problems and strategies. *Tourism Management* 22, 11–19.
Law, R.(2000) Back–propagation learning in improving the accuracy of neural network–based tourism demand forecasting. *Tourism Management* 21, 331–40.
Lawrence, T.B. and Wickins, D.(1997) Managing legitimacy in ecotourism. *Tourism Management* 18(5), 307–16.
Lea, J.(1988) *Tourism and Development in the Third World.* London: Routledge.
Lee, C. and Kang, S.(1998) Measuring earnings inequality and median earnings in the tourism industry. *Tourism Management* 19(4), 341–8.
Lee, C.K., Var, T. and Blaine, T.W.(1996) Determinants of inbound tourist expenditures. *Annals of Tourism Research* 23(3), 527–42.
Lerner, M. and Haber, S.(2000) Performance factors of small tourism ventures: The interface of tourism, entrepreneurship and the environment. *Journal of Business Venturing* 16, 77–100.

Lew, A.(1998) Ecotourism trends. *Annals of Tourism Research* 25(3), 742–6.

Li, M.Z.F.(2000) Distinct features of lasting and non–lasting airline alliances. *Journal of Air Transport Management* 6, 65–82.

Liston, K.(1986) David and Goliath. *Courier*(Nov/Dec), 19–21.

Little, J.S.(1980) International travel in the US balance of payments. *New England Economic Review* May, 42–55.

Lockwood, M., Loomis, J. and Delacy, T.(1993) A contingent valuation survey and benefit–cost analysis of forest preservation in East Gippsland, Australia. *Journal of Environmental Management* 38, 233–43.

Loeb, P.D.(1982) International travel to the United States: An econometric evaluation. *Annals of Tourism Research* 9(1), 7–20.

Loomis, J.B., Creel, M. and Park, T.(1991) Comparing benefit estimates from travel cost and contingent valuation using confidence intervals from Hicksian welfare measures. *Applied Economics* 23, 1725–31.

Mahaliè, T.(2000) Environmental management of a tourist destination: A factor of tourism competitiveness. *Tourism Management* 21(1), 65–78.

Martin, C.A. and Witt, S.F.(1987) Tourism demand forecasting models: Choice of appropriate variable to represent tourist's cost of living. *Tourism Management* 8(3), 233–46.

Martin, C.A. and Witt, S.F.(1988) Substitute prices in models of tourism demand. *Annals of Tourism Research* 15(2), 255–68.

McFadden, D.(1973) Conditional logit analysis of qualitative choice behaviour. In P. Zarembka(ed.) *Frontiers in Econometrics.* New York: Academic Press.

McGeffie, J.(1987) UK hotel industry: Revival for the chains at home and abroad. *Travel and Tourism Analyst*(September), 15–31.

McGuffie, J.(1990a) CRS Development and the hotel sector–Part Ⅰ. *Travel and Tourism Analyst* 1, 29–41.

McGuffie, J.(1990b) CRS development and the hotel sector–Part Ⅱ. *Travel and Tourism Analyst* 2, 18–36.

McVey, M.(1986) International hotel chains in Europe: Survey of expansion plans as Europe is 'rediscovered'. *Travel and Tourism Analyst*(September), 3–23.

Medina–Mu oz, D. and Garcia–Falc n, J.M.(2000) Successful relationship between hotels and agencies. *Annals of Tourism Research* 27(3), 737–62.

Melville, J.A.(1998) Identifying the regulatory effect of bilateral agreements on international aviation. *Journal of Air Transport Management* 4, 39–46.

Mikulicz, H.(1983) Determinants of tourism flow in Europe. *On the Importance of Research in the Tourism industry*(pp.7–16). Seminar, Helsinki, Finland, 8–11 June. European Society for Opinion and Marketing Research.

Miller, G.(2001) Corporate responsibility in the UK tourism industry. *Tourism Management* 22(4), 589–98.

Milman, A.(1997) The US airline industry. *Travel and Tourism Analyst* 3, 4–21.

Morley, C.(1998) A dynamic international demand model. *Annals of Tourism Research* 25(1), 70–84.

Morrell, P.S.(1998) Airline sales and distribution channels: The impact if new technology. *Tourism Economics* 4(1), 5–19.

Mourmouras, A.(1993) Conservationist government policies and intergenerational equity in an overlapping generations model with renewable resources. *Journal of Public Economics* 51, 249–69.

Mudambi, R.(1994) A Ricardian excursion to Bermuda: An estimation of mixed strategy equilibriem. *Applied Economics* 26, 927–36.

Noval, S.(1975) The demand for international tourism and travel: Theory and measurement. PhD thesis, Princeton University.

O'Hagan, J.W. and Harisson, M.J.(1984) Market share of Us tourist expenditure in Europe: An econometric analysis. *Applied Economics* 16(6), 913–31.

Olive, F.R.(1971) The effectiveness of UK travel allowances. *Appled Economics* 3(3), 219–26.

Olsthoorn, X.(2001) Carbon dioxide emissions firn international aviation: 1950–2050. *Journal of Air Transport Management* 7, 87–93.

Ong, C.(1995) Tourism demand models: A critique. *Mathematics and Computers in Simulations* 39, 367–72.

Papadopoulos, S.I. and Witt, S.F(1985) A marketing analysis of foreign tourism in Greece. In S. Shw, L. Sparks and E. Kaynak(eds) *Proceeding of Second World Mareting Congress*(pp. 682–93). University of Stirling.

Papatheodorou, A.(1999) The demand for international tourism in the Mediterranean region. *Applied Economics* 31, 19–30.

Papatheodorou, A.(2001) Why people travel to different places. *Annals of Tourism Research* 28(1), 164–79.

Park, J., Zhang, A. and Zhang, Y.(2001) Analytical models of international alliances in the airline industry. *Transportation Research Part B* 35, 865–86.

Pattie, D.C. and Snyder, J.(1996) Using neural network to forecast visitor behavior. *Annals of Tourism Research* 23(1), 151–64.

Pawson, I.G., Stanford, D.D., Adams, V.A. nad Nurbu, M.(1984) Growth of tourism human settlements. *Mountain Research and Development* 4(3), 237–46.

Pender, L.(1999) European aviation: The emergence of franchised airline operations. *Tourism Management Research and Development* 4(3), 237–46.

Piga, C.(forthcoming) Pigouvian taxation in tourism. *Environmental and Resource*

Economics.

Piga, C. and Filippi, N.(2002) Booking and flying with low cost airlines. International *Journal of Tourism Research* 4, 237–49.

Preble, J., Reichel, A. and Hoffman, R.C.(2000) Strategic alliances for competitive advantage: evidence from israel's hospitality and tourism industry. *Hospitality Management* 19, 327–41.

Pryce, A.(1998) Women's employment in UK tourism. *Travel and Tourism Analyst* 5, 75–90.

Purcell, K.(1997) Women's employment in UK tourism: Gender roles and labour markets. In M.T. Sinclair(ed.) *Gender, Work and Tourism.* London and New York: Routledge.

Randall, J.(1986) European airlines move into hotels: Survey of the leafing carriers; expanding hotel interests. *Travel and Tourism Analyst*(July), 45–54.

Rodriguez, F.J.L., Ivanez, M.N. and Rodriguez, J.V.(2001) Panel data and tourism: A case study of Tenerife. *Tourism Economics* 7(1), 75–88.

Romeril, M.(1989) Tourism and the environment: Accord or discord? *Tourism Management* 10(3), 204–8.

Saveriades, A.(2000) Establishing the social tourism carrying capacity for the tourist resorts of the east coast of the Republic of Cyprus. *Tourism Management* 21(1), 147–56.

Schwer, R.K., Gazel, R. and Daneshvary, R.(2000) Air–tour impacts; the Grand Canyon caes. *Annals of Tourism Research* 27(3), 611–23.

Seddighi, H.R. and Shearing, D.F.(1997) The demand for tourism in north–east England with social reference to Northumbria: An analysis. *Annals of Tourism Research* 13(3), 349–65.

Sheldon, P.J.(1986) The tour operator industry: An analysis. *Annals of Tourism Research* 13(3), 349–65.

Sheldon, P.J.(1990) A review of tourism expenditure research. In C.P. Cooper(ed.) *Progress in tourism, Recreation and Hospitality Management* 2. London: Belhaven.

Sheldon, P.J.(1994) Tour operators. In S.F. Witt and L. Mourinho(eds) *Tourism Management and Marketing Handbook*(2nd edn). Hemel Hempstead: Prentice Hall.

Sims, C.(1980) Macroeconomics and reality. *Econometrica* 48, 1–48.

Sinclair, M.T.(1991a) Women, work and skill: Economic theories and feminist perspectives. In N. Redclift and M.T. Sinclair(eds) *Working Women: International perspectives on Labour and Gender Ideology.* London and New York: Routledge.

Sinclair, M.T.(1997) Issues and theories of gender and work in tourism. In M.T. Sinclair(ed.) *Gender, Work and Tourism.* London and New York: Routledge.

Sinclair, M.T.(1998) Tourism and economic development: A survey, *Journal of*

Development Studies 34(5), 1–51.
Sinclair, M.T.(1999) Porfolio models of tourism. In T. Baum and R. Mudambi(eds) *Economic and Management Methods for Tourism and Hospitality Research.* Chichester: Wiley.
Sinclair, M.T.(2001) Competition or collective dominance in tourism supply? Implication for Spanish firms. Mimeo.
Sinclair, M.T. and Bote Gómez, V.(1996) Tourism, the Spanish economy and the balance of payments. In M. Barke, M. Newton and J. Towner(eds) *Tourism in Spain*: Critical Perspectives. Wallingford: CAB International.
Sinclair, M.T. and Pack, A.(2000) Tourism and conservation: the application of economic policy instruments to wildlife tourism in Zimbabwe. In P.E.C. Dieke(ed.) *The Political Economy of Tourism Development in Africa.* New York, Sydney and Tokyo: Cognizant.
Sinclair, M.T. and Stabler, M.(1997) *The Economics of Tourism.* London, New York: Routledge.
Sinclair, M.T. and Sutcliffe, C.M.S.(1978) The first round of the Keynesian income multiplier. *Scottish Journal of Political Economy* 25(2), 177–86.
Sinclair, M.T. and Sutcliffe, C.M.S.(1988) The estimation of Keynesian income multipliers at the sub-national level. *Applied Economics* 20(11), 1435–44.
Sinclair, M.T. and Tsegaye, A.(1990) International tourism and export instability. *The Journal of Development Studies* 26(3), 487–504.
Sinclair, M.T., Clewer, A. and Pack, A.(1990) Hedonic prices and the marketing of package holidays. In G. Ashworth and B. Goodall(eds) *Marketing Tourism Policies.* London and New York: Routledge.
Sindiyo, D.M and Pertet, F.N.(1984) Tourism and its impact in wildlife in Kenya. *Industry and Environment* 7(1), 14–19.
Smeral, E.(1998) The impact of globalization on small and medium enterprises: New challenges for tourism policies in European countries. *Tourism Management* 19(4), 371–80.
Smith, A.B. and Toms, J.N.(1978) *Factors Affecting Demand for International Travel to and from Australia.* Occasional Paper No.11. Canberra: Bureau of Transport Economics, Australian Government Publishing Service.
Smith, C. and Jenner, P.(1989) Tourism and the environment. *Travel and Tourism Analyst* 5, 66–86.
Smith, V.K., Palmquist, R.B. and Jakus, P.(1991) Combining Farrel frontier and hedonic travel cost models for valuing estuarine quality. *Review of Economic and Statistics* 63(4), 694–9.
Song, H., Romilly, P. and Liu, X.(2000) An empirical study of outbound tourism

demand in the UK. *Applied Economics* 32, 611–24.

Song, H. and Witt, S.F.(2000) Tourism Demand Modelling and Forecasting: *Modern Econometric Approaches.* Amsterdam: Pergamon.

Stabler. M.J.(1997) *Tourism and Sustainability*: Principles and Practice. Wallingford: CAB International.

Stabler, M.J.(1998) The economic evaluation of the role of conservation and tourism in the regeneration of historic urban destinations. In E. Laws, B. Faulkner and G. Moscardo(eds) Embracing and Managing Change In tourism: *International Case Studies.* London and New York, Routledge.

Stabler, M.J. and Goodall, B.(1996) Environmental auditing in planning for sustainable island tourism. In L. Briguglio, B. Archer, J. Jafari and G. Wall(eds) *Sustainable Tourism in Small States: Issues and Policies.* London: Pinter(Cassell).

Statistics New Zealand(1999) *Tourism Satellite Account*(1995). Statistics New Zealand, Wellington, New Zealand.

Stopher, P.R. and Meyburg, A.H.(eds)(1976) *Behavioural Travel–Demand Model.* Lexington, MA: D.C. Heath.

Strauss, C.H. and Load, B.E.(2001) Economic impacts of a heritage tourism system. *Journal of Retailing and Consumer Services* 8, 199–204.

Stronge, W.B. and Redman, M.(1982) US tourism in Mexico: An empirical analysis. *Annals of Tourism Research* 9(1), 21–35.

Summary, R.(1987) Estimation of tourism demand by multiple regression analysis: Evidence from Kenya. *Tourism Management* 8(1), 317–22.

Sutcliffe, C.M.S. and Sinclair, M.T.(1980) The measurement of seasonality within Tourist industry: An application to tourist arrival in Spain. *Applied Economics* 12(4), 429–41.

Swain, M.B.(1995) Gender in tourism. Special Issue. *Annals of Tourism Research* 22(2).

Syriopoulos, T.(1989) *Dynamic Modelling of Tourism Demand in Mediterranean. Studies in Economics.* No. 89/12. Canterbury: University of Kent.

Syriopoulos, T.(1995) A dynamic model of tourism demand in Mediterranean Tourism. *International Review of Applied Economics* 9(3), 318–36.

Syriopoulos, T. and Sinclair, M.T.(1993) An econometric study of tourism demand: The AIDS model of US and European tourism in Mediterranean countries. *Applied Economics* 25(12), 1541–52.

Szivas, E. and Riley, M.(1999) Tourism employment during economic transition. *Annals of Tourism Research* 26(4), 747–71.

Tapper, R.(2001) Tourism and socio–economic development: UK tour operators' business approaches in the context of the new international agenda. *International*

Journal of Tourism Research 3, 351-66.

Telfer, D.J. and Wall, G.(1996) Linkages between tourism and food production. *Annals of Tourism Research* 23(3), 635-53/

Teye, V.B.(2000) Regional co-operation and tourism development in Africa. In P.U.C. Dieke(ed.) *The Political Economy of Tourism Development in Africa.* New York, Sydney and Tokyo, Cognizant.

Thomas, B. and Townsend, A.(2001) New trends in the growth of tourism employment in the UK in the 1990s. *Tourism Economics* 7(3), 295-310.

Tremblay, P(1989) Pooling international tourism in Western Europe. *Annals of Tourism Research* 16, 477-91.

Turner, L.W., Reisinger, Y. and Witt, S.F.(1998) Tourism demand analysis using structural equation modelling. *Tourism Economics* 4(4), 301-23.

Turner, L.W. and Witt, S.F.(2001) Factors influencing demand for international tourism: Tourism demand analysis using structural equation modelling, revisited. *Tourism Economics* 7(1), 21-38.

Uysal, M. and Crompton, J.L.(1984) Determinant of demand for international tourist flows to Turkey. *Tourism Management* 5(4), 288-97.

Uysal, M. and Roubi, M.S.E.(1999) Artificial neural networks versus multiple regression in tourism demand analysis. *Journal of Travel Research* 38, 111-18.

Vanhove, N.(1980) Forecasting in tourism. *The Tourist Review* 3, 2-7.

Varley, R.C.G.(1978) *Tourism in Fiji: Some Economic and Social Problems.* Occasional Papers in Economics, No. 12. Bangor: University of Wales Press.

Wagner, J.E.(1997) Estimating the economic impacts of tourism. *Annals of Tourism Research* 24(3), 592-608.

Wanhill, S.R.C.(1980) Charging for congestion at tourist attractions. *International Journal of Tourism Management* 1(3), 168-74.

Wanhill, S.(2000) Small and medium tourism enterprises. *Annals of Tourism Research* 27(1), 132-47.

Wardell, D.(1987) Hotel technology and reservation systems: Challenges facing the lodging industry. *Travel and Tourism Analyst*, June, 33-47.

Weaver, D.B.(1999) Magnitude of ecotourism in Costa Rica and Kenya. Annals of Tourism Research 26(4), 792-816.

White, K.J.(1985) An international travel demand model. *Annals of Tourism Research* 12(4), 529-45.

Wight, P.(1993) Ecotourism: Ethics or eco-sell? *Journal of Travel Research* 31, 3-9.

Wight, P.(1994) The greening of the hospitality industry: Economic and environmental good sense. In A.V. Seaton(ed.) *Tourism: The State of the Art.* Chichester: Wiley.

Williams, A.M. and Shaw, G.(1988) Tourism: Candy floss industry or job generator?.

Town Planning Review 59, 81–103.

Willis, L. and Garrod, G.(1993a) The value of waterside properties: Estimating the impact of waterways and canals in property values through hedonic price models and contingent valuation methods. *Countryside Change Unit Working Paper* 44. Newcastle: University of Newcastle.

Willis, L. and Garrod, G.(1993b) Valuing wildlife: The benefits of wildlife trusts. *Countryside Change Unit Working Paper* 46. Newcastle: University of Newcastle.

Witt, C.A. and Witt, S.F.(1995) Forecasting tourism demand: A review of empirical research. *International Journal of Forecasting* 11, 447–75.

Witt, S.F. and Martin. C.A.(1985) Forecasting future trends in European tourist demand. *The Tourist Review* 4, 12–20.

Witt, S.F. and Martin. C.A.(1987) International tourism demand models–inclusion of marketing variables. *Tourism Management* 8(1), 33–40.

Witt, S.F. and Moutinho, L.(1989) *Tourism Marketing and Management Handbook*. New York: Prentice Hall.

Zhou, D., Yanagida, J.F., Chakravorty, U. and Ping Sun, L.(1997) Estimating economic impacts from Tourism. *Annals of Tourism Research* 24(1), 76–89.

Zimmermann, R.(1998) Hotels in Germany. *Travel and Tourism Analyst* 5, 57–74.

제 4 장

관광의 통계측정

The Statistical Measurement of Tourism

존 라탐(JOHN LATHAM)
크리스 에드워드(CHRIS EDWARDS)

서 문 Introduction

관광은 관광객과 이들의 이동뿐만 아니라 관광목적지와 주민 지역사회를 포함하는 많은 부분과 상호 연계되어 구성되어 있으며, 복합적인 현상이다. 그러므로 연구의 중요한 영역 그 자체가 논쟁이 진행 중인 것과 마찬가지로 관광학이 자체적인 이론적 발전과 방법론을 가진 하나의 과학으로서 분과학문으로 간주할 수 있을 것인지에 대한 논의가 활발한 것은 놀랄 일이 아니다(Dann *et al.*, 1988; Tribe, 1997). 포크너와 골드너(Faulkner & Goeldner, 1998)는 "현재 일반적 연구 패러다임의 존재를 제안하거나 통일된 주제를 제공하기 위해 종합할 수 있는 일관성 있는 이론적 체계가 없다"는 점에서 관광이 느슨하게 연결된 다학제적 연구 분야로 남아 있을 운명인지의 의문을 제기하였다.

관광의 개념적 체계와 하나의 분과학문으로서의 평가에 관해서는 레이퍼

(Leiper, 1979), 골드너(Goeldner, 1988), 엑트너와 자말(Echtner & Jamal, 1997), 쿠퍼 등(Cooper *et al.*, 1998)의 연구를 참조하기 바란다. 이러한 맥락에서 측정(measurement)의 문제는 특히 중요하다.

> 어떠한 학문이 성숙해 가는 과정에서 중요한 것은 현실에서 직면하는 문제 유형에 적절한 일관적이고 검증된 측정 기술과 방법론을 개발하는 것이다(Ritchie, 1975).

관광에 대한 신뢰할 수 있는 과거 및 현재의 계량적 평가가 없다면, 연구 영역으로서 관광의 발전은 심각하게 방해를 받을 것이다.

관광의 통계측정은 비교적 최근의 활동이다. 이의 역사적 전개과정은 브르카트와 메들릭(Burkart & Medlik, 1981), 리코리쉬(Lickorish, 1997)의 연구에 자세하게 설명되어 있다. 리코리쉬(Lickorish)는 관광 데이터 수집을 위한 방법론의 개발에 있어서 주요 국가 및 국제기관의 역할을 설명하였다. 그는 세계관광기구(World Tourism organization: WTO, 역주 - UNWTO로 변경됨)가 관광위성계정(Tourism Satellite account: TSA)을 만들도록 배후에서 추진한 것을 장기적인 관점에서 '가장 중요하고 훌륭한' 세계관광기구의 업적으로 선정하였다.

관광통계는 전형적으로 도착, 여행, 숙박과 지출을 측정하는데, 이는 업무여행(business travel)과 여가여행(leisure travel)과 같은 범주로 분류하거나 또는 통합하여 나타낸다. 관광통계는 보통 개략적인 절차의 표본조사(sample surveys)에 기반을 두고 산정되며, 큰 오차를 배제할 수 없다. 관광통계를 편찬하기 위해 사용되는 대부분의 방법론은 설문지, 면접, 관찰 등을 포함하는 표준 사회조사방법을 중심에 놓고 있으며, 이는 기록에 의해 충분히 입증된다. 관광의 통계측정은 광범위한 연구 영역에서 응용되고 있는 일반적 연구방법론 체계에서 이루어지고 있음에도 불구하고 관광통계 측정 그 자체의 독특한 특성을 가지고 있다.

연구의 대상이 사람이라는 특징 때문에 문제가 발생한다. 관광객은 매우 이동성이 높은 개체이기 때문에, 이는 표본추출 절차의 대표성이나 확률적인 표본을 보증하기가 어렵다. 더군다나, 이동하는 피실험자는 연구를 위해 일정 시간 동안 분리하는 데 어려움이 있을 수 있고, 관광객 면접이 때때로 매우 혼잡하거나 소음이 많은 낯선 환경에서 이루어진 경우가 많다. 날씨와 같은 다른 변수의 영향을 받을 수도 있는데, 예를 들어, 야외에서 면접을 수행할 때 폭우가 내리는 동안은 응답률을 감소시킬 뿐만 아니라 수집된 정보의 질에도 영향을 미친다.

표본추출의 이론적 문제와 그것의 실제적 측면은 극복할 수 있어도 여전히 관광 데이터의 신뢰성에 대해 여전히 심각한 의심이 남는다. (실제 행동이 일어나기 전에 측정하는) '의도연구'(intentions studies)는 이후에 발생할 실제와는 일치하지 않는 정보를 만들어 낼 수 있다. 여행하는 동안에 수집된 데이터는 실제 행동과 의도된 행동의 혼합체에 해당하며, 여행 후의 측정은 응답자를 확인하고 위치를 찾아내는 문제뿐만 아니라 정확한 회상이 어렵다는 문제를 포함한다. 그러므로 일반적인 조사연구에서 나타날 수 있는 방법론적인 문제가 관광 측정에서는 특히 심각하다. 여행과 관광연구의 독특한 특질에 대한 더 많은 설명은 매킨토시와 골드너(McIntosh & Goeldner, 1986), 림(Lim, 1997), 웰(Walle, 1997)과 라탐(Latham, 1988)의 연구를 참조하면 된다.

본 장은 관광통계의 현재 위치를 설명하고, 관광통계의 수집과 조직에 있어서 최근 몇 년간 이루어진 발전을 고찰하는 데 목적이 있으며, 방법론적 이슈에 대한 논의를 포함한다. 비록 국제 관광객과 국내 관광객의 이동은 많은 공통적 결과를 가진 동일 활동의 다른 측면으로 고려될 수 있을 것으로 인식되고 있음에도 불구하고, 편의상 국제 관광통계와 국내 관광통계는 구분해서 취급하고 있다.

국제관광 통계 Statistics of International Tourism

통계기관 Sources

1998년의 국제 관광객은 약 6억 3,600만 명 정도이며, 약 4,420억 달러의 수익을 발생시킨 것으로 산정되었다(BTA, 2001). 이 수치는 각 국가별 통계치를 지역별로 모두 합하여 도출한 것이다. 각 국가별로 자체적인 통계를 생산하고 있는데, 두 가지의 주요 국제관광 통계집이 매년 발간되고 있다.

(1) 세계관광기구(WTO)의 『관광통계연보(*Yearbook of Tourism Statistics*)』는 1947년 이후 『국제여행통계(*International Travel Statistics*)』, 『세계여행통계(*World Travel Statistics*)』, 『세계여행 및 관광통계(*World Travel and Tourism Statistics*)』의 명칭으로 발간을 시작한 이후로 현재의 명칭에 이름.

(2) 경제협력개발기구(Organization for Economic Cooperation and Development: OECD)의 『OECD 회원국 관광정책 및 국제관광(*Tourism Policy and International Tourism in OECD Member Countries*)』, 때때로 '청서(淸書, Blue Book)[9]'로 언급되기도 함.

『관광통계연보(*Yearbook of Tourism Statistics*)』는 190여개 국가의 가장 중요한 관광통계를 요약하여 제공하고 있으며, 각국의 주요 관광통계 지표를 압축하고 손쉽게 볼 수 있도록 소책자로 고안한 『관광통계 요약집(*Compendium of Tourism Statistics*)』을 1985년부터 매년 발간하고 있다. 경제협력개발기구(OECD)의 '청서'는 주요 관광 송출국과 수용국을 포함하고 있으나, 표지에서 '경제협력개발기구 회원국용'(for OECD member countries only)이라고 규정하고 있는 바와 같이 다소 제한적인 이용범위를 가지고 있다. 표지의 제목에서도 알 수 있듯이, 각국의 정부 정책에 관한 조사, 국제 관광계획과 장애요인 등에 관한 조사 등 포괄적인 내용을 수록하고 있기 때문에 단순한 통계자료집은 아니다. 하지만, '청서'에는 세계관광기구(WTO) 발간물에 수록된 내용을 거의 포함하고 있다. 이에 대한 자세한 내용은 리코리쉬(Lickorish, 1997)의 연구를 참조하기 바란다.

왜 국제관광을 측정하는가? Why measure international tourism?

각국 정부는 주로 국제수지에 대한 관광의 효과를 측정하기 위하여 출국과

역주 9) 청서(淸書, Blue Book): 예산이 의회를 통과한 뒤에 일어난 경제 · 사회의 변경사항과 추이 등을 국민에게 보고하기 위한 보고서를 말하고, 백서(白書, White Paper)는 정부가 시정(施政)의 내용을 국민에게 보고하는 문서이다. 일반적으로 정부가 발표하는 해당 분야의 보고서를 「백서」라 부르고 있다.

입국의 이동 측면에서 국제관광의 차원을 평가하고 중요성을 검토하는 데 열심이다. 여행수지(travel account)는 외국 관광객에 의한 수입과 자국민의 해외여행 지출 사이의 차이를 나타내는 것으로서, 한 나라의 경제에 대한 국제관광의 기여도를 반영한다. 유럽의 9개 주요 국가에서는 지금까지 계속해서 여행수지 적자를 기록하고 있는데, 이들은 혹독한 겨울을 맞고 있는 것이다. 경제협력개발기구(OECD)에 의하면, 1995년 독일의 여행수지 적자는 345억 달러에 이른다고 한다. 일본의 여행수지 적자는 336억 달러, 영국은 57억 달러의 적자를 기록하고 있다. 반면에, 스페인은 200억 달러의 여행수지 흑자를 기록하고 있고, 미국은 15억 달러, 프랑스는 150억 달러, 호주는 30억 달러의 흑자를 기록하고 있다.

그러나 각국 정부의 관광통계에 대한 관심이 단순히 국제수지에 대한 관광의 효과 측면에만 있는 것은 아니다. 이동의 추이를 모니터링할 수 있고, 공식적인 기록을 위한 정보를 수집할 수 있다. 통계는 계획 목적을 위해 사용될 수도 있는데, 세계관광기구(WTO)의 『관광통계연보(*Yearbook of Tourism Statistics*)』는 전 세계, 지역 및 각 국가에서 개발된 관광의 분석을 위한 비교가능한 데이타의 전체적 개요를 제시하고 있다. 국가의 마케팅 능력은 또한 국제 방문객의 출발지(origins) 같은 수집된 정보의 활용이다. 지역 및 지방 수준의 관광기관은 기본적인 개발계획과 마케팅 활동을 위한 정보를 찾기 위해 국제관광 통계를 활용하고 있다.

마지막으로, 국제관광 통계를 사용하고 있는 관광산업 내의 상업적 기관은 소수이기는 하지만, 그래도 주로 계획과 마케팅 분야 같은 정보를 제공받은 많은 사람에게는 도움이 될 수 있다. 예를 들어, 투어운영자는 프로그램을 알맞게 조정하기 위해서는 현재의 추이를 알고 있을 필요가 있다. 관광을 측정하는 부적절한 시스템은

> 관광기관과 관광기업 양쪽 모두가 공공정책을 수립하거나 사업전략을 개발하기 위한 정보 원천을 갖지 못하도록 할 수도 있다. 동시에 경제성장을 촉진하는 요인과 고용의 근원으로서 관광의 중요성에 대한 사회적 인식의 결핍을 가져올 수도 있다(Paci, 1998).

샤크포드(Shackleford, 1980)는 경제적·상업적 관심을 넘어 필수적이고 바람직한 국가 책임의 일부로서의 관광통계 수집을 논의하였다. 현재 대부분의 국가가 이러한 책임을 수용하고 있지만, 세계관광기구(WTO)는 175개 독립국가 중 159개 국가가 인바운드(inbound) 국제 관광객의 지출에 관한 데이터를 수집하고 있고(WTO, 1997), 보다 자세한 통계의 수집과 분석은 자원의 관점에서 수행하겠다는 서약이 필요하다고 기록하고 있다. 관광통계 수집의 혜택은 관광위성계정(Tourism Satellite account: TSA)이 개발됨에 따라 점점 더 많이 인식되고 있다고 주장되기도 한다. 세계관광기구(WTO), 세계여행관광협회(World Travel and Tourism Council: WTTC) 그리고 경제협력개발기구(OECD)는 모두 관광위성계정(TSA)의 실행주체로서, 관광의 경제적 영향에 대한 포괄적이고 국제적으로 통일된 정보를 제공하려고 시도하고 있다. 2000년 3월에 유엔통계위원회는 관광위성계정에 포함된 국제기준을 승인하였다. 이 국제기준은 국내총생산(Gross Domestic Product: GDP), 직업(jobs) 및 자본투자(capital investment)의 구성비 측면에서 관광이 국가 경제에 미치는 기여도를 측정하는 일련의 세계 표준과 정의를 규정하고 있다. 경제와 다른 분야의 효능이 모두 인식될 때만이 국제 기준에 일치하는 통계적 정보의 구축을 소망할 수 있을 것이다.

무엇을 측정하는가? What is measured?

국제관광의 측정 이유를 개괄적으로나마 살펴보았는데, 측정 목적에 맞추어 무엇을 측정할 것인가를 논의할 필요가 있다. 초기의 문제는 측정 자체(예: 방문일수와 숙박일수)뿐만 아니라 측정 절차와 사용된 방법론(예: 서로 다른 표본추출 과정)의 데이터의 객관성 결여였다. 물론, 경제협력개발기구(OECD)와 세계관광기구(WTO)가 데이터 수집 과정과 표본추출에 관한 명확한 기준을 만들기 위해서 노력하고 있기는 하지만, 국가간 비교는 거의 불가능한 형편이다. 더군다나, 세계관광기구(WTO)는 통계측정에 관한 실제와 용어의 차이를 줄이기 위한 목적으로 다양한 활동을 조직하였고, 특히 『관광통계권고(*Recommendations on Tourism Statistics*, 1994a)』, 『관광위성계정 개발을 위한 일반 기준(*General*

Guidelines for Developing the Tourism Satellite Account, 2001)』과 같은 많은 자료를 출간하고 있다.

프레히트링(Frechtling, 1976)은 국가 및 세계관광기구(WTO)를 포함한 국제기구에 의해 수행된 접근방법의 평가에서, 여행산업(travel industry)은 단기여행(trip), 장기여행(travel)과 여행자(traveller)에 대한 정의에 집중되고 있다고 결론내렸다. 또한, 그는 정의와 용어를 관찰하는 데 필요한 세 가지 원칙을 제시하였다.

(1) 정의는 독립적이고 모호하지 않아야 한다.
(2) 정의는 다른 목적과 일치할 뿐 아니라, 측정이 용이하여야 한다.
(3) 정의는 가능한 한 확립된 관용법(established usage)을 따라야 한다.

이들 원칙이 타당하다 하더라도, '관광'(tourism)이라는 용어 자체의 '통상적'(normal) 사용은 업무여행(business travel)은 배제하고 열락(悅樂)여행(pleasure travel)만을 언급하고 있음을 주목해야 한다. 이는 즐거움[悅樂]을 찾기 위한 것뿐 아니라 업무상 여행하는 사람, 친구와 친척을 방문하는 사람, 쇼핑 등과 다

'관광'(Tourism)	여가, 업무 및 기타 목적을 위해 1년을 초과하지 않는 기간 동안 일상 환경(거주지)을 벗어난 곳으로 여행하고 체류하는 사람의 활동
'관광객'(Tourist) **'숙박 방문객'** (overnight visitor)	방문 지역의 단체 또는 개인 숙박장소에서 최소한 1박 이상을 체류하는 방문객
'당일 방문객' (Same Day Visitor) **'유람객'**(excursionist)	방문 지역의 단체 또는 개인 숙박장소에서 밤을 보내지 않는 방문객
'방문객'(Visitor)	1년 이하의 기간 동안 일상 환경(거주지) 외의 장소로 여행하는 사람으로서, 여행의 주요 목적이 방문지역에서 영리적인 목적이 아니어야 함
'여행자'(Traveller)	2곳 이상의 장소를 여행하는 사람

른 개인적 업무로 방문하는 사람을 관광객(tourist)으로 포함하여 사용하여 왔던, 표준으로 받아들여졌던 것과는 일치하지 않는 것이다. 이것은 업무여행이 관광산업에 상당한 영향을 미치기 때문에 중요하다. 전형적인 업무여행에는 항공기 탑승, 자동차 임대, 호텔 체류, 쇼핑, 관광목적지 방문과 관광시설의 일반적 이용을 포함할 것이다. 친구나 친척을 방문하는 사람도 종종 체류하는 동안 '관광활동'(tourism activities)에 참여하게 된다. 미국인은 관광(tourism)보다는 오히려 여행(travel)에 관해 이야기하는 것을 좋아한다는 것은 흥미롭다.

아래의 정의는 세계관광기구(WTO, 1995)에 의한 정의이며, 다양한 방문객 유형에 대한 분류와 설명이다.

관광통계는 크게 여행횟수, 지출, 관광객과 여행의 일반사항과 관련된 통계 등 3가지의 주요 범주로 나누어진다.

여행횟수 통계 Volume statistics

여행횟수의 가장 명확한 측정은 주어진 기간 동안에 도착하고 출발한 국제관광객의 총 숫자를 측정하는 것이다. 이러한 측정은 1년에 10회 여행을 하는 업무 출장자는 10회의 여행횟수로 기록된다는 측면에서 개인적인 목적과 의도와는 상관없이 여행횟수만 산정한다. 이 측정방법의 가장 큰 단점은 체재일수(length of stay)를 산정하지 못한다는 것인데, 이는 승객운송에서는 그렇지 않지만 숙박시설과 같은 대부분의 관광상품 공급자에게는 매우 중요하다. 이러한 목적을 위해 더 만족할 만한 총량의 측정은 전체 수요를 측정하는 관광객의 총숙박일수(total tourist nights)로, 이는 또한 물리적 측면에서 관광목적지에 미치는 영향을 측정할 수 있는 행위이다. 이는 관광객의 도착과 출발, 그리고 평균 체재일수를 산정할 수 있다.

지출비용 측정 Expenditure statistics

화폐 유동량(monetary flows)의 기본적 통계는 수입과 지출 항목을 자연스럽게 집계하는 것이다. 총방문객지출(total visitor expenditure)은 자국의 해외관광객 지출에 의해 상쇄되겠지만, 한 국가에 대한 관광의 경제적 가치의 단순한 측정이다. 입국 방문객의 소비가 국제수지에 미치는 영향의 관점에서 그들은 수출품을 구매하는 것으로 간주될 수도 있다. 관광객 지출은 통상적으로 목적지 국가 내에서의 소비를 의미하며, 목적지 국가를 오고 가는 항공운송 비용은 지출에서 제외한다. 또한 숙박, 식음료, 유흥, 쇼핑, 그리고 방문국가 안에서 여행 등의 항목으로 분류할 수 있다.

세계관광기구(WTO, 1994b; 2001)는 지출 항목에 대한 종합적인 분석방법으로 여행과 관광 측정에 관한 지침뿐만 아니라 실제 통계조사 방법을 발간하고 있다. 이 방법의 목적은 회원국, 특히 개발도상국이 데이터의 수집, 처리 및 편찬을 촉진시키는 운영수단을 갖게 함으로써, 관광의 경제적 효과를 평가하는 데 있어서 더 정확함을 이끌어내기 위한 것이다. 세계관광기구(WTO)의 『관광통계 연보(*Yearbook of Tourism Statistics*)』는 국제관광의 수입과 지출에 관한 통계자료를 제공해주고 있다.

경제협력개발기구(OECD)는 회원국의 고도성장 촉진을 목적으로 하는 단체로, 관광목적 지출을 중요한 성장 촉매제로 간주하고 있다. 따라서 경제협력개발기구(OECD)의 '청서'(淸書)는 수입과 지출 그리고 국제수지의 여행계정 측면에서 국제관광에 의한 회원국의 경제적 중요성에 대한 자세한 내용을 담고 있다. 《경제협력개발기구 국가 경제에 미치는 관광의 역할 측정(*Measuring the Role of Tourism in OECD Economies*, OECD, 2000)》이라는 보고서는 16개 회원국의 '관광계정'(tourism accounts)의 적용을 기술하고, 관광영향을 측정하는 수단의 이용에 도움을 줄 수 있는 방법론을 제공하고 있다.

일반사항 통계 Profile statistics

관광객의 일반사항과 관련된 통계는 전형적으로 연령, 성, 직업, 수입, 국적 및 거주국, 동반형태 등을 포함한다. 방문이나 여행에 관한 일반사항에는 출발지, 목적지, 방문횟수, 방문목적, 이용 교통수단, 숙박유형, 방문지에서의 주된 활동, 그리고 개별방문인지 단체방문인지의 동반형태 등이 포함된다. 골드너 등(Goeldner *et al.*, 2000)은 북미 지역에서 여행의 특성에 관해 설명한 바 있다.

영국관광청(British Tourist Authority: BTA)은 세계 도처의 관광객을 그룹화하고 세분화하여 이들을 대상으로 한 마케팅 활동에 집중하고 있는데, 이 연구에 의해 상당한 재정적 수입을 창출할 것으로 기대하고 있다. 최근 몇 년 동안 상당히 많은 라이프스타일(lifestyle, 생활방식)이나 사이코그래픽스(psychographics, 심리학적 행동양식 및 가치관)에 따라 특정시장을 세분화하기 위한 연구가 이루어졌다. 영국관광청(BTA)에 의해 수행된 연구는 50개에서 100개 사이의 매우 정교한 수준으로 라이프스타일을 세분화하였다.

국제관광을 위한 운송방식은 방문하는 국가로 들어가는 데 사용된 교통수단을 말한다. 항공기로 입국해서 렌트카를 이용하는 관광객이 육로(road, 자가용)에 의한 도착인 것처럼 보일 수도 있다는 것은 흥미롭다. 교통수단은 일반적으로 항공(air), 선박(sea), 철도(rail) 및 자가용(road)으로 분류된다. 숙박유형은 국가별로 매우 변화가 많아서 광범위하게 적용되고 있다.

측정방법 Methods used

인간의 이동이나 이와 관련된 변수를 측정하는 데 포함된 어려움의 관점에서 보면, 정확한 가치를 만들어 내는 것은 불가능한 것이다. 대부분의 관광통계는 실제로는 추정(推定, estimates)이다. 비록 국경에서의 통제와 통화통제(currency controls) 및 제한이 있다고 하여도, 항상 정확하고 타당한 정보를 제공할 수 있는 것은 아니다.

여행횟수 통계(volume statistics)는 등록양식을 사용하는 출입지점이나 숙박시설에서 산정한 과정의 결과라 할 수 있다. 이것은 항공기 탑승기록으로 보충될 수 있다. 추가해서, 가구조사와 목적지 현지조사는, 단독으로 이러한 목적에 사용되지는 않지만, 국제관광에 대한 정보를 이끌어 낼 수 있다.

지출통계는 은행의 외화 환전기록이나 관광 서비스 및 시설업체가 제공하는 영수기록을 사용하여 간접적으로 얻어낼 수도 있다. 오늘날에는 출국 관광객의 경우에는 여행 중에, 또는 돌아올 때 구체적인 지출규모를 질문하여 직접 측정하는 경향이 점점 늘고 있다.

위성계정(satellite accounting)은 방문객이 소비한 재화와 서비스에 초점을 두고 수요(방문객의 지출 또는 이익)와 공급의 측정을 요구한다. 파씨(Paci, 1998)는 관광의 경제적 중요성을 측정하는 전통적 시스템과 비교했을 때, 이 두 가지 측정방법(여행횟수와 지출비용 측정)의 통합은 관광위성계정(TSA) 시스템에 여러 가지 분명한 혜택을 줄 것이라고 주장한다. 이것은 더 많은 일반적 정의의 사용과 발전된 분석의 신뢰성을 포함한다.

몇 가지 사례 Some examples

캐나다 Canada

캐나다는 한때 국제관광 통계의 수집과 이용에 있어서 주도적인 역할을 했던 국가였다. 세계적인 기존 및 잠재시장이 밝혀져 왔었지만, 역사적으로 방법론의 대부분은 압도적인 캐나다와 미국 사이의 여행에 의해 만들어져 왔다(Baille, 1985). 테일러(Taylor, 1987)는 데이터의 필요성과 적용성 고찰의 응답으로 1980년대에 캐나다에서 수행된 많은 연구주도를 설명하였다.

1990년대에는 1994년에 정부관광기관인 '관광 캐나다'(Tourism Canada)를 대신한 캐나다관광위원회(Canadian Tourism Commission: CTC)의 설립에 집중하였다. 이전에는, 연구의 필요성이 외부 이용자 또는 산업에 의해 직접적으로 영향을 받지 않았고; 연구가 국제시장 일반현황(profile), 여행추이 및 경제적 영향을 강조하는 경향이어서, 관광산업의 전반적인 요구에 부응하지 못하였다. 캐나다관광위원회(CTC) 이사회는 관광산업의 대표자가 우세하였고, 예산의 대부분은 민간부문으로부터 조달되었다. 스미스(Smith, 1999)는 캐나다의 국가 관광 연구 의제의 변화를 자세하게 설명하고 있다.

스미스(Smith)에 의하면, 이 연구위원회는 산업의 의사결정을 지원하기 위해 최상의 가능한 데이터와 정보를 개발하고 보급하기 위해 조직되었다. 캐나다여행실태조사(Canadian Travel Survey)와 같은 주요 조사에서 향상이 이루어졌고, 세계 최초의 위성계정을 포함하는 분석기법이 개발되었다(Smith & Wilton, 1997). 국제관광과 광고 효율성에 대한 연구도 계속되고 있다.

영 국 The United Kingdom

영국은 일관된 방식으로 국제관광의 출국과 입국 현황을 조사하는 국제여객실태조사(International Passenger Survey: IPS)를 실시하고 있다. 국제여객실태조사(IPS)는 단지 주요 노선(route)을 대상으로 1961년에 처음 시작하였으며, 이후에 발전되어 모든 출입국 공항 및 항만을 대상으로 조사하기에 이르렀다. 이 조사는 영국의 출입국 관광객을 대상으로 항공, 항만 및 터널(육로)로 구분하여 무작위층화표본추출(stratified random sample) 방법을 사용하고 있다. 표본추출방법에 관한 보다 자세한 내용은 영국관광청(BTA) 웹사이트를 확인할 수 있다. 국제여객실태조사(IPS)의 목적은 다음과 같다.

(1) 국제수지의 여행계정에 관한 데이터 수집(출국 관광객의 지출과 입국 관광객의 지출을 비교하는 활동)
(2) 영국으로 방문하는 국제 방문객과 해외로 여행가는 출국 방문객에 관한 세부 정보 제공
(3) 국제이주에 관한 데이터 제공
(4) 항공과 해운기관에 대한 지원 기능으로서 승객에 의해 이용되는 노선에 대한 정보 제공

개발도상국 Developing countries

전통적으로 개발도상국에서는 신뢰할 수 있고 통일된 통계정보가 상당히 부족한 실정이다. 마닐라에서 개최된 세계관광회의(World Tourism Conference; WTO, 1980)는 관광시장에 관한 정보가 빈번히 중복되어 사용되고 있다고 언급하고, '관광정보 기술의 교류를 촉진할 수 있는 노력의 지속과 특별히 전 세계적인 관광정보 시스템의 구축이 고려되어야 한다고 주장하였다.

도미니카(Dominica)가 현재 관광위성계정(TSA)을 구축하는 데 세계관광기구(WTO)의 지원을 받아들인 것과 같이 한 국가가 수용하기까지는 느리지만 상당한 발전이 있었다. 리코리쉬(Lickorish, 1997)는 지난 10여 년 동안의 발전과정을 설명하였다. 따라서 개발도상국 관광위성계정을 적용하는 것은 통계정보의 신뢰성과 객관성(통일성)을 증가시키는 것이라 할 것이다.

국내관광 통계 Statistics of Domestic Tourism

왜 국내관광을 측정하는가? Why measure domestic tourism?

통계적 관점에서 국내관광과 국제관광의 주요 차이는 국제관광은 여러 분야에 걸친 미개척 분야라는 것이다. 이는 이동을 관찰하고 기록하는 데 쉬운 기회를 제공한다. 국내 관광객의 숙박시설과 기타 서비스 및 편의시설에 대한 수요는 국제 관광객에 의한 수요를 보충하거나 경쟁하게 될 것이다. 아직 국제관광 통계의 수집과 국내관광을 측정하는 것 중에서 실제적으로 어디에 더 높은 우선권을 주어야 하는지에 대하여는 아직 논의되지 않았지만, 두 가지 유형의 수요를 함께 분석하는 것이 바람직하다.

세계적으로 국내관광은 여행횟수와 가치의 관점에서 국제관광보다 훨씬 더 중요하다. 라탐(Latham, 1998)은 세계적으로 국내관광의 지출은 국제관광의 지출보다 10배 정도는 가치가 있을 것이라고 주장하고 있다. 확실히 여행의 대부분은 국제관광의 범위에 들지 않는 경우가 많다. 하지만, 국제관광 이동에서 얻을 수 있는 통계와 비교했을 때 국내관광 통계는 질적으로나 양적으로나 매우 빈약하다. 이의 가장 큰 이유는 국내 관광객에 대한 정보를 얻는 데 있어서의 상대적 어려움 때문이며, 국내관광은 국제수지나 외화획득에 있어 직접적인 영향이 없고, 노력이 부족하다는 사실 때문이다.

일반적으로 친구와 친척방문과 같은 국내관광은 사실 과소 추정되고, 호텔 이외의 숙박시설 이용(예: 별장, 캠프, 캐러밴 등)과 도시에서 농촌으로의 대규모 여행의 대부분은 포함되지 않고 있다.

세계관광기구(WTO, 1984)는 '국내여행과 관광통계를 수집하고 있는 나라는 거의 없다'고 지적하였다. 국내관광에 관한 데이터를 수집하는 국가가 점차 늘어가고, 방법론과 일관성에 관한 관심이 대폭 향상되었으며, 국내관광의 중요성에 대한 인식으로 관광위성계정(TSA)의 개발 등을 통하여 국내관광 통계가 더 많이 얻어지고 있다. 그럼에도 불구하고, 아직도 일부 국가는 전통적 호텔 부문에 대해 배타적으로 의존하고 있어서, 보충적인 숙박시설이나 친구와 친척 집에 머무르고 있는 많은 여행자를 계정에서 제외하고 있다. 국내관광의 수집

범위는 여전히 가치 있는 정보를 제공하기는 하겠지만, 전통적인 호텔기록 사용 이상의 수집방법의 적용을 확실히 요구하고 있다.

세계관광기구(WTO, 1981)는 국내관광 통계의 네 가지 주요 용도를 규정하였다.

(1) 경제 전반에 대한 관광의 기여도 측정

관광에 책임이 있는 기관은 국내총생산(GDP) 대한 관광의 기여도를 알고 싶어 한다. 관광 분야의 복잡한 특성으로 인해 엄청난 문제가 이 계산에 포함되어 있지만, 어찌 되었든 추정치는 계속 나오고 있다.

(2) 관광 진흥 및 마케팅 정책

국민이 해외보다 자국 내에서 휴가를 보내도록 촉진할 필요가 있다는 것을 자각하는 국가가 점점 증가하고 있고, 이 목적을 위해 캠페인을 개발하고 있다.

(3) 지역개발 정책 지원

대부분의 정부는 주요 관광목적 지역의 더 나은 환경적 질을 고양하는 것과 저개발 지역은 진흥시키고 혼잡한 지역은 완화시키는 두 가지 목적에서 국내관광의 지리적 배분에 위한 책임을 떠맡고 있다.

(4) 복지정책 원조

작지만 점차 많은 기관이 직접적으로 휴가를 보장해 주거나 또는 사회복지 차원의 관광객 환대시설을 건립 및 운영하기 위한 보조금의 형태로 혜택을 받지 못하는 소외계층을 원조하고 있다. 재정적인 관계 때문이라도, 정책수립을 위해서는 국가에 의한 휴가실태와 동향에 관한 통계적 지식이 요구된다.

이외에도, 지역 및 지방 관광기관이 자체의 관광목적지 시장 및 개발을 위하여, 그리고 관광산업 내의 개별기업에 의해 국내관광 통계가 활용된다.

정 의 Definitions

국내관광은 한 국가의 영토 내에서 자국민에 의해 이루어진 여행을 의미한다. 이를 보다 면밀히 살펴보기 위해서, 다음과 같은 용어정의를 살펴보고자 한다.

- 방문목적(purpose of visit) : 이 개념을 사용한 모든 국가는 국내 관광객을 영리적인 활동이라기보다 목적을 가지고 여행하는 사람으로 정의한다.
- 여행기간 또는 여행거리(length of trip and/or distance travelled) : 어떤 정의는 관광객은 반드시 하룻밤을 묵는 사람이어야 하며, 소정의 최소 거리를 여행하는 사람이어야 한다는 것을 언급하고 있다.
- 숙박유형(type of accommodation) : 실제적인 이유 때문에, 일부 국가에서는 국내 관광객의 개념을 상업적 숙박시설을 이용하는 사람이라고 제한하여 규정하고 있다.

세계관광기구(WTO, 1994a)는 국내 방문객(domestic visitors)을 다음과 같이 정의할 것을 권고하고 있다.

> 국내 방문객이라는 용어는 12개월을 초과하지 않는 기간 동안 그의 일상 환경(거주지)을 벗어나 자국 내의 어떤 장소를 여행하는 자국에 거주하고 있는 사람이고, 방문목적이 방문지역 내에서 영리적인 활동이 아니어야 한다.

이 정의는 1박 이상 숙박을 하는 사람을 '국내 관광객'(domestic tourists)이라고 하고 있으며, 방문지역 내에서의 체류기간이 24시간 이내이고 숙박을 하지 않는 사람은 '국내 행락객'(domestic excursionists)으로 정하고 있다.

무엇을 측정하는가? What is measured?

비록 국내관광 측정이 종종 한 나라 전반을 대상으로 하고 있기는 하지만, 특정 관광목적지 지역에 대한 신뢰할 수 있는 정보를 제공할 수 있다면 그 유용성이 더 크다고 하겠다. 개별 관광목적지나 매력물은 자체조사를 충실히 수행하고 있으며, 맥락을 제공하거나 보충 정보로서 국가 데이터를 잘 사용하고 있을 것이다(Cooper *et al.*, 1998).

국내관광 도착과 숙박을 분류하는 데 고려되어야 할 기준은 다음과 같다.

- 해당 월
- 숙박시설의 유형과 등급
- 숙박장소의 위치
- 국내관광 총지출액

기타 체재기간, 객실 점유율, 평균 지출액 등과 같은 변수는 이들 기본통계에서 추출할 수 있다. 기본적인 조사항목 이외에 추가적인 데이터는 사실 여러 국가와 사회경제적 특성(연령, 성별, 사회집단)과 관련된 정보로부터 수집하고, 교통수단과 방문목적은 국내관광 진흥을 위해 사용된다. 많은 개발도상국의 자원은 종종 제한적이고, 데이터 수집이 제약이 있다는 사실을 기억해야 할 것이다.

관광위성계정(TSA)의 개발은 국내관광 데이터의 수집과 활용, 그리고 특히 경제적 목적을 위해 무엇을 측정할 것인지를 더욱 뚜렷하게 하였다.

측정방법 Methods used

국제관광 통계와 마찬가지로 국내관광 통계도 사실상 추정(推定)이기 때문에 다양한 형태의 오차에 빠지기 쉽고, 정확도에서 차이가 있다. 최근에 들어 호텔 기록을 사용하는 것과는 다른 방법이 개발되었는데, 여기에는 표본조사를 통해 관광객 스스로에게 정보를 이끌어내는 것을 포함한다. 예를 들어, 영국에서는 국내관광을 담당하는 두 가지 조사가 있는데, 합쳐진 결과가 포괄적인 통계정보를 제공한다. 표 4-1은 이 조사의 역사, 범위 및 조사설계에 관한 자세한 내용을 보여준다.

국내관광 통계 수집을 관한 주요 방법은 구체적으로 아래와 같다.

가구조사 Household surveys

'가구조사'는 자국민을 대상으로 국내 또는 해외를 여행하였는지의 대규모 사람의 관광을 기록하는 데 적합하며, 가정을 방문하여 이루어진다. 이와 같은 조사는 거주 국민의 일반현항(profile)에 기반을 두고 있고, 즐거움(pleasure)을 목적으로 하는 국내관광이라는 균형적인 관점을 제공한다. 나아가, 이론적으로는

표 4-1 영국의 국내관광 실태조사

영국관광조사(United Kingdom Tourism Survey: UKTS)

연 혁(Commencing)
1972년 영국가족여행조사(British Home Tourism Survey)로 시작
1년간을 월별로 보고
1985년 영국월별관광조사(British Tourism Survey Monthly)로 교체
월별로 1년간 및 동향 보고(격월)
1989년 영국관광조사(UKTS)로 교체

조사범위(Coverage)
집과 해외에서 하루 이상을 숙박하는 영국 국민의 모든 관광

조사설계(Design)
매달 15세 이상의 성인 75,000명 무작위 추출 및 가구방문 면접
여행 회상기간은 이전 2개월
1994년에 CAPI(computer assisted personal interviewing) 채택

영국국가여행조사(British National Travel Survey: BNTS)

연 혁(Commencing)
1961년 영국국가여행조사(British National Travel Survey)로 시작, 매년 보고
1985년 영국관광조사연감(British Tourism Survey Yearly)으로 교체, 매년 보고
1988년 영국국가여행조사(British National Travel Survey)로 교체, 매년 보고

조사범위(Coverage)
영국 국민의 모든 휴가

조사설계(Design)
무작위 3,000명 가구방문 면접

자료: http://www.statistics.gov.uk

국가 사이의 비교가 만들어질 수 있다.

골드너 등(Goeldner *et al.*, 2000)이 제시한 가구조사를 활용한 사례는 캐나다 여행실태조사(Canadian Travel Survey)이다. 캐나다 관광산업의 주류는 국내여행이고, 중앙 통계기관인 캐나다 통계청(Statistics Canada)과 경영 계약에 의해 가능한 한 비용이 효율적인 방법에 의해 캐나다 국내관광의 가치, 총여행횟수 및 특징을 측정하고 있다. 캐나다 통계청은 매월 가구조사를 수행하고, 정부 부서

는 10,000가구 단위로 보충 질문을 구매할 수 있다. 이 조사는 1982년 이래로 이전부터 현재까지의 여행형태의 안정성에 대한 증거로서 1년에 두 차례 수행되어 왔다. 캐나다여행조사에 사용된 방법에 대한 보다 자세한 내용은 캐나다통계청 홈페이지(www.statcan.ca)를 참고하기 바란다.

오늘날 대부분의 국가에서는 국민의 국내여행과 해외여행에 대한 국가적 차원의 여행실태조사를 실시하고 있다. 여행을 하는 사람의 일반사항 제공에 추가하여 여행을 하지 않은 사람에 대한 정보의 제공도 점점 증가하고 있다. 국가휴가조사(national holiday survey)는 단지 휴가관광에 집중하는 조사의 하나로 통상적으로는 전년도의 휴가경험을 논의하는데, 회상의 문제를 최소화하기 위하여 연중 일정한 간격을 두고 면접조사를 하는 경우도 있다. 총관광조사(All-Tourism Survey)는 미국국가여행조사(US National Travel Survey)의 사례로 더 포괄적인 사항을 제공하지만, 덜 일반적이다.

국가별로 매년 국내의 여행 동향이 조사되고 있음에도 불구하고, 서로 다른 정의와 방법론을 사용하고 있기 때문에 국가 사이의 확정적인 비교는 위험하다. 1967년에 경제협력개발기구 관광위원회(OECD Tourism Committee)는 회원국이 수행하는 국가휴가조사를 통해 얻어야 될 것을 추천한 공통자료 항목(details of common data)을 공포하였다(OECD '청서' 참고). 한편, 1995년에 유럽연합의회(Council of the European Union)는 '관광 분야의 통계정보 수집 요령'(On the Collection of Statistical Information in the Field of Tourism)이라는 지침(directive)을 채택하였는데, 이는 유럽연합 회원국 정부에게 특수한 관광통계에 대한 공식적 자료를 제공할 것을 요구하고 있다. 유럽연합 통계청(Eurostat)은 용어와 방법론에 관한 특별한 지침을 제공하고 관리하고 있다. 이는 유럽연합 국가와 자발적 토대 위에서 참여하는 다른 국가를 위한 신뢰할 수 있고 비교 가능한 통계 자료를 만들어내기 위한 노력을 나타낸다. 이 지침은 국내관광과 국제관광 양쪽 모두를 망라한다.

관광목적지 현지조사 Destination surveys

'관광목적지 현지조사'는 통상적으로는 높은 수준의 관광활동이 이루어지고 있는 지역에 한정되며, 한 지역이나 개별 리조트와 같은 개별 관광목적지 관광에 대한 이용횟수, 가치 및 특성에 대한 조사로 가구조사의 범위를 넘어선 정보를 제공할 수 있다. 등록양식을 사용하는 숙박시설 조사와 관광목적지에서 방문객 표본조사에 의해 정보를 추출할 수 있고, 한 국가의 특정지역 여행에 대한 데이터를 제공하는 국가여행조사로부터 항목을 구축할 수도 있다.

도중조사 Enroute surveys

'도중(道中)조사' 또는 여행 중인 여행자 조사는 전략적 관점이 면접을 위한 선택에 있다는 점에서 프론티어 조사(frontier survey)와 유사하다. 조사방법은 사용된 교통수단이 무엇인가에 크게 좌우된다. 또한 이 조사방법은 관광의 모든 형태를 조사할 수 있으며, 많은 면접이 하루에 수행될 수 있다는 장점이 있다. 하지만, 표본의 대표성에 의문이 있고, 발생되는 오차는 한 국가 내의 교통체계에 대한 사전지식이 불완전하기 때문에 추정을 어렵게 한다. 대부분의 조사에서 더 큰 문제는 무응답과 관련된 것으로, 특히 응답자로 하여금 자신의 시간을 할애하여 설문지를 완성하여 우편으로 보내도록 요청한 경우에 더욱 그러하다. 도중조사의 응답률은 여행 중인 응답자를 알맞은 장소에서 선택하는지에 따라 결정되는데, '본래 장소'(in situ)의 정보 수집은 90% 이상의 응답률도 가능하다(Hurst, 1987). 허스트(Hurst)는 도중조사 방법의 사용을 검토하고, 면접비용, 표본오차 및 통제 등과 관련된 가치를 평가하는 기준을 제시하였다.

관광 서비스 공급자 조사 Surveys of the suppliers of tourism services

추가하여, '관광 서비스 공급자 조사'는 점유율, 숙박 체류일수 및 방문객수 같은 정보를 이끌어내기 위하여 수행될 수 있다. 관광위성계정(TSA)은 관광공급 측면의 정의와 관련된 문제에 직면한다. 관광위성계정(TSA)의 목적은 숙박수요의 관점뿐만 아니라 그 수요에 이르도록 요구되는 생산의 분석을 통해서 관광에 의해 창출되는 경제적 활동을 측정하기 위한 것이다(Sonpal, 1998).

방법론적 이슈 Methodological issues

표본추출과 표본설계에 대한 기본적 개념의 일반적 내용은 많은 표준 사업 교재에서 찾을 수 있는데, 사례들은 아커 등(Aaker *et al.*, 2000)을 참조하라. 위트와 모티노(Witt & Moutinho, 1995)는 관광의 맥락으로 이를 대체하였다. 아커 등(Aaker *et al.*)은 단순무작위표본추출(simple random sampling), 체계적표본추출(systematic sampling), 계층적무작위표본추출(stratified random sampling), 군집표본추출(cluster sampling) 및 할당표본추출(quata sampling)에 대하여 각각의 장점과 단점을 함께 설명하였다. 또한, 그들은 나타날 수 있는 오차의 다른 근원에 대한 더 구체적인 설명과 연구과정의 다른 단계에서의 오차 측정에 대하여도 설명하였다.

몇 년에 걸쳐 세계관광기구(WTO; 1979, 1981, 1984, 1994b, 1998)는 관광통계의 수집, 분석 및 공표와 관련된 많은 방법론적 간행물을 출판해 왔다. 이것은 특히 정의, 측정 및 방법론적 관점에서 전 세계적인 일관성을 창조하기 위한 시도의 주도적 역할을 수행해 온 것이다. 1990년대 동안 경제협력개발기구(OECD), 유럽연합(통계 부서인 유럽연합 통계청[Eurostat]을 통해서) 및 다른 지역기구는 정의와 방법론적 이슈에 진지한 관심을 가져 왔다. 미들턴(Middleton, 1994), 프록터(Proctor, 1997) 및 우드사이드 등(Woodside *et al.*, 2000)은 관광 데이터를 수집하는 다른 방법에 대해 설명하고 분석하였다. 관광통계의 수집에 사용되는 주요 방법과 관련된 몇 가지 방법론적 특징은 다음과 같다.

국경에서 수집된 데이터 Data collected at international borders

대부분의 국가가 관광을 포함한 다양한 목적을 위하여 국경에서 데이터를 수집한다. 예를 들어, 인도(India) 같은 많은 국가는 서로 다른 관광유형의 계산을 모으기 위해 수집된 데이터를 이용해서 인구조사로 고려하기도 한다. 반면, 영국과 같은 나라는 방문, 지출, 방문한 장소 및 기타 등에 대한 데이터를 수집하기 위해 선택된 관광객을 면접하는 복합 표본추출 절차를 활용한다. 가치를 추정할 시점에 가서 적절한 가중치에 의해 합계를 산정된다. 국경지역에서 사용되는 절차는 그들이 항상 심적으로 관광목적을 가지고 있지 않고, 행정적 통제를 받는다는 점에서 종종 만족스럽지 않다. 더욱이, 출입국 지점에서의 수집은 체류기간을 얻을 수 있는 정보가 없다면 효과적인 측정을 제공할 수 없다.

숙박시설에서 수집된 데이터 Data collected at accommodation establishments

일부 국가는 종종 숙박시설의 등록 사항을 통하여 수집된 데이터와 정보를 사용한다. 어떤 경우에, 친구와 친척을 방문하는 국제 관광객이 계산되지 않고 국내관광이 완전히 무시되는 결점이 있을 때에는 이 방법이 관광 데이터를 수집하는 주요 수단이 된다. 점유율 조사는 수요 측정을 구축하기 위해 사용된다.

승객 운송업자에 의해 수집된 데이터 Data collected by passenger carriers

모든 승객 운송업자는 자기 자신의 사업운영의 부분으로서 여행 데이터를 자연스럽게 수집하고, 이 데이터는 얻어낼 수 있는 다른 데이터를 보충하기 위해 국가 관광기관에서 사용할 수 있다.

방문객 조사 Visitor surveys

방문객 조사는 한 국가의 지역이나 도시에서 조사하는 것에서부터 개별 사업지 또는 관광 매력물이 있는 곳에서 조사하는 것까지 매우 다양한 맥락에서 수행된다. 표본추출 절차는 특정의 방문객을 선정하여 통상적으로 개인 면접법을 사용한다. 자유스럽게 위치를 이동하는 방문객이라는 맥락에서 표본추출은 통상적으로 비과학적이고, 따라서 그 결과가 우수한 신뢰성을 가지는 것은 불가능하다. 이용횟수, 가치 및 방문 유형의 측정을 산출하는 데 부가하여, 방문객 조사는 제공된 경험에 대한 의견과 마케팅 목적을 위한 다른 정보를 평가하기 위해 이용된다.

일일 설문조사 Diary questionnaires

일일 설문조사가 한 지역의 방문객을 조사하는 데 사용될 수 있다. 이 방법은 방문객에게 설문지를 배부하여 방문 중에 완료하게 하고 떠난 다음에 우편으로 반송하도록 한다. 비록 이렇게 수집된 데이터는 가끔 앞의 방문객

조사에 의한 산출보다 우수하지만, 일반적으로 낮은 응답률은 중요한 한계가 되고 있다.

비참여 관찰 Unobtrusive observation

방문객과 그들의 행동에 대한 비참여 관찰은 다양한 환경에서 방문객에 관한 데이터를 수집하는 상대적으로 비용이 적게 들고 신뢰할 수 있는 방법이다. 이 방법은 질적인 정보를 수집하기 위해 사용되는 최상의 방법으로, 행동에 대한 통찰을 제공함으로써 양적인 정보를 보충할 수 있을 것이다.

의도연구와 만족도연구 Intention studies and satisfaction studies

관광객과 방문객에게 여행이나 방문을 하기 이전, 도중 또는 이후에 질문을 할 수 있다. 의도연구의 결과는 실제 여행을 하기 이전의 마음이나 계획이 변화하는 이유로, 또는 단지 이들의 정보는 기대, 욕구 또는 거짓말을 나타내기 때문에 명백하게도 일정 수준의 부정확성을 포함하고 있다. 그럼에도 불구하고, 의도연구는 그럴싸한 수요를 측정하는 단기적 관점에서는 가치가 있다고 할 수 있고, 가격이나 마케팅 접근에 영향을 미칠 수 있다. 만족도연구는 관광경험 이후에 수행된다. 일반적으로, 만족도연구는 최신의 기억을 사용하여 경험 이후에 즉시 수행하는 것이 최상이다. 널리 알려진 사례는 투어운영자와 연합한 항공사에 의해 귀국 항공기에서 배부된 설문지를 완성하는 것이다.

사회적 그리고 환경적 영향 Social and Environmental Impacts

관광목적지에 미치는 관광영향은 단지 경제적 관점에서만 측정할 것은 아니라는 것이 점점 더 인식되고 있다. 게다가, 사회적 그리고 환경적 영향은 비록 그 측정이 다소 문제가 되지만(예를 들어, Coccossis & Parpairis, 2000; Wall, 1999), 현재 관광연구의 핵심 차원이라고 주장된다(Faulkner & Goeldner, 1998). 브리아소울리스(Briassoulis, 2000)에 따르면, 지속가능성의 필요성에 대한 인식이 성장하면서 추동된 수용능력(carrying capacity)에 관한 연구는 관광의 환경적 영향과 관련된 가장 철두철미하게 연구된 이슈로 인정할 수 있을 것이다. 클레버돈(Cleverdon, 2000)은 관광위성계정(TSA)의 개발이 단지 경제적 관점으로부터 추동되었고, 관광위성계정(TSA)의 고유한 항목은 계획가와 행정가가 다른 관점으로부터 덜 쉽게 계량화 할 수 있는 관심과 영향에 부적절한 주의를 기울이는 위험으로 이끌 수 있다는 점에서 중요한 결점을 가지고 있다고 주장하였다.

미 래 The Future

최근에 관광통계는 주로 선진국에 의한 더 기교에 치우친 연구기술과 함께 더 큰 범위로 이동하여 왔다. 국내관광에 대한 유사한 데이터의 수집뿐 아니라 국제관광에서 조차도 연구설계가 어지간히 달라야 하고 필요한 것임에도 불구하고, 관광통계 연구는 정의(definition)의 문제에 집중하여 왔다. 프레히트링(Frechtling, 1999)에 따르면, 이것은 국가 사이 또는 한 국가 내에서 시간적으로 다른 시기의 타당한 비교를 방해하였고, 국가 경제에서 관광수요의 본질과 추이에 관한 타당한 결론을 이끌어내려는 기업 및 정부의 노력을 헛수고가 되게 하였다. 특히, 지방에서 수집된 데이터와 관련하여 추정의 신뢰성에 대한 우려가 있고, 분석은 오차범위가 항상 수용할 수 있는 범위 내에 있지 않다는 것을 보여준다. 미래에는 국내관광뿐만 아니라 국제관광에 대한 데이터의 비교를 보증하기 위한 더 앞선 시도와 더불어 서로 다른 국가에서 사용된 방법론에 있어서 더 발전된 정교함을 찾아야 할 것 같다. 비용을 들여서 수집된 데이터는 많은 이해관계자에게 신뢰할 수 있고 유용한 통계를 산출하기 위해 함께 일한 공공 및 민간부문의 입장에서 보면 일부 나라에서는 발전일 것이다.

아마도 세계관광기구(WTO)의 보호 아래에 있는 세계 관광 데이터베이스(global tourism database) 같은 현대기술은 전 세계 국가의 정보 요구에 부응할 수 있는 기반이 될 수 있었다. 확실히, 통계를 수집하는 데 더 큰 자원 제약을 가진 개발도상국의 경우에 이 관광 데이터베이스는 관광목적지 조사의 형태로 많은 합리적인 비용으로 수집하였을 데이터를 보충하는 데 매우 유익할 것이다.

탐색 시스템의 괄목할 만한 이용자 중심적 발전과 급속한 확장, 제공되는 정보원천의 비싸지 않고, 접근하기 쉬운 정보의 배열 등은 관광 연구자와 관리자에 의한 인터넷 사용의 성장을 가져 왔다(William *et al.*, 1996). 인터넷은 전 세계의 통계정보의 급속한 보급을 촉진하였다. 관광산업협회와 정부의 후원을 받는 조직은 관광통계와 그 해석을 포함하는 종합적인 웹사이트(website)를 가지고 있다. 골드너 등(Goeldner *et al.*, 2000)은 미국여행산업협회(the Travel Industry Association of America)가 미국 여행에 관한 권위 있는 정보원천이라고 주장하고, 이 웹사이트를 방문할 것을 권장하고 있다. 많은 소프트웨어 회사가 현재 신뢰할 수 있는 인터넷 조사도구를 제공하고 있지만, 연구도구로 웹(Web)을 사용하는 것은 여전히 초기단계이다(Robson. 1999). 웹 설문조사는 관광통계를 수집하는 빠르고 저렴한 방법을 제공할 수 있을 것이다(관광연구를 위한 인터넷 사용에 관한 논의는 William *et al.*, 1996 참조).

최근에 관광의 경제적 영향을 측정하기 위한 관광위성계정(TSA)의 새로운 개념이 소개되고 있다. 이것은 이전 수십 년의 접근방법과 한계성에 대해 심각한 의문을 가지고 있었기 때문에 하나의 중요한 혁신으로 간주되고 있다. 프레히트링(Frechtling, 1999)은 관광위성계정(TSA) 개념과 측정기술의 개발에 있어서 논쟁 중에 있는 중요한 이슈를 탐구하였다. 이것은 국내관광과 국제관광 양쪽 모두의 경제적 결과가 관광위성계정(TSA)의 고려대상에 있다는 점에서 가치가 있다. 관광위성계정(TSA)의 전체적인 잠재력이 실현되기 이전에는 이 분야에는 여전히 수행되어야 할 많은 작업이 있고, 어떻게 관광위성계정(TSA)이 다국적 표준의 세계관광기구(WTO)와 경제협력개발기구(OECD) 및 다른 세계적인 새로운 주도와 관련이 있는지를 알아내는 것은 흥미로울 것이다.

비 고 Note

1. 처음 논문은 'The statistical measurement of tourism' in Volume 1 of *Progress in Tourism, Recreation and Hospitality Management* (1989), pp. 55-76.

| 참고문헌 | References

Aaker, D.A., Kumar, V. and Day, G.S.(2000) *Marketing Research.* New York: John Wiley.

Baille, J.G.(1985) The evolution of Canadian international travel documentation. *Annals of Tourism Research* 12(4), 563-79.

Briassoulis, H.(2000) Environmental impacts of tourism: A framework for analysis and evaluation. In H. Briassoulis and J. Van Der Straatten(eds) *Tourism and the Environment*(2nd edn)(pp. 21-37). Dordrecht: Kluwer.

British Tourist Authority(2001) *Tourism Intelligence Quarterly* 22(4).

Burkart, A.J. and Medlik, S.(1981) *Tourism - Past, Present and Future.* London: Heinemann.

Cleverdon, R.(2000) The problem with tourism satellite account. *Tourism Trendspotter* 2(6), 16-18.

Coccossis, H. and Parpairis, A.(2000) Tourism and the environment: Some observations on the concept of carrying capacity. In H. Briassoulis and J. Van Der Straatten(eds) *Tourism and the Environment*(2nd edn)(pp.91-105). Dordrecht: Kluwer

Cooper, C., Fletcher, J., Gilbert, D. and Wanhill, W. with Shepherd, R.(ed.)(1988) *Tourism Principles and Practice.* New Tork: Addisn Wesley Longman.

Dann, G., Nash, D. and Pearce, P.(1988) Methodology in tourism research. *Annals of Tourism Research* 37(5), 76.

Echtner, C.M. and Jamal, T.B.(1977) The disciplinary dilemma of tourism studies. *Annals of Tourism Research* 15(1), 1-28.

Faulkner, B. and Goeldner, C.R.(1998) Progress in tourism and hospitality research. *Jounal of Travel Research* 37(5), 76.

Frechtling, C.C.(1976) Proposed standard definitions and classifications for travel research. *Marketing Travel and Tourism, seventh Annual Conference Proceedings* (pp.59-74). Boca Raton: Travel Research Association.

Goeldner, C.R.(1988) The evolution of the discipline of tourism. Paper Presented to teaching tourism into the 1990s, International Conference for Tourism Educators, Guildford: University of Surrey.

Goeldner, C.R., Brent Ritchie, J.R. and McIntosh, R.W.(2000) Tourism, Principles, *Practices, Philosophies*(8th edn). New York: John Wiley.

Hurst, F.(1987) Enroute surveys. In J.R.B. Ritchie and C.R. Goeldner(eds) *Travel, Tourism and Hospitality Research*: A Handbook for Managers and Researches(pp. 401-16). New York: John Wiley.

Latham, J.(1998) Patterns of international tourism. *Progress in Tourism and Hospitality Research,* 4(1), 45-52.

Leiper, N.(1979) The framework of tourism. *Annals of Tourism Research* 6(4), 390-407

Lickorish, L.J.(1997) Travel statistics-the slow move forward. *Tourism Management* 18(8), 491-7.

Lim, C.(1997) An econometric classification and review of international tourism demand models. *Tourism Economics* 3(1), 69-81.

McIntosh, R.W. and Goeldner, C.R.(1986) *Tourism Principles, Practices, Philosophies.* New York: John wiley.

Middleton, V.T.C.(1994) *Marketing in Travel and Tourism.* Oxford: Butterworth-Heinemann.

Organisation for Economic Co-Operation and Development(Annual) *Tourism Policy and International Tourism in OECD Member Countries.* Paris: OECD.

Organisation for Economic Co-Operation and Development(2000) *Measuring the Role of Tourism in OECD Economies.* Paris: OECD.

Paci, E.(1998) The World Tourism Organisation's efforts in the development of a tourism satellite account. *Tourism Economics* 4(3), 279-81.

Proctor, T.(1997) *Essentials of Marketing Research.* London: Pitman.

Ritch, J.R.B.(1975) Some critical aspects of measurement theory and practice in trvel research. In R.W. McIntosh and C.R. Goeldner(1986) *Tourism Principles, Practices, Philosophies* (pp. 437-51). New York: John Wiley.

Robson, J.(1999) Using technology for research, *Tourism Trendspotter* 2(1), 12.

Shackleford, P.(1980) Keeping tabs on tourism: A manager's guide to statistics. *International Journal of Tourism Management* 1(3), 148-57.

Smith, S.L.J.(1999) Toward a national tourism research agenda for Canada. *Tourism Management* 20, 297-304.

Smith, S.L.J. and Wilton, D.(1997) TSAs and the WTTC/WEFA methodology: Different statellites of different planets? *Tourism Economics* 3(3), 249-63.

Sonpal. C.(1998) Balance of payments and travel account - surplus of deficit. *Insights* (March), A-143. Londin: BTA,.

Taylor, G.D.(1987) Research in national tourist organisations. In J.R.B. Ritchie and C.R. Goeldner(eds) *Travel, Tourism and Hospitality Research: A Handbook for Managers and Researchers*(pp.117-28) New York: John Wiley.

Tribe, J.(1997) The indiscipline of tourism. *Annals of Tourism and Hospitality Research* 2(3-4), 207-15.

Walle, A.H.(1997) Quantitative versus qualitative tourism research. *Annals of Tourism Research* 24(3), 524-36.

William, P.W., Bascombe, P., Brenner, N. and Green, D.(1996) Using the internet for tourism research: 'Information Highway' or 'Dirt Road'? *Journal of Travel Research* 34(3), 63.

Witt, S.F. and Moutinho, L.(eds)(1995) *Tourism Marketing and Management Handbook*. Hemel Hempstead, UK: Prentice Hall Europe.

Woodside, A.G., Crouch, G.I., Mazanek, J.A., Oppermann, M. and Sakai, M.Y.(eds)(2000) *Consumer Psychology in Tourism, Hospitality and Leisure*. Wallingford: CABI Publishing.

World Tourism Organization(Annual) *Yearbook of Tourism Statistics*(2 vols). Madrid: WTO.

World Tourism Organization(Annual) *Compendium of Tourism statistics*. Madrid: WTO.

World Tourism Organization(1979) *Survey of Survey and Research in the Field of Tourism*. Madrid: WTO.

World Tourism Organization(1980) *Manila Declaration on World Tourism*. Madrid: WTO.

World Tourism Organization(1981) *Technical Handbook on the Collection and Presentation of Domestic and International Tourism Statistics*. Madrid: WTO.

World Tourism Organization(1984a) *Domestic Tourism Statistics*. Madrid: WTO.

World Tourism Organization(1994a) *Recommendations on Tourism Statistics*. Madrid: WTO.

World Tourism Organization(1994b) *Tourism to the year 2000 and Recommendations on Tourism Statistics*. Madrid: WTO.

World Tourism Organization(1995) *Concepts, Definitions and Classifications for tourism Statistics*. Madrid: WTO.

World Tourism Organization(1997) *Yearbook of Tourism Statistics*. Madrid: WTO.

World Tourism Organization(1998) *Tourism Satellite Account*(TSA). Madrid: WTO.

World Tourism Organization(2001) *General Guidelines for Developing the Tourism satellite Account*. Madrid: WTO.

관련 웹사이트

British Tourist Authority – http://www.britishyouristauthority.org

Canadian Government Statistics – http://www.statcan.ca

Surveys covering UK tourism – http://www.statistics.gov.uk

제 5 장

관광과 레크리에이션의 시간적 변화와 역사에 대한 관점

Perspectives on Temporal Change and the History of Tourism and Recreation

제프 월(GEOFF WALL)

레크리에이션 활동(activities), 이벤트(events, 행사), 장소(places) 또는 참가자(participants) 연구 등의 레크리에이션 역사에 대한 탐구는 많은 이유로 수행되었을 것이다. 대상에 대한 호기심과 원초적 관심은 자기 자신을 위하여 레크리에이션 역사를 연구하려는 기운과 결합하였고, 이러한 연구자는 자신의 연구 활동에 대한 더 이상의 정당성은 필요치 않을 것이다. 그러나 이러한 연구가 더 광범위한 맥락에서 수행되지 않는다면 연구는 단지 골동품이 될 것이고, 연구가 가진 잠재력인 사회를 이해하는 데 충분한 기여를 이룩하는 데는 실패할 것이다. 여가를 수행하는 활동은 제약의 자유가 아니라 정의에 의해 많은 선택의 요소를 포함한다. 결과적으로, 이러한 연구는 선택이 더 제약이 될 수 있는 생활의 다른 영역과 비교할 때 사회의 작용(working of a society)에 대한 차이와 보충적 통찰력을 드러낼 것이다.

인구성장, 여가확장, 소득증가, 교통의 발달 및 도시화의 확산과 관련된 야외 레크리에이션에 관한 학술지가 등장하고, 이러한 인과요인의 확장에 따라 야외 레크리에이션과 관광에 대한 참여의 급속한 성장률을 가져와서 아주 오랫동안 거의 유행처럼 보편화 되었다. 성장에 주목하였고, 침체되었거나 쇠퇴하고 있는 활동이나 분야는 상대적으로 무시하였다. 이러한 관점은 극단적으로 단순화되고 시대에 뒤떨어진 주장 같은 것을 만드는 출생률 감소와 수명연장, 실업증가, 경제의 일시적 변화, 교통혼잡 및 대도시 지역의 구조적 변화 같은 수요와 공급 양쪽에 밀접한 관련을 가진 서구사회(Western societies)의 많은 최근의 경향은 무시한다. 최근에는 심지어 이러한 일반화가 내포하는 것보다 더 많이 복잡하였다는 것을 믿게 하는 매우 많은 이유가 있다.

이러한 언급은 이들 변수에 있어서 흥망의 실제 중요성을 호도하고 있고, 사실상 이러한 관련성이 풍부한 생산성을 가진 연구영역으로 계속될 때 여가, 레크리에이션, 그리고 관광에 대한 이들 영향의 본질이 잘 이해될 수 있다. 더군다나, 그런 주장에 항상 수반되는 급속한 변화에 대한 강조는 보다 조심스러운 분석이 보여주는 고려할 만한 연속이라기보다 과거와의 단절을 제시한다. 그러므로 레크리에이션과 관광 연구자는 그들이 빈번하게 시간적 맥락에서 레크리에이션과 관광 연구를 수행하여 왔던 것보다도 훨씬 더 많이 인식하고 있어야 한다.

또한, 왜 레크리에이션 및 관광 연구자가 이 연구 주제의 시간적 차원을 이해해야 하는지에 대한 확실하고 실질적인 이유가 있다. 변화의 과정은 시간의 횡적연구를 통해서보다 이러한 연구를 통해서 가장 잘 이해될 수 있으며, 정책추천은 선택에 있어서 장소제한이라는 선행되는 상황의 존재를 인정해야 한다. 세상은 번뇌가 없는 *백지상태*(*tabula rasa*, 무구[無垢])가 아니며, 일어날 수 있는 미래는 과거에 이루어졌던 결정에 의해 매우 많은 제약을 받는다. 또한, 레크리에이션의 과거 형태, 레크리에이션 및 관광의 활동과 영역의 발전에 대한 이해는 유산에 대해 상당한 관심을 갖도록 해주는 해석적 논거(interpretive materials)의 개발을 이끌어 낼 수 있을 것이다. 따라서 레크리에이션의 역사는 응용 측면을 가지고 있기 때문에 단순히 학술적 기도가 되어야 할 필요는 없다.

유산관광(heritage tourism)은 학자와 실무자 모두의 관심이 실질적으로 증가하고 있는 논제의 하나이며, 유산은 '과거의 동시대적 사용'(contemporary use of the past; Graham *et al.*, 2002: 2)으로 정의되고 있다. 역사학자와 유산 애호가는 자신의 기억 속에서 선택할 수 있지만, 유산에 대한 이해는 다른 것에 우선하여 과거의 어떤 명시(明示, manifestation)를 평가하는 의식적인 선택(conscious choice)과, 종종 과거로부터 선택된 표상에 뿌리를 두고 있는 관광상품을 만들기 위한 의식적인 선택을 내포한다. 유산으로 간주되는 것이 무엇인지, 그것이 어떻게 다루어졌는지(보존, 복원, 개선 또는 가끔은 전체적으로 재생), 그리고 유산에 관해 알려졌던 이야기(해설)는 보통 권력과 지배적인 이데올로기적 관점으로의 접근을 반영하면서 경험의 진정성(authenticity of experience) 및 문화의 상품화(commodification of culture)와 관련된 문제를 제기한다. 이것은 많은 연구자에게 관심을 집중하게 하는 복잡한 문제이다. 로웬탈(Lowenthal)의 저서(1985, 1996)는 적절한 때에 박식한 견해와 현재에 있어서 과거의 사용을 제공한다. 관광역사도시(tourist-historic city; Ashworth & Tunbridge, 1990)에 대한 첫 번째 저술에서, 이들은 유산과 이의 관리를 둘러싸고 있는 통찰력 있는 논의와 이론의 여지가 있는 이슈에 대한 수많은 사례를 제시하고 있다(Ashworth & Tunbridge, 2000; Tunbridge & Ashworth, 1996). 이들 저서는 무엇이 광범위하고 빠르게 이 분야의 연구를 확장시켰는지에 대해 쉽게 이해할 수 있는 서문을 제시하고 있다(제9장 참조).

많은 관광, 레크리에이션 및 여가연구는 시간적 맥락에 더 확고하게 자리를 잡아야 한다고 제안하고 있으며, 또한 이들 주제 내용의 협소한 범위를 넘어서 바라보는 탁월한 역사적 초점을 가진 연구자를 요구하고 있다. 자체의 복잡성과 이론의 여지가 있는 이슈를 가진 유산은 다양한 청중의 상상력을 사로잡는 것이 하나의 이유라는 것을 필요로 한다. 더욱이, 만약 골동품 수집의 함정(antiquarian trap)을 피하려고 한다면, 연구자는 사례연구를 넘어서 이동하려는 노력을 해야 한다. 이러한 노력의 시작을 보여주는 증거가 있다. 예를 들어, 트래비스(Travis, 1993)는 영국 데본(Devon) 지역의 수많은 리조트 개발을 연대순으로 기록했다. 사례연구를 비평함에 있어, 정확한 사실적 정보를 수집해야 하기 때문에 훌륭한 사례연구는 필요치 않으며, 가설의 검증 및 일반화를 조명하고 입증하기 위한 실례가 개발되어야 한다는 제안을 하는 것이 이 저자의 의도는 아니다. 요점은 사례연구가 폭넓은 주제와 연결되고, 사례연구 자체의 목적이라기보다 좀 더 고차원적인 목표를 제시한다면 매우 유용해질 것이라는 점이다.

오스트레일리아(Australia)에 대한 리처드슨(Richardson, 1999)의 연구와 버뮤다(Bermuda)의 많은 작은 섬에 대한 맥도웰(MacDowall, 1993)의 연구처럼 일부 연구가 국가적 관점을 나타내기 위해 시도하기도 하였으나, 많은 연구는 국가적 경계를 넘어서 이루어지고 있으며, 이러한 이유로 사례연구는 더 중요한 것이다. 벨라스코(Belasco, 1979)의 연구가 여행과 숙박에 한정된 것처럼, 북미의 여행에 대한 자클(Jakle, 1985)의 연구는 미국으로 한정한 것이었다. 반면에, 서구의 레크리에이션과 관광의 역사적 지리에 관한 타우너(Towner, 1996)의 연구는 결과적으로 특별한 중요성을 가진다. 이 연구는 관광객과 그들이 방문하는 관광목적지뿐만 아니라 관광객이 필요로 하는 것을 제공하는 사람까지 포함시킨 독창적인 업적이다. 국제적 관점을 가진 다른 중요한 업적은 스위스의 티쏘(Tissot, 2000)의 연구이다. 다소 단순하게 이야기하면, 이 책은 기본적으로 영국인을 관광객(English as tourists)으로, 스위스인을 관광기회를 제공하는 공급자(Swiss as suppliers)로 논의하고 있다. 다시 말하면, 이 책은 산업혁명 역시 여가와 레크리에이션의 혁명을 촉진시켰던 것처럼 영국으로부터 퍼져 나오는 새로운 수요에 대한 대응으로서 스위스인을 관광객에게 필요한 것을 제공하는 개척자(Swiss as pioneers)로 보고 있다; 진화된 새로운 관광형태와 관광기술은 영국에서 개발되었고, 스위스로 수출되었다. 그러나 관광과 레크리에이션 역사에 관한 거의 모든 연구는 서구에서 수행되어 왔고, 개발도상국의 관광과 레크리에이션에 관한 역사적 연구는 단지 천천히 출현하기 시작하였다(Smith, 1992; Douglas, 1997).

만약 진보(progress)가 이루어지고 연구가 지식의 기여에 누적되면, 그때는 정보를 구조화 할 필요가 있다. 물론 많은 구조가 가능하다; 단지 한 가지의 체계[구조]가 모든 요구에 적합하지는 않을 것이며, 서로 다른 구조의 유용성이 연구의 목적에 맞춰 달라질 것이다. 정보를 분류하는 비교적 직접적인 하나의 방법은 주제에 의하는 것이다(Marshal & Wall, 1982; Butler & Wall, 1985). 따라서 어떤 사람은 온천이나 해변리조트에, 도시나 시골의 레크리에이션에, 공공 또는 사적인 설비에, 상류층의 레크리에이션이나 하류층의 체험에, 특별한 활동의 발달이나 수많은 다른 주제에 관심이 있을 것이다. 주제의 범위가 매우 다양한 것은 그리 놀랄 일도 아니다. 예컨대, 해변리조트에 대한 훌륭한 문헌도 있지만(Calvin, 1978; Walton, 1983, 2000; Slane, 1993; Morgan & Pritchard, 1999), 중요한 연구 존재임에도 불구하고 온천에 관한 결정적 저서는 아직 저술되지 않았다. 유사하게, 세계 도처에서 국립공원에 관한 방대한 학술적이고 대중적인 문헌이 있지만(Bella, 1987; MacEwen, 1982; Runte, 1979; Forest, 1984; Wirth, 1980, Marsh & Hoodgins, 1997), 지역(regional), 도립(provincial; 1995년 Jasen의 저서를 보더라도) 및 주립(state)공원과 관광, 또는 도시공원시스템의 전개에 관한 문헌은 훨씬 덜 광범위하다. 비록 도시공원시스템에 관한 문헌이 등장하기 시작하였지만(Cranz, 1982; Schuyler, 1986), 나이아가라 폭포(McGreevy, 1994)를 포함한 다른 뛰어난 관광목적지가 주목을 받았던 것처럼(Sears, 1989), 요세미티(Yosemite; Lemars, 1991) 같은 많은 국립공원의 관광발전이 주목을 받고 있다. 스포츠와 레크리에이션의 역사는 보통 레크리에이션 참여자를 상대적으로 무시하고 상류층 이용자, 성공한 사람 및 프로 운동선수에게 집중한다; 그러나 다시 변화하기 시작하였다(Bailey, 1978; Lowerson & Myerscough, 1977; Malcomson, 1973).

만약 레크리에이션의 역사가 이질적 논제(topics)의 수집 이상이 되려면, 그 논제를 통합하는 수단을 찾아야 한다. 이러한 수단의 하나는 서로 다른 논제를 하나로 포괄하는 주제(themes)의 적용이다. 이런 주제의 예로는 건강의 역할, 종교, 기술적 변화, 사회경제적 영향, 경관평가 및 문화변동(cultural transfer)을 포함한다. 논제와 관계없이 하나 또는 그 이상의 이러한 주제는 옥외 레크리에이션의 역사적 연구에 가장 관련이 있을 것이다.

역사는 시간을 통한 변화의 연구라고 할 수 있다. 비록 이 작업의 제한된 비율만이 단지 전문적 역사가에 의해 기여되어 왔지만, 연구의 중요성과 성장은 이런 변화의 이해와 관련되어 있다. 이러한 연구의 시간척도는 크게 변화하고 있으며, 데이터의 본질과 이용가능성 또한 시간에 따라 변화한다(Towner, 1984; 1988). 계절성(seasonality)에 상당한 관심을 두어 왔고, 다양한 문제가 계절성과 관련되어 있으며(Baum & Luntrop, 2001), 레크리에이션의 주간(weekly) 및 일일(diurnal) 형태 또한 고려되어 왔다(Murphy, 1982). 쥬잔넥 등(Zuzanek *et al.*, 1998)은 캐나다(Canada)와 네덜란드(Netherlands) 두 국가에서 20년 이상에 걸친 시간의 사용(use of time) 경향을 분석하였다. 라포포트와 라포포트(Rapoport & Rapoport, 1975)는 가족 생활주기가 개인적 레크리에이션 행동의 변화 및 시설과 자원에 근거하는 수요와 사회의 관련된 변화를 이해하는 데 중요한 개념이라는 것을 밝혔다. 다른 연구자는 한 부지의 초기 이용자처럼 전치(轉置, displacement)와 천이(遷移, succession)의 가능성은 어딘가 다른 곳으로 가기로 결정하고, 그 부지에서 얻을 수 있는 경험이 수정된 것처럼 다른 기대를 가진 새로운 사람(newcomers)에 의해 대신하게 된다고 생각하였다(Schreyer, 1979; Roggenbuck *et al.*, 1980). 비슷하게, 레크리에이션의 생태적인 영향에 관심이 있는 연구자는 사용자 수의 변화, 자원을 조정할 수 있는 범위 및 복구 잠재력에 관심을 가져 왔다. 이들 대부분의 영향은 상대적으로 낮은 수준의 이용에서 발생하고, 이용의 계속적 증가는 일반적으로 변화의 임계율 체감(diminishing marginal rates of change)과 관련되지만, 복구를 위한 기간은 영향의 기간보다 훨씬 길어서 일부 파괴된 환경에서는 수백 년이 걸릴 수도 있다고 결론지었다(Hammitt & Cole, 1987). 그러므로 연구가가 사용한 준거(準據)의 시간적 틀은 광범위하게 변화한다.

앞 단락에서 언급된 연구 모두가 시간에 따른 변화를 다루었지만, 짧은 기간에 연구되었고, 정당성을 고려하기에는 최근의 시간이기 때문에 이 연구를 역사적이라고 간주하지는 못할 것이다. 수십 년 혹은 수세기 동안의 변화와 관련된 리조트 사이클(resort cycles)의 사례에서는 이러한 의문이 존재하지 않을 것이다. 버틀러(Butler, 1980)는 리조트의 역사가 S-곡선의 상품 수명주기와 상당한 유사점을 나타낸다고 제안하였다. 후자는 이전에 이용되지 않은 자원의 유용성에 의존하는데, 리조트가 버틀러(Butler)에 의해 탐색(exploration), 개입(involvement),

발전(development), 강화(consolidation), 침체(stagnation) 또는 재생(rejuvenation)이라고 지칭된 연속적 단계를 거침에 따라 방문객수는 시간에 따라 변화한다. 리조트 사이클의 가장 큰 가치는 수많은 다른 개념과 사상을 결합하면서 계속된다는 것이다. 따라서 여기에는 방문객수와 형태의 변화(Plog, 1974), 투자원천의 수정 및 과도한 개발 통제(Brown, 1985), 주민태도의 변화(Doxey, 1976)를 망라하고 있고, 또 이것은 잠재적으로 경관 변화의 개념을 포함할 수 있다.

비록 칸쿤(Cancun)과 같은 속성 리조트(instant resort)와 식민지 상류층에 의해 개척된 개발도상국의 일부 리조트는 이 모델에 적합하지 않다고 하더라도, 리조트 사이클은 매우 직관이 있는 호소를 가지고 있으며, 해석적 모델로서 외견상으로 보다 많은 다수의 사례에 적합한 것 같다. 예측을 위한 목적으로 모델을 사용하는 것은 현명하지 않지만, 사이클의 필연성에 의문을 제기하고 바람직한 단계에서 사이클을 정지할 수 있는 전략을 찾도록 촉진한다는 점에서 몇 가지 유용성을 가진다.

리조트 사이클은 급격하게 연구 규모의 성장을 일으켰고, 여기에서 검토하기에는 너무 방대하다. 아가왈(Agarwal, 1994; 1997; 2002)의 저서는 이들 많은 연구에 편리하게 접근할 수 있게 해준다. 모델의 타당성(validity)과 유용성(utility)에 의문을 갖는 일부 연구자는 데이터가 검증이 가능한지, 그리고 입증이나 반증이 가능한지의 의문에 관심이 있다(Haywood, 1986). 또 다른 연구자는 리조트 사이클이 그들의 연구를 위한 유용한 체계화 틀을 제공한다는 것을 밝혔으며, 특수한 상황에서 검증을 시도하였다(Stansfield, 1978; Hovinen, 1981). 이 모델에 추가적인 개념을 통합할 가능성도 있다. 예를 들어, 멕시코 만(Gulf of Mexico)에서의 일련의 연구를 통해 마이어-아렌트(Meyer-Arendt, 1985)는 리조트 형태의 변화와 이 모델의 서로 다른 단계에서의 환경적 조정(environmental modification)을 결합하였다. 겉보기에는 분리된 개념인 화해(reconciliation)와 연계(linking)는 보다 폭넓게 근거를 둔 이해를 탐구하는 데 있어서 후학에게 많은 결실을 가져오는 통로가 될 수 있을 것이다.

버틀러(Butler)의 사이클이 가장 많은 관심을 받은 반면에, 크게 알려지지 않은 다른 문헌도 있다. 사실, 위버(Weaver, 2000)는 버틀러(Butler)가 변화의 수많은 가능한 궤도 중에서 단지 하나를 설명한 것이라고 주장하고 있다. 이스라엘(Israel)의 불모지에서의 경험을 설명하고 있는 크라코버(Krakover, 1985)는 원격지역(remote areas)의 리조트 전개 과정에 공통적일 수 있는 다른 일련의 상황을 제시하였다. 버틀러(Butler)와는 반대로 크라코버(Krakover)는 기반시설이 건설되어야 하는 개발의 초기단계에서 정부투자의 중요성을 강조하고 있다. 정부관여는 사업기회가 민간 투자자에 더욱 매력적인 것이 될 후속단계에서는 규제 역할(regulatory role)로 변화한다.

또한, 서로 다른 시간척도에서 운영되고 있는 아직 기록되지 않은 다른 사이클이 있을 수 있다. 여러 형태의 레크리에이션 투자는 일정하지 않다. 예를 들어, 현재의 호텔 규모에 추가하여 새로운 대규모 호텔의 건설은 숙박 점유율, 가격산정, 그리고 관광객의 행동 등과 관련된 결과를 가져와서 공급부족이 공급과잉으로 숙박상황이 변화할 수도 있다는 것이다. 사이클이 다시 시작된 때에는 새로운 공급을 형성시킬 만한 초과수요와 충분히 높은 가격이 있는 수준으로 점유율을 증가시키기 위해서는 수요가 어지간히 증가해야 할 것이다. 이 추론은 경험적으로 입증되기를 기다리고 있다.

레크리에이션의 시간에 따른 변화에 대한 연구는 레크리에이션 역사에 대해 관심의 증가가 원인이었고, 효과를 가져왔으며, 개념의 통합 및 일반화의 개발과 연관되었다. 그러나 만약 레크리에이션 역사가가 지식에 뛰어난 기여를 하고자 한다면, 개념과 일반화를 연계하려고 노력해야 할 뿐만 아니라 다른 학문분야가 관심을 가지는 이슈를 검토하여야 한다. 이러한 이슈의 사례는 많이 있다. 여기에는 계급구조의 진화, 경기순환, 기술적 변화(예를 들면, 1997년 Brent에 의해 검증된 운송기술의 변화와 같은), 삶의 질, 인간과 환경의 상호작용, 성별역할(gender roles)과 국가 정체성 등을 포함한다. 후자의 사례는 이 책(13장)의 성별에 관한 기고에서 언급된, 초기 여성 여행자의 활동과 견해에 대한 관심이 최근에 증가하고 있다는 것으로 알 수 있으며, 이는 식민지주의와 경관평가, 여행담의 분명한 해석과 해체비평 같은 수많은 주제 중의 하나이다(Gruffudd *et al.*, 2000).

여가와 레크리에이션의 발달은 많은 다른 분야와 밀접하게 관련된 현상 그 자체이다. 비록 논쟁의 여지가 있지만, 사회적 통제수단으로서 레크리에이션에 대한 연구의 증가는 접근할 필요가 있는 좋은 사례 종류의 하나이다 (Cunningham, 1980; Clarke and Crichter, 1985; Golby and Purdue, 19894). 비록 이 개념은 단지 북미지역에서만 한정되어 관심을 받았지만, 영국에서는 상당한 논쟁을 창출하였고, 위에서 언급된 수많은 이슈와 밀접하게 관련된 여가의 중요성에 대한 재평가를 독려하였다. 만약 레크리에이션 역사가가 그들의 주제 문제에 정당성을 주고자 한다면, 그들 스스로 당당한 목표를 설정하여야 하고, 하위 학문 분야의 편협한 경계를 넘어서 달성하여야 하고, 그들의 연구 결과가 여러 학문 분야의 지식인에게 도전하는 중요한 주제와 관련되어야 한다. 워즈워스(Wadsworth, 1975)는 다음과 같이 주장했다: '한 사회의 지배적인 문화와 태도가 변화하는 것처럼, 여가의 추구 또한 변화한다. 이 추구를 연구하는 것은 그 사회의 진보와 발전에 대한 우리의 이해를 증진시키는 것을 가능하게 한다.' 그의 생각은 조사이어 스트럿(Josiah Strutt)의 1801년 저서에 비해 새로울 것이 없다.

> 어떤 특별한 사람의 특성을 올바로 평가하는 형태(form)를 만들기 위해서는, 그들 사이에서 가장 일반적으로 유행하고 있는 스포츠와 오락 · 놀이를 반드시 조사할 필요가 있다. 우리가 위장이 필요 없는 그들의 은신처로 그들을 추적하였을 때, 우리는 그들의 진정한 모습에서 그들을 가장 잘 알 수 있을 것이며, 그들의 천성(natural dispositions)을 가장 잘 판단할 수 있을 것이다.

이러한 요구에 대한 도전의 징후가 있고, 다다르기엔 멀지만, 문제가 제기되어 왔다. 그러나 레크리에이션 역사가가 사회의 광범위한 문제를 설명하는 데 그들의 전문 지식을 사용하는 것을 꺼려한다면, 그들이 할 수 있는 지식에 대한 기여를 구축하는 데 실패할 것이며, 단지 그들끼리의 이야기로 끝날 수 있는 위험이 있다.

비 고 Note

1. 처음 논문은 'Perspectives on temporal change and the history of recreation' in Volume 1 of *Progress in tourism, Recreation and Hospitality Management* (1989), pp. 154–60.

| 참고문헌 | References

Agarwal, S.(1994) The Resort cycle revisited: Implications for resorts. *Progress in Tourism, Recreation and Hospitality Management* 5, 191–208.

Agarwal, S.(1997) The resort cycle and seaside tourism: An assessment of its application. *Tourism Management* 18, 65–73.

Agarwal, S.(2002) Restructuring seaside tourism: The resort lifecycle. *Annals of Tourism Research* 29(10), 25–55.

Ashworth, G.J. and Tunbridge, J.E.(1990) *The Tourist–Historic City*. London: Belhaven Press.

Ashworth, G.J. and Tunbridge, J.E.(2000) *The Tourist–Historic City*: Retrospect and Prospect of Managing the Heritage City. Kidlington: Pergamon.

Bailey, P.(1978) *Leisure and Class in Victorian England: Rational Recreation and the Contest for Control,* 1830–1885. London Routledge & Kegan Paul.

Baum, T. and Lundtorp, S.(eds)(2001) *Seasonality in Tourism.* Kidlington: Pergamon.

Belasco, W.J.(1979) *Americans on the road: From Autocamp to Motel,* 1910–1945. Cambridge, MA: MIT Press.

Bella, L.(1987) *Parks for Profit.* Montreal: Harvest House.

Brent, M.(1997) Coastal resort morphology as a response to transportation technology. Unpublished PhD Thesis, University of Waterloo.

Brown, B.J.H.(1985) Personal Perception and community speculation: A British resort in the 19th century. *Annals of Tourism Research* 12(3), 355–69.

Butler, R. and Wall, G.(1985) Introduction: Themes in research on the evolution of tourism. *Annals of Tourism Research* 12(3), 287–96.

Clarke, J. and Chrichter, C.(1985) *The Devil Makes Work*: Leisure in Capitalist Britain. London: Macmillan.

Cohen, E.(1985) Towards a sociology of tourism. *Annals of Tourism Research* 39(10), 104–22.

Cranz, G.(1982) *The Politics of Park Design: A History of Urban Parks in America.*

Cambridge, MA: MIT Press.
Cunningham, H.(1980) *Leisure in the Industrial Revolution.* London: Croom Helm.
Demars, S.E.(1991) *The Tourist in Yosemite 1855~1985.* Salt Lake City: University of Utah Press.
Douglas, N.(1997) The fearful and the fanciful: Early tourist's perceptions of Western Melanesia. *Journal of Tourism Studies* 8(1), 52–61.
Doxey, G.(1976) When enough's enough: The natives are restless on OLD Niagara. *Heritage Canada* 2(2), 26–7.
Forest, R.A.(1984) *America's National Parks and Their Keepers.* Washington, DC: Resources for the Future.
Golby, J.M. and Purdue, A.W.(1984) *The Civilisation of the Crowd: Popular Culture in England* 1750–1900. London: Batsford.
Graham, B. and Ashworth, G.J. and Tunbridge, J.E.(2000) *A Geography of Heritage: Power, Culture and Economy.* London: Arnold.
Gruffudm, P., Herber, D.T. and Piccini, A.(2000) In search of Wales: Travel writing and narratives of difference, 1918–1950. *Journal of Historical Geography* 26(4), 589–604.
Hammitt, W.E. and Cole, D.N.(1987) *Wildland Recreation: Ecology and Management.* New York: Wiley.
Haywood, K.M.(1986) Can the tourist-area life cycle be made operational? *Tourism Management* 7(3), 154–67.
Hovinen, G.(1981) A tourist cycle in Lancaster County, Pennsylvania. *Canadian Geographer* 25(3), 283–5.
Jakle, J.A.(1985) *The Tourist: Travel in Twentieth-Century North America.* Lincoln University of Nebraska Press.
Jasen, P.(1995) *Wild Things: Nature, Culture and Tourism in Ontario* 1790–1914. Toronto: University of Toronto Press.
Krakover, S.(1985) Development of tourism resort areas in arid regions. In Y.Gradus(ed.) *Desert Development: Man and Technology in Sparse-Lands*(pp.271–284). Dordrecht: D. Reidel.
Lowenthal, D.(1985) *The Past is a Foreign Country.* Cambridge: Cambridge University Press.
Lowenthal, D.(1996) *The Heritage Crusade and the Spoils of History.* Cambridge: Cambridge University Press.
Loweson, J. and Myerscoughm J.(1977) *Time to Spare in Victorian England.* Hassoks, Sussex: Harvester.
MacDowall, D.(1999) *Another World: Bermuda and Rise of Modern Tourism.* Basingstoke: Macmillan.

MacEwen, S. and MacEwen, M.(1982) *National Parks: Conservation or Cosmetic?* Hemel Hempstead: George Allen and Unwin.

Malcolmson, R.W.(1973) *Popular Recreation in English Society* 1700–1850. Cambridge: Cambridge University Press.

Marsh, J. and Hodgins, B.(eds)(1997) *Changing Parks: The History, Future and Cultural Context of Parks and Heritage Landscapes.* Toronto: Natural Heritage/Natural History.

Marsh, J. and Wall, G.(1982) Themes in the investigation of the evolution of outdoor recreation. In G. Wall and J. Marsh(eds) R*ecreational Land Use: Perspectives on its Evolution in Canada.* Carleton Library Series 126. Ottawa: Carleton University.

McGreevy, P.(1994) Imaging Niagara: The Meaning and Making of Niagara Falls. Amherst: University of Massachusetts Press.

Meyer–Arendt, K.J.(1985) The Grand Isle, Louisiana resort cycle. *Annals of Tourism Research* 12(3), 449–65.

Morgan, N.J. and Pritchard, A.(1999) Power and Politics at the Seaside: *The Development of Devon's Resort in the Twentieth Century.* Exeter: University of Exeter Press.

Murphy, P.(1982) Tourism Planning in London: an exercise in spatial and seasonal management. *Tourist Review* 1, 19–23.

Plog, S.C.(1974) Why destination areas and fall in popularity. *Cornell Hotel and Restaurant Association Quarterly* 14(4), 55–8.

Rapoport, R. and Rapoport, R.N.(1975) *Leisure and the Family Life Cycle.* London: Routledge & Kegan Paul.

Richardson, J.(1999) *A History of Australian Travel and Tourism.* Elsterwick: Hospitality Press.

Roggenbuck, J.W., Smith, A.C. and Wellman, A.D.(1980) *Specialization, Displacement and Definition of Depreciative Behaviour Among Virginia Canoeists.* St Paul, MN: North Central Forest Experiment Station, US Department of Agriculture.

Runte, A.(1979) *National Parks: The American Experience.* Lincoln: University of Nebraska Press.

Schreyer, R.(1979) *Succession and Displacement in River Recreational Problem Definition and Analysis.* St Paul, MN: North Central Forest Experiment Station, US Department of Agriculture.

Schuyler, D.(1986) *New Urban Landscape: The Redefinition of City Form in Nineteenth–Century America.* Baltimore: Johns Hopkins University Press.

Sears, J.F.(1989) Sacred Places: *American Tourist Attractions in the Nineteenth Century.* Oxford: Oxford University Press.

Smith, R.(1992) Beach resort evolution: Implications for Planning. *Annals of Tourism*

Research 19(20), 304–22.
Soane, J.(1993) *Fashionable Resort Regions*: Their Evolution and Transformation. Oxford: CAB International.
Stansfield, C.(1978) Atlantic City and the resort cycle: Background to the legalization of gambling. *Annals of Tourism Research* 5(2), 238–51.
Strutt, J.(1801) *The Sports and Pastimes of the People of England*. London: William Tegg.
Tissot, L.(2000) *Naissance d'une Industrie Touristique: Les Anglais et la Suisse au 19e Siecle*. Lausanne: Payot Lausanne.
Towner, J.(1984) The grand tour: Sources and Methodology for and historical study of tourism. *Tourism Management* 5(3), 215–22.
Towner, J.(1988) Approaches to tourism history. *Annals of Tourism Research* 15(1), 47–62.
Towner, J.(1996) *An Historical Geography of Recreation and Tourism in the Western World* 1540–1940. Chichester: John Wiely.
Travis, J.(1993) *The Rise of the Devon Seaside Resorts* 1750–1900. Exeter Maritime Studies No.8. Exeter: University of Exeter Press.
Tunebridge, J.E. and Ashworth, G.J.(1996) *Dissonant Heritage: The Management of the past as a Resource in Conflict*. London: Wiley.
Wadsworth, P.M.(1975) Leisure pursuits in nineteenth–century Bath. Unpublished MA thesis, University of Kent.
Walton, J.K.(1983) *The English Seaside Resort: A Social History 1750–1914*. Leicester: Leicester University Press.
Walton, J.K.(2000) *The British Seaside: Holidays and Resorts in the Twentieth Century*. Manchester: Manchester University Press.
Walvin, J.(1978) *Beside the Seaside: A Social History of the Popular Seaside Holiday*. London: Allen Lane.
Weaver, D.(2000) A broad context model of destination development scenarios. *Tourism Management* 21(3), 217–24.
Wirth, C.L.(1980) *Parks, Politics and the People*. Oklahoma: University of Oklahoma Press.
Zuzanek, J., Beckers, T. and Peters, P.(1988) The 'Harried leisure class' revisited: Dutch and Canadian trends in the use of time from the 1990s. *Leisure Studies* 17(1), 1–19.

제 6 장

서비스 과정의 마케팅:
관광, 레크리에이션, 환대산업의 최고 기술
Marketing of the Service Process: State of the Art in the Tourism, Recreation and Hospitality Industries

프랭크 고(FRANK GO)
마이클 헤이우드(MICHAEL HAYWOOD)

서 문 Introduction

환대산업 및 관광에 응용된 마케팅은 많은 연구를 생성하여 왔으며, 레크리에이션에는 다소 덜 확대되었다. 세 가지의 여가관련 서비스산업의 이익, 성장과 경쟁은 과거 노동집약적 경제로부터 발전된 것이고, 정보사회로 이동하고 있다. 이러한 맥락에서, 정보기반사회(information-based society: Bell, 1973; Piore & Sabel, 1984; Castells. 1989)의 옹호는 '연속성을 강조하는'(place emphasis on continuities: Webster, 1999: 139) 저자와 서로 마주 향하여(*vis-à-vis*) 위치하게 되었다. 정보기술 및 통신(ICT) 혁명은 우리가 관광에 접근하는 방식에 있어서 극적인 결과를 가져왔을 뿐만 아니라(Wahab & Cooper, 2001), 또한 조직화된 개념으로서 레크리에이션과 환대산업의 마케팅 과정이라는 결과를 가져왔다. 정보는 세계적 브랜드의 동시출현, 컴퓨터 예약시스템, 다국적 벤치마킹 및 국제적·지방적 관점 양쪽의 경쟁을 보여주기 위한 요구에 있어서 핵심이다. 지역적 관점은 '형식과 기능'(form and function) 양쪽 측면에서 정보는 '오래 전에 수립된 원칙과 실제'(long established principles and practices)에 관한 주제라고 주장하는 사상가과 얽혀 있다(Webster, 1999). 이 장에서는, 문헌 고찰을 통하여, 지난 10년 간, 특히 정보기술 및 통신(ICT)의 결과로 발생했던 변화와 기회에 대한 몇 가지 통찰을 제시하려고 한다. 이것은 변화를 유발하는 기술 그 자체가 아니라, 기술이 관광, 레크리에이션 및 환대산업 마케팅 과정에 성공적으로 적합시키기 위해 조직된 방식이라는 것을 주목하는 것이 중요하다(Go & Appelman, 2001). 이런 관점에서, '세계화'(globalisation)는 지속가능성을 경쟁하는 이슈가 되었다(Wahab & Cooper, 2001). 정보기술 및 통신(ICT)이 인간의 행동에 영향을 줄 수 있지만, 그것은 단지 인간의 욕구에 부합하는 범위에서 가능하다는 것을 주목하는 것이 중요하다. 관광, 레크리에이션 및 환대산업 마케팅 맥락에서 변형된 정보기술 및 통신(ICT)은 세계적 브랜드마케팅, 컴퓨터 예약시스템, 그리고 다국적 벤치마킹 등의 향상을 가능하게 할 수도 있다. 그러나 예를 들어, 반세계화 운동으로 인해 사회, 문화 및 경제적 행사(events)와 세계자유무역의 거리철폐 기술(distance-abolishing technologies)에 의한 것으로 간주된 유해한 결과에 관한 광범위한 관심도 확산되고 있다. 정보기반사회에서 마케팅 사고(marketing thought)의 범위를 결정하는 본질은 - 특히 관광, 레크리에이션 및 환대산업 분야에서 - 이러한 우려에 반응하는 것과 발전의 증거를 제공하는 것이다. 예를 들어, 클라인(Klein, 2000)과 리프킨(Rifkin, 2000)은 미래사회에서 전통적 사회관계의 중요성에 관한 사고를 자극하는 이슈를 제기한 최근의 선구자라 할 것이다.

그러므로 마케팅에 대한 연구의 논평(state of the art)을 평가함에 있어, 우리는 수많은 이슈를 검토해야 할 책무를 느낀다. 이러한 이슈는 학자나 실무자가 정보기술 및 통신(ICT)의 영향, 마케팅 조직, 마케팅과 생산조직의 변화 및 이들 간의 사회적인 영향을 통해 나타나는 변화와 기회를 어떻게 다루는지를 포함하고 있다. 여기에서 분석의 양쪽 수준이 같은 논리적 순서와 이중성을 이루고 있다는 점은 중요하다. 응용기술 방향에 대한 조직적인 편차를 인정한다고 하여도, 마케팅은 소(micro)/대(macro), 영리(profit)/비영리(non-profit), 공공(public)/민간(private)뿐만 아니라 실증적(positive)/규범적(normative) 관점을 가진다는 것을 인식해야 한다(Hunt, 1975). 서비스 마케팅 패러다임의 등장에 따라, 우리는 환대산업, 관광 및 레크리에이션 분야가 어떻게 기술적 관점에서 광범위한 전략적 관점으로 변화하였는지를 인식하고 있다. 일반적으로 환대산업, 관광 및 레크리에이션은 지리적으로 한정된 시장(Jansen-Verbeke & Dietvoest, 1987)에서 인간관계를 다시 생각하게 하는 가상공간의 시간적 영역으로 발전을 계속하고 있으며, 환대산업, 관광 및 레크리에이션 맥락 내의 라이프스타일과 경험적 마케팅에 의한 상업적 영역과 공적인 영역 사이의 관계는 점차 경험경제(experience-economy)라는 맥락에서 통합되고 있다.

지난 10년 동안 환대산업과 관광에 관한 연구를 통합하려는 움직임이 있었다(Khan *et al.*, 1993). 그러나 세 분야의 마케팅은 거의 완전히 개별적으로 그리고 라이프스타일과 경험적 마케팅의 선구자로 부상하고 있는 서비스 마케팅 연구의 바깥에서 발전하였다. 그러므로 각 분야는 먼저 개별적으로 논의될 것이다.

환대마케팅 Hospitality Marketing

상업적 의미에서 볼 때, 환대(hospitality)는 집을 떠나 있는 사람에게 숙박과 식사를 제공하는(수익성 사업이든 아니든 간에) 숙박과 식음료서비스 사업을 포함한다. 대부분의 초창기 마케팅 문헌은 독립적이고 언제나 똑같이 작은 영세자영업(mom and pop)이 고객을 끌어들이고 붙잡는 것을 지원하기 위하여 기술되었다. 산업의 요구에 기반을 두고, 다소는 소매업으로부터 차용하여 초기에는 상품화(merchandising)와 판촉(sales promotion)을 강조하였다.

사실, 1960년대와 1970년대에 발간된 산업무역 저널을 고르는 것이 실제적으로 불가능하다는 것은 어떻게 고객을 끌어들일지 또는 어떻게 더 효과적으로 미디어(media)를 사용할지에 대한 논문이 충분하지 않다는 것이다. 이 시기의 인기 있는 교과서는 비슷한 관점을 가졌다. 외식산업(foodservice industry)의 논쟁은 식음료나 메뉴에 초점을 두었고(Kotschevar, 1975; Seaburg, 1973), 반면에 호텔 부문에서는 어떻게 효과적으로 객실을 판매할 것인가를 강조하였다. 스타인(Stein, 1971)과 마케팅 전문가인 드윗 코프만(Dewitt Coffman, 1970, 1980)의 저서는 1970년대 마케팅 교과서의 표준이 되었다. 그들의 실무적인 접근은 강력하였기 때문에 이를 깨려는 마케팅 학자에 의한 시도는 좌절되었다. 캠벨-스미스(Campbell-Smith, 1967)의 『식사 경험의 마케팅(*Marketing of the meal experience*)』은 이러한 틀을 깬 개념적으로 시발점이자 이정표가 되었다. 특히, 북미에서는 널리 알려지지 않았지만, 이 소비자 중심의 저서는 그 시대를 앞섰다고 말하는 것이 공정하다. 최근에, 소비자 경험에 관하여 새로운 관심이 지속되고 있다(Bitner *et al.*, 1985; Pine & Gilmore, 1998; Wolf, 1999; Rifkin, 2000).

개념적으로 견실하고, 잘 쓰인 이 두 저서를 제외하면(Buttle, 1986; Lewis & Chambers, 1989), 다른 마케팅 저서는 진부하고 과도한 광고와 홍보성 내용으로 가득 찬 부담이 있었다(Laine and Laine, 1972; Taylor, 1981; Gottlieb, 1982; Feltenstein, 1983; Abbey, 1989). 더 포괄적인 마케팅 저서를 집필하려는 시도가 있었으나(Kotas, 1975; Astroff & Abbey, 1978; Eison, 1980; Summer, 1982; Nykiel, 1983; Reid, 1983; Lewis *et al.*, 1986), 대체로 많은 복잡한 마케팅 이슈에 대한 표면적이고 만족스럽지 못한 범위를 제공한다. 환대산업 사업이 확장되고, 체인(chain) 조직(Wyckoff & Sasser, 1978), 패스트푸드점(Emerson, 1979) 및 홀리데이 인(Holiday Inn; Pearce & Robinson, 1982) 같은 호텔 복합기업을 경영하는 복합성이 증대된 때에는 마케팅 전문가, 대학교 수준의 학자와 학생은 필연적으로 코틀러(Kolter, 1980)와 같은 저자에 의해 쓰인 좀 더 이론적으로 정당하고 완전한 일반적 마케팅 교과서에 관심을 갖게 되었다.

산업 내의 마케팅에 대한 만만치 않은 무시에 의한 혼란과 경험적으로 정당하다고 인정되는 마케팅 연구의 부족은 많은 마케팅 전문가와 학자를 진공상태[허무]로 빠지게 하였다. 피터 예사위치(Peter Yesawich)와 로버트 루이스(Robert Lewis) 같은 저자의 경이적인 결과는 특히 주목할 만하다. 이들이 거의 독자적으로 마케팅 사상의 주류에 환대산업 마케팅 분야를 끌어들인 것은 가장 중요한 공헌이다. 결과적으로 환대산업 마케팅은 다음과 같은 주제에 관심을 증가시키는 많은 전략적 초점을 받아들였다(Sasser & Morgan, 1977; Blomstrom, 1983).

- 시장세분화(Lewis, 1980; Moller *et al.*, 1985, Swinyard & Struman, 1986; Garvey, 1986)
- 포지셔닝(Mcnaughton, 1981; Lewis, 1982; Lewis, 1985)
- 새로운 마케팅 믹스(Renaghan, 1981; Booms & Bitner, 1982; Goffe, 1986)
- 마케팅 기획(Yesawich, 1979; Doswell & Gamble, 1979)
- 연구 기술(Welch, 1985; Lewis, 1985; Ritchie and Goeldner, 1987; Yesawich, 1987)
- 환경(Booms & Bitner, 1982)
- 수요와 수용능력 관리(Hart & Lawless, 1983; Yesawich, 1984; Jeffery & Hubbard, 1986)
- 소비자의 구매 행동(Swinyard, 1977; Lewis, 1984; Lewis & Kelvin, 1985; Dhir, 1987; Wilensky & Buttle, 1988)
- 수명주기(Hart *et al.*, 1984; Leven, 1985; Haywood, 1985)
- 신상품 개발(Withiam, 1985; Haywood, 1985; Feltenstein, 1986)
- 가격 산정과 할인(Kreul, 1982; Abbey, 1983; Miller, 1987; Greenburg, 1985; Carroll, 1986; Lefever & Morrison, 1988; Lewis & Roan, 1986)
- 경쟁(Akehurst, 1986; Haywood, 1986)
- 홍보 전략(Lewis, 1987; Renaghan & Kaye, 1987; Morrison, 1989)
- 소비자 피드백과 불만 처리(Lewis, 1983; Lewis & Morris, 1987; Davis & Horney, 1988)
- 소비자 만족(Lewis, 1987; Renaghan & Kaye, 1987; Cadotte & Turgeon, 1988)
- 서비스 전달 시스템(Levitt, 1972; Pickworth, 1988)

게다가, 외식 행동에 대한 소비자 옴니버스연구(omnibus studies)는 우리의 시장 지식이 크게 발전하면서(국제식당협회 및 미국숙박협회와 같은) 주요 외식서비스, 식음료 및 숙박협회에 의해 시행되었다. 그러나 우리는 호텔 및 식당기업의 마케팅 행동에 관해서는 여전히 잘 모르고 있다. 어떻게 환대산업 마케팅 기능이 추구되는지 또는 관리되는지를 결정하려는 일부 시도가 있었으며(Haywood, 1975), 하버드(Harvard)대학교와 겔프(Guelph)대학교에서 개발된 제대로 조사된 사례연구의 성장은 중요한 마케팅 이슈를 입증하였다.

일반적으로 서비스의 태동에 따라, 많은 마케팅 연구자는 그들의 연구에 환대산업 서비스를 포함시키고 있다는 점은 흥미로운 것이다. 다음 목록은 보다 더 일반적인 사업 마케팅 문헌에서 강조되고 주제의 방향이다.

- 소비자 의사결정 과정(Lewis, 1981; Meryer, 1981; Wolf & Latane, 1983; Louviere & Woodsworth, 1983; Filiatrault & Ritchie, 1983; Bon & Pras, 1984; Mcdougall, 1986; June & Smith, 1987)
- 소비자 만족(Swan *et al.*, 1981; Cadotte *et al.*, 1987)
- 사업 위치 분석(Arbel & Pizam, 1977; Smith, 1985, 1986; Wall *et al.*, 1985; Pillsbury, 1987)
- 시장세분화(Boote, 1981)
- 위험 감수와 개발(Bartram *et al.*, 1980)

이 검토에서, 제도적 외식업의 마케팅에 대해 관심이 부족했었다는 것은 명백하다. 분명히 외식업은 많은 기업에게 있어서 성장 분야이며(Camacho, 1988), 마케팅에 대한 관심 또한 분명하다. 예를 들어, 학교급식 마케팅(Shanklin *et al.*, 1987)과 응용영양학(Pickworth & Pickworth, 1981)에 관한 서적이 있고, 영양학 마케팅은 흥미로운 주제가 되었으며(Carlson, 1986; Regan, 1987), 병원급식 마케팅의 기술적 수준에 대해 연구되어 왔다(Pickens & Shanklin, 1985). 특히, 건강의료관련 마케팅에 대한 관심(Berkowits & Flexner, 1978; Rice *et al.*, 1981; Rubright & Macdonald, 1981)도 이루어졌다는 것이다.

다른 서비스산업의 급격한 팽창에 따라, 환대산업 경영과 다른 서비스 사업의 경영 사이의 유사성은 여전히 주목을 받고 있다(Haywood, 1987; Berrington & Olsen, 1987; Teare *et al.*, 1990). 여전히 소비재 산업에서 이루어지고 있는 마케팅 문헌으로부터 과도하게 차용하는 경향은 여전하지만, 서비스 마케팅은 1980년대와 1990년대에 붐을 이루었다. 서비스의 독특한 특성에서 유래하는 분명한 이유로, 환대산업 마케팅 과정에 대한 새로운 아이디어가 제안되어 왔다. 예를 들어, 동시에 일어나는 서비스의 생산과 소비에서 소비자의 관여는, 특히 서비스의 경영 및 측정(Haywood, 1983; Wyckkoff, 1984; King, 1984; Hart & Caserly, 1985; Moores, 1986)과 관련된 서비스 질의 이슈, 식품생산 개발의 이슈, 그리고 생산능력, 생산성 및 서비스 운반시스템의 연계(Pickworth, 1988; Jones, 1988) 등의 이슈에 대한 관심을 불러 일으켰다.

더 최근에, 고객이 진정으로 원하는 서비스가 어떤 것이며, 고객이 서비스를 어떻게 평가하는지를 밝혀내는 것을 포함하는 고객유지(customer retention)가 최우선 이슈가 되었다(Teare *et al.*, 1988). 고객관계(customer relations) 또는 관계마케팅(relationship marketing: Stringer, 1981; Lockwood & Jones, 1989) 분야의 개발을 위한 요청이 목표로 세워졌다. 본질적으로, 서비스경영 마케팅 모델은 환대산업 마케팅이 인적자원 관리, 훈련 및 운영관리, 그리고 이 분야 연구와 복잡하게 묶여 있다는 것을 보여준다(Brotherton, 1999). 급격한 변화와 다양성의 시기에, 환대기업은 효과적으로 경쟁하기 위해 더 큰 융통성을 가지고 상품을 알릴 필요가 있다. 이것은 미래에는 더 다문화적(more multicultural: Shames & Glover, 1989)이고 국제적인 초점(international focus: Teare *et al.*, 1998)뿐만 아니라 '생산의 관점에서 상품, 그리고, 또는 서비스 질의 통제와 고양을 위한 의사결정 권한 및 책임'이 요구된다는 것을 의미한다.

관광 마케팅 Tourism Marketing

환대산업 분야처럼, 1980년대 이후의 사회적·경제적 변화는 많은 나라에서 국내 및 국제관광의 급속한 팽창과 성장을 가져왔다. 관광목적지끼리의 경쟁, 경제적 불안정, 석유파동과 정치적 사건은 관광 서비스 전 영역의 개발과 운영에서 있어서 마케팅이 지극히 중요함을 입증하였다. 예를 들어, 교통과 숙박사업, 투어운영자, 여행사뿐만 아니라 읍내, 도시, 지방 및 국가는 모두가 활발하게 관광객을 끌어들이는 데 동참하고 있다. 그러므로 관광 마케팅의 영역은 무한하며, 공공 및 사적 경제부문까지 확장되고 있다. 대규모 자본이 관광 마케팅 연구에 할당되고 있으며(그 규모가 여전히 법인 차원에서는 불충분하다고 조사되고 있지만; Rovelstad & Blazer, 1983), 그로 인해 다양한 경험적 기반이 설립되고 있다.

관광 마케팅과 관련한 초기 출판물에는 시장연구(Bjorkman, 1963); 관광시장분석(Schmidhauser, 19621; Crampton, 1966); 그리고 수요예측 연구 및 계량경제학적 모델링(Lickorish, 1972; Archer, 1976; Baron, 1979)이 있다. 이러한 출판물은 후에 세계관광기구(WTO)가 된 공식여행조직국제연맹(International Union of Official Travel Organizations: IUOTO)이 발간한 연구와 보고서에도 나타나 있다. 1970년대 이후, 마케팅에 관한 정보는 태평양지역관광협회(Pacific Area Tourist Association: PATA), 여행관광연구협회(Travel and Tourism Research Association: TTRA), 그리고 다양한 지부(chapter) 등의 기구에서 후원하는 국가 및 국제관광 세미나를 통하여 확산되어 왔다. 더욱이, 수많은 대학의 연구자 및 연구기관(일부 대학만 지명하면, Colorado, Texas A&M, Utah, George Washington, Hawaii and Surrey)은 풍부한 마케팅 지식을 제공하여 왔다. 『여행연구저널(*The Journal of Travel Research*)』은 여행 분야와 관련된 많은 논문을 출간하는 세계적인 선도 연구지가 되었다. 기존의 마케팅 문헌에 대한 간단한 회고는 연구의 관심이 다음의 주제에 초점을 두는 것 같다는 것을 보여준다.

- 마케팅 프로그램 개발(Mccleary, 1987; Frechtling, 1987)
- 관광객 규명 또는 시장세분화(Cresk, 1981; Calatone & Johar, 1984; Woodside & Jacobs, 1985; Mcqueen & Miller, 1985; Pearce, 1985; Kaynak, 1985; Davis & Sternquist, 1987; Weaver & Macleary, 1984; Divka, 1987; Woodside *et al.*, 1987; Snepenger, 1987; Mccleary, 1987; Mcguire *et al.*, 1988)
- 소비자 행동과 관광객의 의사결정 과정 이해(Woodside & Sherrell, 1977; Gitteson & Cronpton, 1983; Bronnrt & Dehoog, 1984; Moutinho, 1987; Nickels & Snepenger, 1988)
- 관광객 수요측정과 예측 절차의 개선(Merlo, 1985; Hess & Voink, 1986; Witt & Martin, 1987; Uyssl & Crompton, 1985; Ritchie & Sheridan, 1988; Calatone *et al.*,

1987)

- 광고/커뮤니케이션과 전환 연구(Woodside & Motes, 1981; Pritchard, 1982; Bellman *et al.,* 1984; Silverman & Klock, 1986; Mazanec, 1986)
- 관광목적지의 이미지에 대한 이해(Hunt, 1975; Haati & Yayas, 1982; Wee *et al.,* 1986; Phelps, 1986; Gartner & Hunt, 1987; Gartner, 1989, Gartner, 1997)
- 관광목적 지역의 매력(Gearing *et al.,* 1974; Var *et al.,* 1977; Husbands, 1983; Squire, 1988)
- 관광객 만족 평가(Pizam *et al.,* 1978; Hannigan, 1980; Pearce, 1980; Pearce & Moscardo, 1985)
- 상품개발, 매력 및 수명주기에 관한 이슈(Ritchie & Beliveau, 1974; Ritchie & Zins, 1978; Bultler, 1980; Go, 1981; Riley, 1983; Mercer, 1985; Haywood, 1986; Patton, 1986; Makens, 1987; Hall, 1987; Kent *et al.,* 1987; Kale *et al.,* 1985)
- 패키지 관광(package tours)과 투어운영자 마케팅(Allen, 1985; Sheldon & Mak, 1987; Kent *et al.,* 1987; Kale *et al.,* 1985)

관광 마케팅 활동이 다른 학문 분야의 학자에게 주목을 받지 못했던 것은 아니다. 출간된 저서는 그들이 제시한 비평이나 새로운 시각 때문에 분리하여 언급할 가치가 있다. 터로트와 터로트(Thurot & Thurot, 1983), 우젤(Uzzel, 1984), 딜리(Dilley, 1986)와 노드(Nord, 1986)의 논문은 특히 주목되는데, 관광광고에 대한 그들의 관심은 특히 계몽적이다. 도시지리학자와 계획가는 모두 다 무시한 주제인 위치의 역동성(dynamics of location: 마케팅 믹스의 장소적 요소)에 초점을 맞추어 도시가 관광과 관계가 있는 것으로 보는(Jansen-Verbeke, 1988; Ashworth & Voorged, 1988 및 제9장 참조) 도시 마케팅에 관심을 두고 있다. 레크리에이션 지리학(Smith, 1983), 사회경제 지리학(Kamann *et al.*, 1998), 그리고 서비스 마케팅(Bitner, 1992)에 관한 문헌은 여기에 유용한 통찰력을 제공한다.

상품개발과 관련하여, 관광마케터는 마케팅과 관광계획 사이의 중요한 관련성에 특별한 관심을 두어야 한다(Cooper *et al.*, 1993; Gunn, 1988; Dodd & Hemel, 1999). 상품개발 분야와 연계하는 것 또한 관광에서의 정보와 통신기술 실행(Moutinho *et al.*, 1996, Klein *et al.*, 1996, Fesenmaier *et al.*, 2000; Buhalis &

Schertler, 1999)과 '변화경영의 전개'(the deployment of change management: Baker *et al.*, 1999: 407)에 관한 최근의 연구를 인정하는 것이다. 여기에는 관광 분야에서 창출된 다양한 요소적[소규모] 사업 사이의 새로운 연계가 있을 뿐만 아니라, 다양한 쇼핑목적지와 관광목적지의 결합(Dellaert *et al.*, 1988), 국가와 도시 관광목적지 마케팅 프로그램의 평가(Faulkner, 1997; Go & Zhang, 1997) 및 관광정보의 공급과 배분에 있어서 국가와 지역 관광사무소 사이의 상호연결(Sheldon, 1993)을 위한 어마어마한 마케팅 기회가 있다.

관광 마케팅 문헌에는 다른 과실도 있다. 관광목적지 지역사회에 살고 있는 지역주민에 관한 것이든, 범죄나 질병 같은 해악으로서 관광객 그들 자신에 관한 것이든, 또는 관광의 물리적·자연적 자원의 질에 관한 것이든 관광영향을 다루는 관광연구의 홍수는 선천적인 마케팅 활동의 문제를 제시한다. 마케팅을 비판하여 저술된 다른 연구로(Nord, 1986 참조), 그릇된 인식의 조성, 과밀의 문제와 주(host)/객(guest)의 대립과 관련된 어려움 등에 관하여 논의한 문헌도 불충분하지만 있다. 기업윤리에 대한 최근의 관심과 더불어, 관광 마케팅에 있어서 선천적인 윤리적 문제는 특히, 개발도상국의 관광목적지와 관련하여 주의를 요구한다. 관광에 응용하여야 하기 때문에 마케팅 개념의 수정이 순서일 것이다(Haywood, 1990).

문제가 되는 부분은 관광 마케팅이 의미하는 전체 이슈(whole issue)가 명확하지 않다는 것이다. 이 주제에 대한 교과서와 매뉴얼은 크게 도움이 되지 않는다. 대부분은 투어운영자와 여행사를 우선으로 준비되어 왔었다(Reilly, 1980; Bishop, 1981; Davidoff & Davidoff, 1993; Mahoney & Warnell, 1986; Harris & Kalz, 1987; NTA, 1987). 와합(Wahab)의 『관광 마케팅(*Tourism Marketing*)』(1976)은 소비재 마케팅 모델에 기초하고 있으며, 시대에 뒤져 있다. 반면 슈몰(Schmoll)의 『관광홍보(*Tourism Promotion*)』(1977)는 너무 협소하게 초점을 맞췄다. 단지 극소수만이 우수하다. 그 중 하나는 이 분야의 전문가가 쓴 연구 기술에 관한 논문을 훌륭하게 요약하고 있는 릿치와 골드너(Ritchie & Goeldner)의 『여행, 관광 및 환대 연구(*Travel, Tourism and Hospitality Research*)』(1987)이다. 비록 편람(handbook)으로 분류되기는 하지만, 다른 유용한 책으로 『관광 마케팅과 경영

(*Tourism Marketing and Management*)』을 들 수 있다(Witt & Moutinho, 1989). 이 책은 세계 여러 곳의 실무자와 학자에 의한 흥미로운 논문을 풍부하게 담고 있다. 최근에 일부 저자는 관광 마케팅 분야를 정의할 필요가 있다는 요구에 반응하고 있다. 제퍼슨과 리코리쉬(Jefferson & Lickoriosh, 1988)는 관광목적지를 강조하는 실무적 기준을 제시했고, 밀(Mill, 1989), 밀과 모리슨(Mill & Morrison, 1985), 미들턴(Middleton, 1988), 크로츠와 반 라이(Crotts & Van Raaij, 1994), 와합과 쿠퍼(Wahab & Cooper, 2001)는 더 나은 모델의 개발에 기여할 수 있는 관광 교과서를 발간했다. 끝으로, 위살과 페젠마이어(Uysal & Fesenmaier, 1996)는 통합 요소로서의 마케팅의 의사소통과 경로시스템을 종합하는 『관광 마케팅의 커뮤니케이션과 경로시스템(*Communication and Channel Systems in Tourism Marketing*)』을 공동으로 편찬하였으며, 릿치(Ritchie, 1996)는 통찰력 있는 『관광 마케팅/마케팅 연구의 최고기술 평가(*Assessment of the State of the Art in Tourism Marketing/Marketing Research*)』를 발간했다.

레크리에이션 마케팅 Recreation Marketing

레크리에이션, 공원 그리고 예술 분야의 전문가 대부분은 특히, 비영리 부분에서는 마케팅이 절대적으로 중요한 경영기능으로 아직 받아들여지지 않는다는 사실을 쉽게 인정할 것이다. 그러나 마케팅은 이 분야의 주요 교재에서 그 방향을 찾았고(Speelman, 1992), 학술대회에서 활발하게 논의되고 있다.

수년에 걸쳐 나타난 논문의 일부는 마케팅 접근의 채택(Vellas & becherel, 1999; Torkilgsen, 1999; Teare & Calder, 1996; Hoodgson, 1991), 마케팅 연구를 위한 더 큰 역할(Bunt, 1997)과 새로운 프로그램 개발에 있어서 마케팅의 역할(Fesenmarer & O'leary, 1996)에 대해서도 주장하고 있다. 관광 마케팅 연구의 최근 발전은 『여행관광마케팅저널(*Journal of Travel & Tourism Marketing*)』(제5권 1, 2, 3호, 1996)로 출판되었다. 이러한 논문의 증가는 사용 요금(More & Stevense, 2000); 표적시장(Crompton, 1983); 마케팅 감사(Ding & Pigram, 1995;

Woodside & Sakai, 2001) 및 여가활동(Hemingway, 1999)과 같은 마케팅에 관련된 주제에 대해 다루었다. 물론, 대부분의 레크리에이션/여가 문헌에는 동기와 만족수준에 대한 다양한 논문이 있고(Tinsley & Kass, 1977; Lee, 1999; Chadee & Mattson, 1996; Beard & Ragheb, 1983; Cato, 1986); 관광문헌에서도 현재 레크리에이션 논문이 나타나고 있다. 예를 들어, 특수 방문객 관리기법 방안이 논의되었다(Graham *et al.*, 1988). 레크리에이션 마케팅 문헌에서 '품질'(quality)에 관한 관심이 역시 등장하고 있다는 사실은 주목할 만하다(Baker & Crompton, 2000). 관광상품의 상당한 품질증진을 가져올 수 있게 품질계획에 대한 설계가 필요하다. 관광에 있어 품질증진의 중요성은 가장 중요한 것이다(Augustyn & Ho, 1998). 종합적 품질경영은 관광전략에 품질을 채택함에 있어서 관광과 관련된 영역의 조직을 지원하기 위하여 이 절차를 용이하게 할 수 있다(Witt & Muhlemann, 1994).

예술과 관련한 마케팅의 관여 또한 논의되어야 한다. 그 역사는 예술을 수행하는 데 있어서 경제적 문제를 밝힌 보몰과 보웬(Baumol & Bowen, 1966)으로 거슬러 올라간다. 이후 마케터는 비영리 조직의 마케팅에 예술 영역을 채택하였다(Riley, 2000). 관광과 레크리에이션 분야에서 협력(partnership)과 합작(collaboration)의 시대가 도래하였다. 그러나 협력이 어떻게 형성되고, 어떻게 적절한 협력 사업의 능력을 구축할 것인지에 대한 우리의 이해는 아직 이 분야의 발전을 따라오지 못하고 있다. 협력은 지속가능한 관광개발에 기여하고 있다(Selin, 2000; Hughes, 2000). 길버트와 리조트(Gilbert & Lizotte, 1998)도 그 가치를 언급한 바 있는데, 이들은 예술과 관광 사이의 협력을 적극적으로 주장해왔다. 결론적으로, 문화산업의 마케팅에 대한 정보의 확산은 매력적인데, 이는 관광과 레크리에이션 마케터에게 중요성이 커지고 있는 삶의 질(quality-of-life)의 문제를 포함하기 때문이다(Otto & Ritchie, 1996). 환경관리는 성공적인 레크리에이션 관리에 있어서 결정적인 핵심이다(Broadhust, 2001; Tribe, 2000).

결론적으로, 레크리에이션 마케터는 서비스 마케팅의 개념에 끌리게 된다(Gronroos, 2000). '서비스 품질과 경영'(service quality and management)에 관한 로스(Ross)의 저술(1993) 또한 이 점과 특별한 관련이 있다. 그는 경영에 대한 고용인의 기대에 초점을 둔 변화에 근거한 마케팅의 새로운 접근을 제안하고; 환대산업에서 중요하게 간주되는 일련의 서비스 품질요소를 조사했다. 또한 경험은 오늘날의 레크리에이션 경영에서 점점 더 중요한 주제가 되어가고 있고(Ryan, 1997), 경향과 전망은 대단히 중요하다(Kelly, 1999; Gartner, 2000; Jackson & Borton, 1999).

마케팅 패러다임 출현 Emerging Marketing Paradigms

정보기술의 등장과 지리적, 기능적 경계의 재편성은 네트워크 마케팅(network marketing)의 결과를 가져왔다. 이는 광범위한 결과를 가져왔고, 공급자에게 아웃소싱(outsourcing)을 유도 하였으며, 조직의 경계에 대한 새로운 시각과 마케팅 학문에 대한 재사고(re-thinking)의 필요성을 갖게 하였다. 이러한 재구축의 영향은 '확장된 기업'(extended enterprise)으로 성장하게 하였다. 불행하게도, '재설비'(re-tooling)의 필요성은 아직 환대산업, 관광 및 레크리에이션 산업에서 전면적인 원동력으로 느껴지지는 않았다. 마지막 부문에서, 환대산업/관광/레크리에이션 마케팅에서 새롭게 등장하여 상호 보완적인 네 가지 패러다임의 중요성을 설명하였다. 전략적 마케팅 맥락에서, 사회적 마케팅 양심의 실행 및 세계화적 맥락의 관점에서의 서비스 마케팅의 응용은 이 분야에 의미심장한 암시를 준다. 이것은 마케팅 개념의 재구성과 새로운 연구 의제 설립에 도움을 줄 것이다.

이 장에서, 서비스 마케팅 개념이 문헌으로 진출하여 확장된 바를 지적하였다. 레빗(Levitt, 1972), 라스멜(Rathmell, 1974), 조지와 박스테일(George & Barksdale, 1974), 도넬리(Donnelly, 1976), 쇼스타크(Shostak, 1977), 토마스(Thomas, 1978)를 비롯한 다른 많은 사람의 선구적인 노력은 굉장한 것이었다. 요약하자면,

- 서비스는 실시간, 종종 고객과 마주한 상태에서 생산되어 수행된다(참조 동시성).
- 서비스 수행의 창출과 보급이 제조품과는 다르다; 새로운 서비스의 개발, 시험, 도입에 더 많은 주의를 필요로 한다.

- 고객이 서비스 상품의 창출에 적극적으로 관련할 수 있다.
- 서비스의 무형성(intangibility)은 특히, 위험의 인식, 유사 서비스의 비용과 가격 조사와 관련해서 가격 산정을 어렵게 한다.
- 수용능력과 수요관리는 특별한 주의를 필요로 한다.
- 품질보증은 끊임없는 문제이며, 더 잘 이해하고, 평가하고, 관리될 필요가 있다.
- 배분경로는 정보 및 통신기술을 통하여 점점 더 통제될 수 있을 것이다.
- 관광 서비스는 좀 더 효과적으로 꾸려질 필요가 있다.

이 모든 내용은 좀 더 충분히 소개되어야 하지만, 가장 중요한 것은 서비스를 직접 대면(encounter)하는 것이다. 이것은 서비스가 어떻게 시장에서 가장 잘 팔리게 할 수 있는지(Czepiel *et al.*, 1985; Lovelock, 1988)뿐만 아니라, 서비스업이 어떻게 조직되고 운영되어야 하는지(Mills, 1986)에 영향을 미친다. 서비스 마케팅 분야를 유지하려고 노력하는 사람에게 정보의 이용성은 압도적이며, 마케팅에 대한 완전히 새로운 접근이 요구되었다(Lehtinen, 1986). 대면에 관심이 이르면, 마케팅 연구자는 비교문화 마케팅(cross-cultural marketing) 혹은 마케팅 조정자 역할(Marster & Lovelockl, 1982; Rao & Ovmlil, 1988; Shames & Glover, 1989), 그리고 서비스 경험은 점점 더 극장과 비교하게 되기 때문에(Grove & Fisk, 1992) 연출기법과 관련된 문제를 공부하는 것이 현명하게 될 것이다.

그러나 서비스 마케팅은 아무것도 없는 공허한 상태에서는 발생하지 않는다; 서비스 조직의 효과적 경영에 관련된 중대한 이슈가 다루어져야 한다(Haywood, 1987). 많은 서비스경영 교재는 유용한 출발을 제공한다(Normann, 1984; Albrecht & Zemke, 1985; Heskett, 1986; Ralbrecht, 1988). 서비스 고유의 특성과 환대산업, 관광 및 레크리에이션 조직의 치열한 경쟁 환경은 더욱 전략적인 접근을 요구한다. 알렌(Allen, 1988)은 서비스 사업에서 관리되어야 하는 다섯 가지 중대한 측면의 전략방향을 다음과 같이 지적하였다.

(1) 서비스 제공의 갱신
(2) 서비스 시스템의 요점을 집중화
(3) 서비스 접촉의 강화

(4) 정보력의 전략적 사용
(5) 서비스 사업의 전략적 가치 결정

또한, 포지셔닝 전략(Shostak, 1987)과 경쟁 전략(Wilson, 1988)은 서비스 사업에서는 매우 다를 수 있다는 증거가 제시되고 있다.

환대산업, 관광 및 레크리에이션 조직이 점점 더 경쟁적인 세계에서 운영된다는 것을 부인하지는 않지만, 결과성향이 문제가 될 수도 있다. 결과에 대한 집착은 마케터와 다른 경영자가 과정 그 자체에서 발생한 다른 혜택과 문제에 대한 인식을 거의 배제한 결과를 이루는 데 초점을 둘 수 있다. 우리가 관광과 레크리에이션을 지역사회를 기반으로 하고(community-based), 지역사회로부터 나오는(community-driven) 활동(Murphy, 1985)으로 믿으려면 장기간의 결과에 관심을 가질 필요가 있다. 코틀러(Kolter, 1980)가 말한 것처럼, '민감한 마케터는 창출된 모든 생산(그리고 결과)에 대해 책임을 져야 한다'. 교환 가치에 따라 인간 가치를 교체 또는 동등하게 하려는 마케팅의 나쁜 성향은 수정이 필요하다. 위트와 모티노(Witt & Moutinho)의 『관광 마케팅과 경영 편람(*Tourism Marketing and Management Handbook*)』(1989)에서는 21세기에 우리에게 가장 관심이 있을 것 같은 '관광 마케팅과 경영에서 가장 중요한 문제'를 규정하고 있다.

정보기술의 등장은 고품질 내용에 대한 접근과 이용에 영향을 미치는 탈중간화(disintermediation)와 재중간화(reintermediation)의 모순을 야기했다. 이러한 가상의 네트워크 전망에서 엄격한 성공요인은 기회의 조직 및 교류, 경쟁 파트너의 인정, 의제 설정, 그리고 브랜드 전략과 운영계획을 체계화하는 절차의 촉진을 이끌어 줄 최소한 한 명의 파트너의 존재이다. 다음의 능력 때문에 미래에는 e컨텐츠 가상매체가 마케팅 협력을 위한 원동력이 될 것이다.

- 방대한 정보의 처리
- 효과적 방법으로 인터넷을 이용한 사업의 실행
- 서로 다른 유형의 이용자 사이의 관계 구축 및 합작 증가에 의한 '경계 없는'(boundaryless) 방식으로 운영

- 국경을 넘는(cross-border) 기회 이용
- 품질 서비스 보급의 방향으로 소비자 일반현황(profile)에 관한 정보를 교환할 수 있는 능력을 가진 파트너와의 협력

이러한 지역 운영자는 현지 지역사회의 조직(Go, 1982)과 문화의 다양성(Hirschman, 1985)에 부합하는 사회적 요구에 민감해질 것이다.

결론적으로, 우리는 21세기에는 '세계화'(globalisation) 현상이 관광, 레크리에이션 및 환대산업 개발과 같은 '경험적 상품'(experiential product: Cooper-Martin, 1991)을 이끌어 낼 것으로 기대한다. 쿠퍼-마틴(Cooper-Martin, 1991)은 경험적 상품을 '그 자체가 목적인 소비경험이 요구하는 모든 상품과 서비스'라고 묘사했다. 과거 동부와 중부 유럽 국가가 연합한 유럽경제협력체(European Economic Community: EEC)의 확장과 국제적 프랜차이즈의 성장(Go & Christensen, 1989)은 세계시장의 격변과 기회를 야기할 두 가지 사례일 뿐이다. 동시에, 중소기업(SMEs)의 클러스터화(clustering)와 공공-개인 부문의 협력을 통한 경제성장의 잠재력을 연결한 지역주의의 재출현은 디지털 데이터를 '안면' 대면(face-to-face encounter)으로 전환할 때 지역성(locality)이 하는 결정적인 역할을 더 잘 파악하기 위한 마케팅 전문가를 필요로 할 것이다.

요약하면, 미래에 대한 가장 큰 도전은 끊임없는, 급격한 변화와 다양한 문제를 다룰 수 있는 경영자의 개발일 것이다. 만일 지속가능한 방식으로 창의성, 헌신, 일관성 및 혁신을 관광, 레크리에이션 및 환대산업의 영역에서 디지털 데이터를 '안면' 대면으로 전환하는 도전에 성공적으로 적용할 수 있다면, 경험적 마케팅이 새로운 고지에 오르지 못할 이유가 없을 것이다.

비 고 Note

1. 처음 논문은 'Marketing of the service process: State of the art in tourism, recreation and hospitality Industries' in Volume 2 of *Progress in Tourism, Recreation and Hospitality Management* (1990), pp. 120-50.

| 참고문헌 | References

Abbey, J.(1983) Is discounting the answer to declining occupancies? *International Journal of Hospitality Management* 2(2), 77–82.

Abbey, J.(1989) *Hospitality Sales and Advertising.* East Lansing, MI: Educational Institute.

Akehurst, G.(1986) Identification of the reactions of hotel managers to new competition, *International Journal of Hospitality Management* 5(4), 189.

Albrecht, K. and Zemke, R.(1985) *Service America: Doing Business in the New Economy.* Homewood, IL: Dow Jones–Irwin.

Allen, M.(1988) Strategic Management of consumer services. *Long Range Planning* 21(6), 20–5.

Allen, T.(1985) Marketing by a small tour operator in a market dominated by big operators. *European Journal of Marketing* 19(5), 83–90.

Arbel, A. and Pizma, A.(1977) Some determinants of urban hotel location: The tourists' inclinations. *Journal f Travel Research* 15(3), 18–22.

Archer, B.H.(1976) *Demand forecasting in Tourism.* Bangor Occasional Papers in Economics, No.9. Cardiff: University of Wales Press.

Ashworth, G.J. and Dietvorst, A.G.J.(eds)(1995) *Tourism and Spatial Transformations Implications for Policy and Planning.* Wallingford: CAB International.

Ashworth, G.J. and Voorgdm H.(1988) Marketing the city: Concepts, processes and Dutch applications. *Town Planning Review* 59(1), 65–79.

Askari, H.(1971) Demand for Package tours. *Journal of Transport Economics and Policy* 5(1), 40–51.

Astoff, M.T and Abbey, J.R.(1978) *Convention Sales and Service.* Dubuque, IA.: Wm. C. Brown.

Augustyn, M. and S.K. Ho(1998) Service quality and tourism. *Journal of Travel Research* 37(1), 71–5.

Baker, D.A. and J.L. Crompton(2000) Quality, satisfaction and behavioral intensions. *Annals of Tourism Research* 27(3), 785–804.

Baker, M., Sussman, S. and Welch, S.(1999) Information technology management. In Bob Brotherton(ed.) *The handbook of Contemporary Hospitality Management Research*(pp. 397–414). Chicester: Wiley.

Baron, R.(1979) Forecasting tourism.: Theory and practice. In *TTRA–A Decade of Achievement.* Tenth Annual Conference Proceedings, Bureau of Economic and Business Research. Salt Lake City: University of Utah.

Barrington, M.N. and Olsen, M.O.(1987) Concept of service in the hospitality industry. *International Journal of Hospitality Management* 6(3), 131–8.

Bartram, M. *et al.*(1980) Researching future developments in hotels. *The Market Research Society Conference*(pp. 101–11). March.

Beard, J. and Ragheb, M.(1983) Measuring leisure motivation. *Journal of Leisure Research* 15(3), 219–28.

Becker, R.H., Berrier, D. and Barker G.D.(1985) Entrance fees and visitation levels. *Journal of Park and Recreation Management* 3(1), 28–32.

Bell, D.(1973) *The Coming of the Post-Industrial Society*: A Venture into Social Forecasting. Harmondsworth: Penguin.

Bellman, G. *et al.*(1984) Toward higher quality conversion studies: Refining the numbers game. *Journal of Travel Research* 22(4), 28–33.

Bishop, J.(1981) *Travel Marketing.* Folkstone: Bailey and Seinfen.

Bitner, M.(1992) Servicescapes: The impact of physical surroundings on customers and employees. *Journal of Marketing* 56(April), 57–71.

Bitner, M., Nyquist, B. and Booms, B.(1985) The critical incident as a technique for analyzing the service encounter. In T. Block *et al. Services Marketing in a Changing Environment*(pp.48–51). Chicago: AMA Marketing Association.

Bjorkman, B.(1963) Market studies in the field of international tourist traffic. *Tourist Review* 18(4), 142–9.

Blackwell, J.(1970) Tourist traffic and the demand for accommodation.: Some Projections. *Economic and Social Review* 1(3), 323–43.

Blomstrom(1983) Strategic market planning in ter hospitality industry, Educational Institute for the American Hotel Association, Michigan.

Bon, J. and Pras, B.(1984) Dissociation of the roles of buyer, payer, and consumer. *International Journal of Research in Marketing* 1(1), 7–16.

Booms, B.H. and Bitner, M.J.(1982) Marketing Services by managing the environment. *Cornwell HRA Quartetly* (May), 35–9.

Botte, A.S.(1981) Market segmentation by personal values and salient product attributes, *Journal of Advertising Research,* 21(1), 29–35.

Broadhust, R.(2001) *Managing Environments for Leisure and Recreation.* London: Routledge.

Bronner, A.A. and De Hoog, R.(1984) Computer assisted decision-making: A new tool for market research. *Esomar Congress* (pp.171–91), Rome.

Brotherton, R.(ed.)(1999) *The Handbook of Contemporary Hospitality Management Research.* Chichester: Wiley.

Brunt, Paul(1997) *Market Research in Travel Tourism.* Oxford Butterworth Heinemann.

Buhails, D. and Schertler, W.(eds)(1999) *Information and Communication Technologies in Tourism.* Vienna/New York: Springer.

Bullaro, J.J. and Edginton, C.R.(1986) Commercial Leisure Services: *Managing for Profit, Service and Personal Satisfaction,* New York: Macmillan.

Buttle, F.(1986) Hotel and Food Service Marketing: *A Managerial Approach.* London: Holt, Rinehart and Winston.

Cadotte, E.R. *et al.*(1987) Expectations and norms in models of consumer satisfaction. *Journal of Marketing Research,* August 305–14.

Calatone, R. and Johar, J.S.(1984) Seasonal segmentation of the tourism market using a benefit segmentation framework. *Journal of Travel Research* 23(2), 14–24.

Calatone, R. *et al.*(1987) A comprehensive review of the tourism forecasting literature. *Journal of Travel Research* 26(2), 28–39.

Camacho, F.E.(1988) Meeting the needs of senior citizens through lifecare communities: Marriott's approach to the development of a new business. *The Journal of Services Marketing* 2(1), 49–53.

Cambell–Smith, G.(1967) *Marketing of the Meal Experience.* London: University of Surrey.

Carlson, B.(1986) Meeting consumer needs: The basis for successful marketing of nutrition in foodservice. *International Journal of Hospitality Management* 5(4), 163.

Carroll, J.O.(1986) Focusing on discounting hotel reck rates. Cornell H.R.A. Quarterly (August). 13.

Castells, M.(1989) *The Information Technology, Economic Restructuring and the Urban–Regional Process.* Oxford: BlackWell.

Cato, B. and Kunstler, R.(1988) Preferred leisure activities and reasons for participation: A comparison study with implications for marketing leisure services. *Jornal of Park and Recreation Management.*

Chadee, D. and Mattson, J.(1996) An empirical assessment of customer satisfaction with tourism. *Service Industries Journal* 16(3), 305–20.

Coffman, D.(1970) *Marketing for a Full House.* Ithaca, NY: Cornell University.

Coffman, D.(1980) *Hospitality for Sale.* Ithaca, NY: Cornell University.

Cooper,C.,Fletcher, J., Gilbert, D. and Wanhill, S.(1993) *Tourism Principles and Practice.* Pitman: London.

Cooper, C.P. and Ozdil, I.(1992) From mass to 'responsible' tourism: The Turkish experience. *Tourism Management* 13(4), 377–86.

Coopeer–Martin, E.(1991) Consumers and movies: Some findings on experiential products. *Advances in Consumer Research* 18, 367–73.

Cowel, D.(1981) The role of market research in the development of public policy in the field of recreation and leisure. *Journal of the Market Research Society* 23(3), 72–83.

Cowell, D.(1984) The Marketing of Services. London: Heinemann.

Crampton, L.J.(1966) A new technique to analyze tourist markets. *Journal of Marketing* 30(2), 27-31.

Crask, M.R.(1981) Segmenting the vacationer market: Identifying the vacation preferences, demographics and magazine readership of each group. *Journal of Travel Research* 20(1), 29-34.

Crompton, J.L.(1983) Developing new recreation and parks programs. *Recreation Canada* (July), 27-33.

Crompton, J.L.(1983) Selecting target markets: A key to effective marketing. *Journal of Park and Recreation Management* 1(1), 7-26.

Crompton, J.L. and Lamb, C.W.(1986) The marketing audit: A starting point for strategic management, *Journal of Park and Recreation Management* 4(1), 19-34.

Czepiel, J.A., Solomon, M.R. and Surprenant, C.F.(eds)(1985) *The Service Encountermanaging Employee/Customer Interaction in Service Business.* Lexington, M.A: Lexington Books.

Davidoff, P.G. and Davidoff, D.S.(1983) *Sales and Marketing for Travel and Tourism.* Rapid City, SD: National Publishers of the Black Hills.

Davis,B.D. and Sternquist, B.(1987) Appealing to the elusive tourist: An attribute cluster strategy. *Journal of Travel Research* 25(4), 25-31.

Davis, L.(1983) Recreation marketing: A common sense approach to program planning. *Recreation Canada* (September). 6-11.

Davis, R.V. and Horney, N.(1988) Guest feedback and complaint handling in the hospitality industry. *International Conference Services Marketing*(Vol.5). Cleveland, OH: Cleveland State University.

Dellaert, B.G.C., Arentze, T.A., Bierlaire, M., Borgers, A.W.J. and Timmermans, H.J.P.(1998). Investing Consumers' tendency to combine multiple shopping purposes and destinations, *Journal of Marketing Research* 35(May), 177-88.

Dhir, K.S.(1987) Analysis of consumer behavior in the hospitality industry: An application of social judgement theory. *International Journal of Hospitality management* 6(1), 149-61.

Dilley, R.S.(1986) Tourist brochures and tourist images. *Canadian Geographer* 30(1), 59-65.

Ding, P. and J. Pigram(1995) Environmental audits: An emerging concept in sustainable tourism development. *Journal of Tourism Studies* 6(2) 2-10.

Dodd, D. and Hemel, A. Van(1999) *Planning Cultural Tourism in Europe: A Presentation of Theories and Cases.* Amsterdam: Boekman Foundation.

Donnelly, J.H.Jr(1976) Marketing intermediaries in channels of distribution for services. *Journal of Marketing* 40, 55-70.

Doswell, R. and Gamble, P.R.(1979) *Marketing and Planning Hotel and Tourism*

Projects. London: Barrie and Jenkins.

Drinkwater, R. and Davies, I.(1987) Leisure marketing in action: Selling; sponsorship. *Leisure Management* 7(11), 42–3, 49–50.

Dybka, J.M.(1987) A look at the American traveller: The US Pleasure travel market study. *Journal of Travel Research* 25(3), 2–4.

Eisen, I.(1988) *Strategic Marketing in Food Service: Panning for Change*: New York Lebhar Friedman Books.

Emerson, R.L.(1979) *Fast Food: The Endless Shakeout*. New York: Lebhar Friedman Books.

Faukner, W.(1997) A model for the evaluation of national destination marketing programs. *Journal of Travel Research* 35(3), 23–32.

Feltenstein, T.(1983) *Restaurant Profits Through Advertising and Promotion: The Indispensable Plan.* boston: CBI Publishing.

Fennell, G.(1987) A aadical agenda for marketing science: Represent the marketing concept. In A.F. Firat *et al.*(eds) *Philosophical and Radical Thought in Marketing*(pp/289–306). Lexington, MA: lexington Books.

Ferguson, J.M. and Malone, K.M.(1988) Quality service in health clubs: Do employees know what customers want?. *International Conference On Services Marketing*, Tool 5. Cleverland. OH: Cleverland State University.

Ferraro, F.E.(1979) The evaluation of tourist resources: An applied methodology. *Journal of Travel Research* 17(4), 24–32.

Fesenmaier, D.R. and O'Leary, J.T.(1996) *Recent Advanced in Tourism Marketing Research*. Muzaffer Uysal, NY: Haworth Press.

Filiatrault, P. and Ritchie, J.J.R.B.(1980) Joint purchasing decisions: A comparison of influence structure in family and couple decision–making units. *Journal of Consumer Research* 7(2), 131–40.

Fisk, G.(ed.)(1986) *Marketing Management Technology as a Social Process*. New York: Praegar.

Frechtlinh, D.C.(1987) Five issues in tourism marketing in the 1990s. *Tourism Management* 8(2), 177–8.

Gartner, W,C.(1989) Tourism image: Attribute measurement of state tourism product using multi–dimensional scaling techniques, *Journal of Travel Research* 28(2), 16–20.

Gartner, W.C.(1997) Image and sustainable tourism systems. In S. Wahab and J.J. Pigram(eds) Tourism Development: *A Challenge of Sustainability*(pp. 177–98), London: Routledge.

Gartner, W.C.(2000) *Trends in Outdoor Recreation, Leisure and Tourism*. Wallingford: CABI.

Gartner, W.C. and Hunt, J.D.(1987) An analysis of state image change over a twelve-year period, 1971-1983. *Journal of Travel Research* 26(2), 15-9.

Garvey, J.(1986) Outlook and opportunities in market segmentation. In R. Lewis *et al.*(eds) *The Practice of Hospitality Management* 2. Westport, CT: AVI.

Gearing, C.E. *et al.*(1974) Establishing a measure of touristic attractiveness, *Journal of Travel Research* 12(4), 1-8.

George, W.R. and Barksdale, H.C.(1974) Marketing activities in the service industry. *Journal of Marketing* 38, 65-70.

Gilbert, D. and Lizotee(1998) Tourism and the performing arts. *Travel and Tourism Analyst* 1, 82-96.

Gittelson, R.J. and Crompton, J.L.(1983) The planning horizons and sources of information used by pleasure vacations. *Journal of Travel Research* 21(3), 2-7.

Go, F.M.(1981) Development of new service products for the leisure travel market: A system's view. *Revue de Tourisme* 36(2), 9-18.

Go, F.M.(1982) Hospitality and Heritage: A profitable partnership. In A. Pizma *et al.*(eds) *The Practice of Hospitality Management*(pp. 173-82). Westport, CT: AVI.

Go, F.M.(1988) Appropriate marketing for travel destination in developing nations. In tej Vir Singh, H.L. Theuns and F.M. GO(eds) Towards Appropriate Tourism: *The Case of Developing Countries* (pp 159-80), Frankfurt: Verlag Peter Lang Gmbh.

Go, F.M.(1999) Internationalisation. In R. Brotherton(ed.) *The Handbook of Contemporary Hospitality Management Research*(pp. 477-96). Chicester: Wiley.

Go, F.M. and Christensen, J.(1989) Going global. *Cornell HRA Quarterly* 30(3), 72-9.

Go, F.M. and Pine, R.(1995) *Globalization Strategy in the Hotel Industry*, London: Routledge.

Go, F.M. and Ritchie, J.R.B.(1990) Introduction to transnationalism and tourism. *Tourism Management* 11(4), 287-90.

Go, F.M. and Welch, P.(1991) *Competitive Strategies for the transnational Hotel Industry*. Special Report No. 1180 (March). London: Economist Intelligence Unit.

Go, F.M. and Zhang Wei(1997) Applying importance-performance analysis to Beijing as an international meeting destination. *Journal of Travel Research* 35(4) 42-9.

Go, F.M., Chan, A. and Pine, R.(1996) *Service Innovation in Hong Kong: Attitudes and Practice*. Hong Kong: Hong Kong Polytechnic University.

Go, F.M., Milne, D. and Whittles, L.(1991) Communities as destinations: A marketing taxonomy for the effective implementation of the tourism action plan. *Journal of Travel Research* 30(4), 31-7.

Go, F.M., Govers, R. nd Heuvel, M. Van Den(1999) Towards interactive tourism: Capitalising on virtual and physical value chains, In D. Buhalis and W.Schertler(eds) *Information and Communication Technologies in Tourism*(pp.

11–24). Vienna/New York: Springer.

Go, F.M.R. Govers and van den Heuvel, M.(1999) Towards interactive tourism:(eds) *Information and Communication Technologies in Tourism Management*(pp.11–24). Vienna. New York: Springer.

Goffe, P.(1986) Replacing place in the marketing mix strategy for hospitality services, *Florida University Hospitality Review* Spring 24.

Gottlieb, L.(1982) *Foodservice/Hospitality Advertising and Promotion.* Indianapolis, IN: Bobbs Merrill Educational Publishing.

Greenberg, C.(1985) Room rates and lodging demand. Cornell HRA *Quarterly,* Novemberm 10–11.

Greenley, G.E. and Matcham, A.S.(1986) Marketing orientation in the service of incoming tourism. *European Journal of Marketing* 20(7), 64–73.

Gronroos, C.(1980) Designing a long range marketing strategy for services. *Long Range Planning* 13(4), 36–42.

Gronroos, C.(2000) *Service Management and Marketing: A Customer Relationships Management Approach.* Toronto: Lexington Books.

Gunn, C.A.(1988) *Tourism Planning*(2nd edn). New York: Taylor and Francis.

Haati, A. and Yayas, U.(1982) Tourists' preception of Finland and selected European countries as travel destinations. *European Journal of Marketing* 17(2), 34–42.

Hall., C.M.(1987) The effects of hallmark events on cities. *Journal of Travel Research* 26(2), 44–5.

Hannigan, J.A.(1980) Reservations cancelled: Consumer complains in the tourist industry. *Annals of Tourism Research* 7(3), 366–84.

Harris, G. and Katz, K.M.(1987) *Promoting International Tourism.* Los Angeles, CA: Americas Group.

Hart, C.W.L. and Casserly, G.D.(1985) Quality: A brand–new, time–tested strategy. *Cornell HRA Quarterly* November 52–63.

Hart, C.W.L. and Lawless, M.J.(1983) Forces that shape restaurant demand. *Cornell HRA Quarterly* (November), 7–17.

Hart, C.W.L., Casserly, G,D, and Lawless, M.J.(1984) The product life cycle: How useful? *Cornell HRA Quarterly* 58 (November), 61–3.

Hawes, D.(1978) Satisfaction derived from leisure–time pursuit: An exploratory nationwide survey. *Journal of Leisure Research* 10(4). 247–64.

Haywood, K.M.(1975a) *Marketing and Merchandizing Practices in the Canadian Hospitality industry, Volume* 1, The Accommodation Sector. Guelph, Ontario: University of Guelph.

Haywood, K.M.(1975b) *Management and Merchandizing Practices Hospitality industry, Volume 2, The Foodservice Sector.* Guelph, Ontario: University of Guelph.

Haywood, K.M.(1983) Assessing the quality of hospitality services. International *Journal of Hospitality Management* 3(4), 164–77.

Haywood, K.M.(1985a) Overcoming the impotency of marketing. *FLU Hospitality Review* (Fall), 30.

Haywood, K.M.(1985b) The Go system: Generating opportunities for hospitality. *International Journal of Hospitality Management* 4(1), 15–26.

Haywood, K.M.(1986) Scouting for competition for survival and success. *Cornell HRA Quarterly*(November), 80–7.

Haywood, K.M.(1986) Can the tourist-area life cycle be made operational? *Tourism Management* 7(3), 154–67.

Haywood, K.M.(1987) Service management concepts: Implications for hospitality. *FIU Hospitality Review* 5(2), 43–60.

Haywood, K.M.(1990) Revising and implementing the marketing concept as it applies to tourism. *Tourism Management* 11(2), 195–205.

Hemingway, J.L.(1999) Leisure, social capital, and democratic citizenship. *Journal of Leisure Research* 31(2) 150–65.

Heskett, J.K.(1986) *Managing in the Service Economy.* Boston: Harvard Business School Press.

Hess, T. and Voink, T.(1986) The uncommitted tourist. *Proceedings of the Esomar Congress* (pp. 69–84), Monte Carlo.

Hirschman, E.(1985) Marketing as an agent of change in subsistence cultures: Some dysfunctional consumption consequences. In R.J. Lutz(ed.) *Advances in Consumer Research* (Vol.13) (pp. 99–104). Provo, UT: Association for Consumer Research.

Hodgson, A.(ed.)(1981) *The Travel and Tourism Industry: Strategies for the Future.* Oxford: Pergamon Press.

Hodgson, P.(1991) Market Research in tourism: How important is it? *Tourism Management* 12(4) 274–79.

Howard, D.R. and Crompton, J.L.(1986) *Financing, Managing and Marketing Recreation and Park Resources.* Dubuque, IA: William C. Brown Publishers.

Howard, D.R.(1985) An analysis of market potential for public leisure services. *Journal of Park and Recreation Management* 3(1), 33–40.

Hughes, H.(2000) *Arts, Entertainment and Tourism.* Oxford: Butterworth-Heinemann.

Hunt, J.D.(1975) Images as a factor in tourism development. *Journal of Travel Research* 13(3), 1–7.

Hunt, S.D.(1975) The nature and scope of marketing. *Journal of Marketing* 40, July, 17–28.

Husbands, W.C.(1983) Tourist space and tourist attraction: An analysis of the destination choices of European traveler. *Leisure Sciences* 5(4), 289–307.

Jackson, E.L. and T.L. Burton(1999) *Leisure Studies: Prospects for the Twenty-First Century.* State College PA.

Jansen-Verbeke, M.(1988) *Leisure, Recreation and Tourism in Inner Cities: Explorative Case Studies.* Amsterdam: Nijmegen.

Jansen-Verbeke, M. and Dietvorst, A.(1987) Leisure, recreation and tourism: A geographic view on integration. *Annals of Tourism Research* 14(2), 361-75.

Jefferson, A. and Lickorish, L.(1988) *Marketing Tourism-A Practical Guide.* Harlow: Longman.

Jeffrey, D. and Hubbard, N.(1986) Weekly occupancy fluctuations in Yorkshire and Humberside hotels, 1980-1984: Patterns and prescriptions. *International Journal of Hospitality Management* 5(4), 177.

Jones, P.(1988) Quality, capacity and productivity in service industries. *International Journal of Hospitality Management* 7(2), 104-12.

Joseph, W.B. *et al.*(eds)(1986) *Tourism Services Marketing: Advances in Theory and Practice.* Special Conference Series, Vol.2. Cleveland, OH: Cleveland State University.

June, L. and Smith, S.L.J.(1987) Service attributes and situational effects on customer preferences for restaurant overseas tour packages to the youth segment. *Journal of Travel Research* 25(4), 20-4.

Kamann, D.J.F., Strijker, D. and Sijtsma, F.J.(1998) A reverse network engineering framework to develop tourism using a lifestyle approach. J*ournal for Economic and Socila Geography* 89(3), 310-19.

Kaynak, E.(1985) Developing marketing strategy for a resource-based industry. *Tourism Management* 6(3), 184-93.

Kelly, J.R.(1999) *Recreation Trends and Markets: The Twenty-First Century.* Champaign Sagamore Publishing.

Kent, W.E. *et al.*(1987) Reassessing wholesaler marketing strategies: The role of travel research. *Journal of Travel Research* 25(3), 31-3.

Khan, M., Olsen, M. and Var, T.(1993) *VNR Encyclopedia of Hospitality and Tourism.* New York: Van Nostrand Reinhold.

King, C.A.(1984) Service-oriented Quality control. *Cornell HRA Quarterly* (November), 92-8.

Klein, S. Schmid, B. Tjoa, A.M. and Werthner, H.(eds)(1996) *Information and Communication Technologies in Tourism.* Vienna.New York: Springer.

Kotas., R.(ed.)(1975) *Market Orientation in the Hotel and Catering Industry.* London: Surrey University Press.

Kotler, P.(1980) *Marketing Management-Analysis, Planning and Control.* Englewood Cliffs, NJ: Prentice Hall.

Kotler, P.(1987) Humanistic marketing: Beyond the marketing concept. In A.F. Firat *et al.*(eds) *Philosophical and Radical Thought in Marketing* (pp. 271–88). Lexington, MA: Lexington Books.

Kotler, P. and Levy, S.J.(1969) Broadening the concept of marketing. *Journal of Marketing* 33(1), 10–15.

Kotschevar, L.H.(1975) *Management by menu.* Chicago: National Institute for the Food Service Industry.

Kreul, L.M.(1982) Magic numbers: Psychological aspects of menu pricing. *Cornell HRA Quarterly* (August), 70–5.

Krippendof, J.(1987) *The Holiday Makers: Understanding the Impact of Leisure and Travel.* Oxford: Heinemann.

Laine, S. and Laine, I.(1972) *Promotion in Foodservice.* New York: Mcgraw–Hill.

Lee, Y.(1999) How do individuals experience leisure? *Parks and Recreation* 34(2), 40–6.

Lefever, M. and Morrisom, A.(1988) Couponing for profit. *Cornell HRA Quarterly* (February), 57–63.

Lehtinen, J.R.(1986) *Quality Oriented Services Marketing.* Finland: University of Tampere.

Leven, M.A.(1985) Hotel life cycle. *Cornell HRA Quarterly* February, 10.

Levitt, T.(1972) The production line approach to service. *Harvard Business Review* (Sept–Oct), 41–52.

Lew, A.A.(1987) A frame work of tourist attraction research. *Annals of Tourism Research* 14(4), 553–75.

Lewis, R.C.(1981) Restaurant advertising: Appeals and consumers; intentions. *Journal of Advertising Research* 21(5), 69–74.

Lewis, R.C.(1982) Positioning analysis for hospitality firms. *International Journal of Hospitality Management* (Fall), 115–18.

Lewis, R.C.(1983) When guests complain. *Cornell HRA Quarterly* (August), 23–32.

Lewis, R.C.(1984a) Theoretical and practical considerations in research design. *Cornell HRA Quarterly* (February), 25–35.

Lewis, R.C.(1984b) Isolating differences in hotel attributes. *Cornell HRA Quarterly* (November), 64–77.

Lewis, R.C.(1984c) The basis of hotel selection. *Cornell HRA Quarterly* (May), 54–69.

Lewis, R.C.(1985) The market position: Mapping guests; perception of hotel operations. *Cornell HRA Quarterly* (August), 86.

Lewis, R.C.(1986) Customer–based hotel pricing: Many of the hotel industry's pricing policies run counter to economic wisdom and market realities. C*ornell HRA Quarterly* (August), 18.

Lewis, R.C.(1987) The measurement of gaps of Hospitality of hotel services. *International Journal of Hospitality Management.* 6(2), 83–8.

Lewis, R.C. *et al.*(eds)(1984) *The Practice of Hospitality Management* II. World Hospitality Conference. Westport, CT: AVI Publishing.

Lewis, R.C. and Chambers, R.E.(1989) *Marketing Leadership in Hospitality–Foundation and Practices.* New York: Van Nostrand Reinhold.

Lewis, R.C. and Klein, D.M.(1985) Personal constructs: Their use in marketing of intangible services. *Psychology and Marketing* 2(3), 201–16.

Lewis, R.C. and Morris, S.V.(1987) The positive side of guest complaints. *Cornell HRA Quarterly* (February), 13–15.

Lewis, R.C and Roan, C.(1986) Selling what you promote. *Cornell HRA Quarterly* (May), 13–15.

Lickorish, L.J.(1972) Forecasting in tourism. *Tourist Review* 27(1), 28–30.

Lockwood, A. and Jones, P.(1989) Creating positive service encounters. *Cornell HRA Quarterly* (February), 44–50.

Lovelock, C.H.(1988) *Managing Services* – Marketing, Operations and Human Resources. Englewood Cliffs, NJ: Prentice Hall.

Louviere, J.J. and Woodworth, G.(1983) Design and analysis of simulate consumer choice or allocation experiments. *Journal of Marketing Research* 20(4), 350–67.

MacCannell, D.(1992) *Empty Meeting Grounds: The Tourist Papers.* London: Routledge.

Mackay, K.J. and Crompton, J.L.(1988) A conception model of consumer evaluation of recreation service quality. *Leisure Studies* 7(1), 41–9.

Mahoney, E.M. and Warnell, G.R.(1986) *Tourism Marketing.* Extension Bulletin, Cooperative Extension Service, Michigan State University.

Maister, D.H. and Lovelock, C.H.(1982) Managing facilitate services. *Sloan Management Review* (Summer), 19–31.

Mann, G.(1981) Tourist motivation: An appraisal. *Annals of Tourism Research* 8(2), 187–219.

Mathieson, A. and Wall, G.(1982) *Tourism – Economic, Physical and social Impacts.* London: Longman.

Mazanec, J.A.(1986) Allocating an advertising budget to international travel markets. *Annals of Tourism Research* 14(4), 609–34.

McCleary, K.W.(1987) A frame work for national tourism marketing. *International Journal of Hospitality Management* 6(3), 169–75.

McCleary, K.W.(1987) Marketing the United States to foreign tourists: America's greatest challenge. *Hospitality Education and Research Journal* 11(2), 223–31.

McDougall, G.H.G.(1986) Products and services: Some insights into consumer decision making. *ASAC Conference* (pp. 212-21). British Columbia: Whistler.

Mcguire, F. *et al.*(1988) Attracting the older traveler. *Tourism Management* 9(2), 161-4.

McNaughton, R.W.(1981) How to develop a positioning strategy on a small restaurant's budget. *Cornell HRA Quarterly* (February), 10-14.

McNulty, R. and Penne, L.(1984) *Economics of Amenity.* Washington, DC: Partners for Livable Places.

McQueen, I. and Miller, K.E.(1985) Target market selection of tourists: A comparison of approaches. *Journal of Travel Research* 24(1), 2-6.

Medik, S.(1991) *Managing Tourism.* Oxford: Butterworth-Heinemann.

Mercer, J.A.T.(1985) Product life cycles of the windsurfer market. *European Journal of Marketing* 19(4), 13-22.

Merlo, L.(1985) Marketing adaption to the changing in tourist behaviour. *Trends of Tourism Demand* 35, 103-7. (The AIEST Conference)

Meryer, R.J.(1981) A model of multiattribute judgement under attribute uncertainty and informational constraint. *Journal of Marketing Research* 28(4), 428-41.

Middleton, V.(1988) *Marketing in Travel and Tourism.* Oxford: Butterworth Heinemann.

Mill, R.C. and Morrison, A.M.(1985) The Tourism system: *An Introductory Text*: New York: Prentice Hall.

Miller, J.(1987) *Menu Pricing and Strategy* (2nd edn). New York: Van Nostrnad.

Mills, P.K.(1986) *Managing Service Industries: Organizational Practices in a Post Industrial Economy.* Cambridge, MA: Balinger.

Moller, K.E.K. *et al.*(1985) Segmenting hotel business customers: A benefit clustering approach. In T. Blah *et al.*(eds) *Services Marketing in a Changing Environment.* Chicago: American Marketing Association.

Moores, B.(ed.)(1986) *Are They Being Served? Quality Consciousness in Service Industries. Oxford*: Philip Allan,.

Morrison, A.M.(1989) *Hospitality and Travel Marketing.* Albany, New York: Delma Publishers Inc.

Mountho, L.(1987) Consumer behaviour in tourism. *European Journal of Marketing* 21(10), Whole Issue.

Mountho, L.(ed.)(2000) *Strategic Management in Tourism.* Wallingford: CAB International.

Mountho, L., Rita, P. and Curry, B.(1996) *Expert systems in Tourism Marketing.* London: Routledge.

Murpy, P.E.(1985) *Tourism - A Community Approach.* New York: Methuen.

Nickels, C.M. and Snepenger, D.J.(1988) Family decision making and tourism behavior and attitudes. *Journal of Travel Research* 26(4), 29–37.

Nord, D.C.(1986) Canada perceived: the impact of Canadian tourism advertising in the United States. *Journal of American Culture* 9(1), 23–30.

Norman, R.(1984) *Service Management: Strategy and Leadership in Service Business.* Chichester: John Wiley and Sons.

NTA(National Tour Association)(1987) *Partners in Profit: An Introduction to Group Travel Marketing.* Kentucky: Lexington.

Nykiel, R.A.(1983) *Marketing in the Hospitality Industry.* Boston CBI Publishing.

Orenstein, E. and Nunn, A.(1980) *The Marketing of Leisure.* London: Associated Business Press.

Otto, J.E. and Ritchi, Brent J.R.(1996) The service experience in tourism. *Tourism Management* 17(3), 165–74.

Patten, S.G.(1986) Factory outlets and travel industry development: The case of Reading, Pennsylvania. *Journal of Travel Research* 25(1), 10–17.

Pearce, J.A. and Robinson, R.B.(1982) *Strategic Management: Strategy Formulation and Implementation.* Homewood, IL: Richard D. Irwin.

Pearce, P.(1980) A favorability–satisfaction model of tourists' evaluations. *Journal of Travel Research* 19(1), 13–17.

Phelps, A.(1986) Holiday destination image – the problem of assessment. An example developed on Menorca. *Tourism Management* 7(3), 163–80.

Pickens, C.W. and Shanklin, C.W.(1985) State of the art in marketing hospital foodservice departments. *Journal of the American Dietetic Association* 85(11), 1474–8.

Pickworth, J.(1988) Service delivery systems in the food service industry. *International Journal of Hospitality Management* 7(1), 43–62.

Pickworth, J. and Pickworth, B.(1984) *An Annotated Bibliography of Food Service Articles in the Journal of American Dietetic Association from* 1965–1983. Chicago: American Dietetic Association.

Pillbury, R.(1987) From Hamburger Alley yo Hedgerose Heights: Toward a model of restaurant location dynamics, *The Canadian Geographer* 39(3), 326–44.

Pine, B.J. and Gilmore, J.H.(1998) *The Experience Economy.* Boston: Harvard Business School Press.

Piore, M. and Sabel, C.(1984) *The Second industrial Divide.* New York: Basic Books.

Pizm, A. *et al.*(1978) Dimensions of tourist satisfaction with a destination area. Journal of Tourism Research 5(3), 314–22.

Pritchard, G.(1982) Tourism Promotion: big business for the States. *Cornell HRA Quarterly* 23(2), 48–52.

Raaij, W.F. Van and Crotts, A.(1994) Introduction: The economic psychology of travel and tourism. *The Economic Psychology of Travel and Tourism.* New York: Haworth.

Rao, C.P. and Ovmil, A.B.(1988) Some critical distribution problems in services marketing. *International Conference on Services Marketing* (Vol. 5). Cleveland, OH: Cleveland State University.

Rathmell, J.M.(1974) *Marketing in the Service Sector.* Cambridge, M.A.: Winthrop Publishers.

Regan, C.(1987) Promoting nutrition in commercial foodservice establishments: A realistic approach. *Journal of the American Dietic Association* 87(4), 486–8.

Reid, R.D.(1983) *Foodservice and Restaurant Marketing.* Boston: CBI Publishing.

Reilley, R.T.(1980) *Travel and Tourism, Marketing Techniques.* Wheaton, IL: Merton House Publishing.

Renaghan, L.M.(1981) New marketing mix for the hospitality industry. *Cornell HRA Quarterly* (August), 30–5.

Renaghan, L.M. and Kaye, M.(1987) What meeting planners want: The conjoint analysis approach, *Cornell HRA Quarterly* (May), 67–76.

Rifkin, J.(2000) The age of access. *The New Culture of Hypercapitalism Where All of Life is a Paid–For Experience.* New York: Putnam.

Richards, G.(1996) The policy context of cultural tourism. In G. Richards(ed.) *Cultural Tourism in Europe* (p. 103). Oxon: CAB International.

Riely, C.(1983) The contribution of research to new product development in package tour operating. In Seminar on the Importance of Research in the Tourism Industry (pp. 135–47). Esomar.

Ritchie, J.R.B.(1987) Tourism marketing and the Quality–of–life. In A,C,Samli(ed.) *Marketing and the Quality–of–Life Interface.* New York: Quorum Books.

Ritchie, J.R.B.(1988) Consensus policy in tourism: Measuring residence views via survey research. *Tourism Management* 9(3), 119–22.

Ritchie, J.R.B.(1991) Global tourism policy issues: An agenda for 1990s. In D.E. Hwwkins, J.T.B. Ritchie, F. Go and D. Frechtling(eds) *World Travel and Tourism Review Indicators, Trends and Forecasts* (Vol.1) (pp. 149–58). Oxon: CAB International.

Ritchie, J.R.B.(1996) Beacons of light in an expanding universe: An assessment of the state of the art in tourism marketing/marketing research. *Journal of Travel & Tourism Marketing* 5(4), 49–84.

Ritchie, J.R.B. and Goeldner, C.R.(1987) *Travel Tourism and Hospitality Research: A Handbook for Managers and Researchers.* New York: Wiley.

Ritchie, J.R.B. and Sheridan, M.(1988) Developing an intergrated framework for tourism demand data in Canada. *Journal of Travel Research* 27(1), 3–9.

Ritchie, J.R.B. and Zins, M.(1978) Culture as determinant of the attractiveness of a region. *Annals of Tourism Research* 5(2), 252–67.

Ross, G.F.(1993) Service Quality and management: The perceptions of hospitality employees. *Journal of Tourism Studies* 4(2), 12–23.

Rovelstad, J.M. and Blazer, S.R.(1983) Research and strategic. marketing in tourism: A status report. *Journal of Travel Research* 22(2), 2–7.

Ryan, C.(1997) *The Tourist Experience: A New Introduction.* London: Cassell.

Sasser, W.E., Morgan, I.P.(1977) The Bermuda Triangle of food service chains. *Cornell HRA Quarterly* (February), 56–61.

Sasser, W.E., Olsen, R.P. and Wyckoff, P.D.(1978) *Management of Service Operations: Text, Casese and Readings.* Boston: Allyn and Bacon.

Schmidhauser, H.P.(1962) *Markelforschung im Fremenverkehrsverband.* Bern: Lang.

Schmoll, G.A.(1977) *Tourism Promotion.* London: Tourism International Press.

Seaburg, A.G.(1973) *Menu Design, Merchandising and Marketing* (2nd edn). Boston: CBI Publishing.

Selin, S.(2000) Developing a typology of sustainable tourism partnerships. *Journal of Sustainable Tourism* 7 (3,4), 260–73.

Shames, G.W. and Glover, G.(1989) *World Class Service.* Yarmouth, Maine: Intercultural Press.

Shanklin, C.W. *et al.*(1987) Marketing in school food–service – bibliography. *School Food Service Research Review* 11(2), 120–6.

Sheldon, P.J. and Mak, J.(1987) The demand for package tours: A mode choice model. *Journal of Travel Research* 24(4), 2–11.

Sheldon, P.J.(1993) Destination information systems. *Annals of Tourism Research* 20(4), 633–49.

Sheldon, P.J.(1997) *Tourism Information Technology.* Walligford: CAB International.

Shoemaker, S.(1984) Marketing to older travelers. *Cornell HRA Quarterly* September, 84–91.

Shostack, L.(1977) Breaking free from product marketing. *Journal of Travel Marketing* 41(4), 75–80.

Shostack, L.(1987) Service positioning through structural change. *Journal of Marketing* (January), 34–43.

Silberman, J. and Klock, M.(1986) An alternative to conversion studies for Marketing the impact of travel ads. *Journal of Travel Research* 24(2), 12–16.

Smith, S.L.G.(1983) *Recreation Geography.* London: Longman.

Smith, S.L.G.(1985) Location patterns of urban restaurants. *Annals of Tourism Research* 12(4),581–602.

Smith, S.L.G.(1986) Population threshold and capacity in tourism and hospitality industry: Analysis of specialty urban restaurants. *Journal of Travel Research* 24, 29.

Smith, S.L.G.(1989) *Tourism Analysis – A Handbook.* Harlow: Longman.

Smith, V.(ed)(1977) *Hosts and Guests: The Anthropology of Tourism.* Philadelphia: University of Pennsylvania.

Snepenger, D.J.(1987) Segmenting the vacation market by novelty–seeking role. *Journal of Travel Research* 26(2), 8–14.

Speelman, N.(1992) *Regional Tourism and Recreation Marketing: Theory and Practice.* Den Haag Stichting Recreatie Projection.

Squire, S.J.(1988) Wordsworth and Lake District tourism: Romantic reshaping of landscape. *Canadian Geographer* 32(3), 237–47.

Stabler, M.J.(ed.)(1997) *Tourism Sustainability Principles and Practice.* Wallingford: CAB International.

Stein, B.(1971) *Marketing in Action for Hotels, Motels and Restaurants.* New York: Ahrens Publishing.

Stringer, P.F.(1981) Hosts and guests: The bed–and–breakfast phenomenon. *Annals of Tourism Research* 8(3), 357–76.

Summer, J.R.(1982) *Improve Your Marketing Techniques: A Guide For Hotel Managers and Caters.* Sussex, UK: Northwood Publications.

Swan, J.E. *et al.*(1981) Effect of participation in marketing research on consumer attitudes toward research and satisfaction with a service. *Journal of Marketing Research* 28(3), 356–63.

Swinyard, W.(1977) A research approach to restaurant marketing. *Cornell HRA Quarterly* (February), 62–5.

Swinyard, W.R. and Struman, K.D.(1986) Market segmentation: Finding the heart of your restaurant market. *Cornell HRA Quarterly* (May), 89–96.

Tayor, D.(1981) *How To Sell Banquets–The Key to Conference and Function Promotion* (2nd edn). Boston: CBI.

Taylor, P. and C. Gratton(1988) The Olympic Games: An economic analysis. *Leisure Management* 8(3), 32–4.

Teare, R., Mountinho, and Morgan, N.(1990) *Managing and Marketing Services in the 1990s.* London: Cassell.

Teare, R., Bowen, J. and Hing, N.(1998) *New Directions in Hospitality and Tourism: A Worldwide Review.* London: Cassell.

Teare, R. and Calder, S.(1996) *Consumer Marketing: A Resource–Based Approach for the Hospitality and Tourism Industries.* London: Cassell.

Theobald, W.(1994) *Global Tourism: The Next Decade.* Oxford: Butterworth–Heinemann.

Theuns, H.L.(1989) Multidisciplinary focus on leisure and tourism. *Annals of Tourism Research* 16(1), 189–204.

Thomas, D.(1978) Strategy is different in service business. *Harvard Business Review*

(July–August), 58–65.

Thurot, J.M. and Thurot, G.(1983) The ideology of class and tourism: Confronting the discourse of advertising. *Annals of Tourism Research* 10(1), 173–89.

Tighe, A.S.(1985) Cultural tourism in the USA. *Tourism Management* (Winter), 235–51.

Tinsley, H. and Kass, R.A.(1977) Leisure activities and need satisfaction. *Journal of Leisure Research* 9, 110–20.

Torkildsen, G.(1999) *Leisure and Recreation Management* (3rd edn). London: Spon.

Tremblay, P.(1998) The economic organization of tourism. *Annals of tourism research* 25(4), 837–59.

Tribe, J.(2000) *Environmental Management for Rural Tourism and Recreation.* London: Casseell.

Uysal, M. and Crompton, J.L.(1985) An overview of approaches used to forecast tourist demand. *Journal of Travel Research* 23(4), 7–15.

Uysal, N.(1986) Marketing for tourism – A growing field. *Parks and Recreation,* USA 21(10), 57–61.

Uysal. M. and Fesenmaier, D.R.(1993) *Communication and Channel Systems on Tourism Marketing.* New York: Hayworth Press.

Uzzell, D.(1984) An Alternative structuralist approach to the psychology of tourism marketing. *Annals of Tourism Research* 11(1), 79–99.

Van Doren, C.S. and Lollar, S.A.(1985) The consequences of forty years of tourism growth. *Annals of Tourism Research* 12, 467–89.

Var, T. *et al.*(1977) Determination of touristic attractive of the touristic areas in British Columbia, *Journal of Travel Research* 15(3), 23–9.

Vellas, F. and Becherel, L.(1995) *International Tourism.* Houndsmills: Palgrave.

Vellas, F. and Becherel, L. (1999) *The International Marketing of Travel and Tourism:* A Strategic Approach. Basingstoke: Macmillan.

Wahab, S.(1976) Tourism Marketing – A Destination Oriented Programme for the Marketing of International Tourism, London: Tourism International Press.

Wahab, S. and Cooper, C.(2001) *Tourism in the Age of Globalisation.* London: Routledge.

Wahab, S. and Pigram, J.J.(1997) *Tourism Development and Growth: The Challenge of Sustainability.* London: Routledge.

Wall, G. *et al.*(1985) Point patterns analysis of accommodation in Toronto. *Annals of Tourism Research* 12(4), 603–18.

Weaver, P.A. and Mccleary, K.W.(1984) A market segmentation study to determine the appropriate and/model format for travel advertising. *Journal of Travel Research* 23(1), 12–16.

Webster(1999) The media reader: Community and transformation. In H. Mackay and T. O'Sullivan(eds) *What Information Society*. London: Sage.

WEe, C.H. *et al.*(1986) Temporal and regional differences in images of a tourist destination: Implication for promotes of tourism. *Service Industries Journal* 6(1), 104-44.

Welch, J.L.(1985) Focus groups for restaurant research. *Cornell HRA Quarterly* (August), 75-85.

Wilson, I.(1988) Competitive strategies for service business. *Long Range Planning* 21(6), 10-12.

Wilensky, L. and Buttle, F.(1988) A multivariate analysis of hotel benefit bundles and choice trade-offs. *International Journal of Hospitality Management* 7(1), 29-41.

Witham, G.(1985) Hotel companies aim for multiple markets: The current proliferation of brand names to an effort by hotels to become. *Cornell HRA Quarterly* (November), 39.

Witt, S.F. and Martin, C.A.(1987) Econometric models for forecasting international tourism demand. *Journal of Travel Research* 25(3), 23-30.

Witt, S.F. and Moutunho, L.(1989) *Tourism Marketing and Management Handbook*. New York: Prentice Hall.

Witt, S.F., Brooke, M.Z. and Buckley P.J.(1991) *The Management of International Tourism*. London: Unwin.

Witt, C.A. and Muhlemann, A.P.(1994) The implementation of total quality management in tourism: Some guidelines. *Tourism Management* 15(6), 416-24.

Wolf, M.J.(1999) *The Entertainment Economy*: How Maga-Forces are Transforming our Lives, new York: Random House.

Wolf, S. and Latane, B.(1983) Majority and minority influence on restaurant preferences. *Journal of Personality and Social Psychology* 45(2), 282-92.

Wood, R.(1999) Traditional and alternative research philosophies. In R. Brotherton(ed.) *The Handbook of Contemporary Hospitality Management Research* (pp. 3-18), Chicester.: Wiley.

Woodside, A.G.(1984) Hoe serious is non-response bias in advertising conversion research? *Journal of Travel Research* 22(4), 34-7.

Woodside, A.G. and Jacobs, L.W.(1985) Step two in benefit segmentation: Learning the benefits realized by major travel markets. *Journal of Travel Research* 24(1), 7-13.

Woodside, A.G. and Jeffrey, A.(1988) Consumer decision making and competitive marketing strategies: Applications for tourism planning. *Journal of Travel Research* 26(3), 2-7.

Woodside, A.G. and Motes, W.H.(1981) Sensitivity of market segments to separate advertising strategies. *Journal of Marketing* 16(1), 63–73.

Woodside, A.G. and Sherrel, D.(1977) Traveller evoked, inept and inert sets of vacation destinations. *Journal of Travel Research* 16(2), 14–18.

Woodside, A.G. *et al.*(1987) Profiling the heavy traveller segment. *Journal of Travel Research* 25(4), 9–14.

Woodside, A.G. and M.Y. Sakai(2001) Meta-evaluations of performance audits of government tourism-marketing programs. *Journal of Travel Research* 39(4), 369–79.

Wyckoff, D.D. and Sasser, W.E.(1978) *The Chain-Restaurant Industry*, Vol.2. Lexington, MA: Lexington Books.

Yaman, H.R. and R.N. Shaw(1998) Assessing marketing research use in tourism with the USER instrument. *Journal of Travel Research* 36(3), 70–8.

Yesawich, P.C.(1977) Know your prime prospects: Marketing research for the lodging industry. *Cornell HRA Quarterly* (February), 11–16.

Yesawich, P.C.(1978) Post-opening marketing analysis for hotels. *Cornell HRA Quarterly* (November), 70–81.

Yesawich, P.C.(1979) The execution and measurement of a marketing program. *Cornell HRA Quarterly* (May), 41–52.

Yesawich, P.C.(1980) Marketing in the 1980s. *Cornell HRA Quarterly* (February), 35–8.

Yesawich, P.C.(1981) Marketing in an inflationary economy. *Cornell HRA Quarterly* (February), 35–8.

Yesawich, P.C.(1984) A market-based approach to forecasting. *Cornell HRA Quarterly* (November), 47–53.

Yesawich, P.C.(1987) Hospitality marketing for the 90s: Effective marketing research. *Cornell HRA Quarterly* (May), 48–57.

Yesawich, P.C.(1988) Planning: The second step in market development. *Cornell HRA Quarterly* (February), 71–81.

Yuan, Y. and Fesenmaier, D.(2000) Preparing for the new economy: The use of the internet and intranet in American convention and visitor bureaus. *Information Technology and Tourism* 3(2), 71–86.

제 7 장

포괄적 인적자원 계획:

작은 섬의 지속가능한 관광을 위한 필수 요소

Comprehensive Human Resource Planning: An Essential Key to Sustainable Tourism in Small Island Settings

마이클 콜린(MICHAEL V. CONLIN)
톰 바움(TOM BAUM)

서 문 Introduction

지속가능성(sustainability)의 개념은 1960년대에 걸출하게 성장한 환경운동에 기원을 두고 있으며, 현재는 대부분의 사업 영역에서 주류를 형성하고 있다. 지속가능성은 본질적으로 경제발전의 무분별한 확장에 대한 하나의 주변 항의(fringe protest)로 시작되었으며, 물리적 환경에 대한 부정적인 영향은 관광뿐만 아니라 국가, 지역 및 지방단위에서 수립하는 많은 지역계획의 핵심적인 이슈가 되고 있다.

이러한 성장에 따라 지속가능한 관광정책의 입안과 실행에 대한 논쟁은 지난 10여 년 동안 상당히 숙고되었으며, 이에 대한 많은 문헌이 출판된 것은 계획가가 이것이 내포하는 함축적인 의미의 포괄적 관련성을 이해하기 시작하였다고 할 수 있다(McKercher, 1993). 지속가능성이 그 효과를 발휘할 수 있기 위해서는 단지 물리적 환경이 아니라 장소(place)를 가진 관광개발이 이루어지도록 전체 '환경'(overall environment)을 고려할 필요가 있다. 이 장에서는 성공적인 관광개발을 이끄는 데 결정적으로 중요한 전체 '환경'의 한 영역인 인적자원 개발 및 관리에 대해서 제안하고자 한다.

노동집약적인 산업으로 분류되는 관광의 성공을 위한 인적자원 개발의 중요성에 대한 연구는 1990년대 초반부터 설득력 있게 수행되어 왔다(Baum, 1992; Enz & Fulford, 1993). 관광의 인적자원은 숙박, 식음료, 교통 및 기타 부문으로 분류할 수 있다. 인적자원 영역의 연구는 보다 광범위한 관광환경에서 인적자원개발(human resource development: HRD)의 모든 영역을 통합하고자 하는 계획 모델의 개발을 포함하고 있다. 바움(Baum, 1995)의 연구는 관광에서의 인적자원 개발의 '전통적'(traditional) 접근방법에 대한 세부적인 비교와 대안적 지속가능한 모델을 자세하게 포함하고 있다(Amoah, 1999; Amoah and Baum, 1997). 또한 이 분야는 특정 국가나 지역에서의 사례연구를 통해서 발전되어 왔다(Jithendran & Baum, 2000). 이러한 논쟁은 관광산업의 다양한 부문에서 인적자원 관리가 생산성과 서비스 질의 수준에 미치는 영향에 대한 초점을 포함하고 있다. 이러한 강조는 관광산업이 점점 더 국제적으로 경쟁적이 되어가고 있다는 점에서 특히 중요하다(Baum, 1992; Colin, 1991; Goffe, 1993).

이 장에서는 섬(island)이라는 한정된 공간 내의 좁은 인적자원 개발계획의 관점과 이러한 맥락에서 증대되고 있는 산업의 지속가능성(Guthunz & von Krosigk, 1996)이라는 관점에서부터 성공적인 관광을 위한 인적자원의 중요성이라는 일반적인 주제에 접근한다. 이 장에서는 점점 더 강조되고 있는 합리성과 문화적으로 민감한 노동자의 활용에 대한 섬 관광의 특별한 사례에 대해서 언급할 것이다. 지속가능한 관광의 개념에 근원을 두는 인적자원 개발의 접근은 반드시 지속가능성을 필수적인 요소로 고려하여야 한다. 섬이라는 제한적인 환경의 인적자원을 위한 포괄적 계획을 무시한다면 말레이시아의 풀라우 랑카위(Pulau Langkawi)의 경험에서 나타나듯이 섬 공동체(island community)뿐만 아니라 지역산업(local industry)에도 심각한 결과를 초래할 것이다.

랑카위(Langkawi)에서 발생한 상황은 대부분의 지역주민이 새로 생겨난 수많은 직업을 떠맡는데 필요한 경험이나 기능을 지니고 있지 않다는 것이다. 교육훈련의 기회가 제공되지 않기 때문에 그곳의 사람은 청소부나 일반 노동자 같은 특별한 기능이 요구되지 않는 자리를 차지할 수 있을 뿐이었다. 일부 소수를 제외하고… 대부분의 섬 주민은 교류, 신용, 기업가로서의 자질, 사업 기회를 붙잡을 교육훈련과 동기가 결여되어 있는 상태이다. 또한 일부 지역에서는 문화적 그리고 종교적인 이유로 특정한 직업을 못하도록 말려지기도 하였다(Bird, 1989: 29).

흥미롭게도, 버드(Bird)는 의도하지 않았음에도 불구하고 게리어와 록우드(Guerrier & Lockwood, 1989)가 덮어버렸던 호텔산업의 중심(core)과 주변(peripheral) 업무의 역할에 대해 넌지시 언급하고 있다. 버드(Bird)의 관점에서 보면 지방 섬 주민은 주변의 일거리를 얻고 있으며, 이러한 직업은 가장 형편없는 보수가 주어지고 주기적으로 변동하는 수요에 가장 취약하다는 견해를 지니고 있음이 분명하다. 토착민에 대한 이러한 사회적 무시[천대]는 섬 관광사업 전체를 통틀어서 보면 비교적 일반적인 행동이다. 카리브해(Caribbean) 지역에서 관광산업은 젊은이를 끌어들여 직업(careers)을 개발시키는 데 많은 어려움을 겪었다(Charles, 1992; Conlin & Baum, 1995; Conlin & Titcombe, 1995). 또한 학문적으로도 관광은 직업을 개발시킬 만큼 높은 지위의 경제부문으로 보이지 않는다는 것은 확실하다(Airey & Frontists, 1997; Cooper & Shepherd, 1997). 비단 직업개발에 대한 이러한 견해가 섬의 경우에 있어서만 독특한 것은 아니지만, 이는 섬의 토착 인적자원 개발을 위한 도전을 복잡하게 한다.

관광산업은 선진국이나 개발도상국 모두에 있어서 일반적으로 주류의 직업 기회로 여겨지지는 않는다. 선진국에 있어서 관광산업은 지난 수십 년 동안 대부분 근무기간이 짧고 일시적이며, 금전적으로나 심리적으로도 만족스러운 것이 아닌 경제의 일부분으로 여겨져 왔다. 개발도상국에 있어서 다국적 운영자가 토착민을 보다 높은 수준의 관광산업의 직업을 갖기에는 능력이나 자격이 되지 않는 것으로 보는 관행으로 인해 상황은 더욱 심각하게 되었다. 그러므로 인적자원 개발에 대하여 우리의 개념은 전통적인 단기 근무(short-term)에 대해 반박과 보다 광의의 의미에서 지속가능성이란 의제를 다룰 수는 없었던 관광사업 내의 인적자원 계획 및 개발에 대해 조작적인 접근 방향을 모색하고자 하는 데 있다. 노동은 관광산업을 발전시키기 위한 노력으로 경제적·환경적인 측면에서 관광산업 그 자체를 지탱해낼 수 있는 하나의 필수적 지원 자원으로 여겨졌다. 이 장의 기본적인 이슈는 지방 섬 경제의 노동시장 내의 특성과 균형에 대한 개발의 영향을 인정하는 관광계획의 필요성이다. 레인(Lane, 1992)은 비지속적인 관광의 '비직업구조'(no career structure)와 '노동수입'(employees imported) 특성에 대비시켜 지속가능한 관광개발의 '직업구조'(career structure) 및 '현지 잠재력에 따르는 고용'(employment according to local potential)의 이슈를 다루고 있다. 인적자원 관점의 개발은 지금까지 그래왔던 단순히 그들 '내'(in them)가 아니라 섬 공동체'의'(of island community) 것이 되어야 한다.

지속가능성의 개념 The Concept of Sustainability

이미 언급한 바와 같이, 관광에 있어서 지속가능한 개발의 근원은 물리적 환경에 대한 관심에서 찾아볼 수 있다. 이러한 관심은 1970년대에 관광목적지의 문화와 토착민에 대한 관광의 부정적 영향을 포함하여 그 범위를 넓혀왔다. 1975년으로 거슬러 올라가 카리브해 지역의 허용가능한 관광개발은 그 지역의 문화적, 사회적 측면에 대한 관광의 영향을 포함하기 시작했다(Jefferson, 1975). 버틀러(Butler, 1993: 137)가 관광개발의 사전 및 사후 영향평가에 대한 분석에서 거론하고 있듯이: '환경영향평가… 및 사회영향평가 둘 다를 함축적으로 포함하는 영향평가를 보는 것은 이제는 흔한 일이다'. 문화적, 사회적 고려를 포함하는 지속가능성의 개념을 폭넓게 강조하는 것이 이제는 널리 받아들여지고 있으며, 이 개념의 기초적 구성요소가 되고 있다. 지속가능한 관광의 정의는 이러한 광의의 논점을 포함하여 많은 분야에서 널리 받아들여지고 있는 것이 분명하다. 1990년 밴쿠버(Vancouver)에서 열린 Globe '90 회의에서 마련된 '지속가능한 관광개발을 위한 행동전략'(Action Strategy for Sustainable Tourism Development)은 다음과 같이 언급하고 있다:

> 지속가능한 개발의 개념은 환경적·경제적 이슈와 정책 사이에 존재하는 상호의존성을 명확하게 인지하는 것이다. 지속가능한 개발은 인간의 기본적인 욕구를 충족시키도록 환경을 보호하고 강화하며, 현재와 미래 세대의 공평성을 향상시키며, 모든 사람의 삶의 질을 증진시키는 것을 목적으로 한다(Action Strategy, 1990: 1).

이 중요한 정의에서 인간의 욕구, 공평성과 삶의 질에 대한 언급은 지속가능성이 물리적인 환경의 범위를 넘어서는 광범위한 개념이라는 증거이다.

브람웰과 레인(Bramwell & Lane, 1993: 2)은 다음과 같이 언급하고 있다.

> 지속가능한 관광은 관광산업, 방문객, 환경 및 휴가객을 받아들이는 지역사회 사이의 복잡한 상호작용에 의해 창출되는 긴장과 마찰을 감소시켜 주는 의도된 긍정적인 접근방법으로 표현된다. 이는 자연 및 인적자원의 질과 생존력을 보다 높일 수 있도록 노력하는 것 등을 포함하는 접근방식이다.

그럼에도 불구하고, 지텐드란과 바움(Jithendran & Baum, 2000: 404)은 지속가능성의 개념 및 실행은 '반박과 논쟁으로 엉망진창으로 되고 있다'고 언급하고 있다. 아론슨(Aronsson)은 '두 가지의 역설적인 측면으로 보이는 것들, 즉 보존(preservation)과 개발(development)'을 주목하는 반면 다른 학자(MacLellan, 1997; Wall, 1997)는 하나의 개념으로서의 지속가능성이 생태라벨링(eco-labelling)과 생태판매(eco-selling)를 통해 관광산업에 의하여 강요되어 왔던 것은 아닌지에 대해 의문을 제기하고 있다. 버틀러(Butler)의 경우 있는 그대로의 사례를 들어 보이고 있다.

> 비평을 받는 것은… 차라리 시도를 하지 말았더라면 더 좋았거나 아니면 통제와 관리가 이루어진다는 조건 하에서만 허용이 되었어야 했을 영역으로 관광산업을 끌어들이는 변명거리로서 너무 자주 쓰이는 생태관광이라는 형태를 통하여 환경을 보존하게 된다는 것이 거만한 행위인 위선과 형식적인 말투로써 비난받고 있는 것이다. 대부분의 모든 형태의 행위에 대해서는 통제가 가해지게 되지만, 관광산업은 실제 프로젝트의 건설과 적절한 노동 및 안전법규에 부가되는 통제를 넘어서서 그로부터 벗어나는 것처럼 보이는 것이 다반사인 행위에 해당한다. 녹색 현수막을 사용하고 지속가능한 개발

의 개념을 사용하지 않게 된다면 그것은 또한 '적절한'(appropriate) 관광으로 말하는 데 별반 도움이 될 것 같지는 않는다(Butler 1996: 13).

브람웰과 레인(Bramwell & Lane)의 정의는 장기적인 전망과 인적자원의 질에 대한 관심의 필요성에 대해서 강조하고 있으므로 주목할 만하다. 이는 인적자원을 지속가능한 관광철학의 테두리 내에 포함시켜야 하는 필요성을 분명히 강조하고 있다. 지속가능한 관광계획의 정의에 대한 주문으로서 인스킵(Inskeep, 1991: 461)은 지속가능한 관광개발을 위한 행동전략에 있어서의 관광산업에 적용될 개념의 목적을 열거하고 있다.

(1) 관광이 환경과 경제에 상당부분 기여할 수 있다는 사실에 대한 인식과 이해를 발전시킬 것
(2) 개발의 공평성을 촉진할 것
(3) 주인 지역사회(host community)의 삶의 질을 향상시킬 것
(4) 방문객에게 고품질의 경험을 제공할 것
(5) 앞서 말한 목표를 지키기 위한 환경의 질을 유지할 것

이들 목적 중 최소 3가지는 관광목적지의 포괄적 인적자원 개발의 중요성을 포함하고 있는 것이 명확하다. 공평성의 개념은 토착민에게 충분히 기여하지 않는 관광개발을 배제하기 위한 것이다. 이것은 의도된 전략의 개념이 아니고 - 미래 세대 관광객과의 공평한 관계와 관련된 것이다 - 이는 관련성이 적지 않으며, 아마도 더욱 중요하게 다루어질 것이다. 지역사회의 삶의 질은 지역주민의 고용 유형과 분명한 상관관계가 있다. 이 장의 도입부에서 언급한 바와 같이, 인적자원 구성요소는 관광상품의 품질에 있어서 결정적 요소라고 주장할 수 있다. 이들 3가지 목적에 추가하여, 관광개발 계획에 있어서 포괄적 인적자원 개발요소가 지역 주민에게 관광산업을 보다 높은 수준으로 인식하고 수용하는 데 기여하게 될 것이라고 주장할 수도 있다. 이와 같은 사례에서, 첫 번째 목적 또한 섬 환경에서 인적자원의 포괄적 개발과 관련시켜 볼 수가 있을 것이다.

관광계획 과정에 토착민을 포함시키는 사례는 지난 수십 년에 걸쳐 아주 설득력 있게 다루어져 왔다(Murphy, 1983). 하지만, 지역주민을 포함시키는 전략의 상당부분은 우선적으로 관광의 성공을 보장하기 위하여 지방 지역사회 내에 관광의 중요성에 동정적 이해를 이끌어내기 위해 계획되어 왔다(Inskeep, 1991; Lane, 1992; Murphy, 1983). 머피(Murphy, 1983: 118)는 다음과 같이 언급하고 있다.

> '환대'사업(hospitality business)이라고 일컬어진 산업은 그 상품계획 및 마케팅 전략이 지역주민의 질 나쁜 서비스와 적대적 응대로 인하여 무용지물이 되고 마는 경우가 생길 수 있다.

머피(Murphy)는 관광개발에 사람을 참여시키는 전통적인 관점, 즉 마케팅 및 재정적인 고려사항과 주로 관련이 있는 이른바 '결산합계'(bottom-line) 운영기법을 단순히 확인하기만 한 것처럼 보인다.

사실, 직접적으로 지방 지역사회에 긍정적인 영향을 미치는 고용의 형태와 직업개발은 주변적인 것처럼 보인다. 위에서 다룬 정의와 목적을 제공하였던 '지속가능한 관광개발을 위한 행동전략'이 정부, 국가관광기구(NTOs), 국제기구, 관광산업 및 개인 관광객에게 제공한 41개 특별행동 권고사항 어디에서도 결코 고용을 언급하고 있지 않다. 관광자각 프로그램(tourism awareness programmes)과 관련이 있는 것 이외에는 어떠한 교육이나 훈련 활동에 대한 권고 요청도 하고 있지 않다(Action Strategy Committee, 1990). 트리니다드 토바고(Trinidad and Tobago)의 개발계획처럼 고용을 고려사항으로 입안되는 경우에도 관광산업을 위한 교육 및 훈련을 제공해야 하는 필요성에 대해서만 제한적으로 언급하고 있는 실정이다(Williams, 1993).

관광계획에 있어서 지역사회의 참여(involvement, 관여)에 관한 대부분의 논의는 현지 이해의 함유가 지역주민을 위한 완전고용과 직업개발 기회를 의미한다는 것을 보장하는 메커니즘에 대한 효과적 요구를 제공하는 데는 미흡하다. 오늘날에 이르기까지, 특히 하위수준의 기술과 능력 개발을 위한 토착민에 대한 교육훈련 기회를 보다 높여줄 필요성을 강조하고 있다(Mathiesen & Wall, 1990). 이는 전통적으로 미천하고 품위가 떨어진 것으로 보이는 일에 '전문가주의'(professionalism)의 의식을 고취시키기 위해 가능한 전략으로, 지역을 관광산업의 테두리에 통합시키는 가장 효과적인 수단인 것처럼 보인다(Burns, 1994). 반면에 기술과 능력을 습득하기 위한 수단을 제공하는 것이 관광산업에 지역주민을 참여시키는 데 있어서 긍정적인 단계가 되는 것은 아니라고 어느 누구도 주장하지는 않겠지만, 일종의 전략으로 볼 때, 이는 관광산업에 참여하는 토착민에 대한 문화적, 전통적 장벽을 완화시키는 것을 고려하고 있지는 못하고 있다. 버드(Bird)에 의해 이미 언급된 랑카위(Langkawi) 사례의 경우 이러한 다양한 이슈를 다루고 있다.

추가적인 관심사로, 외부 노동력을 사용하는 것은 작은 섬에서 관광에 의한 중요한 경제적 영향을 완화시켜 주는 요소 중의 하나로 입증되어 왔다(Fletcher & Snee, 1989). 만약 현지 노동자의 사용이 지방을 '주변'(peripheral) 직업으로 제한시키는 의미에서 차별적으로 보인다면, 이는 섬 전체의 경제적 발전에 긍정적인 힘이 되지는 않을 것 같다. 이는 고용을 유발시키기는 하겠지만, 항상 2류(second-class)의 사람을 위한 2류 산업으로 보일 것이다.

바움(Baum, 1992)은 인적자원 맥락에 있어서 특별한 중요성을 지니고 있는, 특히 개발도상국의 많은 섬 관광목적지의 특징 6가지를 정의하면서 부분적으로 이러한 문제를 제기하고 있다. 이들의 특징은 다음과 같이 요약할 수가 있다.

- 관광을 포함한 협소한 경제 부문에서의 높은 경제적 의존도
- 관광상품이 집중적이고 제한적이며, 일반적으로 역사적/문화적 본질보다 쾌락적
- 5성급 혹은 그에 준하는 상품등급에 대한 필연적인 요구를 수반하는 고비용의 국제관광에 포커스를 맞춤
- 숙련된 노동자로 한정하는 규정
- 관광을 위한 제한된 교육과 훈련의 제공

이들 외에 현재의 정황에서 다음의 항목을 추가할 수 있다.

- 지리학적 원격성
- 기술, 고용 및 직업 기회의 최대 개발을 요구하는 소규모 인구 기반
- 정치적 그리고 경제적인 편향성, 예고된 노동의 이동성에 대한 순응
- 문화적 내향성, 외부인에 대한 의심 그리고 심지어 적대감

실제적인 수준에 있어서, 이들 특성의 영향은 많은 방식에서 분명해질 수 있다. 첫째, 관광에 대한 경제적 의존성과 제한적 범위의 대안적 경제활동은 관광고용에 대한 수요의 주기적 변화의 효과가 지방경제 어느 곳에서도 충분히 흡수할 수 없다는 것을 의미하게 된다. 이는 세인트 루시아(St. Lucia)의 사례에서 분명하게 확인할 수 있는데, 그 곳에서 농업은 관광의 유일한 경제적 대안이었다. 둘째, 정치적인 편향성(political insularity)과 물리적 원격성(physical remoteness)은 종종 섬 지역주민이 지역 내의 어느 곳이든 이동함으로써 고용대안을 찾는 큰 대륙의 사람에게 제공되는 기회를 제한할 수도 있다. 예를 들어, 만약 세인트 키츠 네비스(St. Kitts Nevis)에 있는 호텔이 문을 닫게 될 경우, 직장을 잃은 지역 노동자가 지역 내의 어느 곳이든 일거리를 찾을 수 있는 여건은 이민정책과 관련된 정치적인 장벽, 여행 및 임시 거주에 대한 재정적인 제한 그리고 가족을 꾸려가야 하는 압박 등으로 난관에 봉착하게 될 것이다. 셋째, 작은 섬이라는 규모의 요인은 관광의 교육 및 훈련 기회가 지방에서는 가능하지 않게 할 것이고, 원격성으로 인하여 어느 곳이든 이를 제공하는 곳에 대한 접근성을 떨어뜨리게 될 것이다. 몰디브(Maldives)는 이러한 맥락에서 좋은 사례를 보여주고 있다. 넷째, 문화적 내향성(cultural intraversion)으로 인한 영향 혹은 섬의 문화적·역사적 독특성을 보호하고자 하는 욕구는 다른 곳에서부터 노동력을 도입하는 데 어느 정도는 장벽으로 작용하게 될 것인데, 이는 지역이나 국가적인 수준에서 잘 개발된 토지를 기반으로 연계된 큰 지역공동체에서는 그리 일반적이지 않을 것이다. 예를 들어, 아일랜드(Ireland)의 서쪽 해안에 떨어져 있는 아란(Aran) 섬의 경우 아일랜드어를 구사하는 지역공동

체가 있으며, 많은 측면에서 전통적 문화가치를 따르고 있다. 필연적으로 이 섬의 관광자원 개발은, 특히 계절적 기반의 문화적 언어적 배경이 동일하지 않은 노동력을 수입하게 될 것이다. 킨 등(Keane *et al.*, 1992)은 아란(Aran) 섬 관광의 지속가능성에 대한 사례에 대해 논의를 하였는데, 문화적 측면이 다른 의제보다 더 높았다.

부가적으로, 작은 섬에서 관광의 출현은 그들의 전통적인 고용유형을 붕괴시킬 수 있다.

> 카리브해(Caribbean) 지역의 대규모 관광개발은 거의 항상 노동자를 농업으로부터 농업에 손해가 되는 관광과 연계된 활동으로 이동하게 해왔다 … 만약 관광개발이 토지이용의 변화와 노동자를 농장으로부터 이동하게 하는 복합적인 효과를 통해서 농업부문의 붕괴를 가져오게 된다면, 관광으로부터 얻을 수 있는 점진적 혜택은 최소화될 것이고, 오히려 부정적이기까지 할 것이다(Jefferson, 1975: 63).

태국(Thailand)의 푸켓(Phuket)은 전통적으로 토착민의 식량수요를 충족시키는 데 있어서 자급자족을 하였던 곳이지만, 이제는 지역주민과 관광객의 소비를 위하여 쌀과 같은 식료품을 수입해야 한다. 따라서 한정된 섬의 노동시장 내에서의 전 인원을 배치하는 것은 그 섬의 경계를 넘어서는 영향을 가져올 수 있고, 해당 지역의 전체 경제손익표에 영향을 미칠 수 있다.

일반적으로 섬 관광은 본질상 계절적이다. 그러므로 관광산업에서 영구적인 정규직 고용은 항상 이루어질 수 있는 것은 아니다. 결과적으로, 하나의 섬에서 다른 장소로 일을 찾기 위한 관광노동의 계절적 이동은 종종 일어난다. 예를 들어, 그리스나 스페인의 섬에서 대륙으로, 그리고 유럽의 다른 도시지역으로, 그리고 아일랜드에서 영국과 독일로 노동자가 이주하는 것을 볼 수가 있다. 이러한 과정은 표면상으로는 양방향 모두에게 섬 관광산업의 노동수요를 반영하는 것으로 그 흐름이 균형을 이루고 있는 것 같아 보이지만, 정치적인 고려에 따라 허용되는 상황에서 어느 곳이든 영구적으로 정착을 하게 될 경우 섬으로서는 순손실을 초래할 수 있다. 이러한 노동력의 출혈은 처음에 토착민을 참여시키지 않는 것과 동일한 궁극적 효과를 가져와서 실제로 관광산업에 대한 토착민의 참여를 감소시키게 된다. 바움(Baum, 1993b)은 유럽의 맥락에서 이러한 주변(peripheral)으로부터 중심(core) 관광목적 지역으로의 이주 과정에 대한 일반적 논의를 제시하였다. 일반적으로 섬 관광은 적어도 숙박부문은 외국인이 소유하고 있다. 이는 항상 제기되는 문제로, 이 중 두 가지는 1975년 카리브 지역의 경우에서 규명한 바가 있다.

> 외국인 소유주는 자원의 집중을 대변하고, 관광지출의 어느 부분이든 지역에 대한 기여를 줄이고, 이들 작은 섬의 연결고리가 될 만한 사소한 가능성도 줄이고자 한다… 두 번째로, 관광이 유력한 경제활동인 앤티가(Antigua)와 바베이도스(Barbados) 섬의 경우, 이는 종속성(dependency), 단일문화(monoculture) 및 중앙/주변부(centre/periphery) 관계 같은 새로운 개념을 강화하고, 그렇게 함으로써 지적비평(intellectual criticism) 및 대중적 적대(popular hostility)의 전통을 계승하게 된다(Carrington & Blake, 1975: 32).

발리(Bali)에서 이와 관련된 실례를 볼 수 있는데, 쿠타(Kuta)와 사누르(Sanur) 같은 지역의 지방 사업에 미친 장기적 영향이나 국제적인 리조트인 누사두아(Nusa Dua)의 계속되는 개발을 모니터링하는 것은 흥미로울 것이다. 발리 섬의 전통적인 지방소유와 국제적 또는 적어도 발리인이 아닌 사람에 의한 최근의 투자유입 사이의 대조는 삭막한 것만은 아니며, 인적자원 측면의 지속가능성에 대한 고려에서 중요한 단서를 제공한다. 하지만, 게리어(Guerrier, 1993)는 현지 기업가정신 훈련을 통해 이러한 과정에 부분적으로 직면하도록 고안되어 발리에서 적용되었던 전략을 논의하였다.

이러한 섬의 특징이 근본적으로 관광 소세계(touristic microcosm)가 무엇인지를 형성한다. 이것은 결국 전체적으로 총관광경험(total touristic experience)에 대한 관점을 필요로 하는 결과가 된다. '결정적 순간'(moment of truth)에 대한 각각의 경험은 더 넓은 목적지에서보다 훨씬 더 강한 긍정적 또는 부정적 영향을 미치게 된다. 그러므로 인적자원의 역할은 양질의 관광경험 제공과 지역사회 전체의 성공에 있어서 핵심적 요소가 된다. 이러한 연계는 푼(Poon, 1993: 258; 제8장 참조)이 주장하는 것과 같이 항상 인식되는 것은 아니다:

노동력을 생산비용, 교체 가능한 품목, 비수기에 처분할 수 있는 품목, 의지만 있으면 고용하고 해고할 수 있는 품목으로 바라보는 전통적인 관점을 가진 산업에서 성공의 경쟁력 핵심은 노동자가 가지고 있다는 것은 역설적인 것처럼 보인다. 그럼에도 불구하고 디즈니랜드(Disneyland)에서부터 메리어트(Marriotts), 싱가포르 항공(Singapore Airlines)에 이르기까지 일단의 정점에 위치하고 있는 기업에게 있어서 인적자원의 질과 투자에 대한 끝없는 열정이 차별성을 만들어 왔다.

일반적으로, 섬 관광목적지는 구조적이고 광범위한 경제적 도전의 결과로 비교할만한 대륙의 지역과 불리한 입장에서 경쟁을 하게 된다. 하지만 이 경우에도 예외는 있는데, 앨랜드 제도(Aland Islands; Baum, 1999)와 아이스랜드(Iceland; Baum, 1999)가 이에 해당된다. 이렇게 추운지대에 위치한 두 섬의 관광부문 특성은 접근교통과 숙박을 포함하여 대부분의 관광자원이 지방소유, 통제 및 관리 하에 있다는 것이다. 이들 사례에서 예시된 관광산업의 구조는 그 위에 지방 자체적으로 통제되고 방향을 잡는 인적자원 환경을 위한 중요한 함축적 의미를 지니고 있다.

지속가능한 인적자원 의제 The Sustainable Human Resource Agenda

앞에서 섬이라는 환경에서 지속가능성이 중요하다는 것과 인적자원은 '지속가능한'(sustainable) 방식으로 개발될 필요가 있고, 그리고 현재의 관광개발 실행은 근본적으로 지속가능한 인적자원 개발을 의제로 다루지 못하고 있다는 것을 주장하였다. 그렇다면, 섬이라는 환경에서 인적자원의 지속가능한 개발을 확실하게 하기 위해 필요한 것은 무엇인가?

인적자원의 가치에 대한 인식
Recognition of the Value of Human Resources

공공부문 정책결정자 및 민간부문 의사결정자는 인적자원이 성공적인 관광

개발, 특히 지속가능한 개발에 있어서 필수적인 요소라는 것을 인식할 필요가 있다. 이것은 쉽지 않을 수 있다. 사실, 66개 국가의 관광행정 연구에서 놀랍게도 14개 국가는 인적자원에 관한 사안을 관심사로 다루지 않은 것으로 나타났다(Baum, 1994). 일부 국가관광기구(NTOs)의 경우 실제로 인적자원을 관심사로 다루지 않고 있는데, 이는 성공의 요건으로서 인적자원의 중요성에 대한 인식을 강화해야 할 필요가 있다는 것을 제시하고 있다(Baum, 1994).

인적자원은 관광개발을 위한 전체 계획의 일부이고, 주요 정책과 계획 의사결정이 이미 이루어진 이후에 운영상의 고려 사항이 아니라는 것이 필수적이다. 이미 계획이 완료된 이후에 인적자원 이슈를 포함시키는 것은 인적자원에 관한 공공정책 및 관리에 관한 사고의 기초적 변화를 유발해 내기가 어려워진다.

이러한 점에서 국제 자금기관이 유인(incentive)을 제공할 수도 있다. 일반적으로, 지원(aid)은 해당 프로젝트나 프로그램에 인적자원 요소에 대한 고려가 포함된 계획의 요구에 의해 이루어진다. 하지만 일부 경우에 있어서 이들 요구는 완전한 통합(full integration)을 유발시킬 수 있는 필수체계를 마련하지도 않고서 교육과 훈련 규정의 필요성을 강조하고 있다. 교육과 훈련 제공의 단순한 요청은 섬 지역에 존재할지도 모르는 문화적 장벽을 헤아리는 데 실패할 수도 있다.

인적자원 개발을 위한 공공정책 기초

Public Policy Foundations for Human Resources

인적자원 자체의 가치에 대한 인식은 충분하지 않다. 관광산업에서 지역주민을 최대로 확장할 수 있는 범위까지 포함시키고자 하는 제도적 틀은 가장 높은 수준에서 이러한 인식을 운용하는 것이 필수적이다. 이민정책 및 교육 분야는 이에 대한 좋은 사례를 제공한다.

이민정책은 일반적으로 상대방에 대한 훈련의 기회를 제공한다. 하지만, 이러한 규정은 통상적으로 숫자라는 약삭빠른 책략에 의해 족쇄로 묶여질 수 있고(Burns, 1994), 일반적으로 엄격하게 집행되지는 못한다. 이민규정의 균형 있는 접근이 필요한데, 이는 현지 주민이 능력에 기초하여 관광산업에서 적절한 역할을 하기 위한 정당한 수요, 관광상품의 생존력을 도모하기 위한 고용과 해고의 적법한 권리에 대한 균형 및 국가에 대한 경제적 기여의 지속가능성을 인식해야 한다. 이러한 균형을 유지하기 위해서는, 공공 및 민간부문 양쪽 역할의 본분에 대한 신뢰와 이해가 있어야 한다.

과거에는, 섬의 정부 및 행정기관은 현지 노동자의 활용과 성장을 촉진시키기 위하여 노동허가를 부여하는 데 의존하는 경향이 있었다. 이는 기껏 해봐야 부정적인 결과로 현지인을 함정에 빠뜨리는 대결 상황일 뿐이다. 이는 조작관행을 부추기도록 하고, 고용에 있어 부패관행의 가능성을 가져올 수 있다. 이는 섬 지역의 호텔산업에서 일반적인 사례로, 하위 및 관리직은 현지 주민에 의해 채워지는 반면 고위 경영진은 이주자로 구성 된다. 다국적 기업이 통상 이러한 관행을 가지는 것은 고위 관리직의 훈련을 위한 그들 자신의 정책과 관련이 있다. 그들은 서로 다른 특성을 가진 부서에서 단기간 근무와 같은 폭넓은 경험에 가치를 부여하고 있다. 이러한 관점에서 그들의 입장이 타당하다고 한다면, 재능 있는 현지 노동자가 해외로 소개되는 과정에 참여할 기회를 가질 수 있는 상호호혜의 추구는 섬에게 적절할 것이다. 번스(Burns, 1994)는 이주자에 의한 관리가 거의 이루어지지 않는 스리랑카(Sri Lanka)에서 이러한 과정에서 얻을 수 있는 이점에 대한 논의한 바 있다.

토착민을 고용하고 양성하는 것이 고용주와 크게는 섬 지역 지역사회 모두에게 폭 넓은 이익을 가져다준다는 것을 인식하는 것이 필요하다. 관광산업에 대한 이해가 크면 클수록 서비스 품질은 더욱 높아지고, 관광상품의 고유성은 높아지며, 낮은 인적자원 비용과 급여손실 감소 등 재정적인 혜택과 결합하여 부패의 가능성도 낮아지고, 특히 보다 높아진 관리수준으로 지역 고용 및 이주 노동력의 사용에 대한 관광산업의 전통적 접근방식의 변화가 정당화 한다. 이러한 접근은 현재 대부분의 섬 지역에서 사용하고 있는 제도화된 강압적 시스템에 반대되는 것으로서 지방의 인적자원 개발을 위한 합리적 기반을 제공할 수 있다.

통합 인적자원 정책구조의 필요성

The Need for Integrated Human Resource Policy Structures

관광개발 과정에서 인적자원 계획을 통합시키는 데 가장 큰 장애물은 공공 및 민간부문에 존재하는 분산된 책임감이다. 예를 들어, 인적자원에 대한 관심은 종종 내각(교육, 노동, 관광, 농업, 내무), 국가관광기구(NTOs)와 같은 정부 독립기관, 혹은 다양한 민간부문의 이해집단(호텔협회, 운영사, 상담사) 등의 여러 영역에 맡겨지기도 한다.

이러한 분업으로 인한 결과에 대응하기 위해서는, 섬 관광에 있어서 토착 인적자원의 개발에 대한 계획을 수립하는 종합과정이 필요하다. 바움(Baum, 1993a)은 위에서 언급된 많은 논의를 섬의 정황에 맞추어 쉽게 적용할 수 있는 종합모델 사례를 제시하였다. 이 모델은 다음과 같이 5가지 분야를 고려하고 있다.

- 관광환경
- 관광과 노동시장
- 관광과 교육
- 산업에 있어서의 인적자원 실제
- 관광과 지역사회 - 종합적이고 통합적이며 응집적인 방식으로

바움(Baum, 1993a: 240)이 말하길:

> 근본적으로 이 접근의 가치는… 관광에서 인적자원에 대한 관심과 관련하여 정책 수립과 국가, 지역 및 지방이 우선적으로 하여야 할 것을 설정하는 데 도움이 된다는 것이다. 이러한 접근은 그 폭의 수준에서 대부분의 관광환경에서 실행되었던 것과는 다르다. 이 접근은 관광에서 효과적인 인적자원 정책의 개발과 관리에 영향을 미치는 다양한 영향요소와 고려사항을 가능한 한 많이 통합시키도록 짜여 있다.

이와 같은 인적자원의 개발에 대한 통합적 접근의 사례를 카리브해(Caribbean)에서 찾아볼 수 있다. 여기에서, 공공 및 민간 부문은 관광산업에서 지역참여의 본질을 증진시키고자 협력하는 것을 보여주고 있다. 이는 이민정책과 같은 이슈와 관련된 지역 공공정책의 발의, 지역 및 국가 관광교육협의회 등과 같은 협력구조 및 과정의 계획과 설치, 그리고 국가예산에서 교육 및 훈련에 대한 우선정책을 사용하여 시도되어 왔다(Conlin, 1993).

결 론 Conclusion

본 장에서는 섬 관광의 인적자원 환경과 관련된 수많은 근본적인 이슈에 대해서 고찰해 보았다. 또한 관광산업에서 현지 지역주민을 통합할 수 있도록 공공정책의 틀을 조정하는 종합적 접근의 사용을 천거하였고, 이러한 통합을 이루기 위한 필요한 모델을 제시하였다. 이 장에서 주장된 인적자원 정책 및 실행에 대한 다양한 차원에서의 보다 세부적인 실증연구 및 사례연구가 요구된다.

비 고 Note

1. 처음 논문은 'Comprehensive human resource planning: An essential key to sustainable tourism in island settings' in Volume 6 of *Progress in Tourism, Recreation and Hospitality Management* (1994), pp. 259-70.

| 참고문헌 | References

Action Strategy Committe(1990) *An Action Strategy For Sustainable Tourism Development.* Tourism Stream, Action Strategy Committee, Globe '90 Conference, Vancouver, British Columbia, Canada, March.

Airey, D. ad Frontistis, A.(1997) Attitudes to careers in tourism: An Anglo-Greek comparison. *Tourism Management* 18(3), 149-58.

Amoah, V.(1999) Integrating tourism education policy. Unpublished PhD thesis, University of Buckingham.

Amoah, V. and Baum, T.(1997) Tourism education: Policy versus practice. *International Journal of Contemporary Hospitality Management* 9(1), 5-12.

Baum, T.(1992) Human resource: The unsung price-value issue. *In Proceedings of the First Island Tourism International Forum*(pp.249-56). Paget, Bermuda: Centre for Tourism Research and Innovation, Bermuda College.

Baum, T.(1993a) *Human Resource Issues In International Tourism.* Oxford: Butterworth-Heinemann.

Baum, T.(1993b) Human resource concerns in European tourism: Strategic response and the EC. *International Journal of Hospitality Management* 12(1), 77-88.

Baum, T.(1994) National tourism policies: Implementing the human resource dimension. *Tourism Management* 15(4).

Baum, T(1995) The role of the public section in the development and implementation of human resource policies in tourism. *Tourism Recreation Research* 20(2), 45-63.

Baum, T.(1999) The decline of the traditional North Atlantic fisheries and tourism's response. *Current Issues in Tourism* 2(1), 47-67.

Bird, B.(1989) *Langkawi from Mahsuri to Mahathir. Tourism For Whom?* Kuala Lumpur: INSAN.

Bramwell, W. and Lane, B.(1993) Sustainable tourism: An evolving global approach?' *Journal of Sustainable Tourism* 1(1), 1-5.

Burns, P.M.(1994) Sustaining tourism's workforce: Cultural and social-values perspectives with special reference to the role of expatriates. *Journal of Sustainable Tourism* 1(2), 14-19.

Butler, R.W.(1993) Pre-and post-impact assessment of tourism development. In G. Pearce and R.W. Butler(eds) *Tourism Research: Critiques and Challenges*(pp.112-34). London: Routledge.

Betler, R.W.(1996) Problems and possibilities of sustainable tourism: The case of the Shetland Islands. In L. Bruguglio, R. Betler, D. Harrison and W. Leal Filho(eds) *Sustainable Tourism in Islands and Small States: Case Studies*(pp.11-31). London:Pinter.

Carrington, E.W. and Blake, B.W.(1975) Tourism as a vehicle for Caribbean economic development. In *Caribbean Tourism*(pp.3–5). Caribbean Tourism Research Centre(now incorporated into the Caribbean Tourism Organisation).

Charles, K.(1992) Career influences, expectations and perceptions of Caribbean hospitality and tourism students: A Third World perspective. *Hospitality and Tourism Educator* 4(3), 9–14.

Conlin, M.V.(1991) Credible higher education in tourism: A Caribbean example. In *Tourism: Building Credibility for a Credible Industry.* Proceedings of the 22nd Annual Conference of the Travel and Tourism Association, Long Beach, 1991.

Conlin, M.V.(1993) The Caribbean. In T. Baum(ed.) *Human Resource Issues in International Tourism*(pp.147–60), Oxford: Butterworth–Heinemann.

Conlin, M.V. and Baum, T.(1995) Island tourism: An introduction. In M.V. Conlin and T. Baum(eds) *Island Tourism: Management Principles and Practice*(pp.3–13). Chichester: Wiley.

Conlin, M.V. and Titcombe, J.A.(1995) Human resources: A strategic imperative for Caribbean tourism. In M.V. Conlin and T. Baum(eds) *Island Tourism: Management Principles and Practice.* Chichester: Wiley.

Cooper, C. and Shepherd, R.(1997) The relationship between tourism education and the tourism industry: Implications for tourism education. *Tourism Recreation Research* 22(1), 34–47.

Enz, C.A. and Fulford, M.D.(1993) The impact of human resource management on organizational success: Suggestions for hospitality educators. *Hospitality and Tourism Educator* 5(2), 29–37.

Fletcher, J. and Snee, H.(1989) Tourism in the South Pacific islands. In C.P. Cooper(ed.) *Progress in Tourism, Recreation and Hospitality Management*(pp.67–79). Vol. 1, London: Belhaven.

Goffe, R.(1993) Managing for excellence in Caribbean hotels. In J.D. Gayle and J.N Goodrich(eds) *Tourism Marketing and Management in the Caribbean*(pp.102–13). London: Routledge.

Guerrier, Y. and Lockwood, A.(1989) Core and peripheral employees in hotel operations. *Personnel Review* 18(1), 9–15.

Guthunz, U. and Von Krosigk, K.(1996) Tourism development in small island states: From Mirab to Tourab. In L. Briguglio(ed.) *Sustainable Tourism in Islands and Small States:Issues and Policies* (pp.34–48). London: Pinter.

Hawkins, D.E.(1983) Global assessment of tourism policy: Process model. In D.G. Pearce and R.W. Butler(eds) *Tourism Research: Critiques and Challenges*(pp.167–78). London: Routledge.

Inskeep, F.(1991) *Tourism Planning.* Van Nostrand Reinhold, New York.

Jefferson, E.(1975) Some economic aspects of tourism. In *Caribbean Tourism*. Caribbean Tourism Research Centre(now incorporated into the Caribbean Tourism Organization).

Jithendran, K.J. and Baum, T.(2000) Human resource development and sustainability: The case of India. *International Journal of Tourism Research* 2(6), 403–36.

Keane, M.J., Brophy, P. and Cuddy, M.P.(1992) Strategic management of island tourism *Tourism Management* 13(4), 406–14.

Lane, B.(1992) *Sustainable Tourism*: A Philosophy. Rural Tourism Unit, Department of Continuing Education, University of Bristol.

Mathieson, A. and Wall, G.(1990) *Tourism: Economic, Physical and Social Impacts*, Harlow: Longman.

McKercher, R.(1993) The unrecognised threat to tourism: Can tourism survive 'sustainability'? *Tourism Management* 14(2), 131–6.

Murphy, P.(1983) *Tourism, A Community Approach*. New York: Methuen.

Poon, A.(1993) *Tourism, Technology and Competitive Strategies*. Wallingford: CABI.

Williams, G.(1993) Formulating tourism development strategy in Trinidad and Tobago. In J.D. Gayle and J.N. Goodrich(eds) *Tourism Marketing and Management in the Caribbean*(pp.76–81). London: Routledge.

제 8 장

'신관광'을 위한 경쟁 전략

Competitive Strategies for a 'New Tourism'

아울리나 푼(AULIANA POON)

서 문 Introduction

국제관광 부문은 매우 빠르고 급격하게 변화가 진행 중이다. 즉 새로운 산업인 '최상의 업무'(best practice)로 이동 중이다. 이 새로운 '최상의 업무'는 관광산업에 속해 있는 회사에게 많은 의미가 있다. 또한, 관광객의 달러에 의존하여 점차 성장하고 있는 아프리카(Africa), 아시아(Asia), 카리브해(Caribbean) 및 태평양(Pacific) 지역의 개발도상국에게는 중요한 결과를 가진다. 제8장에서는 국제 관광산업이 대량, 표준화 및 엄격하게 패키지화된 형태에서 유연화, 세분화 및 사선적 통합의 새로운 산업인 '최상의 업무'로 변형하는 과정을 분석한다. 관광산업 내의 기업뿐 아니라 관광목적지를 위한 이 새로운 최상의 업무의 함축된 의미를 고찰한다.

급진적으로 변화하는 산업 A Radical Changing Industry

국제 관광산업의 급격한 변형은 신관광(new tourism)과 구관광(old tourism)으로 저자(Auliana Poon)가 기술한 것에서 가장 잘 표현되었다고 할 수 있다. 구관광은 1950년, 1960년대 및 1970년대의 관광이다. 이는 대량, 표준화되고 엄격하게 패키지화된 휴가, 호텔 및 관광객으로 특징지어 진다. '신관광'은 미래의 관광이다. 이것은 유연하고 세분화되며, 보다 더 진정한 관광경험으로 특징지어 진다. 이것은 또한 사선적으로 통합된 조직과 정보기술의 힘에 의해 추동된 관광산업 경영에 대한 추구로 표현된다.

구관광 Old tourism

구관광은 대량관광일 뿐만 아니라 표준화되고, 엄격하게 패키지화된 관광이었다. 대량, 표준화되고 엄격하게 패키지화된(mass, standardised and rigidly packaged: MSRP) 관광은 전후(post-war) 양호한 발전에 의해 생성되고 성숙되었다(Poon, 1987). 이러한 발전은 다음을 포함한다.

- 1958년 제트 비행기의 개발
- 사전구입요금(Advance Purchase Excursion: APEX, 선구매할인) 같은 판촉요금
- 싼 기름값
- 케인즈식(Keynesian-inspired) 경제 성장
- 유급 휴가와 일광욕(sun-lust) 관광객
- 다국적 기업의 진입
- 수직 및 수평적 통합
- 유비쿼터스 프랜차이즈(ubiquitous franchise)

프랜차이즈와 이를 끊이지 않게 하는 다국적 호텔체인의 측면에서 보면, 그들의 성장은 '상품과 지역사회의 균질성(homogenization)을 무의미하게' 하는 결과를 가져왔다고 주장된다. '그들은 개인적 접촉을 최소화하는 대량생산 환경에 의해 지역사회의 정신(sense of community)을 파괴한다(Luxenberg, 1985: 10).

1972년 세계관광기구(WTO)는 다음과 같이 결론내렸다.

> 많은 여행사에서 이미 발생하였던 변화와 미래의 투자계획 및 프로그램은 여행산업이 전체적으로 강력한 재정적 권리를 배경으로 하는 *대주주(large owners)*를 기반으로 구조화될 것이고, *많은 고객에게 표준화되고 패키지화된 상품을 저가에* 판매하게 될 것이라는 것을 의심의 여지가 없게 만들었다.

심지어 섹스관광 조차도 이런 현상을 피할 수 없다.

신관광 New tourism

1990년대에 이미 관광산업이 다른 형태를 가지기 시작하였다는 신호가 있었다. 국제관광은 세계 환경으로부터 발산된 수많은 징후에 – 사회적으로, 문화적으로, 기술적으로, 생태적으로, 경제적으로 그리고 제도적으로 – 반응하였고, 내재화하였다. '유연화, 세분화 및 사선적 통합'(flexibility, segmentation and diagonal integration: FSDA)의 새로운 '상식'(common sense) 또는 '최상의 업무'(best practice)에 기반을 두는 관광, 즉 신관광으로의 변형이 목격되고 있다. 이 신관광은 다음을 포함하는 많은 요인에 의해 창조되었다.

- 관광산업에 있어서 새로운 정보기술 시스템(SIT)의 확산
- 항공산업 금융 서비스의 탈규제
- 관광 수용국에 대한 대량관광의 부정적 영향
- 일광욕(sun lust)에서 일광욕 추가(sun plus) 관광객으로 이동
- 환경적 압력
- 기술 경쟁
- 소비자 기호, 여가시간, 업무형태 및 수입배분의 변화

관광산업의 변형을 초래한 요인을 그림 8-1에서 볼 수 있다. 그림에서 알 수 있는 것은 대량관광의 창출을 촉진하였던 그 요인이 자기 자신을 변하게 하였다는 것이다. 이러한 변화가 최상의 업무인 관광산업 전체의 변형을 가져왔다.

구 관 광		신 관 광
단 체	→	개 별
태 양 추 구	→	자 연 경 험
대 중 추 종	→	개 성 추 인
한 것을 보여주기	→	한 것의 재미를 위하여
소 유	→	존 재
탈출 (탈일상)	→	성 취

그림 8-1 구관광과 신관광
자료: *Tourism, Technology and Competitive Strategies,* Poon(1993)

그림에서 신관광의 경제는 구관광과 매우 다르다는 것을 알 수 있다. 단지 규모의 경제와 대규모의 차별화되지 않은 시장의 개발에 의존해서는 더 이상 수익을 기대할 수 없다. 규모의 경제(economics of scale), 시스템 이득(systems gains), 세분화된 시장(segmented markets), 계획되고 주문된 휴가(designed and customised holidays)는 관광의 이익과 경쟁력을 위해 더욱 더 중요해지고 있다. 수직적·수평적 통합의 전통적인 경영 및 조직 업무는 사선적 통합으로 대체되어가고 있다. 관광객 자신이 '겉만 번지르르한 싸구려'(tinsel and junk)에서 더 중요한 것(more), 실제(real), 자연적인(natural) 그리고 진정한(authentic) 경험으로 옮겨가고 있다. 또한 대량적, 비개성적인 서비스에서 '높은 기술, 높은 접촉'(high tech, high tough)으로 이동하고 있으며(Naisbitt, 1984: 64), 자연환경에 대한 더 많은 걱정, 관심과 보전이 있다(Krippendorf, 1986). 유연화, 세분화, 사선적 통합 및 더 진정한 휴가경험은 미래의 신관광 '최상의 업무'를 구성한다.

신관광 최상의 업무의 발전

Evolution of a New Tourism Best Practice

'최상의 업무'라는 개념은 여행 및 관광산업의 이익과 경쟁력을 위한 매일의 업무를 유도하는 일련의 원칙과 타고난 상식이라고 할 수 있다. 새로운 최상의 업무는 신관광에서 쉽게 정의될 수 있다. 새로운 최상 업무의 4가지 요소는 분명하게-유연화, 세분화, 사선적 통합 및 종합적인 '부 창조 시스템'(system of wealth-creation)으로서 관광의 혁신이다.

세분화 Segmentation

관광의 대량시장은 따로 나눠지고 있다. 여행시장의 중요한 변화는 소비자 자신으로부터 나왔다. 여행자는 더 이상 단독이고, 표준화되고, 엄격하게 정형화된 욕구를 가지고 있지 않다. 실제로, 그들은 결코 그것을 가지지 않았다. 관광객은 다만 대량생산 경제에 의해 표준화되고, 엄격하게 정형화된 휴가를 '집단적으로'(en masse) 소비하도록 강요당하였다. 그러나 신관광의 경제는 공급자가 증가하고 있는 소비자 요구의 복잡성과 다양성을 더 효과적으로 다루는 것을 허용한다. 사선적 통합과 결합한 새로운 기술은 대량의, 표준화된 휴가와 가격이 경쟁적인 유연하고 세분화된 휴가를 만드는 것을 가능하게 하였다.

게다가, 여행환경의 세분화는 독특하고, 선례가 없고, 무한히 매우 복잡하다는 것을 관찰할 수 있다는 것은 매우 흥미로운 일이다. 과거에는, 성별, 나이, 수입 등의 전통적인 단일차원 방향(uni-dimensional lines)에서 휴가시장을 세분화하는 것이 일반적인 업무였다. 오늘날은 더 많이 복잡 미묘한 상태로 시장이 세분화되었다. 특히, 휴가시장의 군집 세분화는 다중선택 욕구(multi-optioned needs)의 군집화와 소비자의 특성에 기초한 세분화가 제공되어야 한다. 이것은 산과 바다 휴가, 젊은층과 노년층, 여성과 남성 사이가 아니라 오히려 시장이 요구하는 꾸러미를 결합한 재미있는 휴가조합(exiting holidays combinations)을 선택한다는 것을 의미한다. 예를 들어, 일광욕(sun)에 윈드써핑(windsurfing)을 더하고, 조류관찰을 더하고, 맑은 공기를 더하고, 트리니다드의 축제(Trinidad

Carnival)를 더해서 찾는 미국의 태양지대(sunbelt)[10] 지역의 아이가 없는 맞벌이(Double Income No Kids; DINKS) 부부에게 영합하는 휴가가 제공되어야 한다. 비슷하게, 일광욕에 항해(sailing)를 더하고, 교육적 여행을 더하고, 산책을 더하고, 몸에 좋은 식음료 등을 더해서 찾는 50이 넘는 부부에게 적합한 휴가이어야 한다. 여행 공급업자에게 중요한 도전은 이러한 군집 세분화의 요소와 구성을 이해하는 것과 어느 군집이 조직에게 경쟁적 이점을 제공할 수 있는지를 결정하는 것이다. 오늘날에는 사실상, 시장을 정의하는 데 있어서 외형적으로 정밀하여졌다. 이러한 시장의 예로는 게이(gay), 레즈비언(lesbians), 채식주의자, 스포츠맨, 신혼여행자, 다이브(dive) 시장과 회의 및 컨벤션(conventions) 등이 있다.

유연화 Flexibility

신관광 최상의 업무의 핵심 요소로서 유연화는 4개의 수준으로 나타난다.

(1) 조직 내의 유연화
(2) 여행의 생산과 배분
(3) 휴가의 선택, 예약, 구매, 지불에서의 유연화
(4) 휴가경험의 소비와 즐거움에서의 유연화

이러한 면은 모두 서로 연계되어 있다. 정보기술은 여행시장의 유연화를 촉진하는 데 중요한 역할을 한다. 이것은 시간공유 휴가(time-share vacation)에 있어서 특히 분명하다.

이름에서 함축하듯이, 시간공유는 특정한 관광리조트에서 휴가시간의 구매를 의미한다. 이것은 예를 들어, 리조트에서 몇 년 동안(인생의 간격 단위)을 자기가 소유하는지(보통 1주 단위)와 같다. 시간공유라는 개념이야 말로 제한적이다. 예를 들어, 이것은 퇴직한 부부가 그들의 여생을 위하여 같은 나라, 같은 리조

역주 10) '태양이 비치는 지대'라는 뜻으로, 일반적으로 미국 남부의 북위 약 37도 이남의 여러 주(노스캐롤라이나 주에서 캘리포니아 주까지 15개 주)를 가리키는 말이다.

트, 같은 방에서 휴가를 보내도록 제한되어 있는 것을 의미한다. 그러나 정보기술에 의해 구제될 수 있다: 정보기술은 이제 시간공유 휴가 사이의 시간과 현장의 교환을 촉진하는 것을 가능하게 하였다. 예를 들어, 정확하게 짝지을 수 있다고 가정한다면, 스페인(Spain)에 있는 한 빌라(villa)에서 일주일을 가지는 부부에게 토바고(Tobago)에서 팀북투(Timbuktu)까지의 관광목적지에서의 다른 일주일로 변경하는 것이 가능하다. 정보기술은 이처럼 시간공유 휴가가 생산되고, 판매되고, 소비될 수 있는 유연화, 선택 및 다양성을 증가시켰다.

또한, 여행사가 한 번의 전화로 조사하고, 예약하고 판매할 수 있는 컴퓨터 예약시스템(computerised reservation systems: CRS)의 발전, 원격 위치에서도 미팅과 회의를 가능하게 하는 화상회의(teleconferencing), 정규 근무시간이 아닌 시간에 여행사가 아닌 곳에서 항공권을 구매할 수 있는 스마트카드(smart card), 회사 사무실로 항공권을 자동적으로 전달해주는 위성프린터(satellite printer) 등이 유연화의 증거이다. 자유시간을 '보내기'(spend) 위해서 많은 비공식적이고 유연한 방법을 강조하는 전부를 포괄하는 클럽휴가의 확산 역시 유연화의 증거이다. 유연화는 점차적으로 관광의 수익성과 경쟁력의 핵심요소가 될 것이다.

사선적 통합 Diagonal Integration

사선적 통합은 새로운 정보기술(컴퓨터와 통신)에 의해 탄생하였다. 이는 서비스 기업이 이러한 통합에 의해 추진되는 엄청난 시너지(synergies), 시스템 이득(system gains) 및 범위의 경제(scope economies)[11]를 가진 새롭고 차별화된 활동으로 이동하는 과정이다(Poon, 1986). 시너지는 각각의 활동이 서로에게 호혜적으로 강화시키는 혜택을 창출할 수 있는 곳에서 상호 관련된 활동의 관리, 운영 및 조직에서 발생하는 혜택이다. 각각의 활동은 다른 활동에게 가치를 부여하고, 이에 따라 따로따로 부분의 합계보다 더 큰 총합을 더 크게 만든다. 시

역주 11) economy of scope라고도 쓴다. 생산요소의 기능을 조절하여 효율적으로 생산하는 것으로 연구개발·판매·생산 등은 공동으로 이용하면서 제품의 종류만 달리할 경우, 비용은 적게 들고 효과는 극대화할 수 있는 장점이 있다. 또 기업의 다각화의 경우, 기존 산업과 비슷한 산업에 진출함으로써 시너지효과를 얻을 수도 있다. 원리와 설계가 비슷한 제품을 같은 라인에서 생산하는 것도 비용 면에서 효과적이다. 대표적인 예로 은행이 보험상품을 판매하는 방카슈랑스를 들 수 있다.

스템 이득은 계획, 생산, 마케팅 조직 및 관리 사이의 창조적이고 공학적인 연계로부터 제공되는 혜택이나 경제를 의미한다. 시스템 이득의 예는 서로 네트워크화된 활동이고, 각각의 활동(조직 내의 하위 부문)은 일반적인 기초자료나 지식 공동기반(pool)을 공유할 수 있다. 범위의 경제는 각각 분리하여 생산하는 것보다, 하나의 상품이나 서비스보다 더 많은 연합공급과 관련된 낮은 비용에 주목한다(Willig, 1979). 범위의 경제에서 한 기업이 두 개 상품의 연합생산은 상품 1 또는 상품 2를 생산하는 두 개 회사의 비용을 합한 것보다 낮은 비용이다. 예를 들어, 차량 렌탈과 호텔 숙박의 공급이라는 범위의 경제가 존재한다고 가정할 때, 호텔 숙박에 차량 렌탈의 공급을 추가하는 비용이 차량 렌탈을 따로 생산하는 것보다 더 저렴할 것이다.

사선적 통합의 본질은 2+2=5라는 것이다. 사선적 통합의 경제는 여행 공급자를 위한 어마어마한 의미를 가지면서, 전통에 얽매이지 않는 많은 서비스 융합

표 8-1 통합의 다른 형태와 사선적 통합의 비교

	통합의 형태			
특 징	수직적 통합	수평적 통합	다양화	사선적 통합
생산 초점	많은 생산단계	같은 생산단계	많은 관련이 없는 활동	많은 아주 밀접한 관련된 서비스
통합 목적	생산단계에 대한 통제	독점권/ 합병	위험 분산	소비자에 더 근접/ 낮은 생산 비용
통합 메커니즘	취득/ 새로운 사업 개시	취득/ 공모(collusion)	취득/ 새로운 활동 개시	정보 협력 전략적 제휴 전략적 취득
운영	통합된 생산 및 경영	하나의 조직체로 운영	'일정거리 유지' (arms length)	시너지적 생산 네트워크 공유
생산 방향	생산 중심	공급자 중심	투자 중심	소비자 중심
생산 개념	규모의 경제	규모의 경제	시장과 관련이 없는 생산	규모의 경제 범위의 경제 시너지/시스템 이득

자료: *Tourism, Technology and Competitive Strategies*, Poon(1993)

(cross-fertilisation)의 증가를 이끌 것이다. 그러므로 관광에서 관련이 없는 단일 항목의 관광상품 생산은 더 이상 최상의 업무가 될 수 없을 것이다. 부(wealth)를 창조하는 종합 시스템으로 통합하는 상호 관련된 서비스의 꾸러미(아마 모두가 관광특성은 아닐 것이다)를 생산하는 상식이 점차 증가하고 있다. 아마도 사선적 통합을 가장 잘 정의하는 것은 있는 그대로가 아니라고 설명하는 것이다. 표 8-1은 수직적 통합, 수평적 통합, 차별화 및 사선적 통합 사이의 차이를 설명하고 있다.

부 창조의 종합 시스템으로서 관광

Tourism as a Total System of Wealth Creation

사선적 통합의 결과는 관광이 부 창조의 종합 시스템이 된다는 것이다. 다시 말하면, 관광의 부는 많은 활동을 전체 시스템으로 사선적 및 시너지적(synergistic) 통합에 의해 창출된다(그림 8-2 참조). 부 창조의 전체 시스템에 있어서 컴퓨터와 통신기반은 많은 서비스가 생기게 할 수 있는데 필요한 임계기반을 제공한다.

이 부 창조의 시스템에서 기본적 골격은 지식과 정보로, 정보 내의 지적거래(intelligent transaction)와 정보의 취급(manipulation of information)이다. 정보뿐만 아니라 이의 지적취급(intelligent manipulation)은 관광산업에게 결정적으로 중요하다 - 그것은 관광시장을 이해하고, 취급하고, 그리고 이익이 되게 만족하기 위한 것이다. 이러한 부 창조 시스템의 경제적 지배는 매우 강력하다. 이것은 시스템의 수요와 공급법칙 양쪽에서 볼 수 있다.

공급측면에서 볼 때, 원격통신 기반에 대한 투자는 활용을 증대시키고 한계비용을 감소시키는 결과로 나타난다. 예를 들어, 컴퓨터 예약시스템(CRS)은 항공과 호텔 예약, 꽃과 샴페인 서비스, 크루즈(cruises), 차량 렌탈, 식당 예약 등을 포함하는 많은 여행서비스 시장에 내놓을 수 있다. 그러나 이 컴퓨터 예약시스템(CRS)의 이점은 컴퓨터 및 통신 기반에 대한 초기 투자가 한 번에 이루어진다는 것이고, 다른 서비스는 공급자에 작은 비용을 추가하거나 또는 한계

비용이 들지 않는다는 것이다. 예를 들어, 라스트미니트닷컴(lastminute.com)은 이것을 확실하게 실현하였다. 이용자(여행사)와 다른 공급자(co-hosts)는 한계비용 가격을 지불하는 것이 아니라 시장가격을 지불하기 때문에 시스템 공급자(hosts)에 주는 이익은 더 많다.

수요측면에서 볼 때, 관광시스템의 부 창조의 잠재력은 그 산출물을 위한 수요의 특성, 즉 관광과 다른 관련 서비스를 위한 수요의 조합과 수명 특성에 있다. 여행은 세탁기와 같이 소비되는 것이 아니며, 상대적으로 요구를 고정시키는 구매는 거의 없다. 반대로, 상품의 수명에 따라 구매된다. 더욱이, 여행은 그 자체로 구매되지 않는다. 여행은 보통 여행자 수표, 신용, 보험, 투자 서비스, 지상 관광과 같은 많은 다른 서비스와 조합되어 구매된다. 표적 소비자집단에 의해 효과적으로 요구된 서비스 꾸러미의 생산 및 마케팅의 잠재적 이익은 어마어마하다. 게다가, 표적시장에게 서비스 전체 영역을 생산하는 경제는 슈퍼마켓의 고객에게 같은 품목을 제공하는 것과는 다르다. 아메리카 익스프레스(American Express)는 오래 전에 이것을 발견했다.

정보기술 - 신관광의 핵심 기둥

Information Technology Vital Pillar of the New Tourism

관광에서 널리 확산된 것은 컴퓨터, 전화 또는 비디오텍스트(videotext)가 아니라, 미소전자공학(microelectronics)에 기반을 둔 이러한 기술의 전체 시스템이다(그림 8-2 참조). 이 '정보기술 시스템'(system of information technologies: SIT)은 컴퓨터(computer), 컴퓨터 예약시스템(CRS), 디지털 전화 네트워크(digital telephone networks), 비디오(video), 비디오텍스트(미국의 viewdata), 대화형 비디오텍스트(interactive videotext), 화상회의(teleconferencing), 경영정보 시스템(management information systems), 에너지 관리(energy management) 및 전자잠금 시스템(electronic locking systems)을 포함한다. 게다가, 이 정보기술 시스템은 항공, 또는 호텔이나 여행사 각자에 의해서가 아니라 모두에 의해 사용된다.

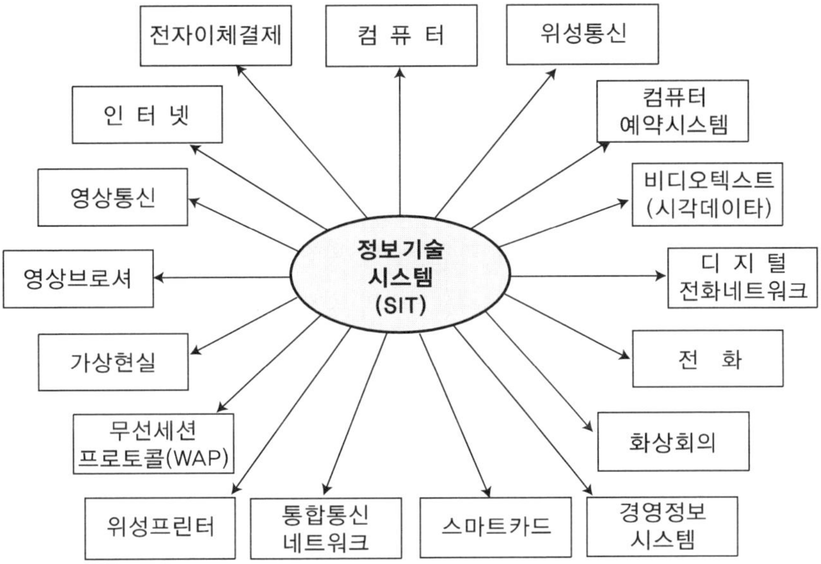

그림 8-2 관광의 정보기술 시스템
자료: *Tourism, Technology and Competitive Strategies,* Poon(1993)

관광에 있어서 정보기술 시스템의 확산은 공급되는 여행서비스의 효율성, 품질 그리고 유연화를 증가시킬 것이다. 이것은 이미 새로운 서비스(화상회의, 대화형 비디오텍스트, 비디오 브로셔 및 인터넷)의 탄생을 이끌고 있다. 기술은 여행의 마케팅 및 배분에 더 큰 영향을 미칠 것이지만, 주(guest)-객(host) 관계와 공급자-소비자 관계의 인적집약 영역(human-intensive areas)은 상대적으로 손을 대지 않은 상태로 남겨질 것이다(Poon, 1988b). 관광시스템에 응용되는 정보기술은 제공되는 서비스의 효율성과 품질을 향상시키고, 관광 서비스의 새로운 조합을 이끌어 낼 것이다. 이것은 명확하게 나타나는 여행에 대한 인간의 '고감도'(high touch) 내용을 변화시키지 않고 성취될 것이다(Poon, 1988c).

여행산업에 대한 정보기술의 심오한 영향과 더불어 모든 관광 공급자에 의한 정보기술 시스템의 체계적인 이용은 정보기술이 신관광 최상의 업무를 위한 기반을 생산하고 '부 창조'의 전체 시스템을 생산하게 하였다.

신관광 상식의 의미 Implication of the New Tourism Common Sense

경쟁자는 산업 외부에서 온다

Competitors come from outside the industry

부 창조의 종합 시스템으로서 관광산업의 발전과 기업의 사선적으로 통합하는 업무의 함축된 의미 중의 하나는 기업의 경쟁자가 관광산업의 외부에서 점차적으로 오게 될 것이라는 것이다. 이것은 기업의 경쟁우위는 자신의 시장세분화나 산업 내에서 명백한, 쉽게 식별되는 경쟁자가 아니라 완전히 예측 불가능한 지역의 전체 기업(예, 은행, 전화통신 공급업자 또는 부동산업자)에 의해 서서히 파괴될 수 있음을 의미한다. 이것은 은행, 전화통신 제공자와 소프트웨어 회사가 여행시장에 진입했던 영국의 사례에서 명백하게 나타났다. 외부로부터 온 기업이 관광산업에게 다른 경험, 자원, 고객자료(client bases) 및 경쟁적 강점을 가져오기 때문에 여행산업의 전통적 경계 외부에서 오는 이들 공급자의 경쟁위협은 잠재적으로 매우 크다. 외부로부터 경쟁의 증가에 대응하여 산업 모니터링과 여행서비스의 융합의 두 가지 보조적 방안이 여행 공급업자에 열려 있다.

첫 번째 옵션(option)으로, 정보공급 시스템, 지식수집, 연구 및 개발, 그리고 시장 모니터링이 필요하다. 기업은 단지 그들 자신이 속한 시장세분화나 산업이 아니라 전체 관광시스템으로 변화와 새로운 개발에 대하여 계속적으로 전망하여야 한다. 시장과 경쟁자에 대한 정보는 경쟁우위를 유지하고 강화하기 위하여 지적으로 활용되어야 한다.

또한, 서비스의 융합은 여행산업에 있어서 생존과 경쟁을 위한 중요한 기회를 제공한다. 다시 말해, 다른 공급자가 여행산업에 진입하는 것처럼 여행 공급자는 다른 영역에 창조적으로 진입하여야 한다. 이러한 융합의 업무는 여행 공급자가 점차적으로 역동적이고, 복잡하고, 그리고 변화하는 여행환경에 창조적이고 경쟁적으로 대응하기 위해 시도한 것과 같이 이미 채택하여 왔다.

혁신이 생존과 경쟁의 핵심

Innovation holds the key to survival and competitiveness

변형되고 계속적으로 변화하고 있는 여행산업 내의 생존은 살아남기 위해서 혁신이 필요하다는 것을 의미한다. 오늘날 관광시장에서 기업은 살아있기 위해서 사실상 계속 움직[영업]여야 한다. 혁신이란 창조하는 것의 본질이고, 새로운 생각과 관광 서비스를 시장에 가져오는 것이다. 그러나 혁신은 재화, 서비스, 시장, 생산방법, 조직, 그리고 원자재의 원천에서의 혁신(Schumpeter, 1965)을 포괄하는 진짜 슘페테리언 의미(Schumpeterian sense)로 해석되어야 한다. 그러므로 단지 마케팅이나 휴가 개념에서가 아니라 관광의 조직, 생산 브랜딩(blending), 패키지화(packaging), 경영 등에서 전체적으로 혁신적이어야 할 필요가 있다(Poon, 1988a). 혼자 하는 것이나 연계가 분리된 혁신은 기업 운영의 다른 분야와 관련된 일련의 혁신 꾸러미만큼 효능이 있을 것 같지 않다.

혁신은 전체적이어야 할 뿐만 아니라; 계속적이어야 한다. 사실상 기업은 단일 혁신을 생산할 희망이 없고, 그것이 지속가능한 경쟁우위를 제공하기를 기대할 수 없다. 혁신 그 자체가 지속가능하다. 그러나 혁신에서 지속가능성은 보통 더 많은 지속가능성을 함축한다. 경쟁은 계속적인 혁신 꾸러미의 독창성과 지속성을 보증한다. 자메이카의 슈퍼클럽 호텔체인(Jamaican SuperClub hotel chain)과 이탈리아의 베네통 의류회사(Benetton clothing concern in Italy)에 대한 자세한 비교 분석은 신중하게 이들 두 기업의 성공에서 결정적인 요인이 계속적인 혁신 꾸러미를 전개한 이들 조직의 능력임을 밝히고 있다(Poon, 1988a).

소비자에게 더 접근하라 Get closer to the consumer

증가하고 있는 관광객 요구의 다양성과 관련된 관광객의 복잡성과 예측 불가능성은 생산자가 그들의 소비자에게 더 밀접하게 접근하여야 할 것이라는 것을 의미한다. 이러한 접근은 소비자의 요구를 이해하고, 그들의 형태를 모니터링하며, 그리고 이익을 내면서 경쟁적으로 만족시키기 위하여 필요할 것이다.

소비자의 복잡한 요구, 기대와 욕구에 대한 심오한 이해뿐만 아니라 그들의 시간과 예산제약이 중요하다. 여행 옵션을 창조하는 것은 정말로 복잡 미묘하기 때문에, 또는 기술을 이용할 수 있기 때문에, 또는 기업이 어떤 사용하지 않은 역량을 가지고 있기 때문에 결코 잘 되지는 않을 것이다. 어떠한 혁신, 새로운 아이디어나 개념은 시장에 기초하여야 한다. 이것은 또한 소비자의 유효한 욕구와 필요를 반영하여야 한다. 또한 표적 집단에 도달하기 위하여 철저하게 시장 지향적이어야 한다. 이러한 면에서 광고방식과 미디어(media)의 선택은 중요하다.

기업의 기술과 자원을 시장에 접목하라

Match the firm's skills and resources with the marketplace

여행시장을 이해하고, 창조적이고, 그리고 새로운 정보기술을 활용하는 것이 중요한 반면, 이러한 활동은 관광 이익과 경쟁력 방정식의 단지 절반을 구성한다. 이 방정식의 다른 절반은 기업의 실제 실행 및 그들이 여행시장의 새로운 요구에 맞춰지는가와 관련이 있다. 다시 말해서, 기업은 여행시장을 위한 새로운 서비스에 관한 사고에서 매우 창조적일 수 있고; 서비스를 위한 입증된 수요가 존재할 것이고; 이 새로운 서비스를 시장에 가져오는데 기술과 소프트웨어가 이용될 수 있을 것이다. 그러나 기업의 경쟁강점(competitive strengths) 및 자원과 새로운 여행서비스의 요구 사이에 적절한 접목이 없다면 이 모험은 실패할 것이다. 새로운 여행서비스뿐만 아니라 융합은 기업에 의해 이미 개발되고 획득된 자원과 경쟁강점(예를 들어, 평판, 정보, 지능, 비전[vision], 재정적 자산, 소프트웨어, 숙련된 인력)으로부터 생성되어야 한다. 만약 시장과 기업의 능력 사이에 최적의 접목이 없다면 자본, 기술 및 자원의 비경제(dis-economics)로 빠지기가 매우 쉽다.

이것은 간과해서는 안 되는 중요한 점이다. 관광시스템과 그 부수적 서비스는 매우 복잡하고 서로 관련이 있기 때문에, 시스템 내의 어떠한 활동에 대해서도 다른 활동(예를 들어, 호텔과 테마파크; 테마파크와 크루즈)과 관련이 있는 것으로 인식될 수 있다. 게다가, 정보기술은 쉽게 부 창조의 전체 시스템으로 어떤 활동의 연결 - 호텔과 포트폴리오 경영 - 이 가능하도록 할 수 있다. 그러나 이것이 시장 성공으로 이끄는 필수적인 것은 아니다.

어떤 기업에 있어서 이 융합(사선적으로 통합하는 것)의 과정은 기업이 보유하고 있을 인적 지식, 기술, 재정과 다른 자원(정치적 연결, 접촉 및 정보), 일부, 전체, 또는 전무(none)한 이용성에 의해 심각하게 한정될 수 있다는 사실에 어려움이 있다. 예를 들어, 식당과 호텔을 다양화한 메리어트 호텔체인(Mariott hotel chain)의 사례는 성공한 것으로 보이지만 '대체적으로 미식가 식당, 테마파크, 크루즈 유람선, 도매 여행사'의 경우는 실패했다(Porter, 1987: 56). 그러므로 시장을 이해하는 것은 관광이익 방정식의 단지 절반을 구성한다. 두 번째 절반은 시장을 만족시키기 위한 기업의 기술, 자원 및 경쟁강점을 활용하는 것(이것이 필요한 곳에 증대하는 것)과 관련이 있다.

요 약 Summary

국제관광은 엄청난 변화 중에 있고, 신관광이 출현하고 있다. 신관광은 유연화, 세분화 및 사선적 통합의 가능성이 있는 관광이고, 정보기술과 변화하는 소비자의 요구에 의해 도출된 관광이며, 부 창조의 전체 시스템을 생산하는 관광이다. 이 신관광은 산업의 생존과 경쟁을 위한 수많은 심오한 의미를 함축하고 있다. 관광산업 외부로부터 오는 경쟁자는 점점 더 많아질 것이고, 공급자는 소비자에 더욱 밀접해져야 하며, 기업은 그들의 기술과 자원을 시장에 맞추어야 한다. 혁신은 역동적이고 급격하게 변화하는 관광환경에 있어서 미래의 생존과 경쟁의 실마리를 가지고 있다.

비 고 Note

1. 처음 논문은 'Competitive strategies for a new Tourism' in Volume 1 of *Progress in Tourism, Recreation and Hospitality Management* (1989), pp. 91-102.

| 참고문헌 | References

Bush, M.(1998) *The Age of Market Segmentation-New Opportunities in Today's Market Place*: special presentation at the American Society of Travel Agents' World Travel Congress, Las Vegas, Nevada, November.

Krippendorf, J.(1986) Tourism and the system of industrial society. *Annals of Tourism Research* 313(4), 393-414.

Luxenberg, S.(1985) Roadside Empires: *How The Chains Franchised America.* New York: Viking.

Maccannell, D.(1973)Staged authenticity: Arrangements of social space for tourist settings. *American Journal of Sociology* 79, 589-603.

Mckean, P.F.(1978) Towards a theoretical analysts of tourism, economic dualism and cultural involution in Bali. In V.L. Smith(ed.) *Hosts and Guests: The Anthropology of Tourism,* London: Basil Blackwell.

Naisbitt, L.(1984) Megatrends: *Ten New Directions Transforming Our Lives.* London: Macdonald.

Noronha, R.(1977) *Social and Cultural Dimension, of Tourism: A Review of the IT Literature in English.* IBRD Draft Working Papers, May. Washington, DC: Inter-national Bank for Reconstruction and Development.

Poon, A.(1986) Diagonal integration - a new commonsense for tourism and services. Paper presented to the Fourth Annual Seminar on the Service Economy hosted by PROGRES Research on the Service Economy, Geneva, 30,31 May, 1 June 1988.

Poon, A.(1987) Information technology and innovation in international tourism - implications for the Caribbean tourism industry. Unpublished PhD thesis, Science Policy Research Unit, University of Sussex, Brighton.

Poon, A.(1988a) *Flexible Specialization and Small Size-The Case of Caribbean Tourism.* Science Policy Research Unit, DRC Discussion Papers 57, February.

Poon, A.(1988b) The future of Caribbean tourism - A matter of innovation. *Tourism Management* 9 (3), 213-20.

Poon, A.(1988c) Information technology and tourism - Ideal bedfellow. *Annals of Tourism Research* 5 (4), 531-49.

Poon, A.(1993) *Tourism, Technology and Competitive Strategies.* Wallingford: CAB International.

Porter, M.(1987) From competitive advantage to corporate strategy. *Harvard Business Review* (May/June), 43-59.

Porter, M.(1985) Technology and competitive advantage. *Journal of Business Strategy* (Winter), 60-78.

Schumpeter, J.(1975) *The Golden Hordes: International Tourism and the Pleasure*

Periphery. London: Constable.

World Tourism Organization(1972) *Economic Review of World Tourism: A Study of the Economic Impact of Tourism on National Economies and International Trade.* Madrid: WTO.

Willig, R.I.(1979) Multiproduct technology and market structure. *American Economic Review, Papers and Proceedings* 346–51.

제 9 장

도시관광 : 아직도 불균형인가?

Urban Tourism: Still an Imbalance in Attention?

그레고리 애쉬워스(GREGORY ASHWORTH)

서 문: 불균형이었는가?

Introduction: Was There an Imbalance?

《진보(*Progress*)》의 1989년 원래 논문의 주장은 단순하게 관광의 학문적 관심이 어느 정도는 그 성장과 평행을 이루었지만, 적어도 하나의 차원에서는, 이 관심이 명백히 불균형이었다는 것이다(Ashworth, 1989). 이 논문은 도시가 대부분 관광객의 출발지이고 많은 관광목적지였다는 것을 주장한다. 농촌 매력물(attractions)이 휴가 패키지의 일부였지만 대부분의 관광산업은 도시에 집중되었고, 전체적인 관광의 경제적·사회적 영향은 농촌지역보다는 도시에서 더 높았다. 급변하게 도시화되는 세상에서 이것은 매우 놀랄만한 것은 아니다. 그러나 해변관광 및 겨울 스포츠관광처럼, 같은 방법으로 뚜렷이 구분되는 도시관광 상품과 경험의 창조를 인식한 상태에서 특별하게 도시의 특성과 속성에 관한 도시관광의 연구는 이루어지지 않았다. 이 관광연구와 관광산업 현실 사이의 모순은 위선적인 무관심의 존재에 의해 설명될 수 있다. 관광을 연구하는 사람은 도시에 무관심하였고, 반면에 도시를 연구하는 사람은 관광에 무관심하였다. 첫 번째 제안은 학문과 정책 문헌으로부터 주장될 수 있을 것이고, 두 번째는 이들 문헌의 부재로부터 주장될 수 있을 것이다.

스탠스필드(Stansfield, 1964)는 처음으로 농촌에 초점을 둔 관광연구에 관심을 가졌고, 또한 도시의 레크리에이션 상업지역(recreation business districts)에서 입증된 것으로 농촌지역 관광연구를 개선하려고 노력하였다. 도시에서 농촌으로의 일시적인 이주로 보는 것이 우세하였던 관광은 도시공간모델의 아버지라고 불리는 크리스톨러(Christaller, 1966)에 의해 제안된 최초의 공간모델을 특별하게 관광에 초점을 두도록 함으로써 설명할 수 있었다. 이제 관광은 주변부의 기능(function of the periphery)으로서 정주체계(settlement networks), 위계(hierarchies)와 시장영역(market areas)에 추가되었다. 이러한 생각은 도시주변의 다양한 '유희적 주변'(pleasure peripheries, 변방의 유희)을 발견하고 도식화하는 응용에 오랫동안 받아들여졌고, 아마도 계속될 것이다. 일반적으로 여행시간에 기반을 둔 레크리에이션 지구의 '다트보드 모델'(dart-board models)은 수요의 출발지로서 도시와 관련되어 만들어졌고, 이 모델은 일반적으로 결절지역(nodal region)의 중심에 하나의 점(dot)으로 분해하였다(Miossec, 1977; Yokeno, 1968).

특히 지리학자는 대부분 토지경제, 토지이용 및 자연보전에 대한 관심으로부터 시작된 레크리에이션 연구를 통하여 관광에 관심을 가졌다. 관광은 여가활동의 하위범주로서 레크리에이션에 추가 되었다. 지리학과의 많은 교육과정과 교과서에는 아직도 '레크리에이션 및 관광지리학'(geography of recreation and tourism)이라는 제목을 사용한다(예, Hall & Page, 1999). 이것은 대부분 관광연구의 역사적 근원을 반영하는 것일 뿐 아니라 레크리에이션에서 관광을 분리시키려는 학자의 계속되는 무능을 입증하는 것이다. 회고해 보면, 학문 분야의 발전에 있어서 역사적 사건이기는 하지만, 이것은 단지 설명할 수 있고 변명할 수 있는 무관심이 아니라 그 이상의 것이라고 이제는 주장되어야 할 것이다. 뿌리 깊은 반도시 편견(deep-seated anti-urban bias)의 징후가 특히 영어권 서구세계에 널리 퍼져 있다. 도시가 일련의 노동과 행정을 수행하기 위한 공간이라면, 레크리에이션 활동은 - 휴식이든 또는 부(wealth)보다 더 도덕적으로 가치가 있는 보상의 추구이든 - 어디에서나 생각되어야 한다. 예를 들어, 도시의 '잡다한 대중'(huddled masses)이 선택된 풍경에서 승인된 형태의 옥외 레크리에이션에 참가할 수 있는 장소로서 1940년대에 영국에서 국립공원의 설치를 확산시킨 사회계급 편견(social class bias)은 이제 예전보다 더 명백하다. 정부는 스포츠나 오락 같은 전통적인 도시 여가활동보다는 경작정원(allotment gardens), 그린벨트(green belts), 교외공원, 자연 오솔길 등을 위한 도덕적이고 재정적인 지원을 제공하였다. 도시는 노동을 위한 것이고, 교외는 여가를 위한 것일 뿐만 아니라, 교외의 어슬렁거리는 사람은 격려되어야 하고, 도시의 떠돌이는 그렇지 않았다고 가정하고 있었다. 지리학자와 계획가는 이 공식적 선도(official lead)와 이러한 연구 의제의 정의를 수용하였고, 그들 스스로가 종종 구세주의 일부가 되었다. 다우어(Dower, 1965)의 『제4의 물결(*Fourth Wave*)』, 패트모어(Patmore, 1970)의 『토지와 여가(*Land and Leisure*)』, 코폭과 듀필드(Coppock & Duffield, 1975)의 『교외지역의 레크리에이션(*Recreation in Countryside*)』 등의 선구적인 전문서적은 지금은 출판되었을 때 보다 상당히 다르게 읽히고 있다(Glyptis, 1993의 회고집 참조).

이들 도시연구가 관광에 무관심하였다는 제안에 대하여 본인의 1989년 논문에서는 도시관광의 특성과 관련된 세 가지 요인으로 설명하였는데, 세 가지 모두 여전히 관련이 있는 것처럼 보인다. 첫째, 도시의 관광객은 대부분 눈에 보이지 않는다. 모든 도시는 다기능적이고, 또는 관광객이 도시로서 자격을 부여받지는 않았을 것이다. 심지어 리조트 타운(resort towns)은 여전히 번화가이고, 대부분 도시에서의 관광은 한계여분활동(marginal extra activity)이었다. 만약 특정한 시간에 매우 두드러진 도시의 일부 선택된 구역을 제외한 모든 지역에서 관광객이 보이지 않는다면, 관광객 행동, 관광시설, 관광의 경제적 또는 사회적 영향, 그리고 관광개발의 정책적 의미에 관한 연구는 그 자체가 도시연구의 한계이익(marginal interest)에 불과하게 될 것이다. 절대적인 숫자의 많은 관광객을 끌어들이는 도시에서 관광이 비례적으로 최하위로 중요하다는 것은 하나의 역설(paradox)이다. 영국과 파리 같은 큰 '쇼케이스'(showcase) 대도시 중심은 주변 농촌이나 심지어 국가 전체보다 더 많은 외국 관광객을 숙박시킬 것이고, 이러한 도시의 관광산업은 아직도 도시 전체 경제의 일부에 불과하다. 반대로, 관광은 실제 관광객수와 이들의 경제적 중요성이 상대적으로 작은 소도시에서 비례적으로 우세하였을 것 같다.

둘째, 부분적 결과로, 관광은 도시간 지역화(intra-urban regionalisation)의 지표로 불충분하다. 관광지구를 서술하기 위한 시도는 테마파크나 휴가캠프 이상의 것을 찾아내지 못하는 관광객을 배제하는 영양가 없는 탐구이거나, 또는 더 일반적으로 오락이나 문화를 위한 관광과 같이 다른 도시구역에 관광이라는 단어를 추가하는 결과를 가져왔다.

셋째, 위에서 논의된 것을 부분적으로 다시 이끌어내서, 도시관광의 비가시성(invisibility)과 이것을 구분하는 것이 거의 불가능하다는 것은 도시관광 연구를 너무 어렵게 하였다. 스탠드필드(Stansfield, 1964)는 도시관광의 계량화를 위하여 현재의 지리학적 방법을 반영할 것을 주장하였지만, 관광은 농촌지역에서 쉬웠던 것처럼 도시에서도 계량화할 수는 없었다. 따라서 도시관광을 헤아릴 수 없다면, 도시관광은 존재하지 않을 것이고, 적어도 '진정한'(real) 과학자에 의해 연구될 필요가 없을 것이다. 이것은 모순된 과장으로 들린다. 그러나 관광을 하나의 기능 또는 일련의 시설로 분리할 수 없다면, 관광객을 뚜렷하게 행동하는 그리고 동기화된 개인으로 인정할 수 없으며, '관광산업'(tourism industry)은 다른 산업과 같은 방법으로 명쾌하게 인정할 수도 없고 공간적으로 위치하지도 않을 것이다. 이로부터 변명이 아니라면, 도시연구의 무관심은 설명할 수 있게 되었다. 사용(자원) 또는 사용자(수요자) 측면에서 분석되는 도시의 관광은 전체로서 도시 내부로 매우 끼어들기 때문에 '관광도시'(tourist city)는 그림 9-1처럼 다른 '도시들'(cities)과 중복되거나 동일하게 여겨질 수도 있다.

이 장의 요약은 이러한 논의를 다시 말하려는 것이 아니라 여전히 이 논의가 적용되는 범위를 평가하기 위한 것이다. 동시에, 무관심의 비난은 거의 자명한 사실이었고, 이에 대한 더 이상의 반대 의견은 없었다. 일부 관광연구자는 무관심에 놀라움을 표출했다; 비록 유럽 대륙보다는 북미에서 더 분명하게

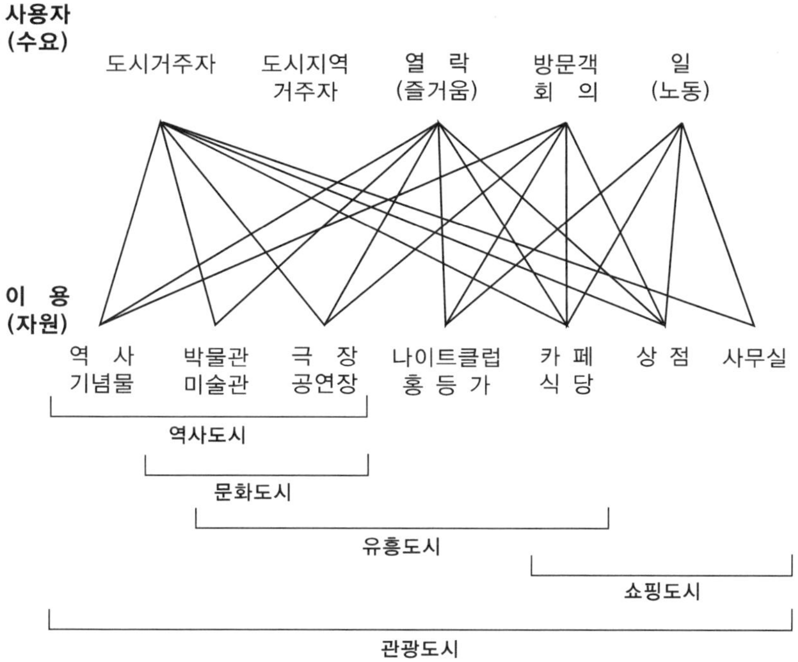

그림 9-1 소비자와 도시의 소비자
자료: *The European City: Western Perspective*, Burtenshaw *et al.*(1991)

나타났다고 하였지만(Jansen-verbeke, 1990a), 아무도 무관심의 존재를 부인하지 않고 대부분의 사람이 명백하게 받아들였다. '도시연구는 계속 관광에 무관심했고, 관광연구는 계속 도시에 무관심했는가?'에 대한 질문에 해답을 찾았다.

이러한 공간적 불균형을 수정하려는 연구를 위한 기본적인 맥락은 세계의 도시화가 유럽과 북미지역 밖에서 대부분 강력하게 계속되어 왔고, 도시는 관광이 발생하는 장소로서 도시의 중요성을 증가시키기 위해 계속하였다는 것이다.

지금 도시관광이 있는가? Is There Now an Urban Tourism?

관광연구의 분화는 《관광지리(*tourism geographies*)》라는 저널에서 복수로 사용되면서 투영되었는데, 이것은 '형용사적 관광'(adjectival tourisms) 연구의 중요성에서 일반적 출현이 되풀이(echo)되는 것 이상은 아니다. 이러한 맥락에서 이제 도시관광을 위한 장소가 있는가? 활동을 나타내는 명사 '관광'에 형용사 '도시의'(urban)를 더하는 것은 단지 지리적 의미에 활동을 위치시키는 것에 불과하다. 우리가 이미 '산악관광'(mountain tourism), '야생관광'(wilderness tourism) 또는 '해변관광'(seaside tourism)을 가지고 있다면, 확실히 도시관광은 동일하게 타당한 가능성이 있다(Ashworth, 1992a: 3). 그러나 이것은 '대도시'(metropolitan), '도시교외'(suburban), '도시주변'(peri-urban) 또는 '도심도시'(inner city) 같은 세부적인 공간적 위치에 더 일반적으로 무의미한 미세한 구별을 끌어낸다. 더 심오하게, 이러한 지리학적 기술은 도시관광이 도시 본질에 대한 논의에 초점을 맞추는 데 있어서 그 자체로는 도움을 주지 못한다. 모든 관광활동은 어느 곳(somewhere)에서든 발생한다. 즉 중요한 문제는 이 어느 곳이 활동을 '정의'(defining)하거나 또는 그저 '동반'(accommodating)한다는 것이다. 이 문제는 '관광이 도시에서 발생하는가?'가 아니라 '도시관광에 있어서 특별하게 도시는 무엇인가?' 그리고, '전체 또는 일부 도시의 어떠한 특별한 특성이 관광의 어떤 형태와 관련이 있는가?'에 있다.

마지막 질문에 대한 대답은 '문화도시관광'(cultural city tourism, 그리고 '축제도시관광'[festival city tourism]과 같은 파생물)과 '역사도시관광'(historic city tourism, 그리고 '보석도시관광'[gem city tourism]과 같은 많은 변형 모두) 등에 대한 확인과 분석을 이끌어 냈다. 대안적으로, 도시는 농촌과는 다른 활동 범위를 포함하고 있기 때문에, 도시관광은 쇼핑(shopping), 미식(gastronomy), 문화수집과 공연, 오락, 그리고 특별하게 도시에 소속된 것으로 간주될 수 있는 더 많은 것 같은 다른 활동을 망라한다.

지난 몇 년 동안, 도시관광에 대한 수많은 교과서는 도시관광이 이제 관광연구 내에서 인정을 받은 유용한 하위학문으로써 존재한다는 주장에 특별하게 강력한 지지를 보냈다. 추가적으로 코스타와 보르(Costa & Borg, 1993), 보르(Borg, 1994), 로(Law, 1993; 1995; 1996), 페이지(Page, 1993), 밴더보르(Vanderborg, 1996)의 연구와 같이 도시를 비교하는 연구가 있었고, 페이지(Page, 1993), 베르크 등(Berg *et al.*, 1995), 보르 등(Borg *et al.*, 1996), 보르(Borg, 1998)의 연구는 많은 도시관광의 개별적 사례를 기술한 것이다. 가장 주목할 만한 문헌은 공간적 상황의 본질과 역할에 정통한 지리학 배경을 가진 저자에 의해 저술된 것이었다. 이 중 가장 야심작은 완고한 제목을 사용한 페이지(Page, 1995)의 『도시관광(*Urban Tourism*)』으로, 이 책은 학생을 위하여 모든 도시유형에서의 모든 관광의 측면에 대해 개괄하려고 시도하였다. 로(Law, 1995)의 저서는 더 신중해서, 대도시의 도시관광과 도시개발에서 관광의 경제적 역할에 한정하고 있다. 그러나 이 두 저서는 전체로써 도시의 기능화와 관리라는 광범위한 맥락에서 도시관광을 논리적으로 설명하기가 불가능하다는 것을 알았다. 그러므로 이 두 저서는 일반적인 도시계획과 관리에 관한 연구가 되어서 필연적으로 관광보다는 도시와 더 관련이 있다. 1989년 논문에서는 네 가지 접근방법으로 구조화하였는데, 기존의 문헌을 분류하는 분석의 틀, 또는 적어도 일련의 편리한 용기를 제공하였다. 이러한 분류 구조는, 특히 지리학의 시간에 대한 학문적 선입관을 반영하고 있다. 특히, 인문지리학은 위치분석(locational analysis; *'어디에 그리고 왜 거기에?'* where and why there?) 또는 지역화(regionalisation; *'지역의 형태가 입증되고 지도화 할 수 있는가?'* can areal patterns be identified and mapped?)와 밀접하게 관련이 있다. 이러한 관련은 '시설'(facility)과 '생태학적'(ecological) 접근을 반영한 것이었다. 그러나 학계의 관심과 정책 양쪽의 맥락은 이제 1970년대와 1980년대 초와는 현저하게 차이가 있다. 행동, 현상학 및 경영에 더 많은 초점을 두는 현재의 관심은 '시설'과 '생태학적' 접근보다 더 관련성이 있는 '이용자'(users)와 '정책'(policy)의 두 가지 접근방법을 만들었다. 이 장에서는 초기 접근의 틀을 유지할 것이지만, 불가피하게 이 균형을 바꿀 것이고, 궁극적으로 일부 '빠진 접근방법'(missing approaches)을 추가할 것이다.

시설 접근방법: 관광시설의 연구

Facility Approaches: In Search of the Tourism Facility

아마도 새로운 분야에 대한 과학적 노력의 초기단계에서는 연구대상을 분리시키는 시도에서 분류학상의 분류체계와 목록화를 포함한다. 물론, 1970년대와 1980년대의 대부분의 '관광지리학'(geographies of tourism)은 관광시설을 확인하고, 분류하고, 목록화 및 집계하는 것과 관련이 있었다. 이 시설의 대부분은 필연적으로 도시에 위치하거나, 또는 더 쉽게 도시로 예시되기 때문에, 1989년 논문의 참고문헌 목록에 포함된 월과 시노트(Wall & Sinnot, 1980)에 의한 유형화 분류는 놀란 만한 것이 아니다. 호텔, 식당, 역사적 건물이 적절하게 산정되었을 뿐 아니라 '침실'(bed-space), '식당 좌석'과 심지어 역사적 성당에 있는 이용 가능한 공간의 면적도 계산되었다. 물론, 많은 그 뒤의 연구는 오로지 이러한 도시시설 또는 관광에서 주로 사용하는 도시시설, 또는 심사숙고하여 관광상품의 일부분으로 장려되었던 도시시설에 집중하고, 목록화하고, 계량화하는 접근방법을 추구해 왔다. 그러나 관광객이 사용한 시설은 주민이 사용한 것보다 더 높은 또는 더 낮은 수준일 수 있기 때문에, 관광시설의 목록화와 계량화에 대해 성실하게 연구한 많은 시도를 진지하게 수용하기에는 어려움이 있다.

위치 기술에서 해석으로 옮기려는 시도는 일부 위치모델(locational model)을 생산해내는 결과를 가져왔는데, 이 모델은 나중에 도시의 호텔 위치에 대한 유형학(typology)으로 가장 널리 사용되었다. 이는 일반적으로(Pearce, 1995; 1997), 중규모의 타운에서(Pearce, 1987), 그리고 다양한 국가에서(Groote, 1987), 또는 유럽 대륙의 맥락에서(Burtenshaw, 1996) 응용되었다. 북미 연구는 미국(Wyckoff, 1992)과 캐나다(Bloomfield, 1996)에서 도시주변 호텔의 군집에 대해 모델링하였고, 더 일반적으로 도시모델에 가까운 숙박시설과 관련되었다(De Bres, 1994). 동일한 방법으로 모델링한 다른 도시관광 시설로는 쇼핑(Jansen-Verbeke, 1990b, 1991, 1994; English Historic Towns Forum, 1992)과 문화적 매력물(Townsend, 1992; Phelps, 1994)이 포함되었다.

시설목록과 위치모델은 종종 도시관광 정책을 설명하는 것과 관련이 있었다. 자원조사는 산업연구에 우선해야 한다는 생각은 널리 알려져 있었고, 농촌연구로부터 도입된 것으로 초기 주장으로 되돌아가려는 생각인 관광 수용력은 관광에서 단독으로 가장 많이 사용된 관리수단을 이끌어냈다. 만약 관광객이 가

축이고 도시가 목장이라고 생각한다면, 지속가능한 방향에서의 관광객의 최대화(비록 '지속가능한'이라는 단어가 아직 유행하지는 않았지만)를 나타내는 최적 수용능력(optimal capacity)을 산정할 수 있었을 것이다. 많은 도시의 시설에 관한 연구는 수용할 수 있는 관광객수의 명확한 총량을 산정할 수 있다는 희망에서 1980년대에 걸쳐 이루어졌고, 그 뒤에 지역정책의 기반을 형성할 수 있었다. 베니스(Venice)에 관한 연구는 가장 직접적으로 다양한 정책주도와 연계되었을 뿐 아니라, 최소한 광범위하게 반복할 수 있는, 도시의 물리적인 상황을 제공하였던 가장 탁월한 연구였다(Borg, 1990; 1998). 그러나 도시에서 관광시설 공급에 대한 수용능력은 계산할 수 있는 것이 아니고, 특정 위치의 특정 시설에 대한 계산할 수 있는 수용능력의 합계가 아니라는 것을 결국은 깨달았다. 여하튼 수요와 공급은 독립적인 변수가 아니고, 만약 수용능력이 전적으로 관리의 결과로서 경영으로부터 독립된 하나의 도구가 아니라면, 이 수용능력은 경영전략의 기준으로 사용할 수 없었을 것이다.

결론적으로, 도시 형성과정(urban processes)을 이해하게 하는 이러한 형태의 분석에 필요한 분류는 거의 불가능하기 때문에, 일반적으로 이 시설 접근은 많은 노력과 놀랄만한 생산성에도 불구하고 어디에서든 받아들이기가 어렵다. 이러한 견해는 심지어 현재 더 적절한 것처럼 보인다.

생태학적 접근방법: 관광도시의 연구

Ecological Approaches: In Search of the Tourism City

공급 특성을 분리하려는 무모함에 대한 하나의 반발은 도시 내의 지역 기능으로서 관광을 재통합하려는 시도였다. 이것은 관광의 현상을 분류하려는 경향과 대조되도록 하고, 도시의 광범위한 형태(form)와 기능(function)의 통합을 강조하기 위해서 도시 생태학적 접근이라는 명칭을 이끌어냈다. 1989년 논문에서에도 이 접근방법은 도시지리학에서는 한물 간 것이지만, 동시대 관광에서는 유행하게 되었다고 지적하였다. 여가를 분석하려고 한 지리학자의 초기 시도로 거슬러 올라가면, 이 접근방법의 두 개의 주요 근원을 추적할 수 있다. 스탠스필드(Stansfield)가 주장하는 논리는, 여태까지 발견되지 않았던 도시관광이 존재한다면 단지 몇 년 전에 초기 '중심상업지구'(Central Business District)를 발견하고 지도화 하였던 것과 같은 방법으로 도시 내의 지역으로(in intra-urban regions) 입증될 수 있어야 한다. 이것은 '레크리에이션상업지구'(Recreational Business District; Stansfield & Rickert, 1970; Talor, 1975) 및 쇼핑(shopping), 업무시설(office), 또는 야간오락지구(nightlife entertainment districts)와 같은 다른 기능을 가진 지역과 나란히 있는 '중심관광지구'(Central Tourism District)의 서술을 이끌었다. 도시 내의 기능을 가진 지역으로 정의할 수 있는 지역으로서 '관광도시'에 대한 연구는 계속되어 왔고(Dewailly, 1990; Smith, 1991; Herbin, 1995), '관광상업지구'(Tourism Business District)에 대한 생각이 추구되었다(Meyer-Arendt, 1990; Getz, 1993). 관광객의 정의를 왜곡하는 변수로는 더 광범위하게 식당과 카페지구(Chemla, 1990; Oosterman, 1993), 오락지구(Burtenshaw *et al.*, 1991; Ashworth, 1996) 및 레크리에이션과 기념품 쇼핑지역(Jansen, 1989; Jansen-Verbeke, 1990b, 1991, 1994; Pearce, 1995)의 경계를 포함한다.

두 번째로 도시간 지역(intra-urban regions)이라는 결과로 나타난 매우 독립적 선형의 조사가 대부분의 유럽 대륙을 선점하였던 해변리조트의 연구로부터 출현하였다. 지난 1960년대 초부터 이후 약 30년 동안(1966년에서 1995년까지) 해변리조트 토지이용모델이 창안되었고, 이 모델에 영감을 받은 실제 리조트의 관광 중요성이 많은 사례에서 오래 유지되었다. 비록 이러한 생각은 대부분 해변리조트에 처음으로 응용되었지만, 유사한 모델이 겨울 스포츠리조트와 온천지를 위해 제안되었다: 관광의 경제적 그리고 공간적 우수성을 갖추고 있는 곳에서, 그리고 아주 뛰어난 도시유형으로 평가되는 곳에서.

이러한 일련의 생각으로부터 직접적으로 생겨난 것이 잘 알려진 해변리조트 모델에 대한 내륙 변화의 분류로 1985년에 처음으로 만들어졌던 관광역사도시(tourist-historic city) 모델이다(Ashworth & De Haan, 1985). 그러나 역사도시에 있는 관광객은 해변리조트 휴가객보다 매우 다양한 동기와 행동을 나타냈기 때문에 이 모델은 매우 다르게 그리고 기대와 달리 발전되었다. 결과적으로 관광

도시는 아주 특별한 종류의 도시, 또는 도시 안에서 심지어 동질적이고 배타적인 단일 기능의 지역이 아니다.

관광도시는 일반적으로 도시에서의 관광활동의 지역화를 설명하는 기능적 연합의 군집화된 구성 양식이다; 따라서 관광도시는 다른 가능한 '도시들'(cities)의 광범위한 다양성과 비교되어야 한다. 관광역사도시 모델은 칸사스의 소[牛]도시(Kansas cow town)에서 일본의 성곽도시(Japanese castle towns)까지 세계적으로 응용되었을 뿐만 아니라 1990년대를 거치면서, 관광역사 수변공간(tourist historic waterfront; Tunbridge & Ashworth, 1992), '보석' 도시, 관광역사도시 네트워크 지역과 같은 도시 자체의 특성에 기반을 둔, 하나의 온 가족인, 파생된 변형을 낳았다. 애쉬워스와 턴브리지(Ashworth & Tunbridge, 1990) 그리고 애쉬워스와 턴브리지(Ashworth & Tunbridge, 2000)의 비교는 관광정책 내에서 도시의 역할보다는 도시계획과 관리 안에서 관광의 장소에 더 관련의 있는 정책이슈 쪽으로 (지역화로부터) 전환을 설명하고 있다.

이용자 접근방법: 도시 관광객의 연구

User Approaches: In Search of the Urban Tourist

1989년에는 위치 및 생태학적 모델에 관광객을 포함하는 것이 가장 절실히 필요했던 것 같다. '누가?'(who), '무엇을?'(what), '왜?'(why)라는 질문은 상당히 난처하고 만족스러운 대답을 얻지 못했었다. 관광통계에서 도시는 외국인 관광객에게 가장 중요한 두 개의 관광목적지이고, 내국인 관광객에게는 가장 중요한 하나의 관광목적지로, 대륙 방문객에게는 가장 중요한 관광목적지임이 입증되고 있다. 그러나 정확하게 이들 방문객이 누구인가는 지극히 일반적인 인구통계학적 특성, 사회적 계급과 위치 용어에 의해 묘사될 것이고, 그들의 동기는 단지 그들의 위치 선택으로부터 추론될 수 있을 것이다.

이것은 관광시설과 관광수요 사이의 본질적 연계로 1989년 논문에서 도시 내의 관광객 행동에 대한 연구의 필요성을 강력히 요구하였다. 이에 관해서는 단지 관광객의 행동에 대한 막연한 생각과 문헌적으로 약간의 사례연구가 있을 뿐이었다. 기존 연구는 도시 사이의 비교우위의 일반화를 갖추고 있기보다는 도시의 지역적 상세로 가득 차 있다. 이러한 관광객 분석을 위한 출발점은 일반적으로 현지인과 비교하여 방문객은 더 제한된 지식과 기대, 그리고 또한 이에 따른 시간과 이동의 실제적 제약을 가지고 있다는 것이다. 관광객은 시간의 제약을 받고, 일반적으로 지역주민보다 현지 접근과 교통에 덜 친숙하기 때문에, 그들의 행동반경은 더 제한되어 있다. 이것은 도시 안의 관광객의 시간-공간 예산(time-space budgets)에 대한 이해를 더 쉽게 하고, 잠재적으로 도시 내의 관광객 관리를 위한 매우 강력한 수단을 약속한다. 관광객이 도시 안에서 어떻게 이동하는지를 이해하는 것은 그들의 영향에 대응하는 데 필요한 정보를 제공하고, 또한 현지 관리자에게 이러한 행동에 영향을 미치는 유용한 방법을 제공한다. 시간과 현지 지식에 대한 많은 제약, 그리고 지역 마케팅에 대한 의존은 도시관광 경험뿐만 아니라 방대한 지역계획 목적의 증진을 추구하는 데 있어서 실제적인 관리 도구로서 도로표지판, 오솔길과 다른 정보를 이용할 수 있는 기회를 제공한다. 그러므로 당연히 현지 관리기법으로 관광객 행동에 대한 상세한 현지 지식과 그에 대한 대응을 수립한 사람은 공간사회 현상(spatio-social phenomenon)으로 관광을 연구하는 학자이기 보다 현지 도시관리자(예를 들어, 도시 중심 관리프로그램의 운영자)였다. 그러나 공간사회 현상에 관하여는 네덜란드(Dutch)의 소규모 관광역사도시(1994)와 관광목적 지역(1995)에서 관광객 행동에 관한 다이볼스트(Dievorst)의 주목할 만한 연구가 있었고, 그리고 박물관 방문객의 광범위한 도시 행동에 대한 프론펠트(Flognfeldt, 1996), 얀센-베르베크와 레콤(Jansen-Verbeke & Rekom, 1996)의 연구가 있었다.

방문객이 도시에서 실제로 무엇을(what) 하는가에 대한 유익한 연구가 소수인 것과는 대조적으로 항상 방문객이 왜(why) 그것을 하는가에 초점을 맞추는 강력한 연구경향이 있었다. 맥커넬(MacCannell, 1976), 코헨(Cohen, 1979), 댄(Dann, 1981) 등의 학자가 주도하였던 관광사회학은 비록 그들 자체에서 종종 합의점을 도출하지 못했는데도 불구하고, 방문객의 동기, 태도 및 인식에 관한 연구의 기초를 쌓았다. 이것은 특히, 지리학자 사이에서 문화에 대한 관심의 부흥으로 크게 발전되었다. 사회문화지리학이 번성함에 따라 문화적 가치, 정체성 및 태도의 반영과 표현으로서 관광에 대한 관심이 커졌다(예, Kinnaird & Hall, 1994; Shaw & Williams, 1994). 이들 대부분은 불가피하게 도시에 초점을 맞추었다. 그러나 이러한 연구의 거의 대부분은 관광을 설명하기 위해 문화를 사용한 것이 아니라 문화를 설명하기 위해서 관광을 사용한 것이 명백하다. 가끔 도시관광의 분석과 관리에 사용될 만한 가치 있는 통찰이 있지만, 이것은 그리 충분하게 명백하지는 않다.

그 접근방법의 산업적 패러다임과 학문적 비판 양쪽의 기본 가정은 관광객은 현지 주민과 차이가 있다는 것이다. 만약 관광객이 없다면 관광에 대한 연구에서 얻을 수 있는 것도 없다. 대부분의 연구는 단지 이러한 차이의 존재에 의존한 것이 아니고, 관광객 행동 및 결과로 나타나는 정책과 관리라는 가장 중요한 특징에 초점을 두는 경향이 있다. 그러나 관광공급과 관광수요 양쪽의 본질에 대한 경향은 이 구별이 덜 유지될 것으로 설명하고 있다. '특수목적' 관광(special interest tourism)에 대한 최근의 관심은 도시가 방문객에게 항상 광범위한 상품과 경험을 제공하여 왔고, 항상 상품공급에 있어서 매우 민첩한 다양화를 할 수 있었다는 사실을 간과하였다. 지금 이루어지고 있는 것은 방문객이 휴가활동 동안에 추구하는 것과 집에서 구상했던 관심이다. 표현은 다르겠지만, 서구의 생활양식은 더 여가지향적으로 정의되었고, 휴가는 가정생활에 대한 대비가 아니라 가정생활의 확장이 되었다. 그래서 관광객은 단지 집을 떠난 거주자이다: 거주자는 단지 여행 중에 있는 관광객이다. 만약 이러한 연구사례가 있었다면, 관광객과 거주자 사이의 기본적 구별은 점점 사라져가는 많은 행동연구를 떠받쳐 주었을 것이다. 재미있게도, 관광객과 현지 지역주민 사이의 강력한 차이에 의존하고 있는 많은 관광연구는 이러한 차이가 가장 언급되는 세계 각지에서 이루어졌다. 그러나 관광인류학 성향이 있는 이러한 연구는 대표적이지 못하기 때문에 논쟁이 있을 수 있다. 대부분의 관광이동은 경제적 수준, 사회적 또는 문화적 발전이 다소 다른 출발지(origins)와 목적지(destinations) 사이의 이동이다. 향후 관광도시에 대한 연구에 있어서 이것이 함축하는 바는 분명하지는 않지만 쉬운 분석 틀의 하나를 제거하려고 위협하고 있다는 것이다.

정책적 접근방법: 도시관광 정책의 연구
Policy Approaches: In Search of Urban Tourism Policies

도시관광 정책의 역사는 대부분의 도시, 대부분의 시간이 이러한 정책을 의식적으로 개발한 것은 아니었고, 그렇게 해야 하는 어떠한 특별한 요구를 느꼈던 것도 아니었다는 것을 인식해야 할 것이다. 공공 및 민간 부문에서 관광정책은 일반적으로 단지 *특별한(ad hoc)* 경영전략 이상은 아니었다. 방문객 숙박시설은 날씨와 같이 현지 활동에 의해 영향을 받지 않는 전통적인 평범한 도시기능이라는 관점이 있다. 만약 항상 거기에 관광객이 있었고 있을 것이라면, 왜 관광정책을 걱정하겠는가? 게다가 비꼬는 사람은 역사적 사례에서 도시관광의 성공적인 이야기는 정책의 부재에서 발생한다고 주장하지만, 정책은 단지 어렴풋이 나타나는 실패에 직면하여 궁리되어 왔었고, 포괄적인 지방 관광정책의 존재는 걱정의 훌륭한 지표이다. 동등한 정책도 없었고, 중앙 공공투자도 미미했으며, 그리고 명확한 판촉도 없었던 런던(London)이 외국인 관광객수에서 1970년대에서 1990년대에 이러한 모든 것을 했던 파리(Paris)를 훨씬 추월하였다(London Tourism Board, 1990; Pearce, 1997, 1999). 유사하게 암스테르담(Amsterdam)은 관광정책 없이 1960년대와 1970년대에 주요 국제관광의 중심이 되었지만, 관광 지위가 브뤼셀(Brussels)에 의해서 점차 약화되고 추월당하게 되자 1980년대와 1990년대에 지방정책의 흐름을 수정하였다(Ashworth & Tunbridge, 2000).

나는 이미 관광을 위한 지역 공공정책은 '모두 행복'(Everybody happy), '행복은 없다'(Nobody happy), '모두 융화'(Everybody reconciled)의 순서를 따라왔다고 주장하려고 시도하였다. 유감스럽게도, 일시적인 간소함을 위해서 이것은 그렇게 똑바로 나가는지를 거의 입증하지 못하였다. 비록 지금 이러한 도전이 없는 것은 아니지만, '모두 행복'(Everybody happy) 정책은 1970년대까지 재출현하면서 가장 유력하였다(Law, 1992; Jansen-Verbeke & Wiel, 1995). 이는 도시와 '초과수익모델'(windfall gain model)의 존재로 가장 잘 표현된 관광 사이의 조화라는 순진한 가정에 의존한다. 이것은 관광자원이 이미 다른 목적을 위해 존재하고, 비용 없이 이득의 배분이 나타나는 유익한 현지영향과 함께 새로운 관광시장에 판매하기 위한 상품을 개발하는데 계속해서 활용된다는 것을 가정한다. 관광객은 빈 박물관, 미술관, 기념관뿐 아니라 상점, 식당, 호텔까지 가득 채운다. 변덕스러운 수요를 만족시키기 위한 새로운 상품을 끊임없이 연구하는 관광산업은 유비쿼터스(ubiquitous), 종종 무료, 자유로운 접근성, 유연성과 도시자원의 무한한 패키지의 제공을 환영한다. 관광은 확대된 지방 정체성, 사회적 유대와 호감이 가는 시장 이미지 등의 추가적 편익을 가진 무료 기존자원의 사용에 대한 이익의 순환을 제공한다. 이는 추가소비가 자원을 감소시키거나 손상시키지 않고, 소비자 집단의 증가는 다른 사람의 접근을 감소시키지 않으며, 그리고 발생한 편익과 비용은 전체 집단에 포함된 개개인에 의해 동일하게 경험될 것이라고 가정하고 있다. 이러한 가정은 보편적으로 맞지 않고, 예외적인 상황을 제외한 더 이상의 조건에서 이 모델은 지지될 수 없다.

'행복은 없다'(Nobody happy)로 이름 붙여진 지방정책은 자동적인 조화(automatic harmony)라는 가정의 반대에 의존하고 있고, 이는 말 그대로 관광과 도시 사이의 자동적인 갈등으로 아마도 관광에 대한 반작용일 것이다. 도시관광 개발은 무임승차(free-riding), 무책임한 이용자(irresponsible exploiter; Cheng, 1990), 오염원(polluter; Jansen-Verbeke, 1990c), 주민과의 화근(irritator of residents; Dalibard, 1988), 바우들러주의자(bowdleriser; Horne, 1984), 상업주의자(commercialiser; Hewison, 1987), 착취자(empoverisher; Mossetto, 1991), 매춘부(Pfallin, 1987) 및 도시의 많은 부정적 역할로 치부되고 있다. 이러한 명예를 손상시키는 '반관광객'(anti-grockle) 정서는 특별히 최근의 일만은 아니다(Hunter & Green, 1995 참조). 도시의 관광객은 항상 존중받기도 하고 멸시받기도 하였으며, 기회로 비위를 맞추어줬고 위협으로 거절되기도 하였다. 그 결과가 개별 도시수준의 지방정책에서 모호하였다는 점에서 종종 정책에 나타나는 것은 실제 또는 잠재적 갈등의 관리보다는 조금 더 심하다는 것이다.

물론 관광이동의 크기와 유형은 국가수준에서는 더 쉽게 영향을 받고, 지방 수준에서는 대체로 감당하기 어렵다는 것은 역설적이다. 도시는 방문객을 가려내고 선택하는데 매우 제한된 권한만을 가지고 있다(베니스를 위한 보르[Borg]의 정책분석과 많은 제안에도 불구하고). 그러나 도시의 관광행동은 지역계획, 마케팅 및 관리를 벗어날 수 없으며, 책임을 져야 한다(Page 1989; Jansen-Verbeke, 1992, 1997; Tyler *et al.*, 1997). 그러므로 베니스(Venice: Westlake & White, 1992; Borg, 1998), 옥스퍼드(Oxford: Glasson, 1994) 또는 칸터베리(Canterbury: Page, 1992)와 같은 도시가 종종 전략기회가 아니라 계획문제로 관광을 보는 것은 놀라운 일은 아니다. 특별히 제한된 지역에 집중되어 있는 유럽유산(European heritage)에 자금력을 가진 누군가가 엄습하는 아마 극단적인, 그러나 필연적인 일이 있었고, 유산은 보존되었다.

그러나 자동적 갈등의 가정은 자동적 조화의 가정처럼 순진하며, 도시보다는 지방에서 쉽게 정당화될 수 있다. 이러한 갈등은 다음을 가정한다.

- 도시관광 자원은 고정적 공급이기 때문에 수요의 증가는 자동적으로 자원의 감소를 초래한다.
- 관광객의 이용은 본질적으로 달라서, 비관광객의 이용에서는 낮은 가치를 함축할 수도 있다.
- 경제적 활동으로서 관광은 다른 지역경제 활동과는 다른 기반으로 평가되어야 한다.

참가자 사이의 상호 이익이 되는 공생관계의 지속적인 필요와 증가하는 분명한 갈등의 양쪽 맥락의 측면에서 볼 때, '모두 융화'(everybody reconciled) 정책에 있어서 새로운 공생관계에 대한 탐구가 있어왔다는 것은 놀라운 일이 아니다. 지속가능한 개발의 생각은 환영받는 해법과 난국으로부터 탈출로서 관광산업, 자원공급자 및 관광목적지 관리자에게 적절하게 포착되었다. 만약 지속가능성이 정치적 실행과 응용 가능한 관리기법으로서 이용된다면, 우리는 자원기반의 절충 없이도 이전의 이익이 나는 조화의 상태로 모두 되돌아갈 수 있을 것이다.

대부분의 유럽 국가는 도시의 이러한 문제를 조사한, 보통 제목에 '지속가능한'(sustainable)이라는 용어를 사용한 많은 공식적인 문서를 발간하였다. 영국의 국가기관인 '관광과 환경 태스크포스'(Tourism and Environment Task Force)는 1991년에 많은 도시에서 수집된 역사도시의 관광과 방문객 관리 사례연구에 대한 보고서를 제공하였다. 거의 유사하게, 국가경제개발위원회(National Economic Development Council: Davis, 1991)는 '계획 시스템과 대규모 관광 및 여가개발'(planning system and large-scale tourism and leisure development)에 대해 보고했다. 같은 시기에 많은 다른 나라에서도 유사한 보고서가 나왔지만, 아마도 가장 주목할 만한 것은 수많은 국제기관의 관심 분야인 '녹색'(green)에 '회색'(gray) 환경의 추가였다. 잠재적으로 가장 인상적인 것은 아마도 유럽연합(European Union: Commission of European Communities, 1994)이었다. 녹색계획은 녹색/회색계획이 되었고, 관광은 양쪽에서 활동적인 요소로 인식되었다. 지속가능한 관광은 더욱 최근에 책임 있는 계획의 부분으로써 책임 있는 관광이 되어왔다. 염세론자는 지속가능한 관광을 단지 '무서워지는 산업'(industry running scared)으로 보는 것 같다(Ashworth, 1992b): 순진하게 말하기를(Wheeller, 1991), 낙관주의적 관점에서 관광객은, 상업적인 관광산업에 대응으로, 그들이 방문한 관광목적지의 환경적 질에 문제를 일으키는 위협을 더 많이 인식하게 될 것이다(Hunter & Green, 1995, 제12장 참조). 그러나 새로운 '도시부흥'(urban renaissance: City Fringe Partnership, 1977; Urban Task Force, 1999)의 일부분으로이든 도시 문화정책(Bianchini, 1993)이든, 최소한 관광은 이제 예전의 관광이 아니라 확고히 지역정책 의제로 자리 잡았고, 유명한 관광도시의 한 움큼의 일부가 아니다.

몇 가지 간과한 접근방법 Some Missing Approaches

경제학 Economic

지금은 상당히 고려할 만한 주목을 받고 있는 1989년 논문에서 간과하였던 몇 가지 접근방법에 대해 간략히 다룰 것이다. 그러나 먼저, 경제학이라고 하는 '실패한 신'(god that failed)에 대해 언급해야 한다. 학문연구로서 관광의 형성 시기 동안에 관광경제학이라는 하위 분과학문은 많은 약속을 제시했다. 관광은 본질적으로 경제현상이라는 믿음은 받아들여졌다. 특히, 하나의 산업은 수요와 공급 위치의 특정 공간적 차원과 의심할 여지없이 비경제적 차원에 대한 영향과 효과를 가지고 있다. 그러나 경제적 활동으로서 지역경제는 단지 경제적 효과의 문제에 대한 답변으로서뿐만 아니라 그것을 관리하는 관리도구를 제공해야 하는 것을 가정하는 것은 적절했다. 어디에서든 마찬가지로 관광연구에서 확인한 것은 관광에 있어서 기대를 경제학적으로 분석하는 데 실패했다는 것이다. 경제학 영역은 분석과 경영의 도구로 운용되지도, 변형되지도 못하는 하나의 추상(abstraction)임이 입증되었다. 1970년대와 1980년대에 걸쳐 지역경제승수, 투입산출분석, 경제적 연계와 기타 수많은 연구는 결코 비교 가능한 결과, 유용한 지식 또는 정책을 위한 어떠한 실제적 토대도 제시하지 못했다. 관광에서 사용하고 있는 접근방법(Sinclair & Stabler, 1977)의 극히 일부와 관광경제학은 대체로 사업연구(예, Moutinho, 2000)에 포함되어 왔고, 이것은 지역관광경제의 작용에 대한 밑그림이라기보다는 관광기업의 운영에 있어서 실제적인 고려사항에 집중하였다(제3장 참조).

도시 마케팅 City Marketing

1989년도 논문에 도시 마케팅의 초기 연구에 관한 언급이 있었지만, 대체로 선전용 책자의 내용분석에 한정되었다. 이것은 이제 관광 마케팅, 관광 이미지 창출과 홍보, 그리고 이것의 기호(semiotic)에 관한 연구의 경이로운 결과에 의해 퇴색되고 대부분 바뀌었다. 이 생산성은 두 가지 범주로 명확하게 구분될 수 있다. 첫째는 도움이 되는 실마리를 효과적으로 구성한 도구인 편람이다. 이러한 『어떻게 이것을 할지(*how to do it*)』라는 책(Witt & Moutinho, 1994; Middlenton, 1999)의 목표는 기업이나 실제로 공공 계획기관의 편익에 영향을 미치는 마케팅, 특히 홍보의 효율성을 증가시키는 것이다. 그것은 특별한 시장

상품인 관광보다는 마케팅 기법의 연구에 관광을 위치시키고자 하는 것으로 그들의 학문적 내용을 손상시키는 것은 아니다.

두 번째 범주는 매우 다르다. 이 연구는 사회적 그리고 심리적 태도의 분석에 착수하는 수단으로서, 그리고 이에 따른 사회의 경향과 인식의 발견으로서 잠재적 관광객에게 홍보하는 이미지를 만든다. 활자화된 관광홍보 이미지는 자체적으로 역사적 태도와 시간에 따른 변화의 연구를 제공한다(Gold & Ward, 1994, Ward, 1998). 마찬가지로, 관광홍보 자료는 이러한 이미지를 통하여 어떻게 권한이 행사되는지를 조사하는 수단으로써 사용되어 왔다(Morgan & Pritchard, 1998). 심지어 더 광범위하게는 많은 학자가 페미니스트(feminist), '포스트 식민주의'(post-colonial) 또는 다른 '담론'(discourses)에 매달기 위한 구실로서 여가연구를 이용했다(Aitchison *et al.*, 2000; Selwyn, 1996). 대부분의 이러한 연구에서 관심의 초점은 앞에서 언급한 바와 같이 관광이 아니며, 확실히 관광산업의 경제적 관심을 확대하고 하는 것이 아니기 때문에 이것을 하려는 저자는 거의 없다: 이것은 단지 관광이 더 극단적인 행동이나 태도를 나타내고, 이에 따라 더 쉽게 연구되고 인지되는 것이다. 관광 이미지의 홍보, 전달, 수용의 양과 접근성은 이러한 목적을 위한 이상을 제공한다.

바뀌면 바뀔수록 ... Plus Ca Change ...

이 장의 참고문헌은 초기의 것과는 상당히 다르다. 1989년의 연구 시도가 비록 실패하기는 했지만, 포괄하려는 노력은 여전히 실행할만한 것이었다. 현재 많은 연구문헌은 심지어 상당히 쓸데없는 시도를 하였다. 이 논문과 초기 논문 사이의 중요한 하나의 차이는 많은 학자들, 특히 이것은 흔해빠진 것이라는 젊은 학자에 의해 주목되지 못하고 지나쳐 버렸을 것이다. 1989년도 참고문헌 목록에는 어느 정도 프랑스와 심지어 독일 문헌이 있었으나, 이번에는 그렇지 않다. 이것은 1960년대와 1970년대에 유럽 대륙의 학자에 의해 이루어져 왔던 상당한 공헌이 대부분 그쳤다는 것이거나, 적어도 더 이상 영어 이외의 언어로 작성된 것이 없다는 것을 반영한다. 우리가 영어사용 독점의 세계에 들어섰거나 그것은 단지 언어 구분 징후의 하나일 것이다.

초기의 논문은 도시관광의 명확한 특징을 동반하고, 제공하고, 다기능 도시에서 다양한 동기를 가진 소비자를 설명할 수 있는 새로운 통합 접근방법이 필요하다는 주장으로 결론지었다. 그러므로 우선 이것이 출현했는지 아닌지, 그리고 실제로 필요했던 것인지 아닌지의 조사를 정확히 해야 할 것이다.

대답은 몇 가지의 역설을 통해 표현할 수 있다. 한편, 다양화된 관광상품 생산방법의 개발, 장소의 경제적 복지와 지역문화의 유지관리는 도시의 모든 행위자 집단에게 이익을 줄 수 있는 공동정책과 관련된 모든 것을 할 수 있다는 것이 점점 실현되고 있다. 다른 한편으로, 이러한 관계의 세부항목에 관하여 여전히 거의 알려지지 않았다는 것은 더욱 놀라운 것이다. 모든 부분 사이에는 자동적이고 보편적으로 조화로운 공생관계가 존재한다는 생각은 질문하거나 설명되기보다는 여전히 너무 자주 가정되고 있다. 관광과 장소 사이의 관계는 현재로서는 확신이 있는 해답을 줄 수 있는 것보다는 더 많은 문제를 제기한다. 왜, 그리고 어떻게 관광객이 도시를 이용하게 하는가? 다른 도시기능을 위하여 관광이용의 추가가 함축하는 것은 무엇인가? 지역개발 목표를 위한 관광의 효과적 경영은 이러한 질문에 대한 대답에 의존한다.

도시와 관광의 관계는 불균형(asymmetrical)이다. 도시는 관광에 중요하지만 이것은 관광이 도시에 중요하다는 것을 자동적으로 함축하지는 않는다. 관광은 매우 선택적이고, 도시는 단지 매우 드물게 불가피한 관광개발을 간직하게 된다. 관광은 도시의 다양한 자원을 요구하겠지만, 이것이 도시가 관광을 필요로 한다는 의미는 아니다. 비록 관광이 종종 유용한 한계경제활동(marginal economic activity: '초과경제이익모델', windfall economic gain model)과 때때로 지역경제를 위한 중요한 지지자이지만, 한 도시가 심사숙고하여 다른 분야의 경제적 실패에 대한 보완책으로서 관광을 선도적 경제부문으로 만든 것은 실제로 단지 몇 개의 사례에 불과하다. 성공을 위한 조건은 매우 엄격하다. 여기에는 대안적 선택이 엄격하게 제한된 범위를 가진 경제적 책무(economic imperative)를 포함한다. 특히 토지, 노동 및 서비스 지원의 잉여 수용력(surplus capacity),

특수한 시장과 관련된 상품으로 상업화 할 수 있는 일련의 자원(set of resources), 수요 시장과 관련이 있는 운 좋은 위치(fortunate location) 및 뜻밖의 주도권이라는 시기적인 가망성(probably in the timing) 등. 이와 같이 비용을 초과하는 과도한 경제적 혜택을 위한 전제조건의 체크리스트는 왜 많은 도시에서 관광개발이 우선이 아닌지, 왜 지역 관광개발이 성공보다는 더 실패할 것 같은지를 설명한다.

지금, 예전보다 다양한 교육 및 훈련기관, 다양한 학력 수준의 많은 관광교육과정이 있다. 더 많은 학생, 교사, 서적, 프로그램이 있다. 그러나 이것은 '산업적 패러다임'(industrial paradigm)이라고 부를 수 있는 것에 의해 좌우되고 있다. 상업적 기업과 정부는 경제적 목표의 증진을 위해서 정보를 창출하거나 또는 학생에게 기술을 전수할 필요가 있기 때문에 관광을 연구한다. 대부분의 학문적 연구와는 달리, 대부분 (산업적) 관광연구의 두드러진 역할은 훈련된 인력의 공급자로서 그리고 대규모 산업의 연구영역으로서 행동하는 것이다. 그러나 유감스럽게도(Hughes, 1991), 이것은 이러한 관광을 연구하는 것의 한계를 정의한다. 의제와 결과의 범위가 미리 부여된다. 이것은 관광, 관광객 및 산업의 존재가 패러다임으로 가정되었다는 것을 함의한다. 거의 대부분 관광을 연구한 문헌의 제1장은 관광의 존재에 대한 논의가 아니라 관광이라는 현상의 규명 및 인식과 관련이 있다.

결론은 아직도 불균형이 존재한다는 것이다. 그러나 이미 나는 도시관광 연구의 발전을 통해서 관광 내의 더 균형 잡힌 접근방법에 의해 개선되어야 한다는 것을 이해하고 느끼는 데 어려움이 있음을 알았다. 지금 나는 이 불균형이 관광연구의 본질과 도시의 본질에 상당히 내재된 것이라는 것을 받아들인다.

비 고 Note

1. 처음 논문은 'Urban tourism: An imbalance in attention' in Volume 1 of *Progress in Tourism, Recreation and Hospitality Management* (1989), pp. 35-54.

| 참고문헌 | References

Aitchison, C., Maccleod N.E. and Show, S.(2000) *Leisure and Tourism Landscapes* London: Routledge.

Ashworth, G.J.(1989) Urban tourism: An imbalance in attention. In C.P. Cooper(ed.) *Progress in tourism, Recreation and Hospitality Research* (pp. 35-54). London: Belhaven.

Ashworth, G.J.(1992a) Is there an urban tourism? *Tourism Recreation Research* 17 (2), 3-8.

Ashworth, G.J.(1992b) Planning for sustainable tourism. Town Planning Review 63 (3), 325-30.

Ashworth, G.J.(1999) Heritage, tourism and cities: A review. *Tourism Recreation Research* 24 (1), 19-29.

Ashworth, G.J.(1996) Managing night life in the city: The case of Groningen. In P. Pellenbarg, F. Schuurmans and J. De Vries(eds) *Reisgenoten: Liber Amicorum J. Van Der Bremen* (pp. 1-13). Groningen/Utrecht: Nederland Geografisch studies.

Ashworth, G.J. and de Haan, T.Z.(1985) *The Tourism-Historic City: A Model and Initial Application.* Groningen: GIRUG.

Ashworth, G.J. and Tunbridge, J.E.(1990) *The Tourism-Historic City.* London: Belhaven.

Ashworth, G.J. and Tunbridge, J.E.(2000) *The Tourism-Historic City: Retrospect and Prospect of the Management of Heritage Cities.* London: Elsevier.

Berg, L., VanDen, Borg, J., VanDer and DerMeer, J. Van(1995) *Urban Tourism: performance and Strategies in Eight European Cities.* London: Avebury.

Bianchini, F.(1993) The role of cultural policies. In F. Bianchini and M. Parkinson(eds) *Remaking European Cities* (pp. 199-213). Manchester: Manchester University Press.

Bloomfield, G.(1996) Lodging at the interchange in London, Ontario. *Canadian Geographer* 40(2), 173-80.

Boniface, P. and Fowler, P.J.(1993) *Heritage and Tourism in the Global Village.* London: Routledge.

Borg, J.VanDer(1990) *Tourism and Urban Development.* Faculty of Economics, Erasmus. Rotterdam: University of Rotterdam.

Borg, J.VanDen(1994) Demand for city tourism in Europe: Tour operators' catalogues. *Tourism Management* 15(1), 66-9.

Borg, J.VanDer(1998) Tourism management in Venice, or how to deal with success. In D. Tyler, Y. Guerrier and M. Robertson(eds) *Managing Tourism in Cities*(pp. 125-35). Wiley, London.

Borg, J., VanDen, P. Costa and G. Gotti(1996) Tourism in European Heritage Cities. *Annals of Tourism Research* 23(2), 306–21.

Burtenshaw, D., Bateman, M. and Ashworth, G.J.(1991) *The European City: Western Perspectives.* London: Fulton.

Chemla, G.(1990) L'evolution recent des restaurants gastronomiques Parisiens. In P.Huetzdetemps and J.–R. Pitte(eds) *Les Restaurants dans le Monde et a Travers des Ages*(pp. 39–58). Paris: Edition Gelut.

Cheng, A.(1990) Tourism: How much is too much? *Canadian Geographer* 24(1), 9–12.

Christaller, W.(1966) Some considerations of tourism locations in Europe. *Papers Regional Science Association* 12: 95–105.

City Fringe Partnership(1997) *Building on Success: City Fringe Partnership Review.* London: CFP.

Cohen, E.(1979) A phenomenology of tourist experiences. *Sociology* 13, 179–201.

Commission of the European Communities(1994) *Green Book on the Urban Environment.* Brussels.

Coppock, T. and Duffield B.S.(1975) *Recreation in the Countryside: A Spatial Analysis.* London: Macmillan.

Costa, P. and Van Der Borg, J.(1993) *The Management of Tourism in Cities of Art.* CIEST 2. Venice: University of Venice.

Crouch, D.(ed.)(1999) *Leisure/Tourism Geographies: Practices and Geographical Knowledge.* London: Routledge.

Dalibard, J.(1988) Can tourist towns be liveable? *Canadian Heritage* 14(3), 3–4.

Dann, G.(1981) Tourism motivation: An appraisal. *Annals of Tourism Research* 8, 187–219.

Davie, H.W.E.(1991) *The Planning System and Large Scale Tourism and Leisure Developments.* London: National Economic Development Office.

De Bres, K.(1994) Cowtowns or cathedral precincts? Two models for contemporary urban tourism. *Area* 26(1), 57–67.

Defert, P.(1966) *La Localisation Touristique: Problèmes Théorétique et Pratique.* Berne: Editions Gurten.

Department of the Environment(1990) *Tourism and the Inner City.* Inner Cities Directorate. London: HMSO.

Dewailly, J.M.(1990) *Tourisme et Amengement en Europe du Nord.* Paris: Masson.

Dietvorst, A.(1994) Cultural tourism and time–space behaviour. In G.J. Ashworth and P.J. Larkham(eds) *Building a New Heritage: Tourism, Culture and Identity in the New Europe* (pp. 69–89). London: Routledge.

Dietvorst, A.(1995) Tourist behaviour and the importance of time–space analysis In G.J. Ashworth and A.G.J. Dietvorst(eds) *Tourism and Spatial Transformation:*

Implications for Policy and Planning(pp. 163–81). Wallingford: CAB International.

Dower, M.(1965) *The Fourth Wave: The Challenge of Leisure.* London: Civic Trust.

English Historic Towns Forum(1992) *Shopping and Tourism.* London.

Fache, W.(1995) Transformation in the concept of holiday villages in Northern Europe. In G.J Ashworth and A.G.J. Dietvorst(eds) Tourism and Spatial Transformations: Implications for Policy and Planning(pp. 109–28). Wallingford: CAB International.

Flognfeldt, T.(1996) Museum visitors and modes of travelling in Norway. In Robinson M.(ed.) *Tourism and Cultural Change*(pp. 113–26). Newcastle: University of Northumbria.

Getz, D.(1993) Planning for tourism business districts. *Annals of Tourism Research* 20 (3), 583–600.

Glasson, J.(1994) Oxford: A heritage city under pressure. Tourism Management 15(2), 137–44.

Gold, J.R. and Ward, S.(1994) Place Promotion. London: Belhaven.

Gyptis, S.(ed.)(1993) Leisure and the Environment: Essays in Honour of J.A. Patmore. London: Belhaven.

Groote, P. De(1987) *De Belgisch Hotelsector: Een Economische Geografisch Analyse.* Universitaire Pers K.U. Leuven.

Hall, C.M. and Page, S.J.(1999) *The Geography of Tourism and Recreation: Environment,* Place and Space. London: Routledge.

Herbin, J.(1995) Mass tourism and problems of tourism planning in French mountains. In G.J. Ashworth and A.G.J. Dietvorst(eds) *Tourism and Spatial Transformations: Implications for Policy and Planning*(pp. 93–105). Wallingford: CAB International.

Hewison, R.(1987) *The Heritage Industry: Britain in a Climate of Decline.* London: Methuen.

Horne, D.(1984) *The Great Museum: The Re-Presentation of History.* London: Pluto.
Hughes, G.(1991) Tourism: A comment. Area 23(3), 263–7.

Hunter, C. and Green, H.(1995) *Tourism and the Environment: A Sustainable Relationship?* London: Routledge.

Jansen, A.C.M.(1989) Fun shopping as a geographical notion or the attitudes of the inner city of Amsterdam as a shopping area. *Tijdschrift Voor Economische En Sociale Geografie* 90(3), 243–9.

Jansen-Verbeke, M.(1990a) The forum function of inner cities. *World Leisure and Recreation* 31(4), 25–8.

Jansen-Verbeke, M.(1990b) Leisure + Shopping = Tourism product mix. In G. Ashworth and B. Goodall(eds) *Marketing Tourism Places*(pp. 128–37). London: Routledge.

Jansen-Verbeke, M.(1990c) Toerism in de Binnenstad van Brugge: Een Planologische Visie. *Nijmegse Planologische Cahiers* 35. Nijmegen: K.U.

Jansen-Verbeke M.(1991) Leisure shopping: A magic concept for the tourism industry. *Tourism Management* 12 (1), 9–14.

Jansen-Verbeke, M.(1992) Urban recreation and tourism: Physical planning issues. *Tourism Recreation Research* 17 (2), 33–45.

Jansen-Verbeke, M.(1994) The synergism between shopping and tourism: The Japanese experience. In T. Theobald(ed.) *Global Tourism: The Next Decade*(pp. 58–71). Oxford: Butterworth-Heinemann.

Jansen-Verbeke, M.(1997) Urban tourism: Managing resources and visitors. In S. Wahab and J. Pigram(eds) Tourism, *Sustainability and Growth*(pp. 237–56). London: Routledge.

Jansen-Verbeke, M. and Van Rekom, J.(1996) Scanning the museum visitor. *Annals of Tourism Research* 23 (2), 364–75.

Jansen-Verbeke, M. and Wiel, E. Van De(1995) Tourism planning in urban revitalisation projects: Lessons from the Amsterdam waterfront. In G.J. Ashworth and A.G.J. Dietvorst(eds) *Tourism and Spatial Transformation: Implications for policy and Planning*(pp. 129–45). Wallingford: CAB International.

Kinnaird, V.H. and Hall, D.(1994) Tourism: A Gender Analysis London: Wiley.

Law, C.M.(1992) Urban tourism and its contribution to economic regeneration. *Urban Studies* 29 (3/4), 599–618.

Law, C.M.(ed.)(1993) *Urban Tourism: Attracting Visitors to Large Cities.* London: Mansell.

Law, C.M.(1995) *Urban Tourism.* London: Routledge.

Law C.M.(ed.)(1996) *Tourism in Major Cities.* London: Thomson.

London Tourism Board(1990) *Tourism Strategy for London 1990–3 Summary.* London: LTB.

MacCannel, D.(1976) *The Tourist: A New Theory of the Leisure Class.* New York: Schoken Books.

Meyer-Arendt, K.(1990) Recreational business districts in Gulf of Mexico seaside resorts. *Journal of Cultural Geography* 11, 39–55.

Middleton, V.T.C.(1999) *Marketing in Travel and Tourism.* Oxford: Butterworth-Heinemann.

Miossec, J.M.(1977) Un modèle de l'espace touristique. *L'Espace Géographique* 6, 41–8.

Morgan, N. and Pritchard, A.(1998) *Tourism Promotion and Power: Creating Images, Creating Identities.* Chichester: Wiley.

Mossetto, G.(1991) The economics of the cities of art: A tale of two cities. *Nota Di*

Lavoro 91.10. Venice: Dept. of Economics, University of Venice.
Moutinho, L.(2000) *Strategic Management in Tourism.* Wallingford: CABI.
Oosterman, J.(1993) Welcome to the pleasure dome: Play and entertainment. In Urban public space: The example of the sidewalk cafe. *Built Environment* 18 (2), 155-63.
Page, S.J.(1989) Tourism planning in London. *Town and Country Planning* 12, 291-5.
Page, S.J.(1992) Managing tourism in a small historic town. *Town and Country Planning* 15, 82-102.
Page, S.J.(1993) Urban tourism in New Zealand. *Tourism Management* 14(3), 211-18.
Page, S.J.(1995) *Urban Tourism.* London: Routledge.
Patmore, J.A.(1970) *Land and Leisure.* Newton Abbot: David and Charles.
Pearce, D.G.(1987) Motel location and choice and in Christchurch. *New Zealand Geographer* 43(1), 10-17.
Pearce, D.G.(1995) *Tourism Today: A Geographical Analysis*(2nd edn). London: Longmans.
Pearce, D.G.(1997) Analysing the demand for urban tourism: Issues and examples from Paris. *Tourism Analysis* 1(1), 5-18.
Pearce, D.G.(1999) Tourism in Paris: Studies at the microscale. *Annals of Tourism Research* 26(1), 77-97.
Pfafflin, G.(1987) Concern for tourism. *Annals of Tourism Research* 9(3), 576-88.
Phelps, A.(1994) Museums as tourist attractions. In A.V. Seaton(ed.) *Tourism: The State of the Art* (pp. 169-77), London: Wiley.
Selwyn, T.(1996) *The Tourism Image*: Myths and Myth Making in Tourism. Chichester: Wiley.
Shaw, G. and Williams, A.M.(1994) *Critical Issues in Tourism*: A Geographical Perspective. Oxford: Blaxkwell.
Sinclair, M.T. and Stabler, M.(1997) *The Economics of Tourism.* London: Routledge.
Smith, R.A.(1991) Beach resorts: A model of development. *Landscape and Urban Planning* 21, 189-210.
Stansfield, C.A.(1964) A note on the urban-non-urban imbalance in American recreational research. *Tourist Review* 19(4)/20(1), 196-200, 21-3.
Stansfield, C.A and Rickert, E.J.(1970) The recreational Business district. *Journal of Leisure Research* 2(4), 213-25.
Tayor, V.(1975) The recreational business district: A component of the East London urban morphology. *South African Geographer* 2, 139-44.
Townsend A.(1992) The attraction of urban areas. *Tourism Recreation Research* XVII 2, 24-32.
Tunbridge, J.E. and Ashworth, G.J.(1992) Leisure resource development in cityport revitalisation: the tourist-historic dimension. In D.S Hoyle and D.A Pinder(eds)

European Port Cities in Transition(pp. 280–85). London: Belhaven.
Tyler, D., Guerrier Y. and Robertson, M.(1997) *Managing Tourism in Cities.* London: Wiley.
Urban Task Force(1999) *Toward An Urban Renaissance.* London: Department of Environment, Transport and the Regions.
Vanderborg, J.(1996) Tourism in European heritage cities. *Annals of Tourism Research* 23 (2), 306–21.
Wall, G. and Sinnot, J.(1980) Urban recreational and cultural facilities as tourist attractions. *Canadian Geographer* 24(1), 50–9.
Ward, S.V.(1998) *Selling Places: The Marketing and Promotion of Towns and Cities* 1850–2000. London: Spon.
Westlake, T. and White, A.(1992) Venice: Suffering city of touristic dreams. *Town and Country Planning* 15, 210–11.
Wheeller, B.(1991) Tourism's troubled times. *Tourism Management* 12(1), 91–6.
Williams, S.(1998) *Tourism Geography.* London: Routledge.
Witt, S. and Moutinho, L.(eds)(1994) *Tourism Marketing and Management Handbook.* Hemel Hempstead: Prentice-Hall.
Wyckoff, W.(1992) Denver's ageing commercial strip. *Geographical Review* 82. 282–94.
Yokeno, N.(1968) La Localisation de I'industrie touristique: Application de I'analyse de Thunen-Weber. *Cahiers de Tourism série* C 9, 1–18.

제 10 장

'유산: 신관광의 핵심'의 재조명

- 새로운 것을 쫓을 것인가, 유산을 쫓을 것인가?

Revisiting 'Hertage: A Key Sector of the(then) "New" Tourism' - Out with the 'New' and Out with 'Heritage'?

리차드 프렌티스(RICHARD PRENTICE)

1994년 논문의 역사적 배경 The 1994 Paper in Historical Context

《진보(*Progress*)》에 있는 1994년의 논문을 뒤돌아 볼 때, 첫 번째 변화는 이제 비표준 관광상품(non-standardised tourism products)으로 관점이 변화하였다는 것이다: 이런 비표준 관광상품은 이제 해변이나 풀장과 같이 관광상품의 일부로 받아들여지고 있다. 게다가, 역사도시를 방문하는 것과 같은 유산관광의 일부는 이제 대중관광의 형태이고, 더 이상 상류층 집단의 지적 호기심으로 간주되지 않는다. 수요가 변화하였다는 것은 간단한 것이 아니다: 수요의 인식과 해석을 통하여 개념적 관점을 가지게 되었다. 간단하게 말하면, 이제 유산관광을 '신관광'(new tourism)이라고 생각하는 것은 부적절한 것이며, 솔직히 다소 구시대적이기도 하다. 이것은 과도기적 학문 발전의 과정이었다. 다소 별나게 관광매력물을 생각하여 전쟁터, 남아도는 공장, 미술관 또는 자연 오솔길에 관심을 가지는 학자는 더 이상 없다.

두 번째 변화는 '유산'(heritage)이라는 용어와 관련된 것이다. 이것은 북미의 용어였는데, 영국과 호주의 용례가 합쳐져서 1994년 논문에서 사용된 것처럼 넓은 범위의 매력물(attractions)을 이르는 용어로 사용되고 있다. 이 용어는 유럽에서, 더 최근에는 아프리카에서 자신의 뿌리를 찾고자 노력하는 북미인에게서 관찰된 행태와 잘 맞는다. 이 용어가 여전히 사용되지만, 생태관광(eco-tourism)이외의 다른 분야에서는 대안적인 '문화'(cultural)가 점점 이 용어를 대신하고 있다. 현재 용례에서, '유산'은 본질적으로 과거 지향을 내포하지만 '문화'는 그렇지 않다. 후자는 그 범위에 과거뿐 아니라 현재와 미래를 모두 포함한다. 실제로, 영국에서는 국가유산부(Department of National Heritage)의 행정부서의 명칭을, 이것이 관광개발을 포함하는 같은 구성을 유지하고 있지만 문화미디어체육부(Department of Culture, Media and Sport)로 개칭한 것에서도 반영되었다. 영국에서 '유산'이라는 용어는 대처 '빅토리아' 가치(Thatcherite 'Victorian' values)[12)]와 구축된 과거를 포용하는 것과 잘 맞는다. 그러나 블레어(Blair) 정부에 의해 영국인에게 주어진 '쿨 브리트니안'(Cool Britannian)[13)]이라는 이미지에는 부합하지 않는다. '문화'라는 용어는 무엇이 진정성으로 상상되는지, 그리고 무엇이 더 좋은 것인지에 있어서 차이, 발전 및 변화를 함축적으로 인정한다.

용어의 변화는 사회적 상호작용을 통해 상징적 질서(symbolic orders)의 창조와 변화에 관심을 가진 '상호영향론자'(interactionist)에 의해 떠받쳐진다(Silverman, 1993). '상호영향론'(interactionism)은 사회화를 통한 집단 구성원에 대한 의미의 순응성(amenability of meaning)에 초점을 둔, 어떻게 의미가 행동의 맥락에서 일어나는가를 보여주는 사상이다. 의미는 상호 주관적이고 협상이 가

역주 12) 대처 수상은 1983년 선거 당시 한 신문과의 인터뷰에서 근면, 자존, 검약, 이웃과의 친교, 조국에 대한 긍지 등을 열거하면서 그 모든 것을 빅토리아적 가치라고 규정하였다. 이것은 전통적인 덕목을 포함한다.

역주 13) 블레어 총리가 영국의 국가 이미지의 현대화를 이룩하기 위해 주창한 탈산업화 자본주의의 신모델로 문화 창조산업의 경쟁력으로 확보하기 위한 수단이자 주역이 되었다. 대처의 가치는 정부 지원과 기존의 문화자원에 의존하는 대신 '쿨 브리트니안'은 새로운 문화 창조를 추구한다는 점에서 상반된다.

능한 것으로 인식되고 있다. 공연예술은 상호 주관적이고 해석적으로 쉽게 인식될 수 있다: 역사적인 건물은 아마 덜 그렇다. 이러한 과정의 주체로서 후자['문화']를 무시하는 것은 의사소통과 맥락적 발판의 중요성을 인식하는 데 실패하게 될 것이다(Cohen, 1989; Cohen *et al*., 1992): 문화적 생산품과 행동은 어떻게 관광객에게 그려지는가. 이러한 관심은 1980년대 제기된 '누구의 유산인가?'(*whose* heritage?)라는 의문을 포함한다. 1990년대에 관광에 대한 의미를 구축하는 데 있어서 제기된 비평과 결합하여 '문화관광'(cultural tourism)이라는 용어에 대한 지지로 변화하였다.

1990년대 관광분석의 주류 초점으로서 유산/문화관광의 출현은 문화와 관광 사이의 상호 대립으로서 여러 차원에서 발전되었다(그림 10-1). 1994년 논문의 초점에서 보면, 유산/문화관광객이 '소비'(consume)하는 것이 무엇인지를 보여주는 것이 이 차원에게 가장 중요한 것 중의 하나이다. 최소 일곱 가지의 '전통방식'(traditions)으로 과거 40년 동안의 관광담론의 발전을 되돌아보는 것은 무엇이 유산/문화관광을 소비하게 하는지의 개념화를 나타내 줄 것이다(그림 10-2). 이 '전통방식'은 비교를 돕도록 구성되었고, 궁극적으로는 자의적이다.

네 가지 전통방식은 관광담론으로부터 나온 것이고, 세 가지는 여가에서 나온 것이다. 이 '전통방식'은 중복되기도 하고 경쟁되기도 하지만, 1994년 논문에 있는 것의 유용한 회고적 구성이다. 관광에서 나온 네 가지는 진정성 추구

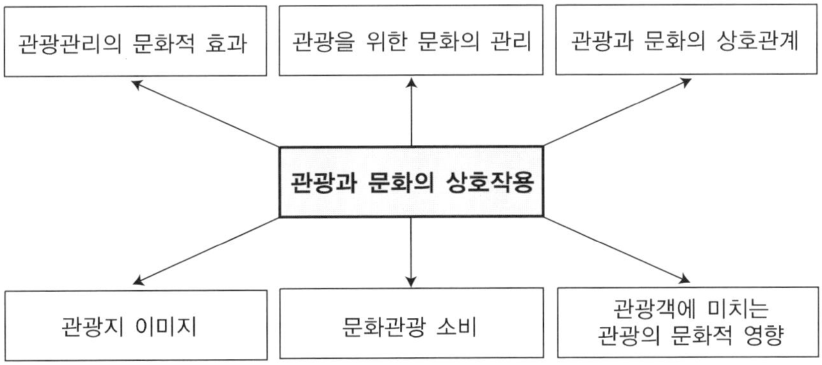

그림 10-1 관광과 문화의 대립적 측면

(search for authenticity); 통찰의 추구(search for insight); 차이의 시선(gazing on difference); 자기기만의 욕구(desire for self-delusion)이고, 여가에서 나온 세 가지는 인과관계의 혜택 고리(benefit chains of causality); 문화적 자본(cultural capital); 진지한 여가(serious leisure)이다. 그림 10-2에서 설정된 개념화는 단지 관광 마케팅을 위한 이론적 가정과 실제적 함의에 대해 다양하게 지지하거나 갈등하는 것을 논증하려고 지금 함께 상기시키기 시작하는 것일 뿐이다. 최근 십여 년 간의 노력은 '그'(the) 보편적 모델을 찾으려는 잠재적으로 무익한 탐색이 아니라, 분석을 위한 도구상자로서 한 꾸러미의 관점을 창조하기 위한 것으로 이론적 비교와 경험적 검증을 거쳐 이러한 차이를 해결하려고 했다.

문화관광의 현재 의제에 대한 이러한 중요성 때문에 그림 10-2의 일곱 가지 '전통방식'을 간략히 유용하게 요약하였다.

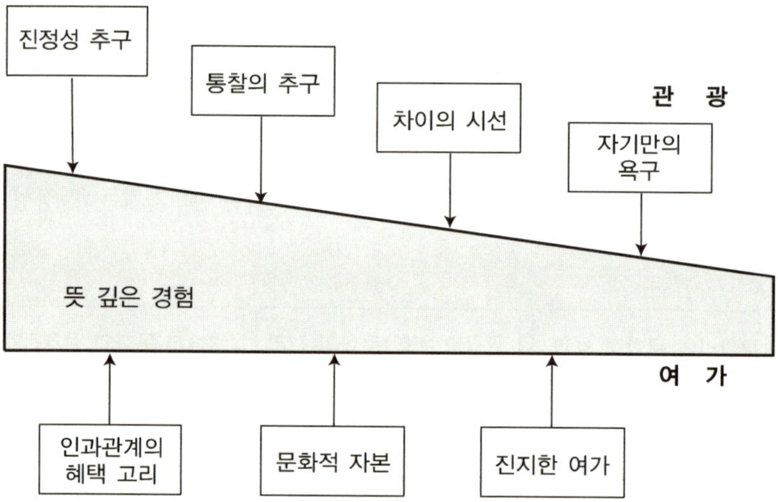

그림 10-2 유산문화관광 소비의 개념화에서 경쟁하는 전통방식

진정성 추구 Search of authenticity

이 전통방식은 버거(Berger, 1973)와 맥커넬(MacCannell, 1973, 1976)의 독창적인 연구로부터 나온 것이다. 관광객은 보통 원초적으로 다른, 또 다른 삶의 심연(深淵)을 찾으려고 시도하는 것처럼 그들의 일상 세상에서 관광으로의 이전을 통해 추동되는 존재로 개념화 되었다. 이러한 관점에서 무엇이 진짜(real)인가라는 것은 사람의 직접적인 환경 이상의 것에 대한 추구이다. 부지(sites)는 대량문화관광 개발에 따라 방문하여야 하는 초상(icons)으로 신성화되었고(Jacobsen, 1997), 대량관광 개발에 따라 관광객이 즐기는 시선의 이정표는 표준화되고 관광객에게는 단지 무대화된 '실재'(實在, reality)만이 제공되고 있다. 그러므로 현실 경험에 대한 이러한 연구는 이 전통방식의 초창기 논의에서는 하찮은 것으로 간주되었다. 그러나 더 최근에 관광객, 일반적으로 소비자에게 진짜는 무엇인가는 진정성(authenticity)과 더 관련이 있는 정의로 간주되고 있다(Wang, 1999). 이른바, 진정성은 강렬함과 변형의 속성, 역사와 도덕의 '존재'(presence), 그리고 공연자, 몰입 및 생산 맥락에 대한 지각된 책임을 느끼는 것이다(Evans-Pritchard, 1993; Littrell *et al.*, 1993; Daniel, 1996; Teo & Yeoh, 1997; Waller & Lee, 1999; Waitt, 2000). 진정성은 관광분석에서 가장 지배적인 인류학적/사회학적 전통방식이었다.

통찰의 추구 Search for insight

이 전통방식은 틴덴(Tinden, 1957)으로부터 나온 것으로, 북미 국립공원의 가장 중요한 담론이었다. 이것은 바라 본 것이 무엇인지(what is looked at) 해석(interpreting)을 통하여 통찰을 촉진하는 것과 관련된 전통방식이다(Pennyfather, 1975; Prentice, 1996; Prentice & Cunnell, 1997). 이처럼 해석의 효율성에 대하여 매우 많은 강조가 있었다. 초기에는 부지를 방문한 관광객의 인지적 습득을 평가하였고; 최근에는 또한 정서적 습득이 고려되고 있다(Prentice, 1993a; Beeho & Prentice, 1995 & 1997; Light, 1995a, b; Prentice, 1998; Prentice *et al.*, 1998a, b; Schanzel & McIntosh, 2000). 이 전통방식은 유산 관광객과 다른 진지한 소비자가 정통한 경험을 요구하고 마음에 새겨 두고자 원하는 것은 관광객이 유람하는 정보의 부호기(itinerant encoders of information)라는 것과 이들은 결합하기 쉽고 감정이입적이라고 가정한다(Holt, 1995; Moscardo, 1996; McIntosh & Prentice, 1999; Prentice & Guerin, 1998). 이것은 정신적으로 실제적인 활동이라는 관점이다.

차이의 시선 Gazing on difference

이것은 어리(Urry, 1990; 1995)로부터 나온 전통방식으로 소비의 차이와 특수성에 관한 것이다. 주로 서부 유럽 관광객에 의해 관람되는 중앙 유럽의 유산은 이러한 방식으로 구성되었다(Light, 2000). 이 전통방식은 관광을 신호의 축적으로, 그리고 일과 반대되는 것으로 본다. 어리(Urry) 논리의 핵심은 역사적 시기에 의존하고 있는 시선의 사회적 구성(social construction of gazes)이다: 낭만적, 집합적 그리고 포스트모던 시선. '통찰'(insight)의 전통방식은 선택자, 평가자, 그리고 의미의 구성자로서 관광객 개인에게 초점을 두는 경향이 있으나, '시선'(gazing)의 전통방식은 관광양식(tourism styles)이 어떻게 사회에서 일상적인가를 더 크게 강조한다. 포스트모던 시선은 다른 문화의 심미성을 소비하는 동안 그들 자신의 문화를 자리매김하고 반영하려는 능력인 관광객의 성찰성(reflexivity)을 인정함으로써 '통찰' 전통방식에 밀접해 졌다. 그러나 어리(Urry)의 포스트모던 시선은 심미적인 초점이 남아있고, 기호적 솜씨(semiotic skills)를 강조한다(Urry, 1995).

자기기만의 욕구 Desire for self-delusion

이것은 부어스틴(Boorstin, 1964)과 에코(Eco, 1986)로부터 나온 것이다. 이는 공상적 경험을 소비하려고 하는 관광객의 욕망과 '실제적인 것과 믿을 만한 것 사이의 분리'를 강조한다(McCrone *et al.*, 1995: 25). 이 전통방식은 인공적인 것: 관광객을 위한 '의사'(疑辭, 가짜) 이벤트(pseudo-events), 시뮬라크라(simulacra, 허상)의 소비(진짜보다 더 '진짜'인 영상적 표현과 심시티[SIMCITIES; 도시환경의 시뮬라크라])에 초점을 두고 있다(Meethan, 1996; O'Beirn, 1997; Soja, 1997). 분명한 문화관광의 사례는 영국의 *레게그(Rhegeg)*와 웨일즈(Wales)의 *켈티아(Celtica)*와 같은 역사 주제공원이다.

> 여러 일생의 체험… 고대 켈트(Celtic) 왕조 이후에 명명된 레게그(Rhegeg)는 컴브리아(Cumbria; 잉글랜드 북부의 주) 호수지역(Lake District)의 가장 새롭고, 가장 크고, 가장 인상적인 관광 매력물입니다. 정말로 당신이 이곳에서 발견할 수 있는 것은? 당신은 처음에 여섯 명의 현지인의 눈을 통해 어리벙벙한 시청각 구경거리[쇼]에서 그들의 움직임과 기억을 불러일으키는 이야기를 공유하면서 컴브리아 생활의 하루를 보내게 될 것입니다. 다음에 주요 매력물인, 40분정도 영화가 상영되는 6층 버스만큼 큰 영화 스크린은 신화, 전설, 그리고 역사를 발견할 수 있는 시간을 통해 인상적인 여행을 시현(示現)할 것입니다. 당신은 레게그(Rhegeg)의 통치자 우리엔(Urien)을 만나고… 무시무시한 보더리버(Border Rievers)를 타고 워즈워스(Wordsworth, 역주-영국의 계관시인, 1770-1855)의 일대기보다 더 큰 일생을 만나게 될 것입니다. 이 큰 영화 스크린은 당신이 영화 속에서 실제로 바위산 위 높이 그리고 호수 위 낮은 곳의 장면 위를 높이 날아다니는 것을 느낄 것입니다(레게그 홍보 브로셔, 2000).

> 켈티아(Celtica) 경험은 최신의 시청각 기술을 사용해서 웨일즈의 켈트(Celtic) 왕조의 살아있는 과거 모습과 소리를 전달해 드립니다. 적외선 빛에 의해 헤드셋으로 중계되는 해설이 당신을 과거, 현재, 그리고 미래의 켈트 정신을 묘사하는 잊을 수 없는 여행으로 안내할 것입니다. 유리공장에서 출발하여 당신은 켈트 기원(Celtic Origins)을 찾아 걷습니다. 켈트의 주거지와 구치소를 다시 만들어 놓은 시간의 복도를 따라 걷다보면 이들 자신의 이야기를 듣게 될 것입니다. 신비한 마법의 숲을 지나 다른 세상(Otherworld)으로의 모험은 당신을 귀디온(Gwydion; 켈트 설화의 이야기꾼)과 드루이드(Druid; 켈트족의 종교, 예언자 등 그 사제)를 만나고 미래를 볼 수 있는 보르텍스(Vortex, 역주-소용돌이라는 뜻)로 이끌 것입니다(켈티아 홍보 브로셔, 2000).

감정을 재현하고 정보를 전달하기 위해서 공상을 사용하는 이런 종류의 몰입시키는 매력물은 이제 평범한 유산의 제공이 되었고, 1990년대 동안 유산관광 개발을 더 강조하게 되었다. 그러나 의사 이벤트는 현대 전자미디어보다 더 오래 시간적으로 앞서 있다: 관광객이 에딘버러(Edinburgh)에서 파이프를 부는 사람을 사진 찍는 것은 비슷한 자기기만에 빠지는 것이다. 스코틀랜드에 가는 많은 관광객, 특히 그곳에 처음 가는 이들은 긴 치마의 하일랜드 드레스

(Highland dress) 정장을 한 파이프를 부는 사람을 보는 것을 기대한다. 그러므로 그들은 매일매일 유럽풍의 전통의상을 입는 수많은 스코틀랜드 사람은 무시한 채로 그들이 로얄마일(Royal Mile) 관광목적 지역에서 만난 단 한사람의 파이프를 부는 사람을 사진 찍기 위해 경쟁한다. 그 때문에 이들 관광객은 실재(reality)가 무시된 사진 속의 '진짜'(real; 사실은 진짜 같은 가짜인) 스코틀랜드 사람을 상상에 담는다.

인과관계의 혜택 고리 Benefit chains of causality

이것은 세 가지 여가에 관한 전통방식 중의 하나로 드라이버와 브라운(Driver & Brown) 이후에 1980년대부터 북미의 지배적인 여가과학 전통방식이 되었다(Driver *et al.*, 1991). 이것은 모든 여가행동은 복합적인 목표를 지향하거나 또는 만족을 요구한다는 여가의 행동적 가정(behavioral assumption)을 취한다(Manning, 1986). 여기에는 활동(activities), 환경(settings), 경험(experience)과 혜택(benefits)의 네 가지 단계의 분석이 요구되고, 경험과 혜택은 행동으로의 동인(drivers)으로 기대된다(prentice, 1993b; prentice & Guerin, 1998). 그 때문에 소비경험은 참여단계(실제로 여가활동을 하는 것)를 넘어서 확장된 것이다: 기대의 선봉, 그리고 그 결과로서 기억과 지속되는 이익. '통찰의 추구'(search for insight)라는 전통방식과 결합하여 이것은 주목을 받고 있는 SWOT 분석으로서 발전되어 왔다(Beeho & Prentice, 1995, 1997; Schanzel & McIntosh, 2000). 수단-목적 고리(Means-End Chain; Gutman, 1982)로서 대안적 혜택 고리 분석이 관광행동에서 발견되었는데, 이 경우 소비자는 그들이 한 것이 왜 중요한지, 무엇이 중요한지를 설명하도록 요청받는다(Davies & prentice, 1995).

문화적 자본 Cultural capital

문화적 자본은 소비자가 자원으로서 경제적 자본(money capital)을 가지고 있을 뿐만 아니라 그들의 문화적 배경으로부터 나오는 것을 포함한 다른 여러 종류의 자본을 가지고 있다는 개념이다. 이 전통방식은 부르디외(Bourdieu)의 연구로부터 나왔으며(Holt, 1998; Robbins, 2000), 사회적 상태(social status)를 위한 경쟁에서 사용된 구상화된, 객관화된, 제도화된 문화적 자본이라는 세 가지를 나타낸다. 구상화된(embodied) 문화적 자본은 실질적인 지식, 솜씨 및 성향이다. 객관화된(objectified) 문화적 자본은 문화적 대상이고; 그리고 제도화된(instititutionalised) 문화적 자본은 공식적으로 인정된 것을 의미한다. 유산관광에서 가장 중요한 것은 포스트모던 사회에서는 일반적으로 소득수준 향상에 따라, 객관화된 문화적 자본이 점차적으로 구상화된 문화적 자본으로 대체되어지고 있다는 것이다. 예를 들어, 이 관점에서 보면, 박물관 방문과 감상이 그 때의 어떤 목적을 위하여 학습되고 사회화된 행동이라는 것은 서로 다른 관광객이 서로 다른 구상화된 문화적 자본의 축적을 가지게 될 것이라는 것을 의미한다. 예술은 '신성화'(sacralised) 하였고, 이에 따라 단지 종교적 신앙심을 통해서만 접근이 가능한 것이 되고 있다. 박물관 방문에 딱 들어맞는 이러한 불충분한 구상화된 문화적 자본을 접한 관광객은 방문을 하는 동안 짜증나거나 지루하게, 또는 너무 위압적으로 느낄 수도 있을 것이고, 다시는 방문하고 싶지 않을 수도 있을 것이다. 방향을 바꿔서, 동일한 상황이 축구경기에 참가하기 위해 여행하는 것과 같은 더 인기 있는 오락에 적용된다.

진지한 여가 Serious leisure

이것은 일곱 가지 전통방식의 마지막이다. 이는 스테빈스(Stebbins)의 연구로부터 나왔는데, 그는 진지한 여가를 다음과 같이 정의하였다.

> 특별한 솜씨나 지식, 그리고 경험의 조합을 획득하고 표현하는 데 있어서, 직업을 찾기 위한 참여에 있어서 충분히 실질적이고 흥미가 있는 아마추어, 또는 취미생활자, 또는 자원봉사자 활동의 체계적 추구(Stebbins, 1997a: 17)

진지한 여가의 범주에는 인내력(perseverance), 비노동 직업의 노력(non-work career in endeavor), 개인적 노력(personal effort), 혜택의 지속(lasting benefits), 사회환경(social world)과 개인의 정체성(identity)을 포함한다(Stebbins, 1997b; Baldwin,

1999). 스테빈스(Stebbins)는 문화 관광객(cultural tourists; 문화관광을 목적으로 하는 관광객)으로부터 문화 취미자(cultural dabbler; 단순히 문화관광을 참여하는 관광객)를 구분하였다(Stebbins, 1996, 1997a). 문화 취미자는 우연한 여가 추구자이고; 문화 관광객은 진지한 여가 추구자이다. 그러므로 스테빈스(Stebbins)의 용어에서, 정의에 의해 모든 문화 관광객은 그들의 활동에 있어서 진지하다. 이것은 집합적 시선에 속하는 어리(Urry)의 관광객 방문과는 반대 입장이고, (방문목적이) 결정된 관광객과 우연한 또는 오락을 추구하는 관광객 사이의 중간 범위의 동기는 무시한다. 스테빈스(Stebbins)의 정의는 일시적으로 자기기만을 찾는 많은 관광객을 배제하려는 것처럼 보일 것이고, 이에 따라 인공적인 매력물에 참여하는 많은 관광객을 문화취미자로서 정의한다. 이것은 감정이입에서 진지함까지 유산 관광객을 더 망라하는 정의를 채택하였던 저자의 1994년 《진보(*Progress*)》의 논문과는 대조적이다.

이 일곱 가지 전통방식은 때때로 상충되는 일련의 관점을 제공하고, 이를 통해 현대의 유산/문화관광이 분석될 수 있다. 주로 1980년대의 현장연구에 기반을 두고 있는 1994년 논문은 통찰의 추구와 집합적 시선의 상충되는 관점을 해결하려고 하였다. 이 논문에서는 유산 관광객을 일반적으로 스테빈스(Stebbins)의 의미처럼 진지한 것만은 아니고, 문화적 자본에 참여하거나 모으는 것보다는 주시하려고 하는(object to gazing) 일상적으로 동기에 새겨둔 것으로 개념화하였다. 부분적으로 이것은 동시에 이루어진 해설의 품질과 관광객에게 자주 제공되는 공연 때문이었다. 1990년대까지 몇 년간의 발전은 불가피하게 이 전체적인 개념화에 대한 수정을 하게 하였다. 1990년대 동안은 문화적 자본의 축재자는 그들의 소비에서 진지하다는 점에서 틀린 다른 사람이 일부 나타나는 등 시장이 점진적으로 조각으로 세분화되었다. 본질적으로, 시장은 충분히, 또 급속히 성숙하였다. 비슷하게, '그'(the) 관광객과 포괄적인 '관광적'(touristic) 실제를 개념화하는 것의 매력은 학문적 논의의 발전에서 뛰어난 것이었다.

유산관광의 의미 The Significance of Heritage Tourism

1994년 논문에서, 유산관광은 더 광범위한 '신'(new) 관광산업의 수요와 공급에 있어서 하나의 요소로 보았다. Poon(1989)은 이 '신'산업을 1980년대 이전 30년 동안의 대량의, 표준화되고 엄격하게 패키지화된 '구'(old) 관광과 대조되는 것으로, 유연화, 세분화 및 사선적 통합의 특성을 가지는 것으로 설명하였다(제8장 참조). 위에서 말한 것처럼, 지난 10년간 무엇이 새로웠는가는 이제 표준상품 제공과 주류 학술논쟁과 통합되었다. 현대관광을 이해하는 데 있어서 중요한 것은 대규모의 시장이 세분화되었고, 관광상품 또한 이러한 다양한 시장을 충족시키기 위하여 발전되고 있다는 것이다. 관광상품으로서 제공된 '유산'과 다른 문화 매력물은 이러한 발전의 하나이다. 심지어 잠재적으로 부정적 이미지라고 하더라도 유산이라는 이름의 주제는 긍정적으로 판매될 수 있다; 예를 들어, 남아도는 탄광시설과 수변부(waterfront)가 1980년대부터 하나의 유산상품의 일부분으로서 많이 제공되어 왔다. 관광목적지로서 노바스코샤(Nova Scotia; 역주 - 캐나다 남동부 반도 및 주)의 케이프브레턴(Cape Breton) 섬의 판매는 유산심상(遺産心像, heritage imagery)의 힘을 보여주는 매우 생산적인 사례이다. 케이프브레턴 섬은 스코틀랜드와 경관 유산 양쪽을 불러일으키는 자체의 타탄[범선]을 가지고 있다. 본래 녹색인 이 범선의 색은 관광객에 의해 시적으로 이렇게 표현되어 왔다.

우리 석탄 광산의 부(富)를 위한 검정,
우리 케이프브레턴 철강을 위한 회색,
우리 고결한 고원을 위한 녹색;
우리의 계곡과 우리의 들판;
황금 석양을 위한 금빛
브라스도르(Bras d'Or) 호수 위의 빛나는 찬란,
신의 손이 여기 있음을 보여주려고
케이프브레턴 땅을 축복하려고

그림 10-3 관광국가로서 잉글랜드와 웨일즈의 1990년대 지리

이러한 방법으로 심지어 케이프브레턴 섬의 과거 중공업조차도 '긍정적인'(positive) 관광장소 이미지로 되살려졌다. 유산심상의 추정된 힘은 1990년대에 '관광국가'(tourism countries)의 땅이 된 잉글랜드(England)와 웨일즈(Wales)의

그림 10-4 잉글랜드와 웨일즈에서 관광진흥을 위해 1990년대에 사용한 유산연합

사례(그림 10-3)와 또 다른 유산연합의 제공(그림 10-4)에서 볼 수 있다. 이 새로 제공된 유산은 역사적이고 문학적인 특성 또는 경관적 특성을 참고하여 지정되었다. 이런 종류의 연합은 영국에게 그리 특별하지는 않다. 예를 들어, 오클

라호마(Oklahoma)는 관광을 위하여 인디안 유산(Indian heritage)을 개발하여, '원조 미국'(Native America)으로 홍보하여 왔다. 잉글랜드와 웨일즈에는 '유산해안'(heritage coast)과 '유산경관'(heritage landscapes)이 있는데, 전자는 공식적인 것이고, 후자는 비공식적으로 라벨이 붙여진 것이다(Countryside Commission, 1988, 1989). 이러한 종류의 보증과 라벨은 홍보뿐 아니라 보호의 목적을 위한 것이라는 것을 명확하게 뒷받침하고, 유산연합은 현대관광의 중심 요소가 되었다. 그러나 유산연합의 홍보가치는 관광의 목표가 아니고 관광은 더 광범위한 용례의 부분으로 보이는 것이 필요하다. 예를 들어, 영국의 한 어음교환조합은행(clearing bank)은 카드 사용에 따라 신뢰(Trust)에 대한 보상을 만들어주는 국가신뢰신용카드(National Trust credit card)를 제공하였다: '당신이 카드를 쓰면 쓸수록 우리나라를 아름답게 유지하는 데 도움이 됩니다.' 다른 예로는, 스톤헨지(Stonehenge)가 비스킷(biscuits)에 대한 신뢰와 다부진 이미지, 이중유리(double-glazing)의 내구성과 조사하는 능력의 품질을 촉진하기 위해 사용하였다(Crouch & Colin, 1992).

'유산'이란 문자 상의 의미로 물려받은 무언가를 일컫는다. '유산'이란 말은 한 세대로부터 다른 세대에 이르기까지 전해온 가치 있는 것의 상속(inheritance)이나 유물(legacy)을 의미한다(Parks Canada, Undated, p.7). 이런 의미에서 문화유산은 문화적 '재산'(property)이며, 극단적인 경우에는 분쟁의 원인이 되거나 또는 다른 경우에는 물리적으로 착복될 수도 있다(Eirinberg, 1992). 과거에 대한 현재의 관련성에 따라 논쟁될 수도 있고 개정될 수도 있다(Light, 2000). 그러나 이것은 '유산'이라는 용어가 과거 25년 동안 관광에서 어떻게 이용되어 왔는지를 단지 막연하게 하고 있다. 본질적으로 관광에서는 이 용어를 문자적으로나 은유적으로 한 세대에서 다음 세대로 전승되는 경관, 자연사, 건물, 공예품, 문화적인 전통 등을 의미하여 왔을 뿐만 아니라, 이러한 것 사이에서 관광상품으로 홍보할 수 있는 것을 의미한다.

'유산'이라는 용어는 70년대에 유럽에서 전면에 나왔고, 1980년대를 거치면서 다른 측면을 망라하여 점진적으로 확장되었으며, 점점 상업적 목적으로 사용되었다. 개발도상국에서 '생태관광'(ecotourism)은 이제 선진국 시장에게 대중관광

부분으로 자리를 잡았다. 생태관광은 산호초를 보는 스노클링(snorkelling)에서 사바나 초원(savanna grasslands)의 경기 감상, 남극 감상까지를 아우르는 관광활동으로 아마 개발도상국의 자연생태 매력물에 기반을 둔 유산관광의 한 형태로 간주될 수 있다(Cater, 1992; Davis, 1999). 이렇기 때문에, 허용가능한 변화의 한계(LAC)는 비장(秘藏)된 건조환경과 '자연'환경 양쪽에서 동등하게 적절한 것이다.

만약 유럽의 대량관광 수요로서 유산소비의 시작에 대한 기준(benchmark)이 요망된다 하여도, 1975년 유럽 건축유산의 해가 아마도 이에 대한 최고의 요구자였다는 점에서 이 기준은 불완전할 것이다. '유산센터'(heritage centres)는 건물 보전을 촉진하였을 뿐 아니라 종종 역사도시의 '이야기 말하기'(tell the story)에 대한 북미 모델에 토대를 두고 있다(Dower, 1978). 그러나 수 세대 동안 관광객이 방문하고자 하는 인기 있는 장소는 성당과 성곽이었으며, 영국의 고원 풍경에 접근하려는 대중적 수요는 1974년 이전부터 40여 년 간 이어졌다. 게다가, 1880년대에 랭커셔(Lancashire)와 더럼(Durham)의 노동자 계급은, 50년 전에 중산층 계급이 관광객으로서 대규모 여행을 하였던 것처럼, 풍경의 아름다움을 즐기기 위하여 잉글리쉬 호수지역(English Lake District)을 기차로 당일 관광을 하였다(Marshall & Walton, 1981). 빅토리아식 기념품에는 장소 이미지(place-image)와 부지 이미지(site-images)의 반짇고리 꾸러미, 현지 돌로 만들어진 화병이나 다른 품목들, 옥석으로 만든 '지질'(geological) 장신구 및 스코틀랜드에서 온 '러큰부스'(luckenbooth) 장식핀과 아일랜드에서 온 '클라다'(Claddagh) 반지 같은 특별한 장소를 나타내는 장식핀과 반지를 포함하였다. 이런 기념품은 관광객이 집으로 돌아간 후에도 오랫동안 그들의 마음에 장소연상을 새겨두려고 하는 것이다. 이처럼 우리는 적어도 양적인 것이 아니라 질적인 것에서 명백히 진기한 것과 같이 유산의 소비에 대한 현대의 수요를 해석하는 데 있어서 유의해야 한다. 그러므로 유산은 '구'관광(old tourism)과 그 평가에 있어서 어떤 장소를 가지는 것이라고 말하여 졌을 것이다. 이것은 어리(Urry, 1990)가 언급한 집합적 시선뿐만 아니라 초기 낭만적 시선의 구성 요소였다.

유산관광과 여가는 의심할 것도 없이 큰 사업이다. 1998년 영국의 역사적 건물, 정원 및 박물관과 미술관의 방문객 기록은 유산수요의 규모에 대해 몇 가지를 시사한다. 방문객 숫자는 관광객과 여가 방문객을 구분하지 않으며, 이에 따라 방문객 숫자를 모두 관광객으로만 동일시하는 것은 틀린 것이다. 그러나 1998년에 영국의 63개 역사적 재산은 각각 20만 명의 방문객이 방문하였고, 16개의 정원과 72개 박물관과 미술관도 마찬가지였다(English Tourism Council *et al.*, 1999). 1990년에 57개의 역사적 건물이 20만 명 이상을 끌어들인 것처럼 이러한 수치는 선호에서 미세한 변화를 나타낸다(English Tourist Board *et al.*, 1991a). 마찬가지로 정원 및 박물관과 미술관의 숫자도 1990년의 같은 수준을 유지했다. 종합하면, 영국의 역사적 건물을 방문한 숫자는 1990년대에 관광객 유인경쟁이 증가하여 어려움을 겪었다는 것을 나타낸다. 이에 따라 1998년 모든 역사적 건물의 방문객은 1990년보다 총량에서 약 1% 증가한 데 반하여, 정원은 18%, 박물관과 미술관은 8% 증가하였다(English Tourism Council *et al.*, 1999).

그러나 비록 이러한 숫자가 영국을 방문하는 관광객과 지역주민에 의한 유산수요의 규모에 대하여 몇 가지 시사를 제시함에도 불구하고, 관광객이 방문하기를 원하는 부지(sites)의 종류가 기술되어 설명하는 관광객 몫의 시사는 제시하지 못하고 있다. 유럽의 유산수요의 배경에 대한 몇 가지 시사는 활동유형에 따른 사람의 참여를 조사함으로써 얻을 수 있다. 맨 섬(the Isle of Man)에서, 박물관을 방문하는 사실상의 수요는 인구의 3분의 2정도로 추정되었고, 방문할 수 있는 잠재고객은 거주자의 6배가 넘을 것으로 추정되었다(Prentice, 1998). 1986년을 기준으로 영국의 성인은 평균 1년에 20일 동안 외부생활을 하며, 2마일 이상을 걷고(산책과 하이킹을 포함), 역사적 건물이나 비슷한 장소를 평균 3.7일을 방문하며, 0.8일 정도를 박물관이나 미술관을 방문하는 것으로 추정되고 있다(Office of Population Censuses and Surveys, 1989). 이러한 수요의 배경 속성은 몇 가지 경우 관광객에 대하여 더 특별하게 만들어져야 할 것이다. 유사하게 1990년에 영국의 휴가여행의 7%가 하이킹(hiking), 등산(hill walking), 산책(rambling)과 오리엔티어링(orienteering)을 '주요'(main) 목적으로 하고 있고, 4%가 성곽, 기념물이나 교회, 그리고 유사한 유산 장소를 방문하는 것을 주요 목적으로 하고 있고, 2%가 박물관, 미술관과 유산센터를 방문하는 것을 주요 목적으로 하는 것으로 조사되었다(English Tourism Council *et al.*, 1999). 캐나다 관광객 12명 중 한 명은 유산 관광객으로, 한 명 이상은 도시 문화 관광객으로 분류되었다(Taylor, 1986). 더욱이, 유산의 수요를 단지 유럽인과 북미인의 현상이라고 생각하는 것은 틀린 것이다. 홍콩 관광객의 3/4 이상이 휴가 때 역사적 의미가 있는 장소를 방문하는 것으로 추정되고 있고, 이들 관광객의 거의 모두는 유람객(sightseers)으로 분류할 수 있다(Hsieh *et al.*, 1992). 스코틀랜드를 방문하는 일본인 개별 여행자에게 '왜'(why) 유산 장소를 방문하는지를 물었을 때, 그들 거의 대부분이 현지 문화에 대해 배우고자 하였던 것으로 나타났다. 이는 특별하게 해외여행을 통해 그들의 직업 전망을 향상시키려는 직업제일주의자 추구(careerists seeking)로 분류되었던 것과 마찬가지로 이들은 연구자에 의해 경험수집자(collectors of experiences)로 분류되었다.

공급의 이질성 A Heterogeneity of Supply

월쉬-헤론과 스티븐스(Walsh-Heron & Stevens)에 의하면 '매력물은 광범위하게 다양한 기호와 여가 요구에 대하여 제공되는 모든 형태와 규모로 나타난다'고 하였다(Walsh-Heron & Stevens, 1990: 2). 유산 매력물에 관한 많은 언급은 '어리둥절하게 하는 다양함'(bewildering variety)으로 묘사되고 있다(Light, 1989: 130). 이러한 이질성에 대한 대답으로 프렌티스(Prentice, 1993a)는 매력물의 유형을 제시하였다. 이 유형은 관광객과 다른 방문객에 의해 방문한 매력물의 범위를 반영하는 것이 필요하다; 부적절하게 보여지는 바로 이 용어가 일부 매력물을 포함하고 있는 것처럼, 일부 부지(site)의 유형에는 다소 매력이 없어 보이는 것도 포함될 것이다. 이러한 부지의 맨 먼저에는 소위 '암울한 관광' 부지(dark tourism sites)라 불리는 대량학살을 추념하는 부지이다. 다음의 표 10-1은 최근까지 보완된 유산 매력물의 유형을 보여주고 있다.

표 10-1 유산 매력물의 유형

자연사 매력물(natural history attractions) 자연보존지, 자연오솔길. 수중생활 전시, 희귀종센터, 야생공원, 동물원. 나비공원, 물새공원; 동굴, 계곡, 절벽, 폭포를 포함하는 지형적이고 지리적인 부지

과학 관련 매력물(science-based attractions) 과학박물관, 기술센터, '체험'(hands-on) 과학센터, '대안'(technology) 기술센터

1차 생산물 관련 매력물(attractions concerned with primary production) 농업 매력물, 농장, 낙농목장, 농업박물관, 포도원, 낚시터, 광산, 채석장, 저수지

수공예 센터와 작업(craft centres and craft workshop) 수공예품 및 공정과 관련된 매력물, 물레방아와 풍차, 조각가, 도공, 목각사, 금속수공예, 유리제작자, 실크 제작, 장식끈 제작, 방직, 공예 '마을'(villages) 등

제조업 관련 매력물(attractions concerned with manufacturing industry) 상품의 대량생산, 예, 도예 및 자기 공장, 양조장, 사이다 공장, 증류주 공장, 경제역사박물관

운송 관련 매력물(transport attractions) 교통박물관, 관광보전철로, 운하, 항만, 공항, 자동차

사회문화 매력물(socio-cultural attractions) 선사 및 역사 유적지와 전시, 멀티미디어 재현, 다크 라이드(dark rides), 전통가옥, 사회역사박물관, 복식박물관, 왕실전시실, 가구박물관, 장난감박물관

역사적 인물과 관련한 매력물(attractions associated with historic persons) 작가나 화가에 관련된 부지나 지역

예술공연 매력물(performing arts attractions), 극장, 거리 공연예술, 공연예술 일터, 서커스

열락원(悅樂園, pleasure gardens) 관상식물원, 역사원(시대정원), 수목원, 민속촌

테마파크(theme parks) 시대 및 향수공원, '역사' 모험공원, 어린이에게 이야기를 들려주는 공원(흥분되는 탈 것 등이 주요 매력물인 어뮤즈먼트 공원은 제외)

미술관(galleries) 주로 아트 갤러리(art galleries)

축제와 야외공연(festivals and pageants) 역사박람회, 축제, 과거시대 '재현'(recreating), '농촌'활동의 교외 축제

야외스포츠(fieldsports), 전통적 야외스포츠, 낚시, 사냥, 사격, 활보하기(stalking)

대저택 선조가옥(stately and ancestral homes), 궁전, 시골 저택, 영지

종교 매력물(religious attractions), 성당, 교회, 수도원, 예배당, 사원, 사당, 우물, 샘(수원)

군사 매력물(military attractions) 성곽, 전쟁터, 군 비행장, 해군공창, 전쟁 교도소, 군사박물관

학살 추념물(genocide monuments) 다른 인종의 박멸이나 인구의 대량학살 등과 관련된 부지

도시 및 도시경관(town and townscape) 주로 역사적 도시경관, 도시환경의 건물군

마을과 촌락(villages and hamlets) 주로 '농촌' 정주지, 보통 1940년대 이전 건축

교외 및 비장된 경관(countryside and treasured landscape) 국립공원, 다른 교외 어메니티(amenity) 지정지, 공식적으로 지정되지는 않았으나 관광객이 즐기는 '농촌' 경관

해변리조트와 바다경관(seaside resorts and 'seascape') 특히 과거시대의 해안도시와 해양 '경관'

지역(regions) 국가, 또는 지역주민이나 관광객에 의해 명확하게 구분된 다른 역사적 또는 지리적 지역

표 10-1에서 보여주고 있는 유산 매력물의 23가지 유형과 이의 세분은 푼(Poon)의 시각을 한층 확정하여 주는 유산'상품'(product)의 다양성을 명쾌하게 설명하고 있다(제8장 참조). 그러나 이 다양성은 유산 매력물을 묘사하는 '유산산업'(heritage industry)이라는 용어의 유행에 따라 가려져 왔다. 단일 '산업'(one industry)으로서 이 다양한 집단의 매력물을 범주화하는 것(Hewison, 1987)은 규모, 주제, 경영 목적 및 자금의 관점에서 매력물의 적합성을 함께 모으는 것이다. 단일 산업으로서 모든 매력물을 범주화하는 것은 보편적으로 모든 매력물에 내재하는 어떤 매력물의 한계(limitations)에 쉽게 이르게 할 수 있고, 은연중에 선천적인 현대관광의 다양성을 부인한다. 또한 유산 매력물의 이질성은 유산 시장의 일반화를 만들어 내는 우리의 능력과 밀접한 관계를 가진다. 1990년대 동안 연구관심이 있었지만, 아직 불충분한 조사 증거가 존재하여 안전하게 일반화가 이루어졌다고 할 수는 없다. 우리의 지식기반에 우호적인 확실한 매력물의 유형과 결과적으로 나타난 일반화는 아마 시장특성을 연구되지 않은 매력물 유형의 탓으로 돌릴 수도 있을 것이다.

1999년에 영국은 1989개의 역사적 건물을 대중에게 정기적으로 공개하였다(English Tourism Council, 1999). 이 전체에서 박물관과 미술관은 제외하였다. 역사적 재산을 제외하면, 1998년에 공개한 영국의 유산 매력물은 1970년부터 대

중에게 공개하여 왔었다(English Tourism Council *et al.*, 1999). 박물관은 '오래'(old)되었다고 통속적으로 생각될지 모르지만, 1998년에 개방된 것의 64%가 사실은 이미 1970년대부터 개방되어 왔었다(English Tourism Council *et al.*, 1999). 비록 모두가 유산 매력물은 아니지만, 역사적 재산, 정원, 박물관과 미술관, 또는 야생생물의 장소 이외에도 조사된 2101개 매력물의 혼합 자루는 이러한 유산 매력물의 공개 확장을 더 잘 입증하고 있다. 이들 '다른'(other) 매력물의 82%가 1970년대부터 개방되어 왔었고, 30% 만이 1990년대에 개방되었다. 후자 중에서 많은 매력물은 오락 방식으로 정보를 주는 '인포테인먼트'(info-tainment)로 자기기만을 제공하고 있다.

관심사는 이렇게 많은 유산의 매력물이 잘 유지될 수 있느냐 하는 것이다. 점점 영민해지는 시장은 구상화된 자본의 부분으로서 이제 이 세상에서 최고의 매력물인 어떤 경험을 가지고 있다. 그러나 대규모 투자 없이 이들 관광객이 매력물의 수요를 무한정으로 광범위하게 향상시킬 수는 없다. 혼자서의 상업적 생존능력보다 걱정이 더 크다. 관광객의 방문으로 매력을 떨어뜨릴 수 있다. 해설 자료의 부족 그리고 훈련된 직원과 좌담시설의 부족은, 특히 여러 사소한 매력물이 같은 주제를 두고 지역성을 경쟁하는 곳에서는 설명의 완전성과 진정성을 거스를 수 있다. 예를 들어, 북 웨일즈(North-Wales)의 석판채석(slate-quarrying) 산업과 남 웨일즈(South Wales)의 석탄(coal-mining) 산업은 같은 지역산업과 사회적 배경을 보여주기 위해 서로 경쟁함으로써 이미 초과공급이 되고 있다. 호주(Australians)에서 원주민(Aboriginal)과 유럽인(European) 사이의 개발에 대한 갈등이 감소하였던 사례처럼, 그들이 만약 소수 주민의 유산 가치에 반대한다면 매력물은 환영받지 못할 것이다(Davis and Weiler, 1992).

유산상품의 소비 Consuming Heritage Product

비록 우리의 현재 지식이 부족하다는 것을 인정하여야 하겠지만, 유산 매력물의 조사자 및 방문객의 주기적이고 장기적인 특징은 그들의 불균형적인 중산층 계급 특성이다. 수요의 측면에서 보면, 유산은 주로 중산층 계급의 상품이다. 유산관광도 예외는 아니다. 동시에, 시장편향(market bias)이 다른 쪽 인구를 전적으로 배제하는 것을 의미하지 않기 때문에 유산소비를 단지 중산층 계급 관광객으로 등식화하는 것은 틀린 것일 것이다. 사회적 함유(social inclusion)에 대한 1990년대 유럽의 관심은 역사적 장소의 방문을 통한 유산소비를 촉진시키는 문화적 자본의 중요성을 내포하는 이러한 일반적인 형태를 변형하지는 못했다.

유산 매력물 방문객을 분석한 연구(Prentice, 1989a)는 유산장소를 방문하는 휴가 관광객이 비육체노동자(non-manual worker) 사회집단에 상당히 편향된 사회적으로 대표되지 않는 사회계급 특성을 나타내는 것 같다는 견해를 확증하고 있다. 이러한 결과에 대한 더 많은 지지가 결과를 요약하거나 이전의 것을 편찬한 것이 아닌 다른 연구에 의해 제공되었다. 한 예로, 디버드(Dyfed)의 로게른(Laugharne)에 있는 딜런토마스의 보트하우스(Dylan Thomas's boathouse)를 방문하는 관광객의 단지 4분의 1만이 육체노동자(manual worker) 가구라는 사실이 1983년 조사에서 나타났고(Wales Tourist Board, 1984a), 대조적으로, 매력물에서 조사된 모든 관광객의 3분의 1이 전문직 또는 고위 경영자 가구였다. 좀 더 최근에, 1990년대 중반 에딘버러(Edinburgh)에서 열린 미술박람회의 조사에서 방문객의 73~83%가 비육체노동자 가구였다(Andersen *et al.*, 1997). 유사하게, 1996년 *디스커버리(Discovery)*에서 조사된 관광객의 5분의 1 남짓이 육체노동자 가구였었다(Prentice, 1998a). 사회적으로 대표되지 않는 특성의 유산소비는 맨섬(the Isle of Man)의 유산 매력물을 방문하는 휴가 관광객에서도 입증되었다. 맨 섬의 매력물을 방문하는 휴가 관광객의 10분의 6 이상이 비육체노동자 가구임을 알 수 있었다(Prentice, 1993a).

노동자 계급의 사회 및 경제역사박물관 방문은 일반적 특성에서 제외될 것으로 생각할 수 있을 것이다. 이러한 사례가 자주 있지는 않다. 예를 들어, 에딘버러(Edinburgh)의 *사람들 이야기(The People's Story)* 방문객의 단지 10분의 1만이 육체노동자라는 것이 밝혀졌다(Prentice & Cunnell, 1997). 남 웨일즈(South Walses)의 1차산업 유산 매력물인 빅피트(Big Pit, 국립광산박물관)와 론다유산공원(Rhondda Heritage Park)에서 조차도 육체노동자가 비육체노동자보다 불균형적으로 더 관련이 있지는 않았다. 빅피트(Big Pit)의 운영 첫 해의 조사에서도 이와 같은 사실이 확인되었다. 이 연구는 관광객의 10명 중 3명이 전문직이나 고위 경영자 가구였고, 3분의 1 이상이 다른 비육체노동자 가구임을 밝혔다(Wales Tourist Board, 1984b). 이러한 형태는 계속되었다. 1993년에 론다유산공원에서 단지 방문객의 30%만이 육체노동자 가구임이 밝혀졌다(Prentice *et al.*, 1993).

역사 부지의 많은 관리자에게 영향을 주었음에도 불구하고, 관광객이 방문하려는 것이 무엇인지에 대한 관리자의 일반적 관심은 역사적 관심이기보다 역사적 장소 방문객의 주기적 특성이다. 일반적 지식을 확대하고 호기심을 만족시키려는 동기는 유산 장소 방문에서 일반적으로 밝혀져 왔다(Prentice *et al.*, 1997; Prentice, 1998). '일반가'(generalist)의 관심이 널리 퍼진 것은 겨우 지난 20년 동안이다. 영국 유산(English Heritage)은 고고학적 경영리뷰에서 이 애매한 동기를 다음과 같이 소개하고 있다.

> 과거는 다른 사람에게 다른 것을 의미하고, 많은 사람은 어떻게든 삶의 질을 향상시키는 것으로 과거의 존재를 고려한다. 이러한 일반적인 개념 아래에 고대 기념물이 사람을 끌어들이는 오히려 더 기본적인 인간 본연의 특성이 있다.
>
> 과거의 불가사의를 이해하고, 탐구하고, 그리고 자기 것으로 만들고, 고대 기념물에 새겨진 문제의 해답을 찾는 것은… 인간 본연의 타고난 어떤 것이다. 많은 사람에게, 과거의 존재는 급격하게 변화하는 환경을 통해 흘러나오는 영겁(永劫)의 한 가닥인 불확실한 세상의 안전과 연속성의 의미를 제공한다(Darveil, 1987: 167).

밀러(Miller)는 '광의로 정의한다면, 유산은 소속감과 연속성의 특별한 의미이다'라고 비슷한 지적을 하였다(Millar, 1989: 13). 그러나 방문객은 역사의 의미 하나가 아니라 이외의 다른 많은 이유 때문에 회상한다(Masberg & Silverman, 1996; Prentice, 1998). 게다가, 이러한 동기는 정체성 형성으로서 진지한 여가로 통합된다. 고고학적 또는 역사적 장소보다 덜 '진정한'(authentic) 매력물의 방문객에게는 역사적 관심 이외의 다른 동기가 심지어 더 있을 것 같다. 예를 들어, 어떤 주제를 기념하거나 전시하는 유산 이벤트(heritage events)와 관련하여 게츠(Getz, 1989)가 구분한 다섯 가지 혜택 중의 하나가 진정성(authenticity)이고, 나머지는 소속감(belonging), 구경거리(spectacle), 의식(ritual) 및 경기(games)이다. 학습(learning)보다는 기쁨(joy), 기념(celebration) 및 부절제(excess)가 이러한 이벤트를 좌우하고 있을지 모른다. 이러한 동기가 축제 소비를 지배하고 있다(Getz, 1991; William-Braun, 1994; Formica & Uysal, 1996, 1998; Atkinson, 1997; Grant & Paliwoda, 1998; Krausse, 1998). 자연유산 방문을 통하여, 야생생물을 공부하는 것은 하나의 큰 혜택이다. 사냥, 야생생물 또는 자연적 특징의 경관 감상을 포함하는 경우는 재미를 얻기 위하여 또는 기회를 얻기 위하여 자연적 상황에 있는 것과 같은 다양한 기대를 만나는 데 있어서 여러 가지로 혜택 또는 비혜택으로 지각되었다(Kuentzel & Heberlein, 1992; Kuentzel & McDonald, 1992). 광범위한 관광시장 때문에, 일상적인 유산소비를 위해 광범위한 혜택이 요구될 수 있다; 예를 들어, 노스캐롤라이나(North Carolina)를 방문하는 관광객은 26개의 지각된 휴가 혜택을 토대로 세분되고 있다(Gitelson & Kerstetter, 1990). 휴가에서 생긴 지적 욕구뿐만 아니라 이에 대한 능력 숙달, 사회적 상호작용 또는 자극 회피는 휴가객 사이에서 유산 매력물에 대해 어쨌든 일시적 방문객인 광범위한 시장 사이의 탁월함을 경쟁한다(Lounsbury & Polik, 1992).

외견상으로 '진정한' 유산 매력물(성곽 등과 같은)에 대한 방문객 동기의 한 예로서, 웨일즈(Wales)에서의 조사는 관광객이 특별한 흥미나 관람을 즐기기 위한 것보다는 일반적이지 않은 유산 매력물을 방문한다는 것을 보여 주었다. 고고학, 건축, 문화에 대한 관심이나 장소에 대한 다른 특별한 관심은 단지 두 번째 이유였다(Thomas, 1989). *디스커버리(Discovery)*를 방문한 관광객에 대한 조사에서도 같은 결과가 나타났다(Prentice *et al.*, 1998a). 이와 유사하게, 1983년 빅피트(Big Pit)를 방문한 관광객의 약 4분의 1정도가 방문목적을 교육적인 이유라고 대답하였다. 약 7분의 1정도가 산업고고학에 관심이 있어서 방문했다고 대답했다. 대조적으로, 전체 관광객의 4분의 3정도가 '석탄을 어떻게 캐는지를 보기 위해서'라고 대답했다(Wales Tourist Board, 1984b). 관람의 우위와 '일반적'(general) 관심은 역시 맨 섬(the Isle of Man)의 방문 매력에 대한 관광객의 이유에서도 찾을 수 있었다(Prentice, 1993a). 성곽이나 역사적 장소에 대한 '특별한'(particular) 관심과 하루를 보내기 위한 것으로서의 방문은 두 번째 이유였다. 반대로, 맨 섬의 문화와 역사에 대한 특별한 관심은 방문 이유의 단지 3분의 1정도를 차지했다. 종합해서 함축적으로 보면, 이들 연구는 유산 전문가로서 또는 유산 열성팬으로서 유산 매력물을 방문하는 모든 관광객에 대한 범주화의 적절성에 대해 문제를 제기한다. 한편으로는, 소위 전문가 대부분은 성곽이나 박물관에서 면접을 할 때조차도, 역사 또는 고고학 집단으로보다는 유산의 구성원처럼 보일 것이다(Prentice, 1993a). 이러한 결과는 우리가 문화적 자본, 진지한 여가 또는 심미적 세계주의(aesthetic cosmopolitanism)의 관점에서 만들어진 주장에 근거하는 통찰이라기보다 교육을 위해 가정한 선호에 유의하여야 한다는 것을 제시하고 있다.

관광에서 유산의 미래 이용과 역할

Future Use and Role of Heritage in Tourism

관광목적지 지역의 유산을 구경하려고 하거나 자각하려고 하는 많은 관광객에게 있어서 유산 매력물은 그들의 방문을 위한 하나의 충분한 동기이고, 그리고 소비자에게 혜택을 위한 '상품'(product)의 공급에 있어서 매력물 관리자를 위한 맥락을 구성한다. 마찬가지로, 이들 방문객은 어떠한 규모로도 따로 구분되지 않는다. 1990년대 동안 출현한 매력물의 다양성은 일부 소비자를 형성하였고, 동기의 세분화를 독려하였다. 그러나 진정성 논쟁의 관점 이외의 다른 것으로, 관광객이 방문하는 매력물에서 어떻게 혜택을 추구하는가의 차원은 서로 다른 유형의 매력물에 대하여 아직 충분하게 연구되지 않았다. 1994년의 이전 논문과 비교하였을 때, 참고문헌 목록을 검토하여 반영하였던 것처럼 10년간 많은 발전이 있었다. 그러나 유산 매력물 방문으로부터 얻어진 혜택 유형에 대한 관광객의 생각을 더 전적으로 이해하는 것은 여전히 중요한 연구 과제를 형성한다. 특히, 이러한 연구는 이 장의 앞부분에 소개되었던 일곱 가지 전통방식으로 맥락화할 필요가 있다.

많은 관광객이 매력물을 방문하는 데 있어서 가장 중요한 일반적인 관심은, 최소한 매력물에 관한 이전의 정보를 가정할 수 없다는 것이 아니고 매력물 현장의 상세한 정보에 대한 수요도 아니라, 어떻게 이들 매력물을 관광객에게 설명하여야 하는가가 중요한 의미를 가진다. 고등교육 방문객(이 연구에서는 야외방문 대학생)을 위한 대상지 해설매체의 효율성을 평가한 웨일즈(Wales)에서의 연구에서 매력물을 방문한 관광객의 여가 맥락의 중요성을 알 수 있을 것이다(Prentice, 1991). 현재의 논의에 특별하게 타당한 이 사례연구의 일반적 결론은 학습과제가 주어졌을 때조차도 성곽 주변의 매체에 꼼꼼한 집중이 부족한 많은 학생은 많은 정보를 또는 전부를 올바르게 회상하는 데 실패했다는 것이다. 대학교 야외방문의 사례에서와 같이 학습목적은 이전의 것으로 가정할 수 있는 것이 아니기 때문에, 유산 매력물을 방문하는 관광객의 여가 맥락은 실연매체의 계획가에게 더 큰 과제가 되고 있다.

또한 유산 매력물을 방문하는 관광객의 특성 중 사회적 편향은 유산과 다른 문화'상품'을 개발하는 데 있어서 중요한 의미를 가진다. 첫 번째 문제는 노동자 계급의 사람이 어떻게 그들의 유산을 전유(專有)하고 다른 유산과 관계하는가 하는 것이다. 유산상품이 사회적 그리고 경제적 사건에 대한 중간계급의 견해를 나타내게 할 수 있는가, 또는 육체노동자 계급 가구의 구성원은 다른 여가추구를 선택할 수 있는가, 또는 예를 들어, 미식축구 경기 참가와 같은 다른 방법으로 그들의 유산을 전유할 수 있는가? 알고 있는 것은 일반적으로 유산 매력물에 입장료가 부과된 가격은 적어도 입구에서 잠재적 방문객에 대해 사회적으로 제지의 관점에서 차별대우를 하는 것 같지는 않다(Prentice, 1989b).

유산 매력물 방문객 사이의 사회적 편향에 대한 유산'상품' 개발에 있어서 두 번째 의미는 정규 교육자격을 가진 시장 또는 부르디외(Bourdieu)의 용어를 사용하여 제도화된 문화적 자본을 가진 시장에 대하여 불균형적인 편견이다. 그러나 이것은 관광목적지 지역의 관광객 특성에, 그리고 일련의 경쟁하는 매력물에 의존할 수 있기 때문에, 이 관계는 과장되었다고 할 수는 없을 것이다. 그래서 구상화된 자본과 제도화된 자본은 이중으로 진지한 관광을 통해 혼합

될 것이다.

이러한 상황은 유산 매력물을 방문함으로 해서 얻어진 이로운 경험의 제공에 있어서 중요한 의미를 가진다. 유산 매력물 관리자에 의해 관광객에게 제공된 혜택 중에서 중요한 것은 종종 '정통한 방문객 경험'(informed visitor experience)이라고 부르는 감정이입을 고양하는 정보의 제공이다. 일반적으로 특별하지 않고 특히, 종종 지식이 없는 관심을 가진 관광객의 유행은 정보가 제공되는 적절한 맥락을 구성한다. 만약 정보가 방문객이 방문한 것이 무엇인지 이해하는 데 도움이 되는 혜택이 되려면, 정보는 일반적으로 소비되는 여가 맥락과 경쟁할 수 있는 방식으로 제공될 필요가 있다. 이 '해설'(interpretation)의 혜택을 제공하는 의미는 점차적으로 다양하고 멀티미디어(multimedia)되고 있다(Alderson & Low, 1986; Uzzell, 1989; Jenkins, 1992; Prentice *et al.*, 1998a, b; McIntosh & Prentice, 1999). 그러나 이것은 대중적 관심에 의한 것이라기보다 여전히 대부분 학자의 관심에 의해 설정된 의제에 그것의 전달을 위하여 의존하고 있다(Prentice, 1997). 많은 매력물에서 제공되는 정보의 혜택에 관한 연구는 혜택이 '마땅히'(ought) 제공되어야 하고, 고귀한 예술이 어떻게 '세속화'(desacralised)되는지와 같은 윤리적 고려가 없는 것은 아니다. 특히, 진정성의 혜택은 그들의 학문과 보전의 주제가 점차적으로 레크리에이션 자원이 되고 있다는 것을 알고 있는 역사학자와 박물관 큐레이터 같은 사람에게는 주기적으로 순환하는 관심이었다. 젠킨스(Jenkins)는 다음과 같은 내용을 통해 명확한 견해를 제시하고 있다.

> 남 웨일즈(South Wales)의 주요 관광 매력물 중의 하나인 블래너폰의 빅피트(Bit Pit, Blaenafon)가 기대에 미치지 못한 하나의 이유는 부지 주위를 둘러싸고 있는 탄갱 건물과 연계된 갱구 장비가 단지 재생된, 특징이 없이 무미건조한 장소에 끼워 넣어져 구성되어 있다는 것이다. 안전모와 전조등을 갖춘 방문객은 지하 세상을 맛 볼 수 있다; 게다가 방문객은 불빛이 환한 복도를 따라 안전하게 걸어갈 수 있기 때문에, 탄광의 실제는 도저히 제공될 수 없다. 남 웨일즈(South Wales)의 대부분 탄광은 소음, 석탄 부산물의 공기와 어두운 불빛을 가진 습기가 많고 낮은 천장이다. 만약 방문객이 빅피트(Big Pit)의 방문으로부터 얻어진 탄광산업의 인상에 의존하게 된다면, 그들은 왜 과

거의 탄광 노동자가 국가와 고용주를 상대로 탄광의 참혹한 근로조건에 대하여 투쟁했는지를 이해하지 못할 것이다(Jenkins, 1992: 83).

이와 같은 관심은 소비자에게 교육적 혜택을 제공하는 것과 같이 유산에 대한 전통적 관점을 반영한다. 이러한 혜택은 앞에서 언급한 것 대신에 고안된 이미지를 소비하려거나 재미있는 것을 더 좋아하는 많은 방문객의 마음에서는 가장 중요한 것이 아닐지 모른다는 사실은 진정한 경험을 제공하는 것을 추구하는 매력물 공급자에게 하나의 과제가 되고 있다.

미래의 유산 매력물 개발에 있어서, 서로 다른 해설매체의 상대적인 효율성에 대한 총체적인 이해 또한 중요하다. 이런 실연매체의 효율성을 조사하는 기술은 매우 많다.

- 제공하는 언어 정보를 안내하기 위하여 방문객으로부터 피드백(feedback) 수단으로서 비언어적 의사소통에 관한 연구(Risk, 1989)
- 매력물에서 방문객의 대화에 관한 겸손한 기록과 계속적 분석(McManus, 1989)
- 저속 촬영의 사진(time-lapse photography: Vander Stoep, 1989)
- 매체에 나타난 것에 대한 관광객의 보고서(Herbert, 1989; Prentice, 1993a; Prentice & Cunnell, 1997; Prentice *et al.,* 1998a)
- 관광객의 경험에 대한 설명(Beeho & Prentice, 1995, 1997; MaIntosh & Prentice, 1999)
- 겸손하게 방문객 추적(tracking) 및 행동 기록(Russell, 1989)

그러나 기본적인 요점은 매력물에 대한 서로 다른 매체의 효율성에 관한 연구는 아직까지도 해설매체의 용례에 대한 많은 비교에서 실질적이지 못하다는 것이다. 최근의 연구는 매력물을 찾은 방문객에게 어떻게 매력물의 설명에 사용되는 다양한 매체를 찾게 할 것인지에 대한 제한된 지침을 제공하고 있고, 미래의 개발에 대한 일부의 지침도 주고 있다. 이러한 결과는 각각의 매체가 효율성의 측면에서 매우 다르다는 관점일 것이다.

결 론 Conclusions

유산 매력물은 푼(Poon)의 '신관광'(new tourism)의 일부이고, 이제는 관광공급에서 하나의 상용 부분이기도 하다(제8장 참조). '신'(new)이라는 용어는 더 이상 적합한 말이 아니기까지하다. 여러 국가의 지역은 이제 그들의 지역성을 위한 통합적인 유산 주제를 끌어내기 위해 관광목적의 라벨을 붙여왔다. 유산과 다른 문화상품에 대한 강조는 전 세계에 걸쳐 하나의 현상이 되었고, 다른 형태의 매력물도 많이 개발되어 왔다.

그러나 의심할 여지없이 유산 매력물에 대한 중산층 계급의 관심에 관한 자료를 불균형적으로 가지고 있기 때문에, 유산관광 또는 문화관광이 전 사회계급에 걸친 보편적인 현상이라고 주장하는 것은 틀렸다고 할 것이다. 이러한 소비의 사회적 편향은 유산'상품'이 어떻게 제공되었으며, 제공된 유산의 내용이 무엇인지의 양쪽에서 중요한 의미를 가진다. 유산 매력물 방문의 넘쳐나는 여가 맥락은 또한 매력물의 개발에 있어서 중요한 의미를 지닌다. 이것은 앞에서 구분된 일곱 가지 전통방식에 의해 나타났던 소비에 대한 다른 견해의 이론적 관점을 가진다. 상품개발을 협력해서 하기 위하여 사회계급과 여가 맥락을 논의함에 있어서, 관광부문에서 유산부분의 상업적 운명은 선진세계 중산층 계급의 여가예산과 선호에 의존할 것으로 보인다. 마찬가지로, 현재 소비에 대한 사회적 편향은 다른 사회계급에 호소해야 할 상품유형을 찾는 데 있어서 하나의 과제가 된다. 어떻게 이러한 상품을 설계하고, 제공하고, 홍보할 것인지는 적절하게 고려된 소비의 개념화에 의존할 것이다.

상품개발 전략은 점차적으로 매력물을 방문한 관광객 동기의 이해에 토대를 둘 필요가 있을 것이다. 다시 말해서, 현재 혼잡한 시장에서 새로운 매력물의 개발을 통해 경쟁이 증가하는 것처럼, 덜 원하는 '상품'을 제공하는 기업 사이에서 사업실패가 증가할 것이다. 이러한 혜택에 대한 우리의 이해는 여태 미개발되었고, 관광객은 객관적인 진정성과 학습경험이라는 쌍둥이 혜택을 추구한다는 것과 만약 그렇지 않다면, 필연적으로 그렇게 되어야 한다는 두 가지 가정된 관점에 의해 종종 많은 전통적 장소가 여전히 제약을 받는다. 반대로, 영국의 많은 '첨단기술'(high-tech) 공공출자 프로젝트도 방문객 숫자의 측면에서 최근에 실패하였다. 방문객 경험과 비방문객의 인식 측면에서 이들 매력물이 실패에 대하여는 광범위하게 연구되지는 않았다: 비난은 실제로 원하는 상품이었느냐, 누구를 위한 것인지와 무슨 목적을 위한 것인지가 아니라, 추정오류와 공공출자에 따른 과잉고용에 있다고 하고 있다.

과거에는 큐레이터가 이끌어(curator-led) 왔으나, 오늘날의 매력물은 종종 기술이 이끌고(technology-led) 있다. 많은 인기에도 불구하고, 시장연구에는 덜 관심을 가져왔다. 최근까지 이루어진 상품의 고안과 배분에 있어서 차선의 성과는 종종 겉보기에 무한한 채워지지 않는 수요에 의하여 가려져 왔다. 매력물의 엄청난 양은 이제 방문객이 선택할 수 있다는 것을 의미한다: 집합적 관점은 많은 관광목적지에 걸쳐 있다. 유산관광을 위한 연구 의제는 여전히 유산관광이 어떻게 소비되는지, 그리고 일반적으로 문화관광에서 지각되는 광범위한 혜택의 범위 내에서 유산 관광객이 지각하는 혜택은 무엇인지에 더 전적으로 초점을 맞출 필요가 있다. 게다가 '유산'에 주의의 초점을 맞춤에 따라 우리가 스스로 잘못된 방향의 문화적 상상을 할 수 있을 것이라는 것이 모든 관광객에게 해당될 것 같지는 않다. 비슷하게, '유산'의 실제적 용례는 물리적 자산(physical asset; 박물관, 시청각 기술, 역사적 건물 등)과 강력하게 연관되어 있기 때문에, 이러한 용례는 공급 중심의 관점을 강요한다. 대신에 시장 기반의 상품개발이 요구되고 있다. 설마, 너무 '유산'(heritage)을 세상에 내놓는 것일까?

비 고 Note

1. 처음 논문은 'Heritage: A key sector of the "New" Tourism' in Volume 5 of *Progress in Tourism, Recreation and Hospitality Management* (1994), pp. 309-24.

| 참고문헌 | References

Alderson, W.T. and Low, S.P.(1986) *Interpretation of Historic Sites*(2nd edn). Nashville: American Association for State and Local History.

Andersen, V.A., Prentice, R.C. and Guerin, S.(1997) Imagery of Denmark among visitors to Danish fine arts exhibitions in Scotland. *Tourism Management* 18, 453–64.

Andersen, V.A., Prentice, R.C. and Watanabe, K.(2000) Journeys for experiences: Japanese independent travellers in Scotland. *Journal of Travel and Tourism Marketing* 9(1 & 2), 129–51.

Atkinson, C.Z.(1997) Whose New Orleans? Music's place in the packaging of New Orleans for tourism. In S. Abram, J. Waldren and D.V.L. Macleod(eds) *Tourists and Tourism. Identifying with People and Places*(pp. 91–106). Oxford: Berg.

Baldwin, C.K.(1999) Exploring the dimensions of serious leisure. *Journal of Leisure Research* 31, 1–17.

Beeho, A.J. and Prentice, R.C.(1995) Evaluating the experiences and benefits gained by tourists visiting a socio–industrial heritage museum. *Museum Management and Curatorship* 14, 229–51.

Beeho, A.J. and Prentice, R.C.(1997) Conceptualising the experiences of heritage tourists. *Tourism Management* 18(1), 75–87.

Berger, P.L.(1973) 'Sincerity' and 'Authenticity' in modern society. *Public Interest* Spring, 81–90.

Boorstin, D.J.(1964) *The Image: A Guide to Pseudo–Events in America*. New York: Harper.

Cater, E.(1992) Profits from Paradise. *Geographical Magazine* 64(3), 16–21.

Cohen, E.(1989) 'Primitive and remote': Hill tribe trekking in Thailand. *Annals of Tourism Research* 16, 30–61.

Cohen, E., Nir, Y. and Almagor, U.(1992) Stranger–local interaction in photography. *Annals of Tourism Research* 19 (1), 213–33.

Countryside Commission(1988) *Heritage Landscapes Management Plans*. CCP 205. Cheltenham: Countryside Commission.

Countryside Commission(1989) *Heritage Coasts in England and Wales*. CCP 252, Cheltenham: Countryside Commission.

Crouch, D. and Colin, A.(1992) Rocks, rights and rituals. *Geographical Magazine* 64 (6), 14–19.

Daniel, Y.P.(1996) Tourism dance performances. *Annals of Tourism Research* 23 (4), 780–97.

Darvill, T.(1987) *Ancient Monuments in the Countryside*. London: English Heritage.

Davies, A.J. and Prentice, R.C.(1995) Conceptualizing the latent visitor to heritage attractions. *Tourism Management* 16(4), 491–500.

Davis, D. and Weiler, B.(1992) Kakadu National Park–conflicts in a world heritage area. *Tourism Management* 13(4), 313–20.

Davis, P.B.(1999) Beyond guidelines: A model for Antarctic tourism. *Annals of Tourism Research* 26(4), 516–33.

Dower, M.(1987) *The Tourist and the Historic Heritage.* Dublin: European Travel Commission.

Driver, B.L., Brown, P.J and Peterson, G.L.(eds) (1991) *Benefits of Leisure.* State College: Venture.

Eco, U.(1986) *Travels in Hyper Reality.* Orlando: Harcourt Brace Jovanovich.

Eirinberg, K.(1992) Culture under fire. *Geographical Magazine* 64(12), 24–8.

English Tourism Council(1999) *The Heritage Monitor* 1999. London: English Tourism Council.

English Tourism Council, Scottish Tourist Board, Northern Ireland Tourist Board and Wales Tourist Board(1999) *Sightseeing in the UK 1998.* London: English Tourism Council.

English Tourist Board, Northern Ireland Tourist Board, Scottish Tourist Board and Wales Tourist Board(1991a) *Sightseeing in the UK 1990.* London: English Tourist Board.

English Tourist Board, Northern Ireland Tourist Board, Scottish Tourist Board and Wales Tourist Board(1991b) *The UK Tourist Statistics 1990.* London: English Tourist Board.

Evans–Pritchard, D.(1993) Ancient art in modern context. *Annals of Tourism Research* 20(1), 9–31.

Formica, S. and Uysal, M.(1996) A market segmentation of festival visitors. *Festival Management and Event Tourism* 3, 175–82.

Formica, S. and Uysal, M.(1998) Market segmentation of an international cultural–historical event in Italy. *Journal of Travel Research* 36(4), 16–24.

Fowler, B.(1997) *Pierre Bourdieu:* A Cultural Theory. London, Sage.

Garrad, L.S.(1976) *A Present From.* Newton Abbot: David & Charles.

Getz, D.(1989) Special events. Defining the product. *Tourism Management* 10(2), 125–37.

Getz, D.(1991) *Festivals, Special Events and Tourism.* New York: Van Nostrand Reinhold.

Gitelson, R.J. and Kerstetter, D.L.(1990) The relationship between sociodemographic variables, benefits sought and subsequent vacation behaviour. *Journal of Travel Research* 28(3), 24–9.

Grant, D. and Paliwoda, S.(1998) Segmenting Alberta arts and festival consumers. *Festival Management and Event Tourism* 5, 207-20.

Gutman, J.(1982) The means-end chain model based on consumer categorisation processes. *Journal of Marketing* 46, 60-72.

Herbert, D.T.(1989) Does interpretation help? In D.T. Herbert, R.C. Prentice and C.J. *Thomas(eds) Heritage Sites: Strategies for Marketing and Development*(pp. 191-230). Aldershot: Avebury.

Hewison, R.(1987) *The Heritage Industry. Britain in a Climate if Decline.* London: Methuen.

Holt, D.B.(1995) How consumers consume: A typology of consumption practices. *Journal of Consumer Research* 22, 1-16.

Holt, D.B.(1998) Does cultural capital structure American consumption? *Journal of Consumer Research* 25, 1-25.

Hsieh, S., O'Leary, J.T. and Morrison, A.M.(1992) Segmenting the international travl market by activity. *Tourism Management* 13(3), 209-23.

Jacobsen, J.K.S.(1997) The making of an attraction. The case of North Cape. *Annals of Tourism Research* 24(3), 341-56.

Jenkins, J.G.(1992) *Getting Yesterday Right. Interpreting the Heritage of Wales.* University of Wales Press, Cardiff.

Krausse, G.M.(1998) *Waterfront festivals. Festival Management and Event Tourism* 5, 171-84.

Kuentzel, W.F. and Heberlein, T.A.(1992) Does specialisation affect behavioural choices and quality judgments among hunters?. *Leisure Sciences* 14, 211-26.

Kuentzel, W.F. and McDonald, C.D.(1992) Differential effects of past experience, commiment, and lifestyle dimensions on river use specialization. *Journal of Leisure Research*, 24, 269-87.

Light, D.(1989) The contribution of the geographer to the study of heritage. *Cambria*, 15, 127-36.

Light, D.(1995a) Visitors' use of interpretative media at heritage sites. *Leisure Studies* 14, 132-49.

Light, D.(1995b) Heritage as informal education. In D.T. Herbert(ed.) *Heritage, Tourism and Society*(pp. 117-45). London: Mansell.

Light, D.(2000) Gazing on communism. *Tourism Geographies* 2, 157-76.

Littrell, M.A., Anderson, L.F. and Brown, P.J.(1993) What makes a craft souvenir authentic? *Annals of Tourism Research* 20(1), 197-215.

Lounsbury, J.W. and Polik, J.R.(1992) Leisure needs and vacation satisfaction. *Leisure Sciences* 14, 105-19.

MacCannell, D.(1973) Staged authenticity: Arrangements of social space in tourist settings. *American Journal of Sociology* 79, 589–603.

MacCannell, D.(1976) *The Tourist. A New Theory of the Leisure Class.* London Macmillan.

Manning, R.E.(1986) *Studies in Outdoor Recreation.* Corvalis: Oregon State University Press.

Marshall, J.D. and Walton, J.K.(1981) *The Lake Counties From 1830 to the Mid–Twentieth Century.* Manchester: Manchester University Press.

Masberg, B.A. and Silverman, L.H.(1996) Visitor experiences at heritage sites. *Journal of Travel Research* 34(4), 20–5.

McCrone, D., Morris, A. and Kiely, R.(1995) *Scotland – The Brand.* Edinburgh: Edinburgh University Press.

McManus, P.(1989) What people say and how they think in a science museum. In D. Uzzell(ed.) *Heritage Interpretation* (vol. 2)(pp. 156–65). London:belhaven.

McIntosh, A.J. and Prentice, R.C.(1999) Affirming authenticity: Consuming cultural heritage. *Annals of Tourism Research* 26(4), 589–612.

Meethan, K.(1996) Consuming(in) the civilized city. *Annals of Tourism Research* 23(3), 322–40.

Millar, S.(1989) Heritage Management for heritage tourism. *Tourism Management* 10 (1), 9–14.

Moscardo, G.(1996) Mindful visitors. *Annals of Tourism Research* 23(3), 376–97.

O'Brien, C.(1997) Form, function and sign. *Journal of Urban Design* 2, 163–78.

Office of Population Censuses and Surveys(1989) *General Household Survey* 1986. SS4570, London. London: HMSO.

Parks Canada(undated) *Parks Canada Policy.* Ottawa: Parks Canada.

Pennyfather, K.(1975) *Interpretative Media and Facilities.* Edinburgh: HMSO.

Poon, A.(1989) Competitive strategies for a 'New Tourism'. In C. Cooper(ed.) *Progress in Tourism, Recreation and Hospitality Management* 1(pp. 91–102). London: Belhaven.

Prentice, R.C.(1989a) Visitors to heritage sites. In D.T. Herbert, R.C. Prentice and C.J. Thomas(eds) *Heritage Sites: Strategies for Marketing and Development.* Aldershot: Avebury.

Prentice, R.C.(1989b) Pricing policy at heritage sites. In D.T. Herbert, R.C. Prentice and C.J. Thomas(eds) *Heritage Sites: Strategies for Marketing and Development*(pp. 231–71). Aldershot: Avebury.

Prentice, R.C.(1991) Measuring the educational effectiveness of on–site interpretation designed for tourists. Area 23, 297–308.

Prentice, R.C.(1993a) *Tourism and Heritage Attractions.* London: Routledge.

Prentice, R.C.(1993b) Motivations of the heritage consumer in the leisure market: An application of the Manning–Haas demand hierarchy. *Leisure Sciences* 15, 273–90.

Prentice, R.C.(1994) Heritage: A key sector of the 'New' Tourism. In C.P. Cooper and A. Lockwood(eds) *Progress in Tourism, Recreation and Hospitality Management* 5 (pp. 309–24). Chichester: John Wiley.

Prentice, R.C.(1996) Managing implosion: The facilitation of insight through the provision of context. *Museum Management and Curatorship* 15, 169–85.

Prentice, R.C.(1997) Cultural and landscape tourism. In S. Wahab and J.J. Pigram(eds) *Tourism, Development and Growth*(pp. 209–236). London: Rouledge.

Prentice, R.C.(1998) Recollections of museum visits. *Museum Management and Curatorship* 17, 41–64.

Prentice, R.C. and Cunnell, D.(1997) Response to interpretative media as a basis of multi–variate market segmentation for museums and heritage centres. *Museum Management and Curatorship* 16, 233–56.

Prentice, R.C. and Guerin, S.(1998) The romantic walker? A case study of users of iconic Scottish landscape. *Scottish Geographical Magazine* 114, 180–91.

Prentice, R.C., Davies, A. and Beeho, A.(1997) Seeking generic motivations for visiting and not visiting museums and like cultural attractions. *Museum Management and Curatorship* 16, 45–70.

Prentice, R.C., Guerin, S. and McGugan, S.(1998a) Visitor learning at a heritage attraction: A case study of Discovery as a media product. *Tourism Management* 19(1), 5–23.

Prentice, R.C., Witt, S.F. and Hamer, C.(1998b) Tourism as Experience: The case of heritage parks. *Annals of Tourism Research* 25 (1), 1–24.

Prentice, R.C., Witt, S.F. and Hamer, C.(1993) The experience of industrial heritage: The case of black gold. *Built Environment* 19, 137–46.

Risk, P.(1989) On–site real–time observational techniques and responses to visitor needs. In D. Uzzell(ed.) *Heritage Interpretation*(Vol. 2)(pp. 120–8). London: Belhaven.

Robins, D.(2000) *Bourdieu and Culture.* London: Sage.

Russell, T.(1989) The formative evaluation of interactive science and technology centres. In D. Uzzell(ed.) *Heritage Interpretation*, Volume 2 (pp. 191–202). London: Belhaven.

Schanzel, H.A. and McIntosh, A.J.(2000) An insight into the personal and emotive context of wildlife viewing at the Penguin Place, Otago Peninsula, New Zealand. Journal of Sustainable Tourism, 36–52.

Silverman, D.(1993) *Interpreting Qualitative Data. Methods for Analysing Talk, Text and Interaction.* London: Sage.

Soja, E.W.(1997) Six discourses on the postmetropolis. In S. Westwood and J.

Williams(eds) *Imagining Cities: Scripts, Signs, Memory*. London: Routledge.

Stebbins, R.A.(1996) Cultural tourism as serious leisure. *Annals of Tourism Research* 23(4), 948–50.

Stebbins, R.A.(1997a) Casual leisure: A conceptual statement. *Leisure Studies* 16, 17–25.

Stebbins, R.A.(1997b) Identity and cultural tourism. *Annals of Tourism Research* 24 (3), 450–2.

Taylor, G.D.(1986) Multi-dimensional segmentation of the Canadian pleasure travel market. *Tourism Management* 7 (2), 146–53.

Teh, P. and Yeoh, B.S.A.(1997) Remaking local heritage for tourism. *Annals of Tourism Research* 24(1), 192–213.

Thomas, C.J.(1989) The roles of historic sites and reasons for visiting. In D.T. Herbert, R.C. Prentice and C.J. Thomas(eds) *Heritage Sites: Strategies for Marketing and Development*. Aldershot: Avebury.

Tilden, F.(1957) *Interpreting Our Heritage*(3rd edn, 1977). Chapel Hill: University of North Carolina Press.

Urry, J.(1990) *The Tourist Gaze*. London: Sage.

Urry, J.(1995) *Consuming Places*. London: Routledge.

Uzzell, D.(ed.)(1989) *Heritage Interpretation*(2 vols). London: Belhaven.

Vander Stoep, T.(1989) Time-lapse photography. In D. Uzzell(ed.) *Heritage Interpretation*(Vol. 2). London: Belhaven.

Waitt, G.(2000) Consuming heritage: Perceived historical authenticity. *Annals of Tourism Research* 27(4), 835–62.

Wales Tourist Board(1984a) *Survey of Visitors to Dylan Thomas' Boathouse, Laugharne*. Cardiff: Wales Tourist Board.

Wales Tourist Board(1984b) *Survey of Visitors to Big Pit Mining Museum, Blaenafon*. Cardiff: Wales Tourist Board.

Waller, J. and Lea, S.E.G.(1999) Seeking the real Spain? *Annals of Tourism Research* 26(1), 110–29.

Walsh-Heron, J. and Stevens, T.(1990) *The Management of Visitor Attractions and Events*. Englewood Cliffs, NJ: Prentice Hall.

Wang, N.(1999) Rethinking authenticity in tourism experience. *Annals of Tourism Research* 26(2), 349–70.

Williams-Braun, B.(1994) Situating cultural politics. Environment and Planning D: *Society and Space* 12, 75–104.

제11장

환경감사: 관광의 환경적 성과 향상수단

Environmental Auditing: A Means to Improving Tourism's Environmental Performance

브라이언 구달(BRIAN GOODALL)

관광과 환경 Tourism and Environment

현대 세계 경제에서 환경문제는 생산에서와 같이 소비에서도 발생하는 것 같다. 지난 20세기의 마지막 분기에 사회, 정부, 기업 그리고 개인은 현재의 생활방식에서 나타나는 환경문제를 점점 더 자각하고 있음이 목격되고 있다. 특히 지난 10년간 리우(Rio, 1992), 교토(Kyoto, 1996), 헤이그(Hague, 2000) 그리고 요하네스버그(Johannesburg, 2002)에서 개최된 '환경과 개발에 관한 유엔회의'(United Nations conferences on Environment and Development)에 의하여 전형(全形)화된 전 세계적 관심의 배경에 의지하여 환경회계학(accounting of environment)은 사업의 주요 성장영역이 되었다.

환경은 관광상품의 핵심적 특징이다. 따라서 관광객은 상품을 소비하기 위하여 생산자의 위치, 즉 관광목적지로 여행하는 '환경 소비자'(consumers of environment)이다. 이처럼 관광은 관광목적지 환경의 유인력(attractive power), 즉 일차적 주요 자원인 기후, 경관, 야생생물, 문화와 역사유산에 의존한다. 많은 경우에 이런 환경은 접근이 개방된 자원의 형태를 취하며, 개인 소유가 아니고, 시장이 존재하지 않기 때문에 과도한 이용을 피하기가 매우 어렵다. 세계적으로 가장 큰 산업으로서뿐만 아니라 환경의 상품화를 채택하고 있는 이론적 근거의 하나라는 점에서 관광은 면밀하게 음미하는 것이 불가피하였다. 관광산업 내에서 환경에 대한 태도는 변화하고 있다 - 민간부문이 참여하고, 믿을 수 없을 만큼 다양하고, 소사업(micro-business) 부문으로 세분화되고, 높은 수준의 상품 대용성(substitutability)을 반영하는 격렬하게 경쟁적인 산업으로 기대되었기 때문에 초기에는 반작용이 있었다.

세계적으로 급성장한 관광은 환경을 황폐화시키는 영향을 가져왔다. 성장은 특히 훼손되기 쉽고, 외진 환경이 방문되는 곳에서 문제를 일으킨다. 관광객에게 관광목적지의 일차적 자원을 경험하게 하기 위해서는 건조환경(built environment)의 확장을 통한 관광목적지의 주요한 물리적 재구성에 의해 숙박시설, 교통시설 그리고 관광기반시설과 같은 2차적 자원이 제공되어야 한다(Cater & Goodall, 1992). 이러한 대량시장 및 환경적으로 파괴적인 다른 관광형태는 전 세계 산업을 계속 좌우하고 있다. 관광목적지 지역의 관광개발, 환경과 사회경제적 개발 사이에는 순환적이고 누적적인 관계가 존재한다: 대부분의 관광개발은 현지 주민의 미래에 대한 전망을 떨어뜨리면서, 관광이 기반을 두고 있는 환경적 자원에 대해 부가적인 압력을 지운다.

외관상 관광의 필연성에 대한 근본적인 이유는 추가적인 하부 기반시설 및 상부시설의 제공을 필요로 하고, 전형적인 도시생활의 쓰레기를 발생하는 자원기반 산업(자연, 건조 및 문화)으로서 관광의 가변적 구조와 규모에 대한 지적을 넘어서 잘 이해되고 있지는 않지만, 관광의 환경적 영향은 계속 잘 기록되고 있다(McKercher, 1993; Butler, 2000). 현지/관광목적지에 미치는 영향이 여전히 강조되고 있는데, 이것은 예를 들어, 스키 활강로와 크로스컨트리 코스 조성 등 활동의 필수 부분으로 받아들여지기도 하고, 또는 관광목적지를 단지 한번만 방문하는 관광객은 인정하지 않고 지나쳐버릴 수 있다. 그러나 관광의 다른 경제부문, 특히 운송과의 중요한 연계에 따라 광범위한 세분화가 불가피하다. 공간적으로 관광목적지의 범위를 넘어서 확장되고 있는 환경적 족적은 이제 인정되고 있다: 출발지와 통과지역뿐 아니라 관광목적지에서 관광의 투입요소와 산출에 따른 지구적인 영향은 이제 인정되고 있다. 예를 들어, 관광객이 2주간의 패키지 휴가를 개발도상국에서 보내는 데 사용되는 전체 화석연료의 4분의 1이 조금 안 되는 것이 관광목적지에서 소비되고, 4분의 3 이상은 지구온난화라는 엄청난 결과를 가져오는 장거리 항공여행에 의해 소비되고 있다(Gössling, 2000a). 관광에 기인하는 환경적 영향은 다른 인간 활동의 결과와 같거나 비슷한 존재로 유일한 것이 아닐 뿐 아니라 시간적 공간적 범위도 매우 비슷할 것이다.

환경문제에 대한 자각의 증가는 환경에 대한 관광의 의존성에 관해 더 많은 논쟁을 촉진시키는 관광-환경 관계의 복잡성에 대한 이해[자각]를 동반하였다(Butler, 2000). 만약 관광목적지가 그들의 시장분담을 유지하려고 한다면, 관광객을 관광목적지로 유인하는 것이 무엇인지 뿐만 아니라 관광에 의해 시작되는 환경적 변화의 과정에 대한 이해가 필요하다. 충분한 인식은 관광이 보통 다른 경제활동과 사용영역을 공유하고 있을 뿐만 아니라 에너지, 교통, 농업 및 제조업과 같은 다른 경제부문에 의존하는 존재로 변함없이 관광의 환경적 영향이 관광목적지의 범위를 상당히 넘어서 확장된다는 사실을 용인한다. 이전에 관광을 저영향의 비소비적 활동으로 보았던 곳에서 환경적 자원은 과소평가되어 졌고, 자연자원의 과도한 착취라는 필연적인 결과를 가져오는 외형으로서 그리고 오염수준을 증가시키는 주범으로 취급되어 왔다. 특히, 지구적 규모에서 자연자원 자본에 대한 비판은 아직 관광산업의 주요 부분에 대해 전적으로 평가되었다고 할 수는 없다. 게다가 관광의 지구적 기후변화에 대한 함의는 이 문제에 대한 관광의 역할 정도를 인정하지 않는 것 같다(Wall & Badke, 1994).

관광과 환경에 대한 논쟁은 계속되어 지속가능성의 맥락으로 흘러서 지속가능한 관광개발에 대한 다양한 해석을 포괄하고 있다(Goodall & Stabler, 1994; Hunter & Green, 1995; Mowforth & Munt, 1998; Sharpley, 2000). 이 의미는 비록 상승하고 있는 생태관광의 인기가 부서지기 쉬운 관광목적지를 압박한다 할지라도, 적어도 관광목적지 수준에서 관광개발은 환경보호 및 사회적 정의와 양립할 수 있다는 것이다. 관광에서 자원의 경제적 이용에 대한 환경적 효율성 개념의 적용은 아직 대부분 이론적이며(Steele, 1995), 환경 친화적 자각은 대응하는 행동이 없이 말뿐인 서비스가 될 위험이 있다(Wheeller, 1997 및 제12장 참조). 전 지구적으로 거의 모든 관광목적지에서 소사업체에 의해 지배되고 있는 대규모 산업인 관광산업의 구조에 호의적인 방식으로 관광업무 이론을 얹히는 것이 과제이다. 모든 관광사업은 현재 수준의 환경적 성과를 향상시킬 능력이 있다.

친구 및 친척을 방문하는 것과 같이 모든 형태의 관광이 환경과 의존적인 관계를 가지는 것은 아니지만, 관광은 자연환경 체계와 서로 영향을 미치며, 환경 변화를 가져올 수 있는 잠재력을 가지고 있다. 따라서 관광산업은 자연자원과 문화유산의 보전 및 전 지구적인 생태계와 환경적 질의 유지 및 고양과 관련이 있다고 간주되었다. 삶의 질과 서비스의 질이 소비자에게 점점 중요해짐에 따라, 공공 및 민간부문 양쪽의 관광회사와 기관은 보다 더 환경에 책임을 지는 방식으로 행동하려고 노력할 것이다. 게다가 시장연구는 환경과 인간의 관계에 관한 소비자의 관심이 강력하다는 증거를 제시하였고, 1990년대를 거치면서 구매행동과 상품개발에 영향을 미친다고 깊게 뿌리가 박힌 것으로 생각하였다(Gordon, 1991). 그러므로 환경적으로 파괴적인 관광으로부터 나오는 압출요인(push factor)과 자연환경과 문화유산 매력물의 신중한 사용을 요구하는 녹색 또는 지속가능한 관광으로 향하는 인입요인(pull factor) 양쪽이 있다.

지속가능한 관광은 증가하고 있는 관광객수의 수요가 관광목적지 환경과 문화유산을 보호하는 것은 물론 생활수준의 향상을 가져옴으로써 현지 지역주민의 요구에 부합하는 수준에서 관광객을 끌어들일 수 있는 방식으로 만족되어야 한다는 것을 필요로 한다. 비록 이러한 지속가능한 관광의 관점이 일반적으로 받아들여지고 있지만, 공공부문을 포함한 관광산업의 느슨하고 세분화된 구조 속에서 어떻게 이것이 실행될 수 있는지는 또 다른 문제이다. 이상적으로는 지속가능성의 원칙은 환경적 효율성과 관광의 환경적 성과 향상이라는 개념을 둘러싸고 있는 관광송출(tourism-generating)과 관광수용(tourism-receiving) 국가 양쪽 관광정책의 중심이 되어야 한다. 그러나 관광회사와 기관의 실무에 있어서 함의하는 것은 무엇인가? 관광산업에 의해 훌륭한 환경적 업무를 구성하는 것은 무엇이며, 관광회사와 기관은 이러한 맥락에서 그들의 활동을 어떻게 모니터링 할 수 있는가?

관광의 환경 목적 (그리고 책임)

Tourism's Environmental Objectives (and Responsibilities)

사회는 관광객을 위하여 휴가와 다른 여행 상품을 의미하는 상품공급을 요구하고, 자발적이지는 않지만, 때때로 이렇게 하는 것이 환경적 위험이 있다는 것을 받아들인다. 그러나 관광목적지, 관광산업 그리고 관광객 자신은 그들의 일차적 자원인 환경이 지속되는 것을 책임지는 데 있어서 공동의 관심을 공유하고 있는 것처럼 보인다. 본질적으로 일정한 자연자산 법칙을 적용하여, 미래세대(관광객과 비관광객)가 이용할 수 있는 환경자산의 전체 비축량은 감소되지 않아야 한다(Pearce, 1991). 이것은 재생할 수 없는 자원의 비축량에 대한 손실의 최소화와 이러한 자원의 사용(use), 재사용(re-use) 및 재활용(recycling)에서의 효율성에 대한 강조를 의미하는데, 한편 재생할 수 있는 자원의 사용 비율을 책임지는 것은 그들의 재생 능력을 넘지 않아야 하고, 이에 따라 전 지구적 자원체계의 통합을 유지되어야 하는 것을 의미한다. 따라서 민간회사와 공공부문 기관을 포함하는 관광산업의 전반적인 목적은 현지 환경과 문화가 흡수하고 환영할 수 있을 규모로 관광목적지의 특성과 양립할 수 있어야 할 뿐만 아니라 전 지구적 환경 및 다음 세대의 요구와 조화를 이루는 환경적으로 수용할 수 있는 방식으로 사업이 수행되어야 한다. 오늘날까지 너무 관광중심적(tourism-centric) 접근이 이루어져 왔고, 이는 관광목적지에 초점(destination focused)을 두는 것이다(Hunter, 1995).

관광산업이 이러한 환경에 대한 책임을 받아들일 준비가 되어 있는가? 이

물음은 관광이 운송 서비스의 사용 및 에너지 수요와 관련되어 전 지구적 환경 변화(오염)에 영향을 미치기 때문에 단지 관광목적지 관점에서가 아니라 전 지구적 관점에서 답변되어야 할 필요가 있다. 산업의 다양성과 세분화는 이것의 반응 특히, 상업적 회사(투어운영자, 여행사, 교통운송업자, 매력물 또는 숙박시설 운영자)와 공공부문(국가 관광부처나 지방 관광안내소와 같은 국가, 지역 또는 지방정부 또는 기관)에 의해 수행되는 매우 다른 역할의 인식으로 간주된다는 점에서 중요하다. 전자는 이익을 내기 위해 관광상품의 전체 또는 상품의 일부 구성요소를 공급하게 될 것이다. 높아진 환경적 자각은 사업을 운영하는 이론적 근거를 제시하고 혁신적인 행동을 통한 경쟁우위를 갖도록 한다(Hjalager, 1996). 보통, 후자는 비록 촉진활동에 참여하기도 하고 기반시설과 공공서비스를 제공하지만, 판매를 위한 그 자체의 관광상품을 가지고 있지는 않다. 그러나 그들의 역할은 많은, 작은, 독립적인 회사로부터 나오는 관광개발 및 확장 계획이 총계에서 상당한 환경적 영향을 가져올 수 있는 관광목적지에서는 매우 가혹할 수도 있을 것이다. 그러므로 공공부문 기관이 가지는 규제 및 계획 역할은 관광목적지의 일차적인 자원을 보호하는 본분을 다하여야 하는 특별한 역할이다.

기존의 관광활동과 계획된 관광개발은 명확한 구별이 필요하다. 과정의 상태로서 관광개발은 환경적으로 수용 가능한 업무의 현재 '최고'(best) 기준에 더 쉽게 따를 수 있도록 할 수 있다. 예를 들어, 에너지 효율성이 높은 건물, 차량 및 장비 등 최근의 기술발전으로부터 최고의 장점을 얻을 수 있게 되었다. 대규모 개발계획은 유럽사회처럼 환경영향평가(EIA) – 자연과 인간 환경에 대한 계획된 개발의 '잠재적'(potential) 전체 영향을 균형적으로 평가 – 의 대상이 될 수 있다. 개발이 환경적으로 책임을 다하고, 관광목적지의 일차적 관광자원을 지속되게 할 것이라고 환경영향평가의 결과가 명확하게 입증된 곳에서만 계획허가가 정상적으로 획득되도록 해야 한다. 그러므로 관광목적지 지역의 계획당국은 새로운 관광개발을 책임지기 위하여 환경의 질을 유지하고, 향상시켜야 하는 영향력 있는 위치에 있다(비록 관광목적지 계획가와 정치가에게 환경과 다른 우선권에 대하여 균형을 가지도록 승인되었지만).

그러나 기존의 관광활동과 시설은 환경적 고려가 개발을 결정하는 데 있어서 하나의 요인이 되지 않았던 때의 과거기준(이런 것이 존재한다면)에 따라 최고로 개발되었을 것이다. 사실은, 보통의 사업 관행이 이익을 최대화하는 데 뜻을 두고 있기 때문에, 상업적인 관광회사는 그들의 활동으로 인한 환경적 외부성을 비용을 산정할 때 대차계정에 넣으려고 하지 않을 것이다. 기존의 많은 관광사업은 환경적으로 비효율적인 방식, 심지어는 오염을 일으키는 방식으로 운영 중에 있을 것이다. 이익을 계속하는 것, 생산의 불가분의 요소인 무기한적 경제 생명체(건물, 설비, 기타), 관습 그리고 관성은 기존의 관광활동의 본성을 바꾸기 힘들게 만든다. 사실은 환경적 이유 그리고/또는 수익손실을 위한 어떠한 변화의 자본비용은 방해가 될 수 있다. 그럼에도 불구하고 (환경적) 향상의 기회는 장비교체, 건물 재설비, 그리고 비품계약을 다시 시작할 때 발생한다. 예를 들어, 유람선 사업에서 유람선 하나를 교체하려고 할 때 연기를 내지 않는 디젤엔진, 만선의 조건에서 완전 연소 등으로 구체화 할 수 있다. 따라서 관광활동이 진행됨에 따라 조직, 설비, 건물, 과정 및 상품의 체계적이고, 규칙적이며, 객관적인 환경적 성과의 평가를 제공하는 관리도구인 '환경감사'(environment audit)가 주체가 되는 것이 필요하다. 본질적으로 환경감사와 환경영향평가는 같은 목표를 가지고 있으며, 지속가능한 관광을 성취하기 위한 몸부림의 보완 수단이다.

점차적으로 관광산업이 환경에 대해 책임지는 방식으로 행동하려고 모색하고 있는 증거가 있다. 변화에 대한 압력은 강압적이며, 많은 원천에서부터 나왔다. 그림 11-1에서 보여주는 것처럼, 관광의 환경적 성과와 중첩되는 혜택과 관련되는 많은 이해관계자(stakeholder)가 있다. 관광목적지라는 장소를 위한 빈약한 환경적 성과의 결과와 사업 이미지, 그리고 이에 따른 상업적 성공은 실행에 있어 하나의 자극이다. 초기에 수위(首位)는 종종 중앙정부가 맡았다. 예를 들어, 영국에서는 어떻게 관광산업이 현재의 활동과 정책뿐만 아니라 미래의 관광개발이 환경을 보전하고 보존해야 할 필요와 조화를 이루는 것을 책임지고, 현지 주민에게 복지를 제공하여야 할 것인지에 관한 지침서를 작성하기 위해 관광과 환경 태스크포스(Tourism and Environmental Task Force, 1991)를 설립하였다. 유럽의 다른 곳에서, 예를 들어, 포르투갈(Lewis & Williams, 1991),

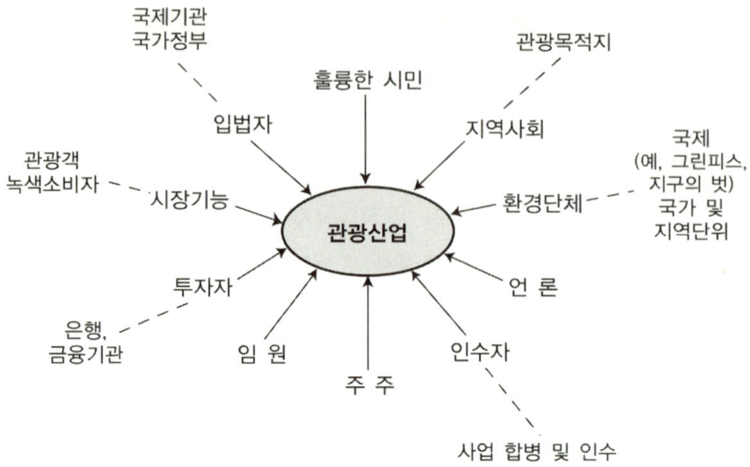

그림 11-1 **관광산업의 환경적 책임행동 압력 박차**(拍車)

스위스(Gilg, 1991) 그리고 프랑스(Tuppen, 1991)에서는 국가 관광계획과 정책이 자연과 문화자원을 보전하고, 관광개발을 규제하려고 하였다. 그 외의 비슷한 활동으로 키프로스(Witt, 1991), 케냐(Dieke, 1991) 그리고 필리핀(Choy, 1991)에서도 환경을 보전, 보호하고, 개선하려고 하였다.

환경영향과 문제에 관한 관광산업 내의 관심과 환경을 지속하기 위한 동등한 행동이 필요하다는 동의가 있음에도 불구하고, 환경훼손에 대한 관광의 역할(Goodall, 1995; Stabler & Goodall, 1997)을 인정하는 데 어느 정도의 저항이 있었고, 특히 개발도상국(King & Weaver, 1993)에서 누가 주도적 행동의 책임을 맡을 것인가의 논쟁(Kavallinis & Pizam, 1994)이 있었다. 관광산업의 위치에서는 종종 환경문제의 해결을 정부와 사회의 책임으로 본다(Hashimoto, 2000).

그러나 관광산업은 지난 10년 전부터 정부정책에 반응하기 시작했다. 환경적 책임에 대한 관광산업의 인식을 행동으로 변화시키려는 노력은 다수의 행동권고강령(advisory codes of conduct)을 만들어냈다(Mason & Mowforth, 1995; UNEP/IE, 1995). 이러한 강령이 국가, 지역 및 지방 수준의 정부로부터 나올 수 있는 것과 동시에, 세계관광기구(WTO)와 세계여행관광협회(WTTC)를 포함하는 국제기구 및 비정부 조직에서 나타날 수 있고, 마찬가지로 특히 부문별 무역협회와 같은 관광산업에서도 나타날 수 있다(Hawkins & Holtz, 2001). 강령은 관광사업을 대상으로 할 뿐 아니라 관광객 및 현지 지역사회에도 적용될 수 있다. 태도와 행동에 영향을 주려는 모든 노력과 실행은 보통 자발적이다. 이는 직접적으로 관광회사에게 환경 공약과 책임을 강조하고, 계획과 관광시설 개발, 그리고 환경적으로 건전한 상품의 개발, 운영 및 과정에서 환경적 요인에 대한 고려를 특히 강조한다(Goodall, 1997). 대부분의 경우 이러한 강령은 '이상적 진술'(statement of ideal; Mason & Mowforth, 1995) 또는 원칙이다: 많은 관광회사와 관광목적지가 필요로 하는 것이 매우 많기 때문에, 이들 규범은 사업단위 또는 부지규모의 환경적 성과를 어떻게 측정하고, 최상의 환경적 업무를 어떻게 제공할 것인지에 대하여 실무적 권고를 주지는 못한다.

행동강령에 진술된 원칙은 사업단위 및 부지규모의 관광산업에 의한 실행 가능한 '녹색'(green) 업무로 변형되어야 할 필요가 있다. 기존의 관광사업과 관광목적지를 위한 실무적 권고는 많은 기술적 권고 안내서의 증가로 나타나고 있는데, 이는 무역연합, 예를 들어, 호텔요식기업경영협회(Hotel Catering and Institutional Management Association, 1991), 국제남극관광운영자협회(International Association of Antarctic Tour Operators, 1993), 캐나다레스토랑외식서비스협회, Canadian Restaurant and Foodservices Association; Wight, 1994a), 국제호텔환경기구(International Hotels Environment Initiative: IHEI, 1993) 등을 통해 이용할 수 있게 만들어졌다. 이러한 권고는 또한 스코틀랜드 관광청(1993), RDC/ETB/CC(1995)과 같은 관광목적지 당국을 포함하는 공공부문 관광기관과 심지어는 '사용자 친화적 손수하기 녹색감사 도구'(user-friendly do-it-yourself green audit kits: Dingle, 1995; Beioley, 1995)의 형태로 나타날 수도 있을 것이다. 이것은 관광의 환경적 성과를 향상시키기 위해 지식이 존재한다는 것을 입증하지만, 그러나 실천과 실행은 보통 자발적인 것이며, 아래에서 논의하듯이 (일찍) 실행하기에는 장애가 있을 수 있다. 그러나 현재의 환경적 성과를 어떻게 평가할 것인지, 사업이나 관광목적지를 위한 적절한 환경적 성과의 기준은 무엇으로 구성되어 있는지, 그리고 향상을 이룩하는 실현 가능성은 어떻게 산정되는지에 대한 지침은 여전히 부족하다. 환경적 성과의 측정과 특히, 그 결과의 해석은 여러 문제가 뒤따를 수 있다(Goodall & Stabler, 2000).

환경적 성과의 향상은 지속가능한 관광으로의 행로에서 단지 한걸음일 뿐이고, 이러한 목적을 달성하기 위한 정책과 업무의 실행은 관광개발이 환경영향평가의 대상이 되어야 하는 것과 기존의 관광활동도 환경감사의 대상이 될 것을 요구하고 있다. 관광에 대한 환경영향평가 적용의 일반적 원칙은 여러 곳에서 설명되어 왔고(Green & Hunter, 1990; Hunter & Green, 1995 참조), 여기서는 기존 관광활동의 환경적 성과를 모니터링하기 위한 관리수단으로서 환경감사를 강조한다. 공공부문과 민간부문 양쪽의 관광활동과 개발은 환경감사와 환경영향평가에 기꺼이 동등하게 따르고 있다.

관광회사와 기관이 환경적으로 책임 있는 행동강령을 채택하는 것은 확실한 의미가 있다. 개발계획 단계에서는 환경 수용력 개념과 관련된 위치 선택 및 부지 선정에, 그리고 건물과 기반시설의 설계와 통합에 특별한 주의를 기울인다. 건설단계 동안은 환경적 교란을 최소화시키고, 환경훼손이 발생한 모든 곳의 복원을 책임지기 위한 노력을 해야 한다. 일단 운영이 되면, 대상지 경관과 생태적 관리 업무, 그리고 에너지 효율성, 폐기물 관리(재생과 재활용), 그리고 투입하는 자원의 축소 등의 자연자원 보전의 원칙과 관련된 적절한 작업 과정과 정례화된 과업의 선택에 충실할 필요가 있다. 이것은 환경감사가 개인적인 관광사업과 단체를 위해 자체적으로 나타난다는 것이다: 비록 이런 사업과 기관은 다양한 보건, 안전 및 환경 법률을 따라야 하지만, 환경감사는 더 많이 진행된다.

관광사업과 관광목적지 업무에 환경감사의 도입은 대부분 현재 운영되는 방식에 있어서 광범위한 변화를 요구한다. 환경감사의 시각은 운영상 그리고 상품 양쪽 관점에서 이것의 관리에 의해 관광사업이나 관광목적지 내의 모든 환경적 비용과 혜택에 대한 전체적인 이해이다. 즉 사업(관광회사와 관광목적지)과 상품(휴가와 활동)의 '녹색화'(greening)는 상보적 관계이다. 따라서 환경감사는 관광사업 또는 관광목적지의 환경적 성과에 대해 엄밀한 비준을 허락하는 환경관리 통제, 과정과 체계에 대한 이해를 제공한다.

환경감사의 원칙 Principles of Environmental Auditing

유럽공동체위원회(the Commission of European Communities, 1993: the international chamber of commerce, 1989에 대부분 기반을 두고 있는)는 환경감사를 다음과 같이 정의하고 있다.

> (i) 환경에 영향을 줄 수 있는 업무의 관리통제를 촉진시키고, (ii) 기업의 환경정책 준수를 평가할 목적으로 환경을 보호하기 위하여 고안된 조직, 경영 시스템과 절차의 성과를 체계적이고, 문서화되고, 주기적이고, 객관적인 평가를 포괄하는 관리수단이다.

환경감사는 하나의 표준화된 심사와 입증된 절차의 결합으로서 목적을 위한 수단이라는 것을 강조하여야 한다. 이러한 정기적이고 포괄적인 감사는 개인사업과 법인수준(즉, 호텔체인과 개별 호텔 등)에서는 물론이고, 전체로서 관광목적지뿐만 아니라 공공부문의 관광기관(예, 국가 관광부처, 관광안내소 등)에도 적용할 수 있다. 이어지는 논의는 관광사업의 환경감사 채택과 사용에 대해 집중적으로 다루고 있다.

감사는 환경적 책임을 인정하기로 입장을 표명한 법인 관광사업체에 의해서만 정상적인 업무의 일부분으로서 자발적으로 수행되고 있는 것 같다. 그러므로 이들 기업은 종합 품질관리를 보급하기 위해 계획된 그들의 전반적인 사업전략의 통합적 부분으로서 이미 환경정책을 공식화하였다. 사업의 운영구조 내에서의 환경감사의 위치가 그림 11-2에서 강조되어 있다.

'녹색' 또는 '환경' 기업주의의 책임을 표명한 기업의 환경정책에 담겨져 있는 목적은 무엇일까? 현재와 미래의 활동을 위하여 그들의 정책문서는 다음을 제시해야 한다.

(1) 환경법규의 조문뿐 아니라 정신의 준수 및 합리적이며 실행할 수 있는 환경법규 개발에 참여
(2) 부정적 환경영향의 개발계획 취소 및 현재 활동의 부정적 영향을 저감(예, 오염 확산)

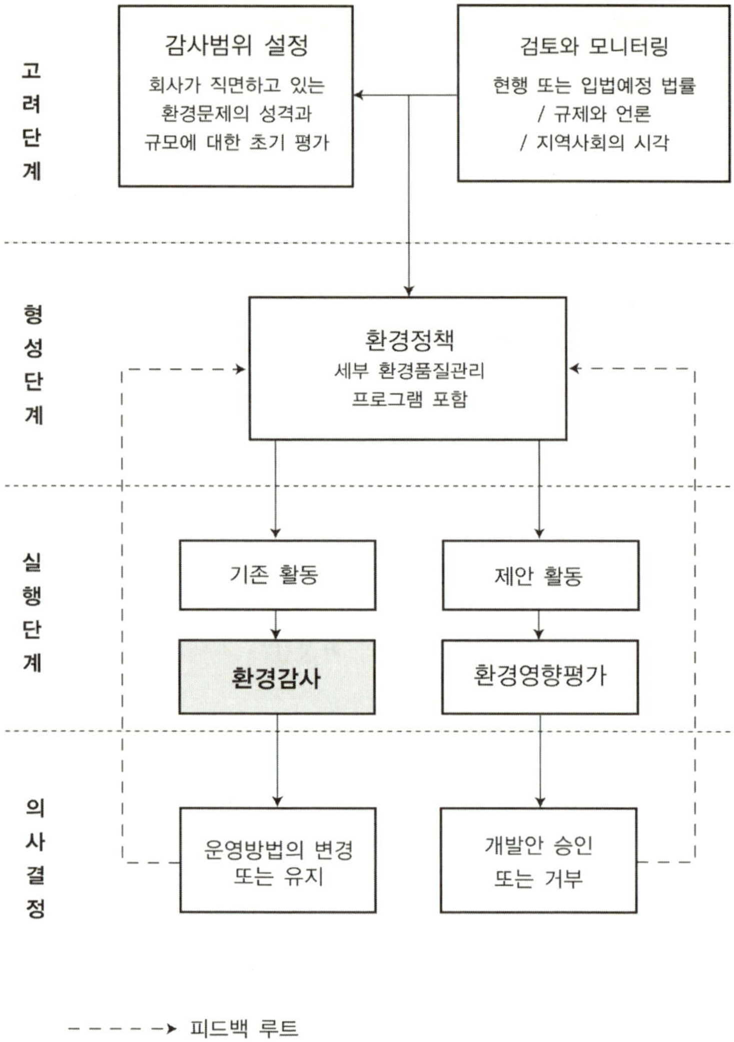

그림 11-2 기업환경주의 - 환경감사의 위치

(3) 폐기물 최소화를 포함한 자원이용의 효율성 증진, 환경적으로 좋은 투입요소와 설비로 대체, 그리고 불가피한 곳에서는 안전한 폐기물 처리 등의 촉진
(4) 친환경적으로 상품을 개발
(5) 이러한 기능이 미치는 직원, 고객, 지역사회에 환경 문제에 대한 이해 증진

환경감사의 특별한 목표와 대상, 핵심 목적을 포함하는 통합적 부분으로서 환경정책을 형성하는 관광기업 환경관리시스템은 다음과 같다.

(1) 관광사업 환경관리시스템이 만족스럽게 수행되고 있는지 결정
(2) 관련 환경법규의 준수 확인
(3) 관광사업 기업정책의 준수 확인
(4) 지역적, 전 지구적인 수준에서 관광사업 운영의 환경영향 평가
(5) 인간의 환경위험 노출 최소화 및 적절한 위생과 안전제공 확보(예, 사고예방)
(6) 관광활동의 환경적 훼손에 따른 관광사업의 위험 분석과 평가
(7) 관광사업이 환경적 향상을 이룩해야 함을 권고
(8) 환경적 목적을 달성하기 위한 관광사업 내부 절차의 필요성 검토(Welford & Gouldson, 1993)

왜 관광사업은 환경감사를 자발적으로 적용하였을까? 지역뿐만 아니라 전 지구적으로 생기는 혜택에 추가하여, 개별 관광사업을 위한 실현 가능한 상업적 혜택이 있다. 여기에는 다음을 포함한다.

(1) 보다 효율적인 자원 사용과 효과적인 폐기물 감소에 따른 비용 절감
(2) 브랜드 이미지의 수용 및 투영과 관련된 마케팅 효과
(3) 책임이 되기 전에 환경문제의 규명, 보험가입 용이, 그리고 소송 및 환경정화 비용의 절감
(4) 투자자와 대출기관으로부터 신뢰 획득, 자본조달 용이
(5) 직원 동기부여 및 고급인재 채용
(6) 관광사업이 운영되는 지역뿐만 아니라 규제기관의 신뢰 획득
(7) 기업 이미지 향상

추가하여, 환경감사는 향후 계획을 위한 (그리고 비상상황에서 사용을 위한) 최신의 환경 기초자료를 가진 각각의 관광사업을 제공하고, 뿐만 아니라 환경적 성과의 측정과 최상 환경업무의 기준을 개발하기 위한 기본 틀을 제공한다.

효과적인 감사를 위해서, 관광사업은 환경검토라는 수단을 통해 성과기준을

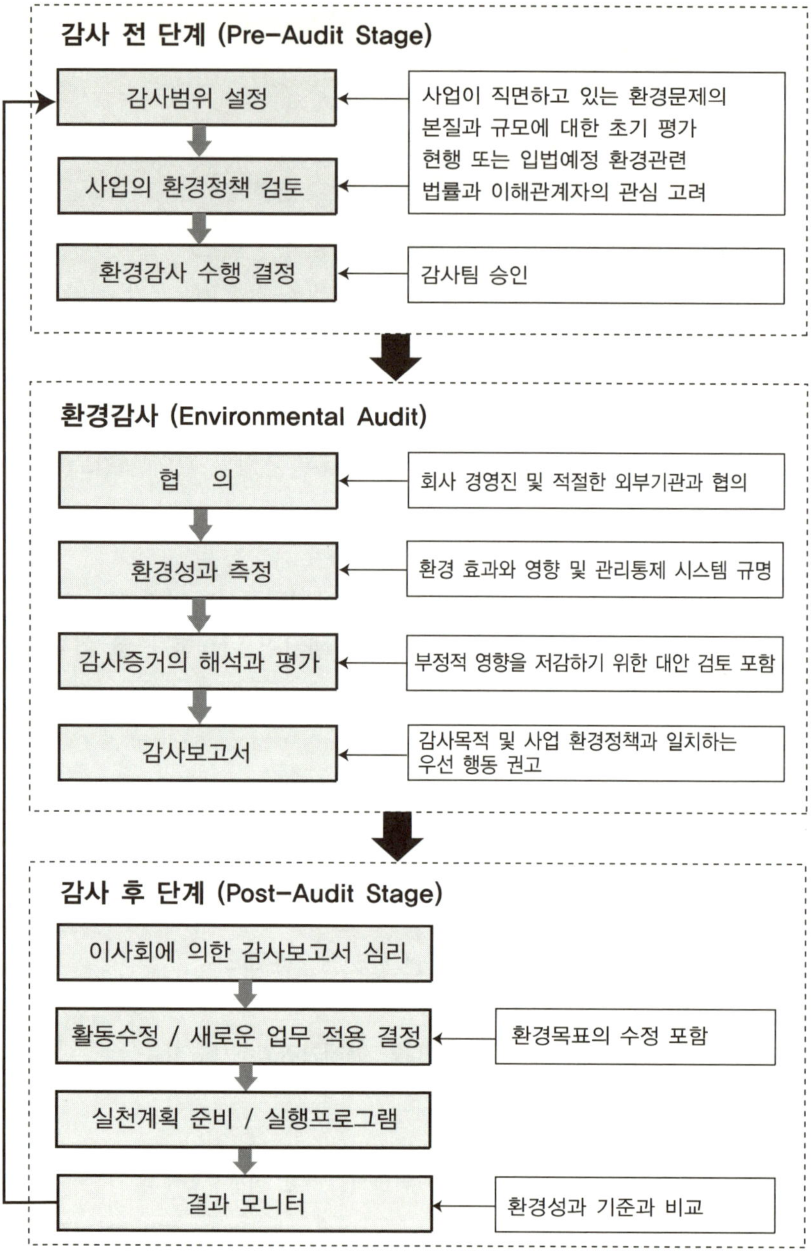

그림 11-3 환경감사 절차

설정해 놓아야 하며, 환경문제에 대한 명확한 관리의 책임을 제시해야 한다. 그림 11-3에 감사절차의 일반적인 구조를 설명하였다. 비록 위에서 환경감사가 포괄적이어야 한다고 제안하였지만, 사업을 위하여 단지 그들 활동의 일부분만을 한정하여 더 좁은 평가를 수행할 수 있고, 따라서 감사이전 단계에서 감사의 성격과 범위가 결정하는 것이 필요하다. 이 단계는 감사팀의 선정과 감사절차 일정을 포함하여 목적 설정과 과업 달성을 위해 구체화된 석명의무(釋明義務, accountability)에 대한 기본 틀을 제공한다.

환경감사를 수행함에 있어서 일률적인 방법론은 없으며, 평가해야 할 환경성과 지표의 체크리스트가 구성되어 있는 것도 아니다. 이것은 호텔체인이나 전세 비행기가 가져올 잠재적인 환경적 영향/족적이 명백하게 다르기 때문에 그리 놀랄 일은 아니다. 그러나 일반적으로, 지난 10년간 환경감사에서 변화가 목격되었다. 원래의 환경감사는 기술적인 문제와 법률 준수에 초점을 맞췄으며, 주로 외부 전문가에 의해 수행되었다. 그러나 지금은 감사가 기업 내의 환경관리시스템과 통제로까지 확장된 것으로 받아들여지고 있다. 또한, 이것은 규칙적으로 검토되어야 할 필요와 맞물려, 내부적으로 수행된 많은 환경감사는 공중에 의한 외부의 입증 대상이 된다(Medley, 1997).

감사실행은 보고서를 만들어내는데, (대안에 대한 고려 이후에) 감사 결과와 권고는 감사목적 및 관광사업의 환경정책과 관련하여 우선순위가 결정되어 있다. 보고서는, 특히 법규준수 상태와 관련된 특별한 문제영역의 경고, 그리고 개선[수정] 행동을 위한 권고를 포함하여 전반적인 환경성과에 관한 경영에 중요한 피드백을 제공한다. 사후감사 단계에서는, 기업의 이사회에 보고하는 심리를 거쳐 다른 사업목표와 상반되는 환경문제를 조정한 후, 결함을 수정하고 내부 환경관리를 개선하기 위한 실천계획이나 실행 프로그램을 수립한다.

정기감사(regular auditing)는 관광의 환경적 영향을 관리하는 방향으로의 일관된 접근을 고양하고, 나아가 개별 관광기업 및 법인의 수준에서 통합 환경관리시스템을 개발한다. 어떠한 관광사업이든, 매출증가와 비용감소 측면에서뿐만 아니라 법규준수의 향상, 환경사고/사건의 통계 감소 및 환경위험으로의 노출위험 감소를 통하여, 환경관리의 효과성 자체가 시간이 갈수록 확인되어야 한

표 11-1 관광산업의 환경감사와 적용 가능한 형태

감사유형	범 위	관광의 이용
A. 완전감사 (Full Audits)		
회사[법인]	전체 사업 – 사업의 환경 영향과 환경관리시스템의 모든 부문	모든 사업장에 걸쳐 일관된 환경성과를 보증하기 위한 복합설립 기업 (예, 다국적 식당 체인)
상품주기	상품의 전체 수명기간에 걸쳐 상품/서비스의 환경 영향을 '요람에서 무덤까지' 평가	전 차량의 구매, 사용, 폐기를 평가하는 차량 임대회사
장소(sites)	특정 장소에서 운영의 환경 영향	물 사용과 재활용, 에너지 소비와 폐수 처리를 평가하는 세차장
환경 상태	지역의 환경품질 평가	환경성과를 검토하는 관광목적지 공공기관
B. 부분감사 (Partial Audits)		
활 동	사업의 활동 또는 과정의 개요	회사 업무를 위해 직원의 출장을 검토하는 호텔체인(장기파견까지 확장되어 포함될 수 있음)
동업자 (또는 공급자)	공급 체인 연결	기내 식음료가 얼마나 환경적인지를 검토하는 항공회사
법규준수	운영에 영향을 미치는 현행 관련 환경법규를 따르는지 검토	가로 전면이 언제나 흐트러지지 않아야 하는 테이크아웃 패스트푸드점
부분매각 책임	자회사 사업의 처분에 따른 환경 비용을 평가	기내식 제공(catering) 자회사를 매각하려는 호텔체인
보건과 안전	생산과정 및 근로자의 작업보건과 관련된 사고의 규명과 위험의 정량화	호텔 비상 탈출로 및 화재예방과 연습에 대한 직원의 자각 검토
문제점	특정 환경문제에 대한 사업의 결과 평가	지구온난화와 관련하여 이산화탄소(CO_2)와 질소산화물(NOx)배출을 고려하는 항공사
인수 이전 (또는 거래)	합병, 인수, 기타 공동 사업과 관련된 사업의 환경적인 책임 평가	지역 운송회사를 인수하려는 항공회사
상 품	기존 또는 제안된 상품이 환경정책 기준을 만족하는지를 확인	패키지 휴가가 관광목적지 자원에 미치는 영향을 검토하는 투어운영자

다. 환경감사 시스템의 유지는 다른 파급효과를 가져올 수도 있는데, 일반적으로 관리가 향상되면 그 결과로 다른 목적, 예를 들면 영국 국가 표준(British Standard) BS5750 품질관리 인증 또는 환경품질에 대한 외부 인증으로서 ISO14001 등을 달성하는 데 도움을 준다.

모든 관광사업의 활동, 조직, 그리고 심지어 관광목적지조차도 환경감사에서 검토될 수 있다. 게다가, 모든 진행 중인 관광활동에 대한 매년도 환경감사는 환경적으로 책임지는 관광의 예방서약을 표명한 관광산업의 통합적 관리수단으로서 세계여행관광협회(WTTC, 1991)에 의해 검토되었다. 실제로, 수행되고 있는 모든 환경감사가 완전히 포괄적이지는 않다. 표 11-1은 여러 감사유형의 범위를 목록화 및 설명하고 있으며, 관광 내에서 가능한 적용사례를 보여준다.

사업 운영의 모든 부문이 환경감사에서 확실하게 검토될 수 있다. 모든 사업과 조직은 다양한 유형과 분량의 투입요소를 필요로 하며, '녹색 사고'(think green)를 가진 기업에서는 환경적으로 좋은 원재료, 물질, 그리고 설비의 사용이 권장될 것이다. 이것은 자연자원의 사용을 줄이기 때문에(재활용 종이의 사용 등) 또는 인산염(phosphate)이 없는 세제나 CFC(chlorofluorocarbon, 스프레이 분사제 등)가 없는 연무제(aerosols)와 같이 환경피해를 주는 성분을 포함하지 않은 환경적으로 유익한 투입요소가 선택된다는 것을 의미하는 반면, 석면, 살충제, 유독성 및 부식성 재료와 같은 환경 친화적이지 않은 투입요소는 사라지고 있다는 것을 의미한다. 제품의 생산이나 서비스의 제공에 있어서 자원 효율성의 과정, 특히 빌딩과 차량을 포함하여 에너지 효율성이 평가되어야 한다. 게다가, 생산에서의 쓰레기 발생과 폐기는 사업에서의 자원의 감소, 재생과 재사용 그리고 폐기가 필요한 부지 바깥지역의 재활용이라는 관점에서 검토될 것이다. 어떤 폐기물이 잠재적인 오염원이라면, 이를 통제하고, 점진적으로 감소시키고, 궁극적으로 이러한 방출을 제거하는 데 각별한 주의가 기울여야 할 것이다. 비슷하게, 상품은 무연 휘발유를 사용하는 오토바이의 사례처럼 높은 환경기준을 만족시키기 위하여, 또는 걷기 또는 싸이클링(cycling) 휴가와 같은 *녹색(green)*이 되도록 고안될 수 있다.

실현 가능한 것은 무엇인가? 환경적으로 책임을 지는 방법의 행동은 시간이 갈수록 다양하게 발생하는 사업의 비용과 수익에서 결과를 가져온다. 예를 들어, 벽과 지붕 단열재를 시공하고, 이중유리로 창문을 대체한 기존 호텔의 에너지 효율성 향상은 장래 연간 연료비용을 더 감소시킬 것이라는 기대 속에서 당장은 자본지출을 발생할 것이다. 또한, 수익측면에서도 변화가 생길 것이다. 높아진 편안함이 더 많은 방문객을 끌어들일 것이라는 장점과 관련된 가격상승 때문에 평균 점유율이 감소할 것이라는 단점이 발생한다. 그러므로 모든 오염이나 환경적으로 피해를 주는 활동의 제거는 기술적으로나 경제적으로 모두 실현 가능한 것은 아니다. 기술적으로 실현 가능하다 할지라도, 환경 친화적인 업무와 재료의 적용은, 특히 민간부문 기업에서는 이러한 행동의 비용과 혜택 사이의 교환(trade-off)을 반영할 것이다. 따라서 환경의 최적이용 상황에서의 한계오염경감비용(marginal pollution abatement costs)은 한계환경손상비용(marginal environmental damage costs)과 같다.

산업오염 통제하에서 발전된 원칙은 관광사업과 조직이 환경적으로 책임지는 측면에서 자발적으로 행동하는 최소 기대수준을 나타내며, 관광활동을 침해하는 환경규제를 수립할 때 공공기관을 번거롭게 한다는 것을 나타낸다. 지난 한 세기 반 동안 영국의 반(反)오염 법률에 대한 접근의 기본적 토대는 오염을 줄이기 위한 비용과 이것이 산업의 생존능력에 미치는 효과를 고려한 '실행 가능한 최선의 수단'(best practicable means: BPM)이었다. 이 방법은 산업과 협의한 후 중금속오염검열단(HM Inspectorate of Pollution: HMIP)에 의해 설정되고 갱신된 추정배출한계(presumptive emission limits)를 이끌어냈다. 설정된 제한 수치의 준수는 정상적으로 '실행 가능한 최선의 수단'(BPM)이 사용되었다는 증거로 채택되었다. 이 접근방법은 1990년에 영국 환경보호법(UK Environmental Protection Act)에 합쳐진 '통합오염통제'(integrated pollution control; Royal Commission on Environmental Pollution, 1976)를 위한 제안에 상세하게 서술되었다. 통합오염통제는 예를 들어, 단기뿐만 아니라 장기적으로 수용할 수 있는 비용의 수준에서, 전체로서 환경에 최상의 이익과 최소의 피해를 이끌 수 있는 선택인 '실행 가능한 최선의 환경적 선택'(best practicable environmental option: BPEO)이라는 개념에 기반을 두어 왔다. 특정 산업에 대한 '실행 가능한 최선의 환경적 선택'(BPEO) 오염통제 전략은 비경제적이라고 할 만큼 비용이 비싸게 들 수 있다. 즉, 비록 배출량을 95% 줄일 수 있는 기술이 단지 배출량의 90%를 줄일 수 있는 대안보다 4배의 비용을 필요로 하지만, 배출물질이 상당히 해롭다면, 이 기술을 수용할 수 있다고 판단될 수 있을 것이다. 실제로, 1990년 영국 환경보호법은 '과도한 비용을 들지 않으면서 실행 가능한 최선의 기술'(best available technique not entailing excessive costs: BATNEEC)에 기반을 두고 있는 산업오염에 대한 유럽공동체 지침(EC Directive)을 포함하였다. 이것은 BPM과 동떨어진 개념이 아니다. BATNEEC 하에서 중금속오염검열단(HMIP)은 시간이 지남에 따라 기술적 발전과 보조를 맞추어 강화될 수 있는 공장으로부터 배출수준을 구체화한 조건을 다시 강요한다. '실행 가능한 최선의 기술'(best available technique: BAT)을 적용하는 비용이 환경보호 성과와 비교하여 과도할 것으로 보이는 곳에서는, 비록 이 추정이 수정될 수는 있다고 할지라도 BAT는 정상적으로 적용될 것이다. 비록 그렇다 할지라도 배출기준, 준수일정 등의 완화와 같은 규정변경(특히, 유럽공동체 지침의 적용)을 수반하는 악화를 거쳐, 설사 일시적이라도, 더 '탈출구'(let-out)가 있을 것이다.

'오염자부담원칙'(polluter-pays principle)의 수용을 허용 하더라도(오염을 시킨 사람이 환경예방과 피해에 따른 비용을 지불해야 한다는 의미), 관광사업과 기관은 환경정책의 일환으로서 BPM/BATNEEC 원칙에 따라 행동하려고 할 것이다.

그러므로 이러한 행동이 관광으로 인한 환경훼손의 결과를 감소시키겠지만, 필연적으로 환경훼손을 없애는 것은 아니라는 것이 인정될 것이다. 예를 들어, 관광이 특정 관광목적지에서 확장하게 되면, 배출기준 또는 유사한 (또는 더 엄격한) 기준을 따르고 있는 기존 기업이 비록 새로운 기업에게 강요하기는 하지만, 관광산업의 점진적 성장은 여전히 폐수방출과 같은 초과하는 잠재적인 오염물질을 추가로 포함하는 관광목적지 환경의 수용능력을 주도할 수 있다. 기존 기업체와 새로운 진입자에 대한 배출기준이 더욱 엄격해지지 않는다면 환경악화는 계속될 것이다. 그러나 BPM/BATNEEC의 논거에는 자연환경에 대한 인간이 유도한 변화(human-induced change)는 용인될 수 있다는 것을 함축하고 있다. 환경에 대한 모든 관광영향의 변화가 반드시 영구적으로 훼손시키는 것은 아니며, 문제는 '허용가능한 변화의 한계'(limits of acceptable change: LAC)가 무엇인가 하는 것이다(Wight, 1994b). 다양한 해석이 존재하며, '관찰된 영향이 없는 수준'(no observed effect level: NOEL)에서 '관찰된 악영향이 없는 수준'(no observable adverse effect level: NOAEL)까지, 그리고 '낮은 관찰된 악영향 수준'(lowest observable adverse effect level: LOAEL)에서 '합리적으로 성취할 수 있을 만큼 낮음'(as low as reasonably achievable: ALARA)의 범위까지 가치판단을 포함하고 있다는 것은 놀랄만한 일은 아니다. ALARA는 확실히 BPM/BATNEEC과 양립할 수 있다.

그러므로 환경감사는 관광기업이 현재 범위와 수준의 활동에 따른 환경적 결과를 평가하게 해주고, BPM/BATNEEC 원칙에 맞게 현재 운영을 측정하도록 확장하는 것을 결정하고, 이에 따라 환경적으로 책임지는 이미지를 계획하는 것을 허용할 것이다.

관광의 환경감사 적용

Applying Environmental Auditing Within Tourism

이론적으로 환경감사는 부지에서부터 근린주구를 거쳐, 지역, 국가 및 지구적인 수준까지, 어떠한 공간 규모에서 어떠한 관광사업, 조직과 관광목적지의 활동에 적용될 수 있다.

비록 관광사업이 포괄적인 기업 및 수명주기(life cycle) 감사를 수행하고 있다는 증거는 제한되어 있지만, 많은 사업이 환경정책과 부분 감사(특히, 상품, 운영활동 및 부지에 대한 감사)를 검토하거나 체계화하고 있으며, 일반적으로 점점 이루어지고 있다. 따라서 각각의 관광사업은, 정기적인 것은 아니라도 최소한 특별한 경우에는, 그들의 상품에 대한 환경감사를 수행한다. 예를 들면:

- 패키지 휴가
- 필수적인 활동, 예) 에너지 사용과 운송

- 빌딩, 특히 호텔
- 폐기물 관리, 예) 종이, 유리 등의 처리 및/또는 재활용
- 관련 회사, 예) 호텔의 식료품 및 가구 제공업체
- 광범위한 문제, 예) 지구 온난화에 대한 영향
- 법규준수 목적

사용된 기술이 다르기 때문에 같은 상품의 생산규모 사이에도 환경영향의 본질은 다르다(여관에서 보내는 해변 휴가와 리조트단지의 별장에서 음식을 해먹는 것을 비교해보라)는 것과 이것은 수행될 어떠한 환경감사의 본질과 범위에 대한 반향을 가질 수 있다는 것을 지적해야 한다. 국제적인 호텔체인과 같이 다국적 기업에 적절한 환경감사는 여관과 같은 소규모 가족사업과 관련된 것과는 다를 것이다. 어떤 사람(예, McKercher, 1993)은 관광산업의 진정한 본질이 매우 까다로운 환경법규를 자발적으로 준수하게 만든다고 주장한다.

관광상품을 생각해 보자. 상품감사(product audit)는 사업의 현재 상품 범위가 어떻게 환경적으로 책임을 지는가를 보여줄 것이며, 상품을 더욱 친환경적으로 만들기 위해 어떻게 채택할 것인가를 제시해 줄 것이다. 예를 들어, 패키지 휴가의 일부로서 자동차 임대를 제공하는 투어운영자는 무연 휘발유 자동차의 운영을 책임질 수 있다; 버스관광을 운영하는 사람은 역사도시의 경로를 오래된 건물의 기초에 피해가 가지 않도록 선정할 수 있다. 또한, 투어운영자는 지역주민이 소유하고 관리하는 숙소를 선택할 수 있다: 이는 지역경제를 살릴 수 있으며, 특히 호텔이 현지 생산물을 주로 사용하면 더욱 그렇다(후자의 경우 소수의 수송수단을 이용하므로 더 환경에 이익이 된다). 일부 관광목적지에서 현지 생산물로 대체하는 기회가 나타나고 있는데, 예를 들어 카리브해(Caribbean) 지역의 리조트와 크루즈 유람선에서 관광객은 현지에서 생산된 것보다 세계의 다른 지역에서 수입된 열대과일을 더 먹는 것 같다(Pattullo, 1996). 투어운영자는 관광객 숙소로서 사용하기 위해 버려진 그 고장 특유 재산의 복원을 독려할 수 있다. 그러므로 야생생물 보호 워킹 홀리데이(working holiday)의 소개, 또는 특별한 야생생물과 자연역사 관광에 참가하는 인원의 제한과 같이 환경 친화

적으로 고안해낸 새로운 또는 개정된 상품으로, 상품감사는 관광사업 상품 범위의 깊이와 넓이 모두에 있어서 변화를 가져올 수 있다. 사업계획의 일부분으로서 명확한 환경임무 선언을 공식화하고, 내부감사와 외부감사 모두를 이용하는 단순하지만 효과적인 환경모니터링과 관리시스템을 개발하는 관광사업의 모범사례는 소규모 사업체에서도 찾아볼 수 있다. 예를 들어, 캐나다(Canada)의 앨버타(Alberta)에 있는 산악자전거 회사로 가족소유로 운영되고 있는 트레디소프트리(Treadsoftly; 역주 - www.treadsoftlycanada.com 참조)는 창업 때부터 이러한 접근방법을 적용하였다(Herremans & Welsh, 1999, 2001).

관광객이 그 상품을 어떻게 '소비'(consumed)하느냐의 문제가 있기 때문에 환경 친화적인 관광상품을 고안하는 것은 단지 문제의 절반이 될 것이고, 일부는 다른 사람보다 덜 환경적으로 자각할 것이다. 그러므로 투어운영자는 관광목적지 환경과 현지 지역주민을 배려하여야 할 의무를 가지고 있고, 이것은 투어운영자가 관광목적지의 관습, 문화와 환경 문제에 관하여 관광객에게 교육하는 것을 도와주도록 요구하고 있다고 주장할 수 있다. 그래서 사가 홀리데이(Saga Holidays), 유로캠프(Eurocamp)와 톰슨(Thomson)과 같은 투어운영자는 관광객에게 제공하는 정보에 관광목적지의 문화적 그리고 생태적 배경에 대한 간단한 요약과 조언을 포함한다. 이러한 관광목적지에서의 행동에 대한 투어운영자가 발행한 행동강령이라는 형태의 '소비자 교육'(consumer education)은 점차적으로 일반화되고 있다.

관광사업은 또한 자원투입 이용의 최소화 방법(예, 자원절약)을 모색함으로써, 환경적으로 좋은 투입으로 대체함으로써, 폐기물 배출을 통제하고 복구 및 재활용을 장려함으로써, 그리고 직원에게 '환경'(environmental) 교육을 제공함으로써 운영적인 면에서 '환경적'(go green)이 될 수 있다. 이러한 운영상의 맥락은 관광객 출발지역에서 발생하는 활동과 관광객 출발지와 목적지 사이의 교통을 수반하는 활동을 포함하여, 관광사업의 모든 활동에 적용된다. 호텔 부문, 특히 초국적 기업(WTTERC, 1993)은 환경전략을 실행하고 분석하기 위해 정기감사의 이용에서 가장 많은 진보를 이루어왔다. 예를 들어, 캐나디안 퍼시픽 호텔(Canadian Pacific Hotel: Troyer, 1992)과 인터컨티넨탈 호텔(Inter-Continental Hotel)

의 경우 국제호텔환경기구(International Hotel Environment Initiative: IHEI)를 위한 촉매제로서 전 세계적으로 사용하는 환경 매뉴얼(environment manual)을 가지고 있다(Black, 1995). 호텔은 환경감사에서 에너지와 물 보전 및 폐기물 감소에 집중하고 있는 반면, 식당업체는 에너지와 고형 폐기물 감소를 강조하고, 항공사는 연료 효율, 소음 및 배출량 감소에 중점을 두고 있다(Todd & Williams, 1996). 호텔의 난방/조명/환기/냉방 시스템의 이용과 관련된 통제는 상당한 에너지 절약을 가져올 수 있다.

투입의 자원절약은 상품의 운송요소와 관련되어 관광산업의 상당한 어려움을 나타낸다(Gössling, 2000a; 2000b). 개인 교통수단 대신에 공공 교통수단으로 대체하고, 적재량을 늘림으로써 어느 정도의 에너지 절약은 가능할 수 있지만, 모든 화석연료는 지구온난화의 원인이 된다. 그러므로 아무리 잘 관리된 비행기 엔진이라 할지라도, 장거리 여행시장의 증가는 그러한 문제를 가중시킨다. 어떤 관광기업은 건물 내의 에너지 소비를 줄여왔고, 또 줄이려고 노력한다. 예를 들어, 디즈니월드(Disney World)는 전기 에너지 (그리고 물) 보전이라는 관점에서 캘리포니아(California)와 플로리다(Florida) 소재의 모든 건물의 설계설명서를 검토하였다(Woolf, 1991). 더 작은 규모로 스위스 발텐베르그(Waltensberg)에 있는 호텔 욱리바(Hotel Ucliva)는 현지에서 자란 목재를 사용하는, 지속가능한 산림원칙으로 관리하고 무공해의 고온가마에서 태우는 난방시스템을 설치하였다(Land, 1990).

캐나디안 퍼시픽 호텔(Canadian Pacific Hotel)의 환경협력단계 II(Green Partnership Phase II: WTTHRC, 1998b)와 영국항공(British Airways)의 환경정책 교육프로그램(British Airways, 1999)과 같이 환경적으로 책임지는 업무를 위한 근로자 지원의 중요성이 점점 더 인정되고 있다.

비록 환경 친화적 투입의 유효성은 다른 산업의 회사가 채택한 환경정책에 의존하고 있지만, 환경적으로 유해한 것에서 환경적으로 친화적인 투입으로 대체가 이루어지고 있다. 그러나 디즈니월드(Disney World)와 같은 대규모 관광기업은 대규모 구매예산의 권한을 공급자가 환경적으로 친화적인 상품을 제공하도록 하는 데 사용한다. 콘솔트 호텔(Consort Hotel)과 같은 일부 기업은 CFC나인산염이 없는 화장품류와 세탁재료를 강조한다. 어떤 호텔과 식당 메뉴에 유기 농산물이 등장하고 있다. 영국항공(British Airways)이나 콘솔트 호텔(Consort Hotel)의 경우와 같이 많은 기업은 무연 휘발유 자동차를 운행한다. 게다가 콘솔트 호텔(Consort Hotel)의 경우 그들의 요크 호텔(York hotel)의 반경 5마일 이내에 거주하는 직원에게 자전거를 제공하고, 뿐만 아니라 손님이 사용하도록 두 대의 서비스 자전거를 준비해 둔다(Evans, 1990). 호텔(예, Consort), 투어운영자(예, Saga Holidays)와 항공사(예, 영국항공)에서 사용되고 있는 문방구와 종이 제품은 재활용 종이가 점점 증가하고 있다. 이러한 사례가 활동 및 부지감사를 강화될 수 있을지, 그리고 관광사업이 충분하게 환경적으로 책임지는 방식으로 운영될 수 있는 범위[확장]의 가능성을 예시하고 있다.

관광사업의 기업 환경정책에서 필수적 부분은 폐기물 최소화와 재활용 촉진에 대한 적극적인 태도일 것이다. 관광사업, 특히 호텔과 다른 관광 숙박시설에서 발생하는 많은 폐기물은 가정의 생활 쓰레기와 구성이 유사하며, 통상적으로 쓰레기 매립지에 매장하여 처리된다. 생물분해(biodegradable)가 가능한 폐기물이라고 할지라도, 이것이 폐기물 처리에 있어서 전적으로 만족할 수 있는 해결책은 아니다. 매립부지 공급이 점점 더 부족해지고, 폐기물 침출수에 의한 오염의 위험이 있으며, 심지어 채소 쓰레기라고 할지라도 플라스틱으로 싸여 있거나 산소가 부족한 경우에는 매립지에서 분해되는 것이 어렵기 때문이다.

생물분해가 가능한 쓰레기는 결국에는 분해되지만, (지구온난화의 한 원인이 되는) 메탄(methane) 가스를 방출한다. 그러므로 폐기물 최소화와 오염 감소가 올바른 방향의 첫 단계이다. 예를 들어, 영국항공(British Airways)은 끊임없이 운영 상태를 점검하고, 엔진 작동에 의한 비행기 소음, CFC 방출, 그리고 유독성 페인트 폐기물을 줄이려고 노력하고 있고, 뿐만 아니라 기내식 운영에서 재활용 용기를 더 많이 사용하도록 하고 있다. 라스베이거스 플라밍고 힐튼 리조트 카지노(Las Vegas Flamingo Hilton Resort and Casino)는 계속적인 모니터링에 힘입어 비용과 규제압력의 감소를 위한 고형 폐기물 최소화 업무의 잠재력을 입증하였다(Cummings, 1997).

생물분해성보다는 재활용성이 더 바람직하다. 그러므로 가능한 한 많은 재료를 재활용하는 데 더 많은 노력이 기울여져야 한다. 예를 들어, 알루미늄과 주석(강철) 캔(cans), 종이와 마분지, 유리, 플라스틱, 기타 금속조각, 식용유와 윤활유 등. 예를 들어, 냉각장치에서 발생한 열에너지를 물과 건물을 난방 하는 데 이용할 수 있다는 측면에서, 에너지 또한 '재활용'(recycled)될 수 있다. 재활용은 근본적으로 자원소비를 줄일 수 있는 이점이 있는데, 예를 들어, 차량 임대회사에서 (더러운 물을 하수구에 방출하는 것 대신) 청소 후 사용한 물을 재활용하는 차 세척기를 설치한다면, 차량 한 대를 세차하는 데 단지 9리터(liters)만을 사용하게 된다(재활용을 하지 않는 곳에서는 보통 210리터가 사용된다). 특히, 재활용 캔의 경우는 에너지 사용을 절약할 수 있는데(비록 이러한 혜택이 관광산업에게는 단지 간접적이지만), 예를 들어 하나의 알루미늄 캔(aluminium can)을 만드는 데 소비되는 에너지로 20개의 재활용 캔을 만들 수 있다. 호텔과 기타 관광건물에서는 (비록 초기에 비용이 더 들지만) 훨씬 적은 에너지를 사용할 뿐만 아니라 표준 백열전구보다 8배 오래 사용할 수 있는 저에너지 소형 형광전구를 설치할 수 있다. 이러한 에너지 소비 감소가 지구온난화 방지에도 도움이 될 것이다.

그러나 재활용 기회는 사업의 규모를 반영하는 관광사업체 따라 다르게 적용될 수 있을 것이다. 독립적인 호텔이나 여관같이 소규모 회사는 재활용할 수 있는 재료의 분류, 보관 및 회수나 배달조치가 필요할 것이나, 반면에 초국적 기업과 같은 대규모 사업은 규모의 경제에 기초하여 재활용으로 얻어진 이익에 대해 '기업 내의'(in-house) 기회를 가지게 될 것이다. 예를 들어, 플로리다(Florida)에 있는 디즈니월드(Disney World)는 매직킹덤(Magic Kingdom)의 화단과 나무에 사용하기 위하여 쓰레기 슬러지(sewage sludge)를 유기비료로 바꿔주는 유기합성공장과 연계된 자체 하수처리장을 가지고 있고, 또한 급수수요를 줄이기 위해 관개용수를 재활용하는 한편 대규모 역삼투 설비를 이용하여 재생된 물이 수영장에서 사용하도록 하고 있다(Woolf, 1991). 영국의 해외 여행산업에서 지속가능한 관광에 대한 태도의 연구는 재활용이 가장 상식적으로 실제적인 실행이라는 것과 함께 환경관리와 감사를 매우 제한적으로 적용하고 있다는 것을 보여주었다(Forsyth, 1995). 거듭 활동 및 부지감사가 어떻게 운영적인 면에서 '녹색'(green) 사업이 되는지, 그리고 개선의 목표 과정과 활동이 되는지를 보여 줄 것이다.

관광사업, 특히 숙박과 매력물 부문은 단지 심미적이고 조경적인 문제가 아니라, 관광 부지의 환경적 질이라는 더 광범위한 측면과 관련이 있다. 예를 들어, 센터팍스(Center Parcs)는 현지 야생생물 트러스트(Wildlife Trust) 자연주의자와 영국자연(English Natures, 역주-영국의 환경운동조직)이 수행한 매년도 생태 모니터링의 결과로서 그들의 휴가마을(holiday village) 지역의 종다양성(biodiversity)을 강화하였다. 비록 제한적이지만, 이 사례가 부지감사(site audits)의 특별한 가치를 입증한다.

모든 관광기업이 일련의 내부 환경감사를 수행할 수 있는 반면, 투어운영자는 패키지 휴가에 필요한 요소를 공급하는 대리인이나 하도급 역할을 하는 사업체에 대해 관련된 감사를 수행함으로써 전체 관광상품의 환경적 친화성에 영향을 주는 위치에 있다. 뛰어난 투어운영자는 호텔과 리조트의 환경업무 모니터링을 위하여 점점 더 환경자문역(environmental adviser)을 이용하고 있다(Inskeep & Kallenberger, 1992). 어떤 투어운영자, 특히 소규모 전문적인 투어운영자의 경우 공동감사(associate audits)까지는 수행하지 않는다고 할지라도 현지 주민이 소유 및 운영하고 있는지, 지방 특유의 디자인(design)과 건조물인지 등에 근거하여 관광객 숙박업소를 선정한다(예, Saga Holidays, Pure Crete, Arctic Experience, Sunvil Travel, VFB Holidays 등). 적어도 유럽에서는 패키지 여행(Package Travel), 패키지 휴가(Package Holidays), 패키지 관광(Package Tours)에 대한 유럽공동체 지침(EC Directive) 990/314/EEC(1992년 12월 31일부터 실행됨)에서 상품과 관련된 투어운영자(그리고/또는 여행사)에 대한 확실한 책임을 명확하게 부과하며, 유럽 투어운영자에게 이러한 감사를 고려하도록 독려하고 있다. 따라서 영국항공 홀리데이(British Airways Holidays)는 발리(Bali), 모리셔스(Mauritius), 세이셸(Seychelles), 태국(Thailand)에서 이것을 사용하고, 호텔에 대한 공급체인감사(supply chain audits)를 제도화 하였다(British Airways, 1999).

이해관계자와 연대하여 환경성과지표, 감사절차 및 목표 검토를 개발하였고, 이것의 유효성을 매년 외부에 의해 입증 받고 있는 충분하게 포괄적인 환경관리시스템을 갖고 있는 관광사업체의 경우에 기업감사(corporate audits)는 *본질적으로(per se)* 아마 중복적일 것이다. 영국항공(British Airways)과 같이 독창적인 환경부서(Environmental Branch)가 지속가능한 사업 단위(Sustainable Business Unit)로 발전시킨 것은 대규모 관광기업에 있어서 유일한 사례일 것 같다(British Airways, 2000). 관광산업의 대부분을 차지하고 있는 많은 세분화된 소규모 기업의 경우 기업감사는 거의 적합하지 않다. 그러므로 이러한 소규모의 독립적인 관광기업은 정기적인 관리기능의 한 부분으로서 활동(activity), 상품(product) 및 부지(site) 감사를 수행하는 것만으로 충분할 것이다. 하지만, 복합 여행사, 호텔체인 및 대규모 투어운영 등의 수많은 '현지기반'(local bases)의 대규모 기업, 특히 초국적 기업에게 있어서, 기업감사의 역할은 기업 환경정책의 지식과 각각의 기업 운영기반이나 제도에서 이행의 유사성을 보증하는 데 있어서 중요성을 가정한다. 실제적으로 이것은 내부적인 의사소통과 회사의 모든 직원에 대한 교육 및 동기에 초점을 맞추고 있을 것이다. 비록 유로캠프(Eurocamp)와 같은 투어운영자가 (관광목적지 대표와 대리점을 포함한) 제공하고 있는 직원에 대한 일련의 환경교육이 초기 기업감사로 조차 표현될 수 없다고 할지라도, 후자는 아마도 많은 기업이 광범위한 환경적 책임을 자각하고 있음을 보여주고 있는 한 분야이다.

특별한 (새로운) 환경문제가 인정되었을 때에만 요구되는 문제감사(issues audits)는 정규 환경모니터링 일정에 따라 수행될 필요가 없기 때문에 다소 다른 형태로 적용될 것이다. 모든 다른 측면에서 기업이 정규 환경모니터링을 적용한다면 다른 형태의 감사와 문제감사를 사용하는 것은 상당히 중복적일 수 있다. 관광산업 내의 많은 기업, 특히 투어운영자는 야생생물 보전과 지구온난화와 같은 광범위한 환경문제에 대해 자각하고 있는 것으로 입증되고 있는데: 예를 들어, 모스윈 투어(Moswin Tours)는 독일의 검은 숲(Black Forest)을 방문하는 관광객에게 산성비에 대해 배울 수 있는 기회를 제공한다. 또한, 투어운영자는 관광목적지 규모에서 실질적인 방법으로 참여하는데, 예를 들면 씨브이 트레블(CV Travel)은 특정 관광목적지의 지역사회에게 쓰레기 처리에 대한 조언을 하고 있으며, 선빌 트레블(Sunvil Travel)은 아키마스(Akemas) 반도에 키프로스(Cyprus) 최초의 국립공원을 만드는 데 직원의 시간과 다른 종류의 지원으로 도와주었다. 또 터키 디라이트(Turkish Delight)는 (붉은 바다거북의 서식에 중요한) 다리안 델타(Dalyan Delta) 지역을 개발로부터 구하기 위하여 시도한 보호재단에 재정적인 지원을 제공하였다. 이와 유사하게, 다른 투어운영자는 야생동물 보전에 일반적 (재정적) 원조를 제공하는데, 예를 들어, 북극경험(Arctic Experience)은, 비록 그들의 패키지 휴가를 구입하는 관광객의 수에 따라 지원을 하고 있지만, 야생생물 트러스트(Wildlife Trust)와 고래·돌고래보전협회(Whale and Dolphin Conservation Society)를 지원한다. 콕스와 킹즈(Cox & Kings)는 야생생물 프로그램의 모든 여행자에 대하여 1명당 1에이커(acre)의 벨리즈(Belize) 열대우림을 구입하거나, 또는 고래관찰 휴가 관광객 1명당 고래·돌고래보전협회의 연구원 1명을 일주일 동안 후원할 것이다.

지속가능한 관광을 위한 전략적 계획에 대한 강조가 있었고(예를 들어, Inskeep & Kallenberger, 1992; IFTO, 1994; Inskeep, 1998; Simpson, 2001), 환경감사 준비가 11개의 자치 카리브해 국가의 참가자와 바하마(Bahamian) 정부를 위해 에코플랜닷넷(ecoplan.net)주식회사에 의해 수행된 녹색경영 전략계획 워크숍(Green Management Strategic Planning Workshops: WTTHRC, 1998a)과 같은 교육프로그램에 포함되어 왔다는 사실을 고려한다면, 감사가 관광목적지에서 관광기업과 같은 범위로 수행되지 않았다는 것은 놀랄만한 일이다. 환경상태(state of environment) 감사를 수행하는 이점은 명확하지만, 이는 주로 단독 소유의 제한된 관광목적지 부지, 예를 들어, 호주(Australia) 뉴사우스웨일즈(New South Wales)주 코프하버(Coffs Harbour)시의 케이프 바이런 헤드랜드 보존구역(Cape Byron Headland Reserve; Brown & Essex, 1997)과 호주(Australia) 뉴사우스웨일즈(New South Wales)주 코프하버(Coffs Harbour)시의 아누카비치 리조트(Aanuka Beach Resort; Pigram, 1996)의 경우에만 수행되어 왔다. 이것은 환경모니터링이 부분감사와 유사하다고 제안될 수도 있을 것이다. 예를 들어, 시간이 경과함에 따라 더 엄격하고 포괄적인 지표로 발전되거나(UNEP/WTO/FEEE, 1996), 또는 교통량을 줄이는 효과가 리조트 품질과 사업수준을 위해 평가되는(Langer, 1996) 유럽청색기(European Blue Flag, 역주-해양 및 해수욕장 환경인증 캠페인) 해수욕장과 같이 관광목적지의 특별한 환경 조건/문제에 초점을 맞추는 것은 환경품질 등급체계에 따라 실행된다. 학술적인 연구가 스키 지방(Todd & Williams, 1996)과 작은 섬(Stabler & Goodall, 1996), 그리고 비록 그리스 마이티리니(Mytilini) 섬에 있는 몰리보스(Molyvos) 리조트의 경우(Diamantis & Westlake, 1997)는 수질/물 공급과 폐기물 생성/처리 문제에만 제한적이었지만, 환경상태 감사가 관광목적지 수준에서 환경관리시스템으로서 잠재력이 입증되었다. 실제로, 캐나다의 밴프(Banff)의 통합 물 관리(Draper, 1997)와 같은 물 보전, 자연수질의 보호 및 폐수처리를 통해 관광목적지 물의 지속가능성을 증진하는 특별한 이슈가 제기되어 왔다.

결론: 올바른 방향으로 나가는 방법

Conclusion: Steps in the Right Direction

환경감사는 관광사업 또는 조직의 현재 운영과 상품이 어떻게 환경적으로 책임질 수 있는가에 대해 판단을 할 수 있게 하는 절차적 틀을 제공한다. 이것은 현재 활동으로 발생하는 환경훼손을 규명하는 개발 후 평가(post-development assessment)를 제공하는, 목적의 수단이다. 환경감사의 실행은 환경정책을 필수요소로 하는 종합 품질관리에 대한 관광사업과 조직의 명확한 실천에 달려있다. 관광산업의 반응은 복합적이었다. 위에서 설명한 것처럼 국제적, 국가적, 지역적 수준에서의 권장과 유도에도 불구하고, 긍정적 반응의 증거는 대부분 (일화성의) 이야깃거리가 되고 있다. 비록 많은 투어운영자가 전문가/틈새 전문가로서 반응하는 것으로 보이지는 않지만(Carey *et al.*, 1997), 많은 시사문제 해설자는 환경문제에 대한 자각과 특히, 환경관리에 있어서 양쪽 혁신이 제한적이었고, 주로 대규모 관광기업에 한정되어 왔다고 주장하고 있다(Leslie, 1995; Pigram, 1996). 더 일반적으로, 중소규모의 기업은 의식 있는 행동이라기보다는 운(good luck)에 의해 더 환경법규를 따르는 것처럼 보였고(Petts *et al.*, 1998), 더 소규모 관광기업의 경우는 예외가 없었다. 생태관광 또는 지속가능한 관광상품은 단지 시장의 작은 공유를 지배하기 때문에 (그 상품의 에너지 소비와 세계적인 영향은 무시된 채로) 상품혁신 또한 제한적이었다. 그러므로 극히 소수의 관광기업만이 환경혁신업체(green innovators)로 분류되며, 많은 기업은 상품의 환경 친화적 품질을 지각하지 못하고 전통적인 상품의 '상투적인'(conventionals) 공급을 하고 있고, 대부분이 '기대 이하'(underperformers)인 채로 남아 있다(Goodall, 1995). 생태라벨링(eco-labelling)이 이러한 맥락에서 역할을 하였지만, 관광상품의 환경적 영향을 반영하는 생태상표와 관광사업/조직 또는 관광목적지의 환경품질을 규명하는 생태품질지표(eco-quality indicators) 사이에는 분명한 차이가 있다(Mihaliè, 1996). 관광에서 여태까지 사용되어 온 대부분의 표시는 ISO 14001, Green Globe, PATA Green Leaf 등의 생태품질지표이다(Hawkins, 1997; Hawkins & Holtz, 2001).

언뜻 보면, 관광산업의 장기적인 공통 관심은 관광의 근본적 기반인 환경을 보전하는 정책을 적용하는 것이라는 것이 명확해 보이는데, 이는 공통적인 관심을 통해서 관광목적지에서 관광의 지속가능성을 떠받쳐야 하기 때문이다. 그러나 환경감사 자체는 자원에 집중하는 것을 요구하며, 환경감사의 결과로 발생하는 활동을 수행하는 데 따른 혜택과 비용이 명확한지에 대해 질문이 있어야 한다. 환경문제와 환경정책 실천에 대한 자각의 부재는 별개의 문제로 하더라도, 관광기업은 종종 그들의 상품, 운영, 건물, 장비를 환경 친화적으로 변경하는 이행 비용을 금지하는 것과 다름없이 과중하다고 받아들이고 있으며, 또한 환경 친화적 관광상품에 대한 수요가 열악하다고 주장하고 있다(Forsyth, 1995; Goodall, 1995, 1997). 실제로, 맥커처(McKercher, 1993)는 관광기업이 오염통제시스템을 설치하는 높은 비용을 감당할 수 없다고 보고하였다. 더 나아가 높은 관광산업의 경쟁적 특성을 고려한다면, 관광기업은 경쟁자가 하지 않는 행동을 취하는 것을 망설이고 있으며, 개선에 영향을 미치는 자신이 무력하다고 믿고 있다고 주장하고 있다(Forsyth, 1995). 환경'실천'(environmental commitment)은 '녹색'(green) 관광사업의 이미지가 되도록 하는 공공관계 활동으로 간주되어 왔다. 댄(Dann, 1996: 257)에 따르면, 일부 투어운영자는 관광객으로부터의 물질적인 목표는 숨기고 '그린스피크'(greenspeak) – 단순히 낙원(paradise)과 훼손되지 않은 자연(unspoiled nature)이라는 낡은 신화를 강조하는 홍보용 과대광고-를 사용한다. 이러한 경우는 관광기업의 환경적 실천에 있어서 참된 변화라기보다 기껏해야 겉치레(cosmetic) 변화를 가져온다(Mowforth & Munt, 1998).

환경감사가 관광상품, 활동, 과정이 왜 그리고 어디서 환경을 훼손하는지를 규명해 줄 수 있지만, 교정[치료]활동은 별개의 문제가 될 것이다. 만약 이행감사(compliance audits, 준거감사)에 의해 한 기업이 법적 요구를 만족시키지 못하는 것이 밝혀지면, 즉각적인 조치가 기대될 수 있을 것이다(그렇지 않다면, 회사는 고발되고 벌금의 위험에 처한다). 그러나 활동감사, 공동감사, 상품감사, 부지감사가 환경적으로 훼손하는 결과를 초래한다는 것을 밝혀내고, 이것에 대한 조치가 사업의 수익성에 혜택이 되는 곳에서는 긍정적인 반응이 확실하게 기대될 수 있는데, 호텔이 에너지 소비를 줄이는 경우가 그러할 것이다. 포시드(Forsyth, 1995)가 확인했듯이, 비용절감은 관광기업 사이에서 업무 변화를 위해 선호하는 방식이다. 이것은 장기적인 전략적 고려에서보다는 경쟁과 위기에 대한 단기적인 반응에 더 사로잡히는 관광산업에서는 더욱 그러하다. 사실상 관광산업의 많은 소규모 기업에게는, 즉 환경업무 적용의 반작용으로 다른 사업목적에 뒤떨어진 경우에는 이것이 앞으로 나아가는 합리적인 방법이다.

하지만, 자동차 배기가스 오염감소와 같이 제3자나 일반 국민이 주로 혜택을 얻는 경우에는 조치가 덜 있게 될 것 같다. 이러한 경우에 교정[치료] 조치에 많은 비용이 소요되고 이러한 높은 비용을 상계할 더 큰 매출이 없다면, 개별기업은 (아무런 조치를 취하지 않는) 경쟁자와 비교하여 손실을 입을 수도 있을 것이다. 만약에 관광기업이 자기 상품을 경쟁회사의 상품보다 '더 환경적'(greener)이라고 광고한다면 더 많은 관광객을 끌어 모을 수 있을까? 여기에는 불확실성이 존재한다! 만약 소비자의 현재 품질에 대한 추구가 증가하고 있는 환경적 자각을 포함하고 있다면, 관광산업은 더 광범위하게 환경감사를 적용하게 하는 수요주도(demand-led) 압박에 직면할 것이다. 그러나 휴가상품은 환경적인 지속가능성보다는 여전히 관광목적지(destination), 돈의 가치(value of money), 흥분(excitement)과 품질(quality)에 기초하여 대부분 팔리고 있다. 미국에서는 소비자가 환경적으로 책임지는 환대상품에 대해 더 많은 비용을 기꺼이 지불할 의사가 있다는 증거가 있다(Cummings, 1997).

환경감사가 기업업무의 한 부분으로 채택된 곳에서, 관광사업의 환경적 성과가 향상되는 것이 통상적이다. 그러나 보장할 수는 없다. 환경감사가 관광기업에게 그들의 활동이 환경에 미치는 영향에 대한 많은 정보에 더 많이 접근할 수 있게 할 수 하지만, 그러한 정보가 여전히 포괄적이지 않을 수도 있고, 전적으로 정확하지 않을 수도 있으며, 또한 사회적 관심을 충분하게 반영하지 않을 수도 있다. 더욱이, 관광 의사결정자가 이용할 수 있는 정보를 이해한다거나 또는 그에 따라 행동할 것이라는 것을 보장할 수는 없다.

앞에서 이야깃거리의 증거로 주목한 것처럼, 환경감사는 의심할 여지없이 관광의 환경적 성과를 향상시키기 위한 잠재력을 가지고 있지만, 희망이 완전히 실현되려면 아직 멀었다. 관광에서의 기업 환경경영(그리고 녹색소비자주의)은 산업 전체에 걸쳐 근본적인 변화를 가져올 만큼 충분하게 널리 퍼져있지 않다. 이 이유는 여러 가지이다. 몇 가지는 일반적이고, 나머지는 관광에게 특수한 것이다. 최근에 환경적 외부성(externalities)과 내재화(internalisation)의 평가에 있어서 (규정과 감사를 통해서 보다) 중요한 발전이 이루어지지 않았고, 따라서 환경비용이 모든 부문 및 모든 국가의 모든 사업과 조직에 의해 모든 수준에서 석명체계(accountability systems)로 자동적으로 고려되지는 않는다는 것을 인정하여야 한다. 표준 의사결정은 수량화할 수 있고, 객관적인 사실에 의존하지만, 불확실하면 주춤해진다. 의심할 여지없이 환경문제와 그 해결책은 매우 복잡하고, 부하된 가치(value-laden, 가치함유적)와 주관성, 그리고 평가기준에 순응하지 않는 장기적 불확실성에 의해 둘러싸여 있다. 실제적이고 잠재적 위험 상태의 자연적 자본인 관광 내의 이해 부족으로 인해 의사결정자가 현재 일반적으로 요구하는 환경관리에 대한 예방 또는 혁신적 접근은 많은 관광산업의 전망을 위압하고 있다. 사용자 친화적인 시스템의 환경감사가 관광에 필요한 한정된 규모의 운영, 특히 소규모 사업에서의 혜택을 입증하는 데는 적어도 10년 이상 걸린다.

관광사업의 본질이 환경적 맥락에서 달성할 수 있는 것을 제약한다는 것은 이미 앞에서 강조해왔다. 유행의 영향을 받기 쉬운 지위재(地位財, positional good)를 공급하는 데 있어서, 관광은 환경적 우선(environmental priorities, Gössling, 2000a), 특히 어떤 하나의 관광사업 부분에서 공공 환경자원의 이용에 거의 무감각하게 맹렬한 경쟁적인 시장체계에서 운영되고 있다. 괄목할 만한 관광무역을 하고 있는 개발도상국에게 있어서 환경에 기반을 둔 성장의 제약은 고도의 논쟁을 불러일으키는 문제로 나타난다. 시장 점유율 손실을 경험하고 있는 관광목적지에서 반작용은, 눈이 충분하지 못한 겨울에 이를 해결하기 위해 인공제설장비에 투자하여 대응하는 스키 리조트의 경우처럼, 환경적으로 훼손을 일으키는 개발에 더 많은 투자를 할 것이다(Koening & Abegg, 1997).

관광의 환경감사와 관리에 대한 태도는 불확실한 상태로 남아 있어서, 한편으로는 향상된 환경적 성과의 촉진자로서 인정하고, 특히 정부 책임의 조치로 보는 반면, 다른 한편으로는 비용을 부담시키고, 혁신을 억압하며, 그리고 사업현실에 반영하기 위해 산업 자체에 의해 '통제'(controlled)되는 환경규제의 폐단으로서 정부규제로 여겨진다(Forsyth, 1995). 관광산업에 의한 자기 규제로 이행의 수단을 놔두는 것은 집행결핍(enforcement deficit)을 수반할 것 같고(Goodall, 1997), 정부의 명령-통제 권한(command-and-control power)이 행사되어야 할 필요가 있다는 것을 제시한다(Goodall & Stabler, 1997, 2000; Stabler & Goodall, 1997).

환경감사를 통한 관광의 환경적 성과에 있어서 진보는 단편적으로 이루어져 왔다. 본질적으로 관광산업은 하나의 차선의 위치에서 다른 차선의 상태로 옮겨갔다. 환경 변화를 둘러싸고 있는 장기적 불확실성과 많은 관광사업의 환경적 성과가 고려할만하게 향상된 반면, 관광의 전체 환경적 영향은 산업의 확장에 따라 함께 증가되었을 것이라는 사실, 즉 에너지나 물의 사용, 또는 (오염물질의) 배출 정도에서 1인당 감소를 상쇄시키는 관광객수/숙박일수/여행거리가 증가되었다는 점에서 후자가 순수하게 환경적 관점으로부터 우위에 있는지 여부는 결론이 나지 않은 상태이다. 사실상 이것은 환경적 성과의 향상을 구성하는 것이 무엇인가에 대한 의문을 던지며(Goodall & Stabler, 2000), 지속가능한 관광이라는 개념의 약점을 가리키고 있다. 사업성과에 피해 없이 관광의 환경적 영향을 얼마나 줄일 수 있을까? 지속가능한 관광과 허용가능한 변화의 한계 같은 개념과 일치하는 영향수준이 현재와 같이 크고 다양한 관광산업을 지지할 것인가? 그 답은 명백하지 않으며, 간단하지도 않다.

한편, 관광산업을 위한 전진방법은 관광산업 및 다양한 관련 단체의 활동과 격려와 결합하여 환경적 성과를 더 향상시키기 위하여 노력하는 것이다. 환경감사는 최상의 환경관리 업무를 규명할 수 있는 기초자료를 제공하고(Goodall, 1994; Pigram, 1996), 그에 따른 성과의 소개와 과정 벤치마킹을 제공한다. 현재 최상의 업무를 산업에 걸쳐 간단하게 확장하는 것은 관광의 환경적 성과의 현저한 향상과 관광의 환경적 영향 감소를 가져올 것이다. 벤치마킹은 관광기업이 환경적 성과의 수준을 가장 모범적이거나 뛰어난 관광사업의 환경적 성과의 향상율과 비교함으로써 계속적인 관리절차를 제공한다. 이는 '경쟁적 벤치마킹'(competitive benchmarking)이지만 서비스산업 사업 사이에 일반적인 '기능적 벤치마킹'(functional benchmarking: Cooker, 1996 참조)의 최상의 성과 업체와 비교하지 않아야 할 이유가 없다. 비록 '최고의 업무 벤치마킹'(best practice benchmarking)은 종종 매우 작은 회사에서 적용되기도 하지만, 자원봉사와 공공부문을 포함하는 선진 경제의 많은 부문에서는 점점 일반화되고 있다. 관광은 소비자 만족에 초점을 맞추어 전체적인 관리품질의 평가에 벤치마킹을 포함하기 시작했다. 예를 들어, 작은 호텔을 포함하는 환대부문(Department of National Heritage, 1996; Phillips & Appiah-Adu, 1998), 방문객 매력물(Young & Ambrose, 1999), 그리고 관광목적지의 서비스 품질(Thomason *et al.*, 1999a, 1999b; Thomason *et al.*, 2000). 2000년 4월 1일부터 영국에서 지방 공공서비스를 제공하는 모든 기관은 '최고의 가치'(best value)라는 새로운 법정 의무를 가진다: 이는 170개의 최고가치 성과지표(Best Value Performance Indicators)와 추가해서 54개의 감사위원회 성과지표(Audit Commission Performance Indicators)의 조합에 의해 측정된다. 이것은 서비스 생산에 있어서 계속적인 향상을 촉진하기 위해 계획된 접근방법이다(Grant *et al.*, 2000). 위에서 열거한 지표는 관광에 있어 특별하지 않고 확실히 단순하게 환경적 목적만은 아니지만, 이 접근방법은 관광목적지에서 환경적 최고의 업무 벤치마킹을 발전시킬 수 있는 구조화된 틀을 제공한다.

미래 전망은 관광의 환경적 성과에 있어서 계속적인 향상 그리고 환경감사와 환경적 최상의 업무 벤치마킹과 같은 관리수단으로서 관광의 부정적 환경영향의 더 많은 감소가 관광사업, 기관 및 관광목적지에 의해 규칙적으로 응용되는 환경관리체계로 통합된다는 것이다. 더 많아질수록 수명주기(life cycle) 원칙은 평형 상태로 통합된다. 물론 전체적인 향상 비율은 관광산업, 관광 관련단체, 그리고 정부에 의한 한층 더 간곡한 권고(exhortation), 유인(incentives, 우대) 그리고 집행(enforcement)에 의존할 것이다. 비록 지속가능한 관광개발은 달성할 수 없다고 하여도(sharpley, 2000), 환경감사, 수명주기 분석 및 최고사례 벤치마킹의 이용을 수행한 관광산업에 의해 매우 중요한 그리고 계속적인 환경적 혜택이 생성될 수 있을 것이다.

비 고 Note

1. 처음 논문은 'Environmental auditing for tourism' in Volume 4 of *Progress in Tourism, Recreation and Hospitality Management* (1992), pp. 60-71.

참고문헌 | References

Beioley, S.(1995) Greening tourism - soft or sustainable. *Insights* 7 (May), B75-89. English Tourist Board.

Black, C.W.(1995) The Inter-Continental Hotels Group and its environmental awareness programme in the hotel industry. In D. Leslie(ed) *Promoting Environmental Awareness and Action in Hospitality, Tourism and Leisure*(pp. 31-46). Environment Papers Series No. 1, Department of Hospitality, Tourism and Leisure Management. Glasgow: Glasgow Caledonian University.

British Airways(1999) *Annual Environmental Report* 1999. Harmondsworth: British Airways.

British Airways(2000) *Social and Environmental Report* 2000. Harmondsworth: British Airways.

Brown, G. and Essex, S.(1997) Sustainable tourism management: Lessons from The Edge of Australia. *Journal of Sustainable Tourism* 5(4), 294-305.

Butler, R.W.(2000) Tourism and the environment: A geographical perspective. *Tourism Geographies* 2 (3), 337–58.

Carey, S., Gountas, Y. and Gilbert, D.(1997) Tour operators and destination sustainability. *Tourism Management* 18(7), 425–32.

Cater, E. and Goodall, B.(1992) Must tourism destroy its resource base? In A.M. Mannion and S.R. Bowlby(eds) *Environmental Issues In the 1990s*(pp. 97–114). Wiley: London.

Choy, D.J.L.(1991) National tourism planning in the Philippines. *Tourism Management* 12(3), 245–52.

Coker, C.(1996) Benchmarking and beyond. *Insights* 7(March), A139–44. English Tourist Board.

Commission of the European Communities(1993) Council Regulation(EEC) No.1836/93 of 29 June 1993 allowing voluntary participation by companies in the industrial sector in a Community Eco–Management and Audit Scheme. *Official Journal* L168, Vol. 35, 10 July.

Cummings, L.E.(1997) Waste minimisation supporting urban tourism sustainability: A mega–resort case study. *Journal of Sustainable Tourism* 5(2),93–108.

Dann, G.M.S.(1996) Greenspeak: An analysis of the language of ecotourism. *Progress in Tourism and Hospitality Research* 2(3/4), 247–60.

Department of National Heritage(1996) *Benchmarking for Smaller Hotels.* London: Department of National Heritage.

Diamantis, D. and Westlake, J.(1997) Environmental auditing: An approach towards monitoring the environmental impact in tourism destinations, with reference to the case of Molyvos. *Progress in Tourism and Hospitality Research* 3(1), 3–14.

Dieke, P.U.C.(1991) Policies for tourism development in Kenya. *Annals of Tourism Research* 18(2), 269–94.

Dingle, P.A.J.M.(1995) Practical green business. *Insights* 7 (March), C35–45. English Tourist Board.

Draper, D.(1997) Touristic development and water sustainability in Banff and Canmore, Alberta, Canada. *Journal of Sustainable Tourism* 5(3), 183–212.

Evans, M.(1990) Green tourism – a hotelier's view. *Insights* 2(september), D9–11. English Tourist Board.

Forsyth, T.(1995) Business attitudes to sustainable tourism: Self–regulation in the UK outgoing tourism industry. *Journal of Sustainable Tourism* 3(4),210–31.

Gilg, A.W.(1991) Switzerland: Structural change with stability. In A.M. Williams and G. Shaw(eds) *Tourism and Economic Development*: Western European Experiences(pp. 130–52) London: Belhaven.

Goodall, B.(1994) Environmental auditing: Current best practice(with special reference to Brtish tourism firms). In A.V. Seaton(ed.) *Tourism: The State of the Art*(pp. 655–64). Chichester: Wiley.

Goodall, B.(1995) Environmental awareness and management response in the hospitality industry. *Revista Portuguesa de Gest* o 2/3, 35–45.

Goodall, B.(1997) The role of environmental self-regulation within the tourism industry in promoting sustainable development. In W. Hein(ed.) *Tourism and Sustainable Development*(pp. 271–93). Hamburg: Deutschen bersee-Instituts.

Goodall, B. and Stabler, M.(1994) Tourism-environment issues and approaches to their solution. In H. Voogd(ed.) *Issues in Environmental Planning*(pp. 78–99). Pion European Research in Regional Science Series, Vol.4. London.

Goodall, B. and Stabler, M.J.(1997) Principles influencing the determination of environmental standards for sustainable tourism. In M.J. Stabler(ed.) *Tourism and Sustainability: Principles to Practice*(pp. 279–304). Wallingford: CAB International.

Goodall, B. and Stabler, M.J.(2000) Environmental standards and performance measurement in tourism destination development. In G. Richards and D. Hall(eds) *Tourism and Sustainable Community Development*(pp. 63–82). London: Routledge Advances in Tourism.

Gordon, C.(1991) Sustainable leisure. *Ecos* 12(1), 7–11.

Grant, M., Human, B. and Le Pelley, B.(2000) Sustainable tourism indicators – their importance at local level. *Insights* 12(September), A47–54. English Tourism Council.

Green, D.H. and Hunter, C.(1990) Assessing the environmental impact of tourism. *Proceedings of the Tourism Research into the 1990s Conference*(pp.338–53). University College, Durham Castle, 10–12 December.

Gössling, S.(2000a) Sustainable tourism development in developing countries: Some aspects of energy use. *Journal of Sustainable Tourism* 8(5), 410–25.

Gössling, S.(2000b) Tourism – sustainable development option. *Environmental Conservation* 27(3), 223–24.

Hashimoto, A.(2000) Environmental perception and sense of responsibility of the tourism industry in mainland China, Taiwan and Japan. *Journal of Sustainable Tourism* 8(2), 131–46.

Hawkins, R.(1997) Green labels for the travel and tourism industry. *Insights* 9(July), A11–19. English Tourist Board.

Hawkins, D.E. and Holtz, C.(2001) Environmental policies and management systems related to the global tourism industry. In S. Wahab and C. Cooper(eds) *Tourism in the Age of Globalisation*(pp. 261–89). London: Routledge Advances in Tourism.

Herremans, I.M. and Welsh, C.(1999) Developing and implementing a company's ecotourism mission statement. *Journal of Sustainable Tourism* 7 (1), 48–76.

Herremans, I.M. and Welsh, C.(2001) Developing and implementing a company's ecotourism mission statement. Treadsoftly revisited. *Journal of Sustainable Tourism* 9(1), 76–84.

Hjalager, A–M.(1996) Tourism and the environment: The innovation connection. *Journal of Sustainable Tourism* 4(4), 201–18.

Hunter, C.(1995) On the need to re–conceptualise sustainable tourism development. *Journal of Sustainable Tourism* 3(3), 155–66.

Hunter, C. and Green, H.(1995) Tourism and the Environment: *A Sustainable Relationship.* London: Routledge.

IFTO(International Federation of Tour Operators)(1994) *Planning for Sustainable Tourism: The Ecomost Project.* Lewes: IFTO.

Inskeep, E.(1998) *Guide for Local Authorities on Developing Sustainable Tourism.* Madrid, World Tourism Organization.

International Association of Antarctic Tour Operators(1993) *Guidelines of Conduct for Antarctic Tour Operators as of November* 1993. Kent, WA: IAATO.

International Chamber of Commerce(1989) *Environmental Auditing.* Publication 468. Paris: International Chamber of Commerce.

International Hotels Environment Initiative(1993) Environmental Management for Hotels: *The Industry Guide to Best Practice.* Oxford: Butterworth–Heinemann.

Kavallinis, I. and Pizam, A.(1994) The environmental impacts of tourism – whose responsibility is it anyway? The case study of Mykonos. *Journal of Travel Research* 33(2), 2–20.

King, B. and Weaver, S.(1993) The impact of the environment on the Fiji tourism industry: A study of industry attitudes. *Journal of Sustainable Tourism* 1(2), 97–111

Koenig, U. and Abegg, B.(1997) Impacts of climate change on winter tourism in the Swiss Alps. *Journal of Sustainable Tourism* 5(1), 46–58.

Lane, B.(1990) Green accommodation. in B. Bramwell(ed.) Shades of Green: Working *Towards Green Tourism in the Countryside*(pp. 81–3), Conference Proceedings, Cheltenham: Countryside Commission, English Tourist Board, Rural Development Commission.

Langer, G.(1996) Traffic noise and hotel profits – is there a relationship? *Tourism Management* 17(4), 295–306.

Leslie, D.(1995) Promoting environmentally friendly management and practices. In D. Leslie(ed.) *Promoting Environmental Awareness and Action in Hospitality, Tourism and Leisure*(pp.11–30). Environment Papers Series No. 1, Department of Hospitality, Tourism and Leisure Management. Glasgow: Glasgow Caledonian University.

Lewis, J. and Williams, A.M.(1991) Portugal: Market segmentation and regional specialization. In A.M. Williams and G. Shaw(eds) *Tourism and Economic Development: Western European Experiences*(pp. 107–29). London: Belhaven.

Mckercher, B.(1993) Some fundamental truths about tourism: Understanding tourism's social and environmental impacts. *Journal of Sustainable Tourism* 1(1), 6–16.

Mason, P. and Mowforth, M.(1995) *Codes of Conduct in Tourism.* Occasional Papers in Geography No. 1. Plymouth: Department of Geographical Sciences, University of Plymouth.

Mason, P. and Mowforth, M.(1996) Codes of conduct in tourism. *Progress in Tourism and Hospitality Research* 2(2), 151–68.

Medley, P.(1997) Environmental accounting – what does it mean to professional accountants? *Accounting, Auditing and Accountability Journal* 10(4), 595–600.

Mihali, T.(1996) Ecological labelling in tourism. In L. Briguglio, B. Archer, J. Jafari and G. Wall(eds) *Sustainable Tourism in Islands and Small States: Issues and Policies*(pp. 197–265). London, Pinter.

Mowforth, M. and Munt, I.(1998) *Tourism and Sustainability: New Tourism in the Third World.* London: Routledge.

Pattullo, P.(1996) *Last Resorts: The Cost of Tourism in The Caribbean.* New York: Monthly Review Press.

Pearce, D.(1991) Towards the sustainable economy: Environment and economics. *Royal Bank of Scotland Review* 172, December, 3–15.

Petts, J., Herd, A., Gerrard, S. and Horne, C.(1998) The climate and culture of environmental compliance in SMEs. *Business Strategy and the Environment* 8(1), 14–30.

Phillips, P. and Appiah-Adu, K.(1998) Benchmarking to improve the strategic planning process in the hotel sector. *Service Industries Journal* 18(1), 1–17.

Pigram, J.J.(1996) Best practice environmental management and the tourism industry. *Progress in Tourism and Hospitality Research* 2(3/4), 261–71.

RDC/ETB/CC(Rural Development Commission / English Tourist Board / Countryside Commission)(1995) *The Green Light: A Guide to Sustainable Tourism.* London: ETB.

Royal Commission on Environmental Pollution(1976) *Air Pollution Control: An Integrated Approach.* Fifth Report. London: HMSO.

Scottish Tourist Board(1993) *Going Green: Guidelines for the scottish Tourism Industry.* Edinburgh: Scottish Tourist Board.

Sharpley, R.(2000) Tourism and sustainable development: Exploring the theoretical divide. *Journal of sustainable Tourism* 8(1), 1–19.

Simpson, K.(2001) Strategic planning and community involvement as contributors to sustainable tourism development. *Current Issues in Tourism* 4(1), 3–41.

Stabler, M.J. and Goodall, B.(1996) Environmental auditing in planing for sustainable island tourism. In L. Briguglio, B. Archer, J. Jafari and G. wall(eds) *Sustainable Tourism in islands and Small States: Issues and Policies*(pp. 170–96). London:

Pinter Island Studies Series.

Stabler, M.J. and Goodall, B.(1997) Environmental awareness, action and performance in the Guernsey hospitality sector. *Tourism Management* 18(1), 19–33.

Steele, P.(1995) Ecotourism: an economic analysis. *Journal of Sustainable Tourism* 3(1), 29–44.

Thomason, L., Colling, P. and Wyatt, C.(1999a)Benchmarking – an essential tool in destination management and achievement of best value. *Insights* 10(January), A111–17. English Tourist Board.

Thomason, L., Colling, P. and Wyatt, C.(1999b) Destination benchmarking II –evaluating the 1998 pilot. *Insights* 10(May), A173–80. English Tourist Board.

Thomason, L., Colling, P. and Baker, P.(2000) To market we go – benchmarking Lincolnshire market towns. *Insights* 12(November), A65–72. English Tourism Council.

Todd, S.E. and Williams, P.W.(1996) From white to green: A proposed environmental management system for ski areas. *Journal of Sustainable Tourism* 4(3), 147–73.

Tourism and Environment Task Force(1991) *Tourism and Environment*: Maintaining the Balance. London: English Tourist Board and Employment Department.

Troyer, W.(1992) *The Green Partnership Guide.* Toronto: Canadian Pacific Hotels and Resorts.

Tuppen, J.(1991) France: The changing character of a key industry. In A.M. Williams and G. Shaw(eds) *Tourism and Economic Development: Western European Experiences*(pp.191–206). London: Belhaven.

UNEP / GESAMP(United Nations Environment Programme / Joint Group of Experts on the Scientific Aspects of Marine Pollution)(1986) *Environmental Capacity: An Approach to Marine Pollution Prevention.* UKEP Regional Seas Reports and Studies No. 86. Geneva: UNEP.

UNEP / IE(United Nations Environment Programme: Industry and Environment)(1995) *Environmental Codes of Conduct for Tourism.* UNEP Industry and Environment Technical Report No. 29. Paris: UNEP.

UNEP / WTO / FEEE(United Nations Environment Programme / World Tourism Organization / Foundation for Environmental Education in Europe)(1996) *Awards for Improving the Coastal Environment: The Example of The Blue Flag.* Paris: UN Publications.

Wall, G. and Badke, C.(1994) Tourism and climate change: An international perspective. *Journal of Sustainable Tourism* 2(4), 193–203.

Welford, R. and Gouldson, A.(1993) *Environmental Management and Business Strategy.* London: Pitman Publishing.

Wheeller, B.(1997) Here we go, here we go, here we go eco. In M.J. Stabler(ed.) *Tourism and Sustainability: Principles to Practice*(pp.39–49). Wallingford: CAB

International.
Wight, p.(1994a) The greening of the hospitality industry: Economic and environmental good sense. In A.V. Seaton(ed.) *Tourism: The State of the Art*(pp. 665–74). Chichester: Wiley.
Wight, P.(1994b) Limits of acceptable change: A recreational–tourism tool in cumulative effects assessment. Paper presented at Cumulative Effects in Canada: from Concept to Practice, National Conference of the Alberta Society of Professional Biologists and the Canadian Society of Environmental Biologists, Calgary, Canada, 13–14 April.
Witt, S.F.(1991) Tourism in Cyprus – balancing the benefits and costs. *Tourism Management* 12(1), 37–46.
Woolf, J.(1991) The greening of Mickey Mouse. *Observer*(10 February), 57.
WTTC(World Travel and Tourism Council)(1991) WTTC *Policy–Environmental Principles*. Brussels: World Travel and Tourist Council(mimeo).
WTTERC(World Travel and Tourism Environment Research Centre)(1993) *Travel and Tourism: Environment and Development*. Oxford: WTTERC.
WTTHRC(World Travel and Tourism Human Research Centre)(1998a) Environmental tourism training for the Bahamas and Caribbean Nations. *Steps to Success* 2(2), 13–5.
WTTHRC(World Travel and Tourism Human Research Centre)(1998b) Canadian Pacific Hotels Green Partnership Phase II. *Steps to Success* 2(2), 20–2.
Young, S. and Ambrose, T.(1999) Benchmarking visitor attractions – Hampshire Pilot Project. *Insights* 11(November), A71–80, English Tourism Council.

제 12 장

대안관광 – 신뢰할 수 없는 술책

Alternative Tourism - A Deceptive Ploy

브라이언 휠러(BRIAN WHEELER)

지난 10년 동안, 1992년 《진보(*Progress*)》에 원래 제기되었던 주장의 타당성은 기본적으로 확고한 채로 남아있다. 지난 10년 동안 오히려 문제는 더 심각해졌고, 논쟁의 무게가 커지고, 과제가 늘어났으며, 애초에 제기되었던 논제에 대한 반향이 커졌다. 하지만 당시에 제기된 문제 중 그 어느 것도 만족스러운 답을 얻지 못한 것 같다. 여전히 논의는 많지만 실천은 부족하며, 이기적인 위선과 기득권으로 점철됐다. 관광객의 규모는 증대되었다. 관광은 다루기 힘들 정도가 되었고, 관광의 공간적 확장은 줄어들지 않고 있다. 최근에 마이크 로빈슨(Mike Robinson)이 언급했듯이 '지속가능한 관광에 관한 논쟁은 지난 10년 동안 거의 발전되지 못했다'(Robinson, 2001). 사실 과거와 다를 바가 별로 없다. 빨리 현재로 그리고 앞으로 나가야 한다.

지난 몇 년 동안, 관광산업의 성장과 필수적으로 결부되는 관광영향의 문제에 대한 자각은 계속 성장하였으며, 관광산업 스스로도 그 영향을 인정하게 되었다. 관광이 관광객을 수용하는 지역과 관광객에게 혜택을 주는 것은 확실하다. 하지만, 때때로 다른 부정적 힘으로 전가되기도 하지만, 관광의 파괴력에 대한 사실적 증거를 제공하는 영향재난(impact catastrophes)의 목록이 있다.

현재 상황에 대한 비난은 대량관광의 수요를 증가시키는 데 (단순하게) 기여했다. 수요를 변화시키는 것이 관광영향에 대한 다소의 해결책을 제시해 줄 것이라는 기본적 전제에 기반을 두고 출현한 사고방식이 발전되었다. 관광실무자, 언론 및 많은 학자가 칭송하는 이 새로운 관광형태에는 분명한 희망이 있다. 대량관광의 효과에 관해 저술한 레인(Lane, 1989)은 '아마 현대관광이 가장 슬픈 특징은 대안이 있다는 것이지만, 우리는 이 대안을 무시하고 있다'고 하였다.

만약 '대안'(alternative)이 무시되고 있다면, 확실히 현재(now)가 아니다. 현재는 관광계획과 개발을 위한 필수요소로서 이 새로운 '대안'을 지지하는 장황한 수사(修辭)가 적지 않다.

단지 하나의 대안이 있다고 제안하는 것이 갈피를 못 잡게 하는 것처럼 보일 지도 모를 일이다. 게다가, 새로운 관광운동의 수많은 지류에서 사용하고 있는 갈피를 못 잡는 다양한 이름은 다소 혼란스럽다 – 연성(soft), 녹색(green), 생태(eco), 부드러운(gentle), 적절한(appropriate), 책임지는(responsible), 지속가능한(sustainable), 품질(quality), 조화로운(harmonious), 지역사회(커뮤니티 또는 공동체, community), 진보적인(progressive) – 이 새로운 '자각적인'(aware) 관광에 주어질 이름은 끝이 없을 것 같다. 그럼에도 불구하고, 이 학술용어는 약간의 미세한 조정을 반영하기 위해 계속적으로 바뀌지만, 전반적인 메시지는 별반 차이가 없다. 대다수가 논의하는 것은 다음과 같다.

- 더 많이 주의하고, 자각이 있는 형태의 소규모 개발의 관광산업
- 생태적으로 건전하고, 토착민 소유 및 통제와 현지 통합
- 수요의 계절적 및 공간적 확장
- '여행'(travel) 윤리를 잘 알고 있는 더 많이 주의하고, 의식이 있는 관광객

관광개발의 속도는 천천히(slow), 통제되어(controlled), 동정적으로(sympathetically)

계획 및 관리되어야 하고, 물론 지속가능해야 한다.

비록 수많은 저자가 괄목할만한 관광 자각과 의식을 불러일으키는데 명백히 기여하여 왔지만, 1980년대 중반에 나온 논란의 여지가 있는 독창적인 두 저술은 크리펜도르프(Krippendorf)의 『휴가객(*Holidaymakers*)』(1987)과 머피(Murphy)의 『지역사회 접근(*Community Approach*)』(1985)이다. 그렇지만, 사실 이 새로운 의식적인 관광의 근저에 있는 대부분의 이상적 뿌리는 새로운 것이 아니다. 그러나 근거의 조합을 가지고 관광에 적용하고, 그 맥락에서 수용성과 대중성을 얻어 온 것은 상대적으로 최근의 일이다. 간단히 말해서, 시튼(Seaton, 1992)이 '품질관광'(Quality Tourism)이라고 불렀던 그의 박식한 설명은, 비록 지속가능성이 지난 몇 년에 걸쳐 관광에서 유행하게 되었다고 하더라도, 지속가능성의 개념은 개발경제학(development economics)과 오랫동안 관련이 있었다는 사실을 강조한다.

높은 특성(high profile)으로 받아들여진 생태관광은 환경에 중점을 두어 왔다. 하지만, 지속가능성에 대한 논의는 생태학적 문제로 제한 할 것이 아니라 소필드(Sofield, 1991)가 문화를 포함하는 전체로서 환경을 다루어야 한다고 믿은 것처럼 해야 할 것이다. 소필드(Sofield)는 지속가능한 윤리관광의 원칙에 대한 연구에서 이 주장을 발전시켰다.

이 운동에 대한 지지의 파도가 현재는 넘쳐흐르고 있다. '대량관광(mass tourism)과 녹색관광(green tourism) 위에 경성(hard)과 연성(soft)이라는 단순화하고 이상화된 비교를 만들어서, 하나는 명백히 바람직하지 않고 다른 하나는 완벽에 가깝다는 것은 부적절할 뿐만 아니라 전반적으로 잘못 가고 있다'는 것과 같은 경고(Butler, 1990)는 무시되고 있다. 신관광은 사실상 관광의 모든 부문-분별이 있는 관광객/여행자, 관광산업(민간 및 공공 모두), 언론, 그리고 많은 학자에 의해 주체할 수 없는 열정으로 황홀하게 받아들여지고 있다. 외관상으로 녹색 방법의 기수로서, 이것을 전적으로 지지하기 위한 떠들썩한 선도적 지원이 넘쳐났다. 그러나 비록 기득권을 고려한다면 전혀 놀라운 것은 아니지만, 이러한 열정적이고 무조건적인 수용은 극도로 우려되고 있다. 예를 들어, 휴가 선택과 원하는 경험의 증대를 동시에 제공하는 동안 어떤 죄의식을 편리하게 완화하여 주기 때문에 신관광은 교육을 받은 관광객/여행자에게 즉각적으로 호소력을 가진다. 녹색 지속가능한 관광을 지지하는 넘치는 자료가 현재 관광사상을 휩쓸고 있다. '우리가 보고 싶은 세상을 파괴하는 사업이라는 비판에 점점 민감한 관광산업은 생태적으로 책임이 있는 것처럼 보이기 위해 필사적으로 노력하고 있다'(Wickers, 1992). 녹색관광을 언급하지 않는 안내책자를 찾기가 점점 어려워지고 있다. 그러나 위커스(Wickers)는 다음과 같이 설명하고 있다.

> 대부분의 소음이 마케팅의 웅성거림이다 - 경쟁과 싸우기 위한 다른 전선 - 많은 회사가 콘크리트보다 좀 더 나은 자연이 있는 관광목적지에 단지 녹색라벨(green label)을 붙이고 있다. 그들의 판촉활동의 결과로 그 자연에 어떤 일이 생길 것인가는 그들의 관심사가 아니다.

이 냉소는 잘 알려져 있다. 신관광에 대한 산업의 지원에 어떤 관점을 주입하기 위하여 그들이 신관광의 구성요소로 공공연하게 받아들이기 위한 결정을 하는데 있어서 어떻게 선택하였는지를 고려하는 것은 의미가 있다. 예를 들어, 국제 투어운영자는 과시적으로 (그리고 표면상으로) 녹색 지향적이지만 현지 지역사회에 통제권을 양도하는 것을 그리 좋아하는 것 같지 않다.

영국에서는 1990년대 후반에 공식적인 관광 및 관련 단체가 만든 자료가 열정적으로 녹색 깃발을 흔들었다. 예컨대, 『국립공원 관광. 모범업무 안내(*Tourism in the National Parks. A Guide to Good Practice*)』(ETB, 1990), 그리고 더 잘난 체 하는 『녹색 빛. 지속가능한 관광 안내(*The Green Light. A Guide to Sustainable Tourism*; ETB)』(1991a)를 보라. 이 둘은 표면상으로는 좋게 보인다. 그러나 그들이 문제의 핵심인 증가일로의 대량관광에 대응하여 이슈를 실제로 다루고 있는가? 아니면 단지 민간영역의 마케팅 과대광고와 같은 공공부문의 반들반들한, 겉만 번지르르한 안내 책자인가? 영국 정부의 '태스크포스'(Task Force) 간행물인 『관광과 환경(*Tourism and the Environment*: ETB)』(1991b)에도 역시 비슷한 의문 부호를 붙여야 한다. 다른 사례에는 영국의 주요 관광 전문단

체인 투어리즘 소사이어티(Tourism Society, 1991)가 몇 가지 고려사항, 훌륭한 실천 사례, 그리고 적용을 위한 원칙의 제안을 솔직한 방식으로 제시한 지속가능한 관광에 대한 간단한 문서를 포함한다. 또한, 관광 논쟁에서 목소리가 커지고 있는 투어리즘 컨선(Tourism Concern, 1991)도 앞으로의 방향을 제안하는 자료를 만들어냈다. 그러나 담화(words)와 - 그러나 진짜이고 잘 의도된 - 가혹한 현실 사이에는 공허함(void)이 남아 있다.

또, 신관광의 윤리를 옹호하고 관광객이 바르게 행동할 것을 촉구하는 많은 논문과 서적이 있다(예를 들어, Stevens, 1990; Bramwell, 1991; Anscombe, 1991; Platt, 1991; Wood and House, 1991). 우드와 하우스(Wood & House)의 책으로 '녹색 여행자를 위한 전 세계 안내'(world-wide guide for the green traveller)로 묘사된 『좋은 관광객(*The Good Tourist*)』은 다음 세대의 모든 여행자에게 기여했다. 하지만 불행하게도 '녹색행동'(green behavior)이 문제를 해결해 줄 것으로 믿는 사람에게는 다음 세대가 전 지구적으로 바르게 행동하지 않는 많은 - 충분한 양 - 관광객을 구성할 것처럼 보인다. 숫자상으로는 대량 관광객이 자칭 여행자보다 훨씬 더 많을 것이다. 해외로 나가 문화경험이 있는 서구 관광객은 그들의 즉흥적인 개인적 관심사가 자신의 휴가행동 형태를 급격하게 바꾸는 것과 일치하지 않는다면 휴가행동 형태를 바꾸지 않을 것이라는 것은 의심할 여지가 없다.

여러 나라에서 새로 국제관광 현장에 온 모든 관광객이 민감하게(sensitively) 그리고 동정적으로(sympathetically) 행동할 것이라고 믿는 것은 비현실적으로 보인다. 그들에게 해외관광은 새로운 경험이고, 그 상황에서 그들은 가능한 한 저렴한 가격에 가능한 한 많은 것을 얻으려 할 것이다. 최근 동부유럽에서 온 관광객의 행동형태가 분명히 이러한 사례를 보여준다(Wheeller, 1992).

우리는 여행(travel)에서 시작해서 관광(tourism)으로, 그리고 대량관광(mass tourism)으로 이동해 왔다. 녹색운동의 권위자는 일종의 '여행으로 돌아가기'(back to travel)를 옹호하지만, 유감스럽게도 우리는 전 세계적으로 메가관광(mega-tourism)으로 이동하고 있는 것이 현실이다. 문제와 해결 사이의 간격(gap)은 편하게 잊을 수 있을지 모르지만 다시 걱정스럽다. 새로운 운동의 일부 비평에 대한 특별한 관심이 바로 이 간격이라는 점에서, 일부는 이 간격을 좋은 관광의 이론적 관념을 호소하는 것과 그것을 실행하는 실무적 현실 사이의 갈라진 틈(chasm)이라고도 말할 것이다. 카즈(Cazes, 1989)는 '한 쪽 편의 이상적인 담론과 다른 쪽의 관광장소에서의 효과적인 실무 사이의 교활한 왜곡'의 위험을 경고한다. 그는 제3세계에서 '대안 모델의 요구를 전적으로 충족시키는 상당한 규모의 사례가 없다'고 한탄한다.

또한, 피그램(Pigram, 1990)은 훌륭한 정책 선언이 지지를 받는다고 하더라도 이것을 행동에 옮기려 시도할 때 강력한 장벽에 부딪친다고 설득력 있게 주장한다. 문제는 무엇을 해야 하는가를 결정하는 것이 아니라, 실제적으로 그것이 일어나도록 만드는 것이다. 그의 지속가능한 관광에 대한 통찰력이 있는 논문은 이상을 실천으로 옮기기 위한 효과적인 수단을 개발하지 않으면, 지속가능한 관광은 '관광개발의 실제 세상을 위한 하나의 실행할 수 있는 정책 선택으로서 현실성이 없고, 자력으로 움직일 수 없는 채로 남아 있을 위험에 있다'는 쓸쓸한 전망으로 결론짓고 있다. 이 아이러니를 잊어서는 안 된다. 일반적으로 학자는 이론적인 상아탑 사고방식으로 정당성에 대하여 비판하였다. 그러나 특별한 경우에, 여러 학자는 이것이 대안관광의 제한된 실무적 응용이라고 주장하였고, 더 광범위한 실제적 적용을 막는 이런 제약은 관광계획 및 관리를 위한 하나의 전진방법으로서 새로운 관광운동을 매우 의심스럽게 만든다.

나는 이미 실행의 실무적 문제가 신관광의 많은 옹호자에 의해 무시되어 왔다고 주장하였다(Wheeller, 1991). 예를 들어, 지역사회, 관광교육 또는 방문객 관리와 같은 어구처럼 실무적 의미로 정의하려고 하는 어떠한 조심도 없이 종종 성의 없는 일반적 주장을 정책 준칙에 집어넣는다. 무엇이 필요한지에 대해서 실제로 누가 결정하는가? 예를 들어, 소필드(Sofield, 1991)가 설명했듯이 진정성이 목적이라면, 토착민의 소유권과 통제가 자동적으로 신광광의 유지를 보증할 것이라는 통속적인 가정은 유감스럽게도 잘못된 것이다. 새로운 형태의 관광은 어떻게 조화를 이뤄야 하는지와 누가 그것의 성공에 대해 책임을 져야 하고, 석명(釋明)을 해야 하는가? 어려운 질문이 답변 안 된 채로 남아있다.

이런 비판이 궁지에 빠지고 있다는 것은 신관광에 대한 확고한 지지가 있는 상태에서 놀라운 것이 아니다 - 쉽고 편안한 답변이 중심 문제를 제기하지는 않는다. 관광에서의 주요 문제가 '숫자'(number), 절대적인 그리고 계속되는 공간적 확장이라는 것이 강조되어야 한다. 여전히 많은 사람에 의해 규명된 해답은 소규모의, 느린, 제한된 개발인 것처럼 보인다. 주어진 문제에 대해 거의 답이 없다. 사실, 소문난 좋은 관광실무의 사례는 디즈니(Disney)와 센터파레스(Centre Pares)를 포함하여 인용된다(ETB, 1991, Tourism Society, 1991). 옹호자는 허니포트(honey-pots)를 인용하여 숫자를 다루기 위해 몇 가지 방법을 진행했다. 그러나 이것은 전 지구적 차원에서 대량수요를 흡수하기 위한 상당한 수의 '센터파레스'를 만들게 될 것이다. 물론 슬럼화(ghettoisation)된 곳을 관광하는 것은 여행자를 위한 우리의 새로운 행동강령에 매우 중요한 현지 주민에게 처음부터 존재하고 있는 관념과 잘 어울린다. 놀랍게도 슬럼가(ghetto)는 대중을 위한 것이고, 섬세한 여행자에게 미지의 (그리고 아직 망가지지 않은) 곳인 것 같다.

하지만, 이것이 정말로 녹색관광, 지속가능한 관광이 의미했던 것의 사례인가? 이것이 신비하고, 어디서나 존재하며, 좋은 방문객 관리의 사례인가? 아니면 이것의 동의어인가? 스페인의 베니돔(Benidorm), 이비자(Ibiza) 그리고 마가루프(Magaluf)의 개선이 신관광의 좋은 사례로 인용되고 있다. 실제로는, 이것이 품질시장을 위하여 품격 있는 상품을 제공하거나 또는 기존의 것보다 품격을 높이는 시도의 모든 좋은 사례는 아니지 않을까? (자, 이것이 대안관광이 의미했던 것인가?) 품질향상 정책은 관광산업의 계속되는 성장욕구와 완벽하게 일치한다. 오리를 죽이는 위험에 대한 진부한 논쟁의 균형을 맞추기 위하여, 똑같이 진부한 조건반사적 반응(Pavlovian response)은 상품이 계속적으로 강화되어야 한다는 것이다. 사람에게 지각되는 품질시장을 위해서 항상 품질을 강조한다. 불행하게도, 품질시장이 잘 되고 있지만 모든 시장이 품질은 아니다. 세계적으로 관광객의 수가 증가함에 따라, 이러한 모든 신관광객이 상위시장, 품질 관광객이 될까? 달갑지 않지만 대답은 확실히 아니오(No)라고 해야 한다. 말하자면 마가루프(Magaluf)는 바람직하지 않은 주말 부랑아(hooligan)를 없애기 위해서 18~30개의 이미지를 바꾸고 상위시장으로 진입하는 데 성공했는데, 이것이 관광의 문제를 해결할 수 있을까? 현재의 사고는 우리에게 그렇게 믿도록 만들 것이다. 그러나 비록 이것이 마가루프(Magaluf)의 문제를 해결하였다고 하더라도, 그것은 단지 문제를 다른 곳으로 옮겨 놓은 것일 뿐이다. 시장의 말단은 그들의 즐거움을 위해서 아마 마가루프(Magaluf)보다 훨씬 덜 충돌하는 다른 곳으로 갈 것이다. 하나의 해결인가 아니면 최고로 적절한 생존인가?

비록 숫자가 결정적으로 중요하다 하더라도, 단지 대량관광이 문제가 되는 것만은 아니다. 문제가 되는 것은 의사(擬似) 지식인 취향의 민감한 여행자이다: '패키지 관광의 첨병으로서 어떤 사람이 가면, 점점 더 숫자가 증가하고, 궁극적으로 다른 사람도 뒤따라서 가게 될 것이다. 그들은 영구히 새롭고, 이국적이고, 훼손되지 않은 - 손상되기 쉬운 것을 추구한다'(Wheeller, 1991). 대안관광은 이런 새로운 것에 대한 욕망의 문제를 다루는 데 있어서 다소 모호하다. 겉보기에, 이것이 민감하게, 분별 있게 다뤄지고, 여행자에 의해 고맙게 생각된다면 대안관광은 분명 이것을 지지하며, 그리고 새로운 관광목적지를 개장하고 개발하는 것을 지지한다. (당신이 가기 전에 책을 읽어라, 경외감을 가지고 행동하라 등. - 생태관광을 위해, 자아관광[ego-tourism]을 읽어라), 만약 이 민감한 개발이 달성될 수 있다면, 나는 의심스럽지만, 어쨌든 확실히 이것은 더 여행하도록 격려할 것이다. 수요가 증가함에 따라, 관광목적지는 계속해서 개발될 것이고, 실용주의적 압력으로 계획 및 규제기준은 완화될 것이다. 어느 길이든, 전망은 어둡다. 그렇기는 하지만, 확실한 것은 새로운 것을 찾는 여행자 및 관광객은 관광의 새로운 경계를 넘어서 한 걸음, 바깥쪽으로 부채질하는 것을 계속할 것이다.

버틀러(Butler, 1990)에 따르면, '한 가지 형태의 관광이 모든 지역을 위한 전체라고 주장하는 것은 가식적이고 순진할 뿐만 아니라 불공정하고, 비현실적이며, 현명하지 못한 것이다.' 대안관광은 관광의 부정적 영향에 대한 대답이 아니다. 그것은 조심하여, 정말로 의심을 가지고 다루어져야 하며, 현실적이고 실무적인 관점에서 조사하고 분석해야 한다. 대안관광의 무능력(ineffectiveness)이 대안관광의 대중성으로 이는 관광객 및 여행자가 명백한 양심, 면책, 그리고 희생 없이 그들이 원하는 휴가경험을 즐길 수 있게 해준다. 대안관광은 관광산업이 녹색의 외투를 입고 성장, 확산 및 개발을 계속하는 동안 표면상으로 관광객에게 두려움을 완화하기 위한 완벽한 장식을 한 로비를 제공한다. 코헨(Cohen, 1989)은 대안관광에 대한 뛰어난 비평에서 '현대관광은 극단적으로 다양하고, 편향적이고 부적절하기 때문에… 진부하고, 설득력이 없기 때문에 거절될 위험에 있는 무차별적인 비판과 전반적인 거부 자세의 많은 측면을 가진 현상이다'라고 주장한다.

비록 이것이 대체로 사실이라고 하더라도, 정말로 그 복잡성과 이질성이 관광을 관리할 수 없게 한다는 것은 확실히 진실이라고 해야 한다. 그럼에도 불구하고, 대안관광 때문에 관광의 핵심 주역은 이제 독선적 미덕에서 생겨난 새로운 활력을 가지고 이전보다 더 많이 행동하고 있다.

잘 생각해보니, 1992년의 원래 논문에서는 내가 바꾸고 싶은 것이 거의 없다. 관광의 상당부분이 국내관광인데도 지속가능성의 국제적 영역에 대해서 과도한 강조가 이뤄졌기 때문에 어떻게 해서든 국내관광에 대해서 좀 더 다루고 싶다. Alternative(대안)가 표면적으로는 적어도 'alter-native'(원래 것을 바꾸는)로 파악될 수 있다는 점에서, 새로운 형태의 관광이 반드시 그렇게 되도록 되어 있는 것은 아니지만, 아마도 제목에도 손을 대고 싶다(그 자체는 논의할 여지가 있다).

대다수의 대량관광객(그리고 관광객의 다수는 확실히 대중이다)에게 지속가능성은 거의 중요하지 않다. 훨씬 더 절박한 것은 가격, 돈의 가치, 그리고 재미! 재미! 재미!의 문제이다. 나는 (대안관광) '신도들'(believers)에게 지속가능한 관광의 무능력이 그것의 강점이고, 까다롭게 그것을 수용하는 핵심이라고 주장한다.

1990년대 초반 때처럼, 지속가능한 관광의 무의미함(futility)이 우리 주변에 있다. 당연히 대부분은 멀리 떨어져서 관심이 없다. 이들에게 있어서 가짜가 더 이상 분명하지 않을 것이다. 겉보기에만 가짜는 아닐 것이다. 그러나 부끄럽다. 지금조차도 우리는 그것이 무엇인지에 대해 그것을 바라보며 감히 맞설 수가 없다. 또는, 실제로는, 무엇이 아닌지. 황제의 옷은-이제 더 이상 새 것이 아닐지라도-얇게 입었다는 어떠한 표시도 보여주지 않는다. 나의 인내심과는 달리.

비 고 Note

1. 처음 논문은 'Alternative tourism – a deceptive ploy' in Volume 4 of *Progress in Tourism, Recreation and Hospitality Management* (1992), pp. 140–45.

| 참고문헌 | References

Anscombe, J.(1991) The gentle Traveller. *New Woman*(June), 51–3.

Bramwell, B.(1991) Shades of green tourism. *Leisure Management*(February), 40–1.

Butler, R.(1990) Alternative tourism: Pious hope or Trojan horse? *Journal of Travel Research*(Winter), 40–5.

Cazes, G.(1989) Alternative tourism: Reflections of an ambiguous concept. In T. Singh and L. Theunes *et al.*(eds) *Towards Appropriate Tourism*(pp. 117–126). Frankfurt: Lang.

Cohen, E.(1989) Alternative tourism – a critique. In Singh, Theuns *et al.*(eds) *Towards Appropriate Tourism*(pp. 127–42). Frankfurt: Lang.

English Tourist Board(1990) *Tourism: The National Parks. A Guide to Good Practice.* London: ETB.

English Tourism Board(1991a) *The Green Light. A Guide to Sustainable Tourism.* London: ETB.

English Tourism Board(1991) *Tourism and the Environment–Maintaining the Balance.* London: ETB.

Lane, B.(1989) Modern mass tourism: A critique. *Independent*(13 May).

Krippendorf, J.(1987) *The Holidaymakers*, Lindon: Heinemann.

Murphy, P.(1985) *Tourism. A Community Approach.* London: Routledge.

Pigram, J.(1990) Sustainable tourism, policy consideration. *Journal of tourism Studies* 2(November), 2–9.

Platt, S.(1991) The tender tax. *New Statesman and Society* (9 August), 19–20.

Seaton, A.(1992) Quality tourism sustained. *Tourism Qualitatife Aiest Annual* 33, 209–37.

Robinson, M.(2001) The future of tourism. Lecture delivered at College of St John and St Mark, Plymouth, UK.

Sofield, T.(1991) Sustainable ethnic tourism in the South Pacific: Some principles. *Journal of Tourism Studies* 2(1)(May), 56–72.

Stevens, T.(1990) Greener Than green. *Leisure Management*(September)m 64–6.

Tourism Society(1991) *Sustainable Tourism. Development in Balance with the Environment.* London: Tourism Society.

Tourism Concern(1991) *Himalayan Code.* Tourism Concern. London: Roehampton Institute.

Wheeller, B.(1991) Tourism: Troubled times. *Tourism Management* 12(1), 91–6.

Wheeller, B.(1992) Is progressive tourism appropriate? *Tourism Management* 13(L), 104–5.

Wickers, D.(1992) Whither green. *Sunday Times*(5 January).

Wood, K. and House, S.(1991) *The Good Tourist.* London: Mandarin.

제 13 장

성별과 관광

Gender and Tourism

제프 월(GEOFF WALL)
조앤 노리스(JOANNE NORRIS)

서 문 Introduction

이 장에서는 페미니스트(feminist, 여권확장론자)[14]의 관점에서 수행한 관광과 성별(gender, 사회적 性)에 관한 연구를 종합하려고 한다. 페미니스트 학문과 관광에 대한 연구는 과거 10여 년 동안 성장영역이었지만, 상대적으로 최근에까지 둘 사이의 관계성을 구축하려는 연구는 거의 시도되지 않았다고 주장되고 있다. 이러한 현실은 자주 논쟁거리가 되어 왔다. 잠재적 연계는 광범위하고 멀리까지 미치고 있지만, 이 장에서는 두 분야에서 관심을 집중한 개발연구(development studies)를 강조한다. 불행하게도, 성별과 관광 사이 관계의 본질에

역주 14) feminist는 여권확장론자, 남녀동권주의자 또는 여성주의자로 번역되어야 하지만 국내에서도 페미니스트로 사용되고 있으므로 이를 적용하였다. 관련 용어에서도 여성학(women's study) 등과 구분을 위하여 페미니스트 연구, 페미니스트 학문 등으로 사용하였다.

관하여 결정적인 대답을 제공하는 것은 불가능하다. 물론 이 의도는 성별과 관광의 관계가 존재하고, 설명되어야 한다는 의식[자각]을 일으키기 위한 것이다. 이 도전은 관광객으로서, 관광산업에 종사하는 근로자로서, 또는 관광상품의 일부로서 여성에 대한 관광의 경험에 관한 사유(思惟)에 있어서 명료성을 증진하기 위한 것이다. 그러나 이런 강조가 여성에 집중되고 있지만, 남성에 관한 성별연구도 있고, 더 나아가 성적지향(sexual orientations)의 다양성에 관한 관심이 성장해 왔으며, 이러한 관점이 관광문헌에서 점차적으로 자리 잡아가고 있다는 것을 인정하는 것이 중요하다.

사회의 행위 뒤에 있는 의미와 이유의 다른 탐구에 있어서, 특별한 가정으로부터 관점이 제공되었다. 첫째이면서 가장 분명한 것은 여성과 여성의 관점에 대한 연구가 필요하다는 것이다. 둘째는 남성과 여성, 그리고 관광에서 표현된 남성과 여성의 관계에 대한 연구의 가치이다. 셋째는 페미니스트 체계 내에서 관광, 관광객과 관광개발의 위치를 정하는 것이다.

이 장의 구조는 다음과 같다. 다음 단락에서는 최근까지도 관광연구와 성별연구 사이에는 연계가 거의 없었다는 것을 주장한다. 그러나 《진보(*Progress*)》에 있는 처음 논문과는 상황이 다소 바뀌었다. 성별연구에 대한 출판이 확산되었을 뿐만 아니라 페미니스트 학문이 다른 진영으로 분화되었다. 게다가 《관광연구(*Annals of Tourism Research*)》의 특별 이슈가 이 주제로 충당된 것(Swain, 1995)을 포함하여, 여성, 성별과 관광에 대한 연구의 유용한 목록이 나타나기 시작하였다(예를 들어, Kinnard & Hall, 1994; Sinclair, 1997; Swain, 2001; Swain & Momsen, in press). 세 번째 단락에서는 페미니스트 연구의 우산 아래에서 나타난 다양한 관점, 개발에 있어서 성별연구의 발전과 성장, 성별과 여가연구와 관련하여 출현하는 문헌 등 서구사회의 페미니스트 연구의 성장에 대해 더듬어 볼 것이다. 사례는 '선진' 또는 '개발도상' 사회 어디에서 고려중에 있건 관계없이 관광에 대한 연구를 수행할 때 성별과 여가 사이의 관계를 만들게 해줄 것이다. 성별과 관광의 우산 아래에서 수행되었을 연구의 사례를 제시하였다. 이 장의 목적은 선행연구의 결론을 도출하는 것이라기보다 미래 연구의 가능성을 제시하기 위한 것이라는 것을 명심해야 할 것이다.

이 단락의 목적은 관광에 성별의 관점을 포함하는 서서히 성장해 온 연구의 증거를 제시하기 위한 것이다. 그러나 어떤 것의 부재보다는 존재를 증명하는 것이 훨씬 더 쉽고, 관광문헌의 성장에 대한 자세한 분석은 개발에 특별하게 공헌하였다 하더라도 지면이 협소한 관계로 싣지 않았다. 다행히도 이러한 주제를 설명해 줄 수 있는 수많은 교재가 있고, 관광연구의 상태를 평가하는 각기 다른 학문적 관점의 리뷰 논문도 계속 증가하고 있다. 예를 들어, 《관광연구(*Annals of Tourism Research*)》의 이슈는 많은 사회과학 학문에 대한 관광연구의 기여와 상태를 평가하는 데 특별히 공헌하였다(Graburn & Jafary, 1991). 이들 논문을 읽어 보면 페미니스트 학문의 참고문헌이 매우 제한되어 있음을 알게 될 것이다.

관광을 한 부분으로 고려하고 있는 더 광범위한 여가연구가 페미니스트의 관점을 포함하기 시작하였다. 이것은 이 장의 마지막 부분에 더 자세히 다룰 것이다. 그러나 주류 여가연구에 여태껏 잘 통합되지 않은 별개의 연구가 계속될 것으로 보인다. 따라서 잭슨과 버튼(Jackson & Button, 1989)이 편집 출간한 여가와 레크리에이션 연구의 종합적 리뷰에서 관광에 관한 부분에 여성과 여가와 대한 하나의 장(chapter)을 포함하였다(Bella, 1989). 그러나 이 장은 다른 기고와 통합되지 못하고 분리된 관점을 나타내고 있다.

물론, 관광 연구자가 그들의 연구에서 여성을 전적으로 무시했던 것은 아니다: 응답자의 성별을 확인하지 않는 것은 정상이 아닌 설문지이다. 그러나 결과자료는 거의 의미 있는 방법으로 분석되거나 제공되지는 않았다. 예를 들어, 때때로 남성과 여성 사이 참여의 차이가 확인된 경우에, 그들은 설명하기보다는 기록을 남기려는 경향이 있다. 이러한 연구는 페미니스트의 관점에서는 거의 수행되지 않았고, 보통 여성과 남성이 접하는 다른 제약과 기회를 무시하면서 간접적으로 *현상유지(status quo)*를 증진하려 할 것이다.

관광, 관광객과 관광개발은 연구자의 학문지향에 기반을 두고 다양한 방법으로 개척되어 왔다. 많은 연구에서, 여러 학문의 요소와 접근이 서로 연계되고 결합되었기 때문에 관광학은 다학제적(interdisciplinary) 분야라고 주장될 수 있다. 페미니스트 학문도 다학제적 분야이지만, 관광학과의 연계는 이제 비로소 확고하게 설정되고 있는 중이다.

성별연구 Gender Studies

> 여성이 하는 것이 바람직하든, 이 세상에 여성이 차지할 곳이 어디든, 여성이 있어야 곳이 어디든 간에, 여성이 여전히 존재하는지, 아니면 항상 존재할 것인지 알고 싶다(de Beauvoir, 1971).

페미니스트 연구의 성장 Growth of feminist studies

페미니스트 연구는 정치, 경제, 사회생활의 많은 측면에서 여성에 대한 표현이 부족하다는 결과로 출현하였다. 비록 페미니스트 저술과 여성해방운동(women's liberation movement) 사이에는 직접적인 관계가 있기는 하지만, 여기에서의 의도는 단지 문헌에 표현된 페미니즘(feminism)을 논의하기 위한 것이다.

헤스와 페레(Hess & Ferree, 1987)는 1970년대 초부터 명확한 세 단계를 거쳐 남성과 여성에 대한 연구가 이루어졌다고 보았다. 첫 번째 단계는 남성과 여성의 생물학적 성적차이(sex differences)를 강조했다. 남성상과 여성상은 사회적 행동과 밀접한 관계를 가진 개인의 생물학적 특성으로 여겨졌다. 이러한 관점에서 남성과 여성이 동등함을 주장하는 사람은 생물학적 차이를 경시하였고, 여성이 '드물게 중요한 행동과 관련이 있다는 주장은 이 생물학적 차이가 남성에 비해 여성이 우월하다는 한 예가 될 수 있을 것 같다'(Hess & Ferree, 1987: 14). 그렇지만, 실제로 역사적 경험은 평등주의의 생물학적 결정론의 가능성을 증진하려는 사람을 계속적으로 수세에 몰면서 성적차이에 대한 비평등주의의 관점이 더 많이 일반화되었음이 명확하게 나타나고 있다.

두 번째 단계는 성 역할(sex roles)에 대한 편견에 의해 나타난 것으로, 이는 남성상과 여성상의 생물학적 결정인자가 선천성과 후천성의 어떤 비율에 의한 교육을 거쳐 사회적 결정론과 적절하게 결합된 것으로 여겨진다는 것이다. 성적 차이는 크든 작든 그 차이가 사회화에 의해 설명될 수 있기 때문에 본질적으로 더 이상 중요한 이슈가 아니다(Hess & Ferree, 1987: 14-15). 따라서 이 단계에서 사회화 습관(socialisation practices)이 문제의 원인이 되었다. 성적특성(sex-specific, 성 표식) 사회화 습관의 존재를 탐구하기 위하여 양육에 대해 연구되었다. 특히 어린이의 사회화에 있어서 성 역할 사회화(sex role socialisation)의 중요성을 강조할 때 이러한 이유의 강력한 비판이 있었고, 생애과정에 걸친 연속체라고 가정한다(Hess & Ferree, 1987: 15). 다시 말해서, 이 접근은 우리가 사고하고 행동하는 방식에 영향을 주는 무수한 삶의 경험을 설명하지 못하고 있다. 또한, 성 역할 해석은 성인 교육에 또는 우리의 일생에서 통제해야 할 우리의 능력에 믿음을 주지 못한다.

세 번째 단계는 다양한 연구 영역에서 페미니스트 연구를 급증시키는 데 불씨를 지핀 것 중의 하나이다. 성별의 중추성(centrality of gender)이라는 새로운 개념적 중심을 가진 새로운 관점이 태동하였다. 성별(gender)은 '사회적 중재, 행동, 그리고 심지어 인지를 조직화하는 원리'로 보였다(Hess & Ferree, 1987: 16). 성별은 그 자체가 남성과 여성 사이에 나타날 수 있는 어떤 선천적인 유사점을 억압하는 사회적으로 구축된 시스템이다. 이것은 사람보다는 시스템의 속성이다.

성별은 본질적이기보다는 관계적이고, 개별적이기보다는 구조적이며, 성별을 분석하는 것은 시간이 지남에 따라 그 시스템의 변화를 고려해야 한다. 사회적 구조 자체의 변화뿐 아니라 성별구조 내의 개별적 관계의 변화는 구조와 변화의 거시적이고 미시적인 수준에 관심을 가질 것을 요구한다(Hess & Ferree, 1987: 17). 이 관점은 사회의 많은 측면을 분석할 때 적용되어 왔다: 서너 가지 예만 들면, 경제적 관계의 성별 계층화(gender stratification); 가정에서의 성별관계; 성별과 국가; 성별과 이데올로기 등. 이러한 연구는 더 나아가 성별체계의 특별한 측면에 초점을 맞춘 더 발전되고, 더 세밀한 접근을 이끌어 냈다. 가부장사회의 개념화, 자본주의 사회에서 가사노동의 기능, '개인'(private)과 '공공'(public)의 영역 사이의 구별이라는 세 가지는 성별연구에 더 체계적인 접근을 제공한 초기의 연구이다. 개념적이고 분석적인 심연의 성장에 따라 특별한 체계 또는 패러다임이 구별할 수 있게 되었다.

페미니즘 사상의 흐름 Streams of thought in feminism

> …페미니즘은 사회의 수많은 측면에 응용하는 철학적인 체계이고, 그 위에 각 개인의 유일한 삶의 경험과 가치를 반영한 것이다(Henderson *et al.*, 1989: 47).

이 인용은 개인의 경험 및 표현과 공존하는 페미니스트 체계를 망라하는 모든 특성을 강조함으로써 페미니즘의 본질을 이끌려는 시도이다. 비록 통(Tong, 1989)과 같은 여성이 이 복합적인 주제를 논의하는 다양한 틀의 윤곽을 제공하였지만, 페미니스트 이론에 대한 일반적인 진술을 하거나 일체화 노력으로서 이것을 포괄적으로 검토하는 것은 어렵다.

성별연구의 접근은 자유주의자, 사회주의자 그리고 마르크스주의자의 관점과 연결된다. 각각은 사회의 구조 및 남성과 여성 사이의 관련성을 설명하기 위해 제공된 특별한 개념과 분석적 추상성을 특성으로 하고 있다. 이것을 마음에 품고서, 스탠리와 와이즈(Stanley & Wise, 1982)는 모든 페미니스트 이론에서 일상화된 여성에 대해 널리 수용된 세 가지 가정을 규명하였다.

- 여성은 억압받았으며, 억압의 일상적인 환경을 공유한다.
- 개인적 경험은 일상생활 '체계'(system)에 의해 영향을 받는다는 점에서 개인은 정치적이다.
- 페미니스트 의식과 그것이 여성에게 의미하는 것이 무엇인지에 대한 이해는 발전될 수 있다.

이론에 대한 논의에 있어서, 이러한 가정은 여성이 가부장적인 세계에서 이미 존재하였던 것에 단지 *더해진(added in)* 것이 아니라는 것이 본질임을 제안한다.

위의 가정은 일반적인 목표와 관련될 수 있다. 헨더슨 등(Henderson *et al.*,

1989)은 페미니스트 연구자의 각각 다른 초점을 인정하면서도, 페미니즘과 페미니스트 연구 저술은 특별한 목표에 대한 요구에 통합되어야 한다고 제안했다.

- 가시적인 여성의 권한과 지위를 만들기 위해서
- 기존의 사회구조와 존재양식을 다시 정의하기 위해서
- 모든 여성이 가정 내에서든 밖에서든 자신의 삶과 신체를 통제할 수 있는 권한을 통해 평등, 존엄과 선택의 자유를 가지는 것을 가능하게 하기 위해서

페미니스트 문헌이 증가함에 따라, 페미니스트 사상은 서로 다른 학파로 분화되어 왔다. 예를 들어, 환경 페미니스트(eco-feminists)는 여성을 지배하고 억압하려는 남성의 욕망이 또한 환경에 적용하고, 이런 점이 환경하락의 중요한 원인이라고 제시한다(Mellor, 1992; Zimmerman, 1994). 다른 연구자는 사유는 신체에 위치한 마음에서 나오고, 그 결과 지식이 구체화한다고 지적하였다. 이것은 경험과 지식이 위치하는 신체에 대해 더 많은 관심을 가지게 하였다(Veijola & Jokinen, 1994; Lewis & Pile, 1996). 존스톤(Johnston, 2001)은 참가자와 관찰자 두 가지 관점으로 게이 퍼레이드(gay parades)에 대해 연구하였는데, 이를 통해 마음과 신체 사이, 여성과 남성 사이를 포함하여 많은 합리적 사고에 널리 퍼진 수많은 이원성(dualism)을 비판하였다.

다음의 두 단락은 개발연구(development studies)와 여가연구(leisure studies)라는 두 가지 특수한 영역에서 더 특별하게 성적취향에 대해 약술할 것이다.

개발에서의 성별연구 Gender studies in development

보즈럽(Boserup, 1970)은 아시아(Asia), 아프리카(Africa) 및 라틴아메리카(Latin America) 여성의 비교 분석을 통하여 개발과정에서 여성의 역할에 대한 개관을 처음으로 제시했다. 그녀의 논제는 제3세계(Third World)의 개발과정에서 여성을 무시하고 있다는 것이었다. '개발'(development)은 명백하게 남성에게 혜택이 있는 성별특성(gender-specific, 성 표식)이다. 그녀는 신고전주의 근대화 패러다임

안에 확고하게 남아 있었기 때문에 그녀의 분석은 개발과정 그 자체의 비판이 아니었고, 여성의 종속에 대한 명확한 페미니스트 분석을 나타내지는 않았다. 그렇지만 그녀의 작업은 향후 10여 년 동안 개발연구에서 페미니스트 연구의 출발점을 제공하였다.

이 선구적인 연구 이후에 설립된 학파가 자유주의 페미니스트인 '개발에서의 여성'(Women in Development: WID) 학파이고, 이 학파는 자유주의 근대화 관점과 어깨를 나란히 한다. 여성을 위한 그들의 개발 철학은 서구(West)에서 온 가치, 자본, 기술과 정치의 확산에 두고 있다(Bandarage, 1984: 497). 그들은 개발과정에서 여성의 통합은 공식적인 공공경제에 여성의 참여를 촉진할 것이라고 주장한다. 계급분석의 결핍으로 유래된 이러한 관점의 한계는 여성이 이미 개발과정에 통합되었다는 사실과 결합하였지만 그들의 작업에서는 보이지 않았다.

마르크스주의 관점은 남성과 여성의 빈곤을 사회경제체계인 자본주의의 구조적인 측면에서 본다는 점에서 자유주의와는 차이가 있다(Bandarage, 1984: 500). 마르크스주의자는 경제적 근대화(자본주의 발전)가 제3세계 여성을 사회적 진보에서 처지게 한다는 자유주의 개발에서의 여성(WID) 사상에 동의하지만, 그들은 이런 불평등을 이해하기 위하여 우리는 사회계급의 불평등(inequality)과 자본주의 세계 속에 퍼진 불공평(unequal)과 불균형(uneven)을 지켜보아야 한다고 믿고 있다. 마르크스주의자는 또한 자유주의적인 개발에서의 여성(WID)의 옹호자와는 달리 모든 남성이 기술혁신의 혜택을 받는 것은 아니며, 또한 모든 여성이 기술이나 다른 측면의 변화에 의해 비슷하게 영향을 받는 것은 아니라는 점을 인정한다(Bandarage, 1984: 501). 개발에서의 성별(gender in development)에 대한 두 가지 접근을 비교하면, 마르크스주의가 물질주의 관점으로부터 비롯되었다는 점에서 더 우수하며, 동일한 집단으로서 남성과 여성에 관한 일반화에는 부족한 경향이 있다. 그러나 마르크스주의는 불충분한데, 그 이유는 여성의 차별이 남성처럼 자본주의, 상업화 및 프로레타리아니즘(무산계급주의)의 추상적인 힘에 기반을 두고 있다는 태도이고, 이에 의하여 남성에 의한 여성의 차별은 무시하였기 때문이다(Bandarage, 1984: 505).

급진주의 페미니스트의 탄생은 정치적 이슈로서 개인적 관계를 창안함으로써 이 누락에 도전하였다. 삶의 가정 영역 및 남성과 여성 사이의 개인적 관련성에 대한 초점은 이전에 자유주의와 마르크스주의 모두에 의해 무시되어 왔던 논쟁 영역에 대한 착수였다(Bandarage, 1984: 505). '가부장 제도의 보편성'(universality of patriarchy)에 초점을 맞춘 급진주의 페미니즘은 성적인(sexual) 것과 계급, 인종, 국적과 같은 다른 형태의 사회적 차별 사이의 상호관계를 간과하는 경향이 있다(Bandarage, 1984: 506). 이 같은 간격을 연결하려는 시도로, 자본주의에 마르크스주의 이론 그리고 가부장 제도에 급진주의 페미니스트 이론을 종합화하기 위한 이론적인 관점이 창출하였다. 이는 사회주의 페미니즘 또는 정치적 경제에서의 성별과 계급의 분석이다.

개발에서의 성별 이론은 여성의 비가시성(invisibility of women)을 조명하는 문헌을 제공하였다. 비록 일반적 패러다임 내에 상충하는 이데올로기가 있지만, 이러한 문헌의 성장은 성별을 개발연구의 중심으로 만든 적정성을 뒷받침한다. 이 연구 분야 성장의 혁명적인 본질은 아주 분명하지만, 지금까지 그 한계 또한 명백하다. 여성과 성별 관련성에 대한 급속한 성장과 기술적 변화의 결과에 대한 체계적인 연구는 부족하였다. 특별히 동남아시아의 여성에 초점을 맞춘 헤이저(Heyzer, 1987)는 다음 두 주요 영역의 연구가 강화되어야 할 필요가 있음을 확인하였다: 기술적 그리고 다른 여러 종류의 생산 변화에 대한 여성의 반응, 그리고 이런 변화의 결과로서 거시적이고 미시적인 단계에서 발생하는 갈등과 모순. 단지 상황의 수동적인 희생물이라기보다 변화의 동인으로서 여성의 관점은 어떻게 여성이 그들 스스로 구조적인 기회와 제약에 대해 판단하고 반응하는지의 연구를 고무시켰다. 이것은 또한 차별에 저항하고자 하는 여성이 제한된 행동의 대안에 직면한다는 것을 인정하게 하였다(Hess & Ferree, 1987: 14).

성별과 여가 Gender and leisure

1970년대 주류 여가연구의 교재에서, 여성의 경험은 전혀 고려되지 않았다.

만약 여성이 언급되었다면, 단지 가족에 관한 것이었다. 탈버트(Talbut, 1979)는 여성의 여가에 초점을 둔 최초의 연구를 수행했다. 이것은 1980년대의 추가적인 연구를 위한 하나의 자극을 제공하였다. 1980년대 스탠리(Stanley)는 '여가의 의미'(meaning of leisure)와 관련한 중요한 공헌을 하였다(Stanley & Wise, 1982; 6-7에서 인용). 그녀는 여성이 남성에게 '비정상적인 사람'(deviant)으로 간주되지는 않지만, 여성은 많은, 다른 관심을 가진 이질집단으로 간주되고 있다고 제시했다(Wimbush & Talbut, 1988: 7-8).

전면에 나타난 여성과 여가 사이의 관련성의 결과로서, 여가연구에서 저자는 성 차별어(sexist language)를 덜 쓰려고 하였다. 비록 이것은 그들이 진보적 방법을 견지하였다고 할 수도 있으나, 성별에 대한 그들의 결론은 계급, 나이, 인종, 성별을 마치 비슷하고 누적적인 요인인 것처럼 취급한 오히려 더 다원론적 접근(pluralistic approach)을 생산해냈다는 점에서 결점이 되었다(Wimbush & Talbut, 1988: 9). 성별은 분업화된 성적활동(sex-typed activities)의 참여에 대해 설명하는 추가적인 요소가 되었지만, 왜 또는 어떻게 일반적으로 사회에서의 성별차이 및 불평등과 관련이 있는지는 잘 알려져 있지 않다. 연구결과는 여성과 남성의 각기 다른 개인적 그리고 사회적 맥락을 고려하여 해석되지 않았다(Henderson *et al.*, 1989: 100). 그러므로 페미니스트가 여가사회학에 기여할 수 있는 것은 전체로서 개인의 삶(individual's lives)의 맥락에서 여가 분석의 중요성을 강조하는 것이다. 예를 들어, 이런 전체론적 접근(holistic approach)은 왜 여성이 남성보다 집에서 여가시간을 더 많이 보내는지를 더 많이 자각하게 하였다(Wimbush & Talbut, 1988: 121).

여성과 여가에 대한 연구 그리고 남성과 여성의 여가에 관한 비교 연구와 관련된 개념적인 틀은 여가의 맥락과 의미에 대해 더 유익한 분석을 제공하기 위해 발전되고 있다. 관심을 끌어 온 여성의 여가에 대한 연구 분야는 여가에 대한 제약이다. *시간(time)*에 대한 여성의 경험은 하나의 특별한 초점이다. 일반적으로, 여성은 여가의 수용자이기 보다는 다른 사람의 여가 – 남편, 아이와 부모 – 의 촉진자이다(Wimbush & Talbut, 1988: 14). 여성은 언제 그들 자신의 여가에 참여하는 시간을 가지는가? 그들이 오직 그들만의 즐거움을 위한 활동을 찾기 위해 떼어 놓은 시간이 있다고 느끼는가? 연구는 여성의 시간경험, 특히 어떠한 형태의 임금노동에도 속하지 않는 여성에게는 남성의 경험보다 더 많이 파편화되어 있음을 보여준다(Wimbush & Talbut, 1988: 11). 여가에 대한 역사적 분석은 여성이 남성처럼 여가에 대한 똑 같은 기회를 가지지 못하였다고 설명한다. 이런 제약에는 업무에서의 경제적 압박, 가족에 대한 의무, 그리고 경제적 제공자로서뿐만 아니라 가족을 위한 책임유지를 포함한다. 여가에 대한 페미니스트 관점은 여성의 여가경험을 이해하고 설명할 수 있게 하는 하나의 수단일 뿐 아니라 여성의 여가욕구를 인정하게 될 사회적 변화를 위한 노력을 제공한다. 페미니즘과 여가는 선택과 자유라는 요소에 의해 밀접하게 연계되어 있다(Henderson *et al.*, 1989: 45). 만약 노동이 여가의 정반대 존재로 간주된다면, 생산적이고 비생산적인 노동 사이의 시간배분을 포함하는 노동시장에서의 변화는 긴장(extension)에 의해 여가를 위한, 그리고 관광을 위한 의미를 가진다. 맥도웰(McDowell, 2001)은 관련 문헌의 유용한 검토와 논의를 제공했다.

만약 여가와 페미니즘을 채택하고 이것을 일련의 연속체로 본다면, 많은 유사점이 있다. 이 둘은 운동으로서, 그리고 사상의 흐름으로서 과거 어느 때보다도 오늘날에 더 잘 이해할 수 있다. 여가의 핵심은 자유(freedom)와 선택(choice)의 요소인 반면, 페미니즘의 핵심은 자유와 고결(integrity)이다. 그러므로 자유는 양쪽 개념의 중심이다(Henderson *et al.*, 1989: 51). 이것은 만약 여성에게 자신의 여가를 통제할 수 있는 기회가 주어진다면, 그들은 삶의 다른 측면에서 사회적 변화를 이룩할 수 있을 것이라고 가정하였다(Henderson *et al.*, 1989).

여가를 정의하거나 범주화시키고, 여성과 남성에게 있어서 여가의 경험을 비교하려는 시도는 없었다. 오히려 그 목적은 성별과 여가의 관련성을 명확하게 하고, 어떻게 페미니스트 관점이 주제를 부각시킬 수 있는지를 설명하기 위한 것이었다(Fox, 1992).

더 심도 있는 개발연구와 여가연구의 탐구 목적은 성별과 관광연구의 관련으로부터 유래하였다. 성별과 개발 문헌은 '선진' 그리고 '개발도상' 사회의 여성 노동을 더 잘 이해하는 데 크게 기여해왔다(Leacock & Safa, 1986). 그러나 기술적 변화와 근대화의 기세는 농업과 공장 생산의 노동을 주로 강조하는 편협된 시각으로 보아왔다. 1950년대부터 개발도상국에서 국제관광의 급속한 성장은 이제야 비로소 성별과 개발연구로 대두되기 시작하였다. 성별과 여가 문헌의 성장에 따라, 엄격한 개념적 분석적 틀의 시작이 나타나고 있지만, 여가가 여성에게 무엇을 의미하는가에 대한 대부분의 정의와 논의는 관광객으로서의 여성을 포함하고 있지 않다. 많은 문헌은 일상생활의 성별화된 여가(gendered leisure), 그리고 여성과 남성이 일상적 반복과 관련된 것으로서 여가시간에 하고 싶은 활동이 어떻게 다른가 하는 것에 초점을 맞추고 있다. 이것은 합리적인 연구영역이지만, 관광객으로서의 여성과 관광산업의 여성 노동에 대한 논의를 위한 토대로는 한계를 가진다.

관광, 성별과 개발: 왜 연결하는가?

Tourism, Gender and Development: Why Make the Connection?

이제까지는, 관광연구의 일반적 영역과 성별연구의 일반적 영역 어느 것도 성별과 관광 사이의 관련성에 대하여 서로 일관성 있는 체계적인 개관을 제시하지 못하였다고 주장되어 왔다. 키네어드와 홀(Kinnaird & Hall, 1996)은 관광과정을 이해하기 위하여 '성별-자각 체계'(gender-aware framework)를 제안했다. 이 논문은 관광문헌에 관한 탁월하고 간명한 소개이지만, 그들의 체계는 완전히 개발되지 않았고, 실제로 세 개의 광범위한 주제로만 구성되어 있다. 그러나 이 주제는 출발점으로서 중요하며, 다음과 같이 간단히 언급하고 있다.

(1) 관광에 관계가 있는 활동과 과정은 성별화된 사회(gendered societies) 밖에서 구성되며, 결과적으로 주체와 객체 사회에 의해 분명해진 남성적이고 여성적인 특성은 관광이 발생하는 장소 유형의 중요한 구성요소이다.

(2) 성별관계(gender relations)는 모든 사회의 관행을 형성하고, 관행에 의해 형성된다. 그러므로 관광관련 활동의 경제적, 사회적, 문화적, 정치적, 그리고 환경적인 측면은 변화하는 개별 사회의 성별화된 본질(gendered nature)과 상호 작용한다.

(3) 성별과 성별관계에 대한 논의는 권한과 통제의 문제와 관련이 있다. 관광은 국가에서 가정까지 인간집단 사이의 권한관계를 포함하고, 사회적인 상호작용과 동기, 욕구, 전통과 인식의 정확한 표현과 같이 성별에 관련된 모든 것을 설명한다.

이 장에서는, 관련 문헌의 양이 상당하기 때문에 전개의 목적을 위하여 성별과 관광의 관련성을 나타내는 여섯 가지 주제를 간단히 정리할 것이다. 각각의 주제에서 참고문헌은 포괄적으로 보다는 실례로 설명한다.

참여자 The participants

여성과 남성이 서로 다른 여가예산(Thrane, 2000), 휴가관여(Deem, 1996) 그리고 활동선호를 가지고 있다는 것은 의심할 여지가 없다. 비슷하게, 스포츠에 대한 참여패턴 및 관여와 전념의 수준이 다르다는 것(Wiley *et al.*, 2000)과 종종 레크리에이션 기회의 제공이 현저하게 남성인 정책결정자에 의해 결정된다는 것(Yule, 1997)을 이야기하여도 독자는 놀라지 말아야 할 것이다. 스크랜톤과 왓슨(Scraton & Waston, 1998)은 도시지역 여성의 여가와 공공공간에 대한 연구를 통하여 여성이 노동의 안전, 경제적 제약 및 성적구분(sexual divisions)과 관련된 성별화된 경험(gendered experience)을 겪고 있고, 적응전략을 공유하고 있다고 제시하였다. 그러나 많은 복잡성이 있고, 이 문제에 대하여 과도하게 일반화하기 쉽다. 선호하는 경관이나 장면이 다를 수도 있다(Kay, 1991). 예를 들어, 버든과 워커(Virden & Walker, 1999)는 자연환경에 대해 서로 다른 선호도를 가지고 있으며, 여성이 남성보다 관리자의 존재, 방문자 편의의 개발(더 원격지의 자연환경을 비교함으로써) 및 가까운 친구와 가족과의 친교를 제공하는 환경을 선호하고 있음을 밝혔다.

유형학(typologies)은 관광객 사이의 다양성을 설명하기 위해 고안되었다. 예를 들어, 코헨(Cohen, 1972)은 관광객의 더 *조직화된(organised)* 유형과 더 *탐험적인(exploratory)* 유형 사이를 구별하는 관광객 역할의 네 가지 유형을 고안했다. 이 유형은 숙박시설과 여행방식과 같은 특별한 종류의 관광객 경험 및 시설에 대한 요구와 관련이 있다. 비록 이런 유형학이 관광의 여러 측면에 유용한 통찰을 제공한다 할지라도, 그들은 남성과 여성 관광객의 동기를 구분하려고 하지 않는다. 사실, 특수하게 이 특별한 영역에 초점을 맞춘 연구는 없었다. 이것은 여성이 교육, 성적 관계(sexual relations)와 고용 분야에 더 많은 다양한 기회를 얻게 하기 때문에 가치 있는 연구 분야이고, 새로운 (여가) 생활양식이 나타났다.

> …많은 사회적 힘(social forces)은 여성의 삶을 변화시키는 데 수단이 되었다… 여성을 가사노동과 원치 않는 임신으로부터 잠재적으로 해방시킬 수 있는 기술; 이혼과 낙태법의 자유화; 성 도덕(sexual morality)에 대한 새로운 관점 및 증가하고 있는 성 관용(permissiveness)과 개인주의; 평등주의 교육과 경제적 목표와 관련된 여성운동(Henderson *et al.*, 1989: 4).

관광에 대한 역사적 관점은 단지 남성처럼 여성이 여행자와 관련되어 있었음을 밝히고 있다. 러셀(Russel, 1988)은 17세기 먼 옛날의 여성 여행자에 대해 분석하고, 여성이 왜 먼 곳을 여행하려고 결정했는지에 대한 많은 이유를 밝혀냈다.

> 가정생활 또는 고된 반복적인 직업으로부터 벗어나기 위해; 이루지 못한 사랑으로부터 회복하기 위해; 위험의 스릴을 경험하기 위해; 여자라는 존재가 약한 존재가 아님을 증명하기 위해; 선교를 위해[중국에 성서를 전달하기 위해]; 식물이나 미지의 사람에 대해 공부하기 위해; 과거를 탐구하기 위해; 개인의 죄를 속죄하기 위해; 죽은 동료를 예배하기 위해; 고국을 찬양하기 위해; 뭔가 쓸 흥미 있는 것을 찾기 위해 - 또는 단순히 재미를 얻기 위해(Russell, 1988: 15).

러셀(Russell)의 책은 일화가 많으며, 이론적이지 않다. 그녀는 여성이 여행을 하는 다양한 이유의 의미와 중요성을 해석하지 않았고, 또한 역사를 통해 여성이 여행하는 것과 관련한 어떤 결론을 도출하려고 시도하지도 않았다. 그러나 그녀는 여러 여성 여행자의 많은 경험을 통해 상세한 부분에 기여하였다. 사실상, 특히 식민주의 및 과학적 탐구와 관련하여 여성 여행자에 대한 관찰과 경험의 분석은 많은 연구자의 성장을 이끌어냈다(예를 들어, Middleton, 1965; Birkett, 1990; Mills, 1991; Robinson, 1990; Blunt & Rose, 1994; Morgan, 1996; Guelke & Morin, 2001). 다소 유사하게, 등산과 같은 활동에 대한 그들의 연구는 또한 학술적인 주목을 받았다(Squire, 1995; Morin, 1999). 크뢸러(Kroller, 1987)는 1851년과 1990년 사이에 유럽을 여행하는 캐나다 여성의 여행활동과 경험에 대해 기록하였다. 실질적으로 이런 모든 여성은 엘리트 집단이고, 종종 시간적으로 상당한 기간 동안 여행하고, 아마 그들의 경험에 대한 기록과 저술에서 특징이 없었지만 최근까지 과거의 여성 여행자에 대한 언급이 거의 없었기 때문에 관광역사에 대한 문헌에 기꺼이 추가되었다.

장기 알뜰여행자(budget travellers)에 대한 연구에서, 릴리(Riley, 1988)는 젊고, 교육받은, 주로 중산층 여행자의 동기를 구별하려고 시도했다. 그녀는 그들 대부분이 일상의 판에 박힌 업무의 답답함과 지루함, 그리고 직업에 관한 결정을 내려야 하는 것에서 벗어나 있으며, 일과 결혼 그리고 다른 책임을 연기하고 싶어 했다는 것을 밝혔다(Riley, 1988; 317). 릴리(Riley)가 결혼과 낭만적 관계의 제약으로부터의 탈출을 언급했지만, 여성에 국한된 의미는 아니다. 남성보다 여성이, 혹은 반대로, 구별하기 위하여, 현실도피의 한 형태로서 여행을 하는지를 밝히기 위하여, 그리고 그들이 어디에서 어디로 탈출하려고 하는지를 결정하기 위하여 그녀의 연구는 더 확장될 필요가 있다. 그녀는 '놀랍게도'(surprisingly) 매우 많은 알뜰여행자에 대해 보고했는데, 아마 4분의 1정도가 여성이었다. 그러나 그녀는 남성보다 여성이 그들의 가족으로부터 독립하고 혼자 무언가를 함으로써 편안함을 느끼기 위해 여행을 원한다고 밝혔다(Riley, 1988; 324). 비저(Beezer, 1993)와 엘스러드(Elsrud, 1998)는 여성 모험 여행자와 등산객에 대해 연구했다.

많은 연구가 여가 공간의 성별이용(gendered use)에 대해 설명했다(Henderson, 1994a, 1994b; Aitchison, 1999). 그러나 카(Carr, 1999)는 휴가형태가 사회경제적 상태나 연령과 같은 다른 요소에 의해 설명될 수 없다는 관점에서 여성과 남성 사이에 중요한 차이가 있는지를 결정해야 하는 것이 남아 있다고 제안하였다.

여성의 경험을 인정하고 바르게 평가하기 위하여 여성 관광객의 본질을 탐구할 필요가 있을 뿐만 아니라, 여성의 여행형태와 관광욕구 또한 관광산업에게는 직접적인 관심사이다. 숙박시설의 유형과 매력물의 종류는 성별특성(gender-specific, 성별에 국한된) 욕구에 맞출 수 있다. 예를 들어, 현재 많은 호텔체인은 오로지 여성 고객을 위한 특별 층을 배치하고 있다. 관광산업은 특별한 지역에서 섹스관광(sex tourism)의 성장에 적용되었고, 통상적으로 항상 남성 관광객의 성적 욕구에 제공하는 것은 아니다. 그러나 모든 성별지향(gender-oriented)의 관광활동과 서비스 요구가 부정적 의미를 가지는 것은 아니다.

관광고용 Tourism employment

이 단락에서는 관광산업에서 여성의 고용에 대해 분석한다. 비록 여태까지 성별과 관광 사이의 관련성에 대한 체계적인, 광범위한 연구가 이루어지지는 않았지만, 여성 관광 노동자를 통합하거나 관광산업의 여성 노동자에 초점을 맞춘 앞뒤가 맞지 않는 많은 경험적 사례연구가 수행되어 왔다(Armstrong, 1978; Samarasuriya, 1982; Rupena-Osolnik, 1983-1984; Lever, 1987; Miller & Branson, 1989; Levy & Kerch, 1991). 미탄(Meethan, 2001; 147-53)은 많은 참고자료가 이것이 떠오르는 연구 분야이며, 선진 그리고 개발도상의 세계 양쪽의 사례와 함께 이 분야에 대한 간단히 소개하는 있음을 밝히고 있다. 또한 선진국과 개발도상국 양쪽의 관광고용에 대한 많은 사례연구는 키네어드와 홀(Kinnaird & Hall, 1994), 그리고 싱클레어(Sinclair, 1997)가 편집한 책에서 볼 수 있다. 그럼에도 불구하고, 성별과 관련된 많은 연구가 방문객을 위한 숙박시설과 개발 중인 세계 그리고 기념품의 개발에 집중하고 있다고 하는 것은 여전히 적절하다. 인도네시아(Indonesia)에서 수행된 윌킨스와 프라티비(Wilkinson & Pratiwi, 1995)의 연구가 그랬던 것처럼, 인도네시아의 발리(Bali)에서의 저자의 연구는 일반적으로 이 언급에 잘 부합한다(Cukier & Wall, 1995; Cukier *et al.*, 1996). 그러나 영국의 매력물 관리자로서 여성을 분석한 필라오모어(Philliomore, 1998)의 연구는 흥미로운 예외이다.

대부분의 연구는 도시보다는 농촌지역의 관광을 소개하는 데 집중한다. 모든 연구는 여성이 관광고용으로 얻을 수 있는 경제적 신분의 잠재적 증진에도 불구하고, 두꺼운 문화장벽, 정부주도의 부족과 여성 노동자 스스로의 조직화 미흡 등은 여성이 정치적 그리고 공동체의 의미에서 지도자의 역할을 열망하는 것을 방해한다고 지적한다. 스코틀랜드(Scotland) 고원지방에서의 암스트롱(Armstrong)의 연구는 여성이 산업의 주요 노동자이고(특히, 아침제공숙박[B & B] 부문에서), 이런 이유로 그들은 스스로의 이익을 보호하기 위하여 지방정치에 관여하게 되었음을 밝히고 있다(Armstrong, 1978; 63). 그들이 이것을 추구하기 위한 유일한 길은 자발적인 단체를 조직하는 것이었다. 이 자발적 조직은 합법적인 정당으로는 인정되지 않았다. 그래서 여성은 '뒷문을 통해'(through the back door) 비공식적으로 정당에 가입할 수 있었다. 주요 조직인 '여성농촌협회'(Women's Rural Institute: WRI)는 노력을 계속했음에도 불구하고 많은 사회적·경제적 요인으로 인해 무력화되었고, 전통적인 남성 지배사회와 남성 중심의 사회체계는 여성농촌협회의 지도자를 합법적인 정치자의 일원으로 인정하지 않았다. 그 결과 여성은 비공식적인 정치를 유지해야 했고, 지방에서는 중요한 존재임에도 불구하고 그들의 마을을 넘어서서는 영향을 미치지 못하였다.

스웨인(Swain, 1989)의 파나마 꾸나(Cuna) 인종에 대한 연구는 토착 관광개발과 관광이 여성과 남성을 위해 만들어내는 역할기회(role opportunity)에 초점을 맞췄다. 스웨인(Swain)은 천을 이어 만드는 몰라(mola) 공예품 생산에서의 노동의 구분과 정치적 역할에 대한 성별화된 접근(gendered access)에 대해 자세히 다루었다. 꾸나 여성은 천으로 이어 만드는 몰라 예술품을 생산하고 시장성이 높은 이미지(marketable image)를 유지한다; 꾸나의 남성은 관광을 포함한 외부 관심에 대한 집단의 상호교류 형태의 정치적 포럼(forum)을 생산하고 유지한다(Swain, 1989: 83).

이런 성별화된 역할(gendered roles)의 엄격한 구분에도 불구하고, 스웨인(Swain)은 성(sexes)의 상호 의존성의 반영으로서 노동의 구분을 설명하였다. 그녀는 이것이 개인적 소득에 대한 개별적인 권리에 의해 강화된 꾸나 사람들 사이의 양자간 유산(bilateral inheritance)으로 논의하였다(Swain, 1989: 92). 꾸나

(Cuna) 여성은 경제적으로나 사회적으로 스스로를 지원하기 위하여 협동조합과 노동집단을 조직해 왔다. 스웨인(Swain)의 낙관적인 설명은 관광에서 지방통제(local control, 현지제어)의 중요성을 강조하고 있고, 토착 관광에서의 현지 고용은 꾸나(Cuna)의 성별역할의 발전에 영향을 미칠 수 있을 것이라고 제안했다. 아마 언젠가는 몰라(mola)를 만드는 일이 여성만의 일이 아닌 꾸나(Cuna) 사람의 일로 간주될 것이다(Swain, 1989: 103).

레비와 케르치(Levy & Kerch, 1991), 그리고 사마라수리야(Samarasuriya, 1982)는 관광산업의 여성과 고용에 대한 가장 면밀한 연구를 제공하였다. 전자는 바베이도스(Barbados)의 여성 노동자를 조사했고, 후자는 스리랑카(Sri Lanka)의 작은 연안 마을의 여성 노동자에 대해 분석했다. 이 두 연구는 성별 사이의 관련성, 관광의 고용 및 사회의 상태에 초점을 맞췄다. 그들은 관광이 인력시장, 잠재적 수입획득, 고용보장, 직무만족, 자원의 접근, 사회적 이동성 및 사회경제적 계급에 진입할 수 있도록 하는 위치의 관점에 비추어 여성이 직면하는 한계와 장벽을 논의하였다. 이 연구는 '개발'(development) 관점을 적용하였다(*누구를 위한 개발인가?*). 그러나 그들은 정밀한 조사에서의 관광개발의 유형에 대한 고려와는 다르다. 바베이도스에서는 대규모 호텔의 고용에 초점을 맞췄고; 반면에 스리랑카에서는 더 소규모의 국지적으로 통제되고[*현지제어*] 있는 (*여관*) 관광이 연구되었다.

사마라수리야(Samarasuriya)는 단지 여성의 고용만을 고려한 반면, 레비와 케르치(Levy & Kerch)는 남성과 여성 양쪽의 고용을 관찰하면서 사마라수리야(Samarasuriya)보다 성별관계에 관한 더 많은 정보를 제공했다. 사마라수리야(Samarasuriya)의 연구의 장점은 관광산업에서 여성이 가진 여러 직업적 관계를 더 깊이 있게 범주화하고 구체적으로 제공하였다는 것이다.

위의 두 사례연구는 서로 다른 개발유형임에도 불구하고, 많은 비슷한 결과가 양쪽 지역의 여성 노동자에게 영향을 미쳤다. 양쪽 사례에서 관광고용에 대한 접근은 남성보다 여성이 더 많은 제약을 받았다. 바베이도스 연구에서, 관리자의 위치에 있는 관광고용에 진입한 어떤 여성도 표본으로 선정되지 않았다. 감독자의 위치에 오를 수 있었던 사람은 객실관리나 안내 등의 전통적인 여성의 영역에 있었다(Levy & Kerch, 1991: 78). 스리랑카의 연구에서, 사회경제적 계층은 여성을 노동시장에 들어갈 수 있게 가장 강제하는 요소였다. 단지 중산층의 여성만이 여관에서 공식적으로 등록 업무를 맡는 반면, 가장 빈민층의 여성은 해수욕장이나 길가에서 행상을 하였다. 이런 계층의 차이에도 불구하고, 대부분의 여성은 그들의 고용 특성과는 관계없이 그들의 노력이 이익이 되지는 않았다.

아이를 돌보는 일이나 가족의 가정 의무를 포함한 여성의 생식적인 역할은 관광의 여성 노동과 필연적으로 결합되어 강조되어 왔다. 바베이도스에서 여성은 가정 의무의 부담을 덜어줄 사회적 조직에 의지했다: 전체 여성의 35%가 표본으로 추출되었고, 여성 가구주의 50%가 아이를 돌보는 문제가 그들의 가장 큰 관심이라고 보고 하였다(Levy & Kerch, 1991: 81). 여성의 고용, 수입과 고용안정은 남성보다 상당히 열등하다는 점이 지적되었고, 관광으로부터 얻는 그들의 보수가 수입과 지출을 맞추는 데 불충분하기 때문에 많은 여성은 빵을 굽는 일이나 바느질과 같은 추가적인 수입전략을 세웠다. 스리랑카 연구에서 여성은 관광고용과 함께 가정 의무와 아이를 돌보는 일의 중요한 책임을 가지고 있었다. 사마라수리야(Samarasuriya)는 이러한 상황이 소매업에 종사하는 여성 상인과 관련이 있다고 설명하였다.

> 사업을 하고 있는 많은 여성은 엄마나 주부로서의 그들의 업무를 방해받지 않기 때문에 적은 이윤이라도 그것을 계속한다. 상점이 집이나 정원의 일부에 있기 때문에 그들은 여전히 아이를 돌보고, 식사를 요리하고, 다른 집안일을 할 수가 있다(Samarasuriya, 1982: 45).

두 연구에서 '여성의 일'(women's work)로 간주되는 고용의 영역이 있다는 것이 명백하다. 바베이도스의 호텔에서, 대부분의 여성은 고용 안정성(노동조합에 가입된 여성 노동자가 부족하기 때문에)과 임금 수준이 낮은 객실청소(housekeeping), 등록과 다른 서비스 직업의 업무에 고용되었다. 스리랑카의 연구에서, 여관이나 식당을 소유하거나 관리하고 있는 여성조차도(극히 일부가 있

다) 여성의 업무는 가치가 낮다고 생각하기 때문에 승진된 상태를 얻지 못했다고 하였다. 요약하자면, 여성의 생식양식(women's mode of reproduction)은 여성의 생산양식(women's mode of production)[15]의 본질을 정의한다.

관광산업에서 여성고용의 불안정한 본질은 스페인 이주 노동자에 대한 레버(Lever, 1987)의 연구에서 비슷하게 나타났다. 긴 노동시간과 적은 임금을 주는 많은 계절적인 비숙련(unskilled) 고용은 고향에 안정적인 고용이 부족하기 때문에 이주해 온 농촌 여성이 맡고 있다. 여성의 업무라고 간주되는 것의 착취는 다른 지역적 맥락에서 다시 나타났다. 스페인 로레트타마(Lloret de mar) 코스타브라바(Costa Brava)의 리조트에서 임금의 관점이 아니라 여성은 매일 밤 청소와 정돈을 하고, 남자가 하기를 거절한 업무를 하기 때문에 여성은 남성보다 '더 싼 것'(cheaper)으로 보였다(Lever, 1987: 453). 여성은 고용 안정성이 낮고, 임금이 싼 더 불안정한 직업에서 우세하며, 그리고 그들의 일은 다시 침실청소와 설거지 같은 가정 의무의 연속이다. 여성은 이 일이 매우 힘들고, 급여가 부족하다고 생각하지만, 이 일을 관광의 직업에 진입하기 위한 하나의 방법으로 보고 있다. 이들 직업에 대한 교육훈련이 필요하지 않고, 이들 노동자(여성)는 쉽게 대체될 수 있기 때문에 관리자는 행복하다(Lever, 1987: 454). 노동조합에 가입한 여성 노동자의 부족도 이 연구에서 언급되고 있다. 레버(Lever)는 남성이 더 안정적인 직업을 좌우하였고, 일생동안 그들의 *마을(pueblo)*을 떠나 더 머무를 것 같기 때문에 여성이 어쩌면 유용한 것으로 생각하는 것 같지만 노동조합을 가입하지는 않는 것 같다고 언급하였다(Lever, 1987: 563). 레버(Lever)는 '중도적 방법'(half-way house)보다 더 나은 표현이 없는 개별 이주자에게 일시적 향상을 가져오는 관광이주에 관한 견해로 결론짓고 있다. 그녀는 이주를 '농촌지역의 장기개발에 따른 문제를 완화시켜줄 방법'으로 보고 있다(Lever, 1957: 470).

마지막으로 인도네시아 발리(Bali, Indonesia)의 여성과 관광에 대한 밀러와 브

역주 15) 인간은 생존에 필요한 모든 재화를 사회발전의 각 단계에 적합한 일정한 양식으로 생산해왔는데, 이 같은 역사적·사회적으로 규정된 재화의 획득방법을 생산양식이라 한다. 생산양식은 생산력과 생산관계의 역사적 결합양식이다.

랜스(Miller & Branson, 1989)의 연구에 대해 언급할 것이다. 역사적이고 문화적인 관점이 여성과 남성, 경제적 그리고 사회적 변화를 이해하기 위한 접근과 시도의 적절한 맥락을 제공하는 데 적용되어 왔다. 그들은 발리에서 여성에게 미치는 문화의 힘(force of culture)을 논의했다. 종교적, 이데올로기적 그리고 정치적 그들은 경제적, 정치적 변화의 현재 과정이 여성의 역할을 변형시키지만 여성을 위한 경제적 자율성이 자동적으로 정치적 또는 종교적 자유를 이끈다는 가정에 대해 경고하고 있다고 주장했다.

> 변화는 시장 내외적으로 여성의 경제적 자율성을 위협하고, 남성이 '집안의 대들보'(breadwinner, 가족부양자)라는 가족의 관점을 맞추기 위하여 가족의 책임을 재정의(redefining)함으로써 여성을 점점 더 가정적으로 되게 한다. 남성이 점점 더 행정이나 상업적 수준에서 교역활동을 하고 있음이 분명해지고 있다. '여성'(female)으로서 상업적 교역활동에 대한 발리(Bali) 사람의 생각은 경제적 주도권과 남성이 개발을 주도해야 하는 필요에 대한 정부의 강조와 같은 선상에서 재정의되고 있다. 국가의 상태와 국가 경제는 정부와 '남성'(male) 같은 서구의 조언자에 의해 고찰되었다(Miller & Branson, 1989: 111).

이 논문은 중요한 종교적이고 정치적인 전통, 그리고 가족에서의 여성의 위치에 따른 정의를 고려하지 않고서 경제적 생산에서의 여성의 역할을 조사하는 것만으로 얻을 수 있는 것은 거의 없다고 설명하고 있다. 여성의 경험에 대한 몰역사적이고 불완전한 분석을 피하기 위하여 이데올로기적이고 제도적인 요소의 상호 영향을 용인하여야 한다는 것을 인식하여야 한다.

관광산업의 본질은 직접고용을 위한 선택을 결정하고 또한 간접고용을 위한 잠재력에 영향을 미치는 다양한 유형의 개발이 일어날 수 있다는 것이다(이에 대하여는 다음 단락에서 논의할 것이다). 지역적 차이, 다양한 관광욕구와 관광유형은 모든 여성의 고용기회에 영향을 미친다. 이러한 관광발현(發現)의 변화에도 불구하고, 비슷한 문화적, 사회적 제약이 지금까지 검토한 모든 연구에서 분명하였다. '여성의 일'(women's work)로 정의되는 것이 무엇인지에 대한 전통적인 견해는 여성이 고용을 추구할 수 있는 길을 제한했다. 가정과 아이를 돌보는 의무는 여성의 책임이었고, 관광관련 업무와 결합되거나 다른 가족 구성원(보통 딸이나 할머니)으로 확장되었고; 그리고 여성 노동자 사이의 조직의 부족은, 노동조합을 통한 정치적 권한의 접근이던 정부 주도권이든 간에, 여성이 관광산업에서 '고위직을 올라가는 것'(getting ahead)을 방해하였다.

관광개발의 유형 Type of Tourist Development

관광개발의 유형은 여성과 남성을 위해 존재하는 고용기회를 거의 결정한다는 점에서 이 주제는 관광고용과 밀접하게 관련되어 있다. 개발의 규모는 성별 관계에 영향을 미친다.

대규모 관광과 소규모 관광은 일반적으로 구분이 가능하다. 대규모 관광은 대량관광과 관련된 거대 복합체로 언급된다. 이러한 장소는 많은 관광객을 숙박시킬 수 있는 수용능력을 가지고 있고, 다양한 레크리에이션 기회를 제공하며, 대체로 자급자족(self-contained)한다. 대규모 개발에 대한 비판은 개발도상국과 선진국 모두에서 나타나고 있다(Turner & Ash, 1975: de Kadt, 1979; Holden, 1984; English, 1986; Single *et al.*, Weaver, 1991). 그들은 대규모 개발의 혜택이 관광을 받아들이는 현지 지역주민에게 하향침투(trickle down)되지 않는다고 주장한다. 사실, 이런 종류의 관광개발은 많은 사람을 받아들이기 이전보다 심지어 더 불리하게 만들 수도 있다. 그러므로 국지적으로 그리고/또는 국가적으로 통제되는 소규모 또는 대안관광 개발은 직접적인 현지 주민의 고용을 포함하고, 그리고 지역주민에게 관광개발의 혜택을 배분하는 것이 많은 사람에 의해 관광개발의 *적절한(appropriate)* 유형으로 간주되고 있다. 소규모 또는 대안관광 개발과 대규모 또는 대량관광 개발의 구분은 많은 조언자와 비평가를 이 구분의 유용성에 대해 논쟁하도록 하였다(Cazes, 1989; Cohen, 1989; Wheeller, 1991). 그러나 성별이 이 논쟁에 부합하는지는 아직 언급되지 않고 있는 문제이다.

이전 단락에서, 성별화된 고용 형태를 다양한 관광 상황에서 분석하였다. 대규모(바베이도스)와 소규모(스리랑카) 관광개발 양쪽에서 여성이 관광고용을 추구할 수 있는 길에 영향을 미치는 제약을 경험한다는 것을 구분할 수 있었다. 이러한 연구는 두 가지 상황(바베이도스와 스리랑카)에서 여성의 경험을 비교하기 위하여 확장되어야 한다. 피상적인 분석은 지방통제를 강조하기 때문에 여성이 소규모의 관광에서 더 많은 기회를 가진다고 제시한다; 그러나 스코틀랜드(Scotland) 농촌의 사례에서 관광산업 노동자의 대부분이 여성인 반면에 이들에게 정치적 권한에 대한 접근은 주어지지 않았다고 설명하고 있다.

지방통제 아래의 관광개발이 반드시 현지 여성에게 혜택을 가져다주는 것은 아니다. 대부분의 사회에서 정치 및 지역사회 지도자는 남성이기 때문에 권한이 현지인 손에 있건 외국인의 손에 있건 간에 많은 여성에 대한 영향은 비슷비슷할 것이다.

관광의 이미지 Images in Tourism

이 단락에서는 관광홍보의 마케팅과 광고에 대해 비평할 것이다(Bolla, 1990). 전통적으로 인류학이 '여성'(women)을 '원주민'(native)으로 묘사한 것이 현대 관광광고에서 유지되고 있다고 주장되고 있다. 실제로, 프리처드와 모건(Pritchard & Morgan; 2000: 115)은 '관광홍보가 특권 계급에 속하는 백인, 남성, 양성적인 시각을 반영하고 있다'고 주장했다. 이런 이미지와 이데올로기는 섹스관광과 관련이 있다. 티파니와 아담스(Tiffany & Adams, 1985)는 전통적으로 인류학에서 여성을 묘사한 것을 비판했고, 소위 '원시적인'(primitive) 여성의 낭만화된 이미지를 없애려고 시도했다.

원시(primitive)에 대한 탐구에서, 인류학자는 서구 남성의 삶과 대조적인 면을 강화하는 데 성공했다. 서구 사람이 아닌 것처럼, 여성은 이런 차별적인 비교에서 낙오자이다. 남성이 아닌 것의 원형인 여성은 남성 사이에 일반화된 정치적 불평등의 초점을 제공한다. 아마존 여전사(Amazons), 처녀와 여가장(女家長, matriarchs)과 같은 다양한 역할이 나타나면서 여성은 문명화된 남성이 가진 상상의 투영으로 표현된다(Tiffany & Adams, 1985: xi).

여성의 대상화(objectification)와 이분화(dichotomisation)는 역사적으로 사회의 이미지와 관련이 있었다. 여성은 어떤 것과 관련지어 일정하게 묘사되었다: 남자, 성성(sexuality), 모성, 가정과 관련되어. 다시 말해서, 여성은 가부장적 구조를 통해 논의되거나 생물학적 결정론으로 설명되는 문제를 일으킨다. 티파니와 아담스(Tiffany & Adams, 1985)는 인류학 학문의 발전과 '원시적인'(primitive) 현지 여성과 대비하여 '문명화된'(civilised) 남성 인류학자의 본질에 대해 논의했고, 초기 서구 사상에서 우세하였던 어머니, 처녀와 매춘부로서 여성 이미지의 역사적 뿌리가 오늘날 여성의 지배적인 문화적 표출로 계속된다는 것을 입증했다.

제1세계(First World) 여성 관광객의 이미지와 관광을 초대하는 제3세계(Third World) 여성의 이미지는 자주 비교되고 대조되기 때문에 관광에서 여성의 이미지를 논의할 때 이러한 맥락의 인식이 특히 중요하다. 관광 안내책자에서 일반적 주제는 적극적이고, 성적으로 도발적인 백인 여성 관광객과 대비하여 수동적이고, 유혹적이고, 순진한 여성이다. 양쪽 예에서 여성은 성적으로 정의된 존재이지만, 서로 다른 수준에 있다. 첫 번째 사례에서는 여성의 대상화와 원주민 주인 여성은 남성 관광객이 통제하고 지배할 수 있는 순종하는 존재로서 그리고 무언가를 기대하는 것으로 묘사되었다. 두 번째 사례의 섹시하고, 독립적인 백인 여성 관광객은 수동적이라기보다 활동적이고, 좀 더 동등한 입장에서 남성 관광객과 어쩌면 성적접촉(sexual liaison)을 기대한다. 서구 여성과 동구 여성 사이의 구분은 또한 '인습에 구애되지 않는'(emanicipated) 여성과 그렇지 않은 여성 사이의 이데올로기적 구분을 만든다. 이 주제는 개발도상국에서 매춘의 성장에 관한 다음 단락에서 더 탐구할 것이다.

광고산업의 이데올로기적 구성이 관광산업에 주입되었다. 광고는 환상, 의미와 정체성을 구성하고 창조할 수 있는 많은 문화적 요소의 수용을 제공하는 담론의 한 형태이다. 광고하지 않는다면, 관광상품은 집을 떠나있는 여행자에게 제공하는 식음료, 숙박 및 보호시설과 같은 가정과 관련된 서비스 이상의 것을 거의 의미하지 않는다(Truong, 1990: 124). 더 성적 관계가 문란한 여성 관광객뿐만 아니라 백인이 아닌 원주민 여성과의 성적접촉을 할 가능성은 흑인 여성을 신비스럽고, 매혹적이게, 반면에 백인 여성은 건강하고 쾌활하며, 비키니를 입은 여성으로 묘사된다. 이런 표현은 백인 여성에게는 (집에서의 잠재적 제약으로부터 벗어나서) 그들의 성적인 욕망을 표출할 자유가 있는 반면 백인 남성에게는 흑인 여성이 성적인 즐거움을 제공한다는 것을 내포하고 있다.

브리튼(Britton, 1979: 326)은 이것을 극적인 '이미지의 재편성'(reorientation of image)이라고 부른다. 그는 광고에서 여성의 묘사에 대하여 특별하게 논의하지는 않았지만, 제3세계 관광목적지 광고에 대해 많은 조언을 제공했다. 그는 결코 어느 곳에도 존재하지 않는 천국 같은 이상향의 상상을 비판했고, 관광목적지와 그 곳 사람에 대한 더 다양하고 현실적인 묘사를 요구했다. 그러나 그는 성별화된 표현(gendered representations)을 분석의 중심적 특성으로 논의하지는 않았고, 그래서 그의 인간적인 형태의 광고에 대한 사례연구는 한계가 되고 있다.

매춘과 관광 Prostitution and Tourism

> 그들은 어려운 때 실패한 운명을 가진 가난한 소녀이다:
> 그들은 미색을 팔고 청춘을 버렸다.
> 나이가 들면 그들은 외롭고 쓸쓸하다 -
> 결혼도 안하고, 자식도 없이, 도움을 바랄 곳은 어디인가?
> 살아서, 그들은 쓰디쓴 앙금의 잔을 비웠다.
> 그리고 죽어서, 그들은 반얀(banyan) 나뭇잎의 쌀죽을 먹는다.
> 여자의 운명이 어찌 이리도 슬픈가.
> 왜 그들이 고통 속에 태어났는지 누가 설명할 것인가?
>
> (Nguyen Du, Truong에서 인용, 1990: 131)

매춘은 여성의 역할에 관한 관광문헌에서 관심을 끌고 있는 하나의 주제이고, 이들 문헌은 확산을 계속하고 있다(Oppermann, 1998; Schwartz, 1997; Jeffreys, 1999; Clift & Carter, 2000; Ryan & Hall,2001). 그러나 이것은 보통 합법의 경계에서 운영되기 때문에, 매춘 제공자이든 고객이든 정보를 공개하지 않는 것 같고, 많은 연구가 빈약한 자료에 기반하고 있으며, 판에 박힌 방식을 쓰고 있다. 이러한 상황의 결과는 이 산업에 포함된 여성이 그들의 시각을 표현할 기회를 충분히 갖지 못한다. 왜 개개인의 여성이 매춘에 발을 들이게 되는지의 다양한 이유에 대한 인식이 없이 여성의 억압에 관하여 일반화하는 것은 불충분하다. 제3세계 여성의 강제적이고, 폭력적인 성의 착취에 대한 많은 사례가 있지만, 만약 제3세계 여성에 관한 상투적인 가정과 묘사를 벗어나려고 한다면 그들이 말하려고 하는 것을 그들의 목소리로 들어야 한다.

비록 매춘에 종사하는 개개인의 남성과 여성에게 매춘의 의미를 이해하는 것은 중요한 일이지만, 매춘에 포함된 다양한 형태를 구분하기 위하여 매춘과 성 관련 오락산업 사이의 조직적 연계를 인식해야 할 것이다. 오퍼만(Oppermann, 1999)은 매춘과 섹스관광 사이의 중첩을 분석하였고, 제공자와 고객 사이의 관련성의 변화를 설명한 수많은 연속체를 구성하는 섹스관광의 체계를 제안했다. 매춘과 관광이 합쳐진 극단적 형태의 조직화된 섹스 패키지관광이 있다. 이러한 관광은 투어운영자, 항공사, 호텔과 오락업소를 포함하고 있으며, 관광산업 요소 사이의 높은 수준의 공동 작업을 요구한다(Truong, 1990: 127). 태국(Thailamd), 필리핀(Philippines)과 남한의 섹스관광은, 특히 일본과 독일의 대형 여행사를 통해 자주 광고되고 있다(English, 1986: 51). 한 독일 여행사는 이렇게 광고했다.

> 태국은 극단으로 꽉 찬 세상이며, 그 가능성은 끝이 없습니다. 이 이국적인 나라에는 무엇이든 있습니다. 특히 여자의 면에서는… 로지(Rosie) 여행사가 그 대답을 제안합니다. 역사상 처음으로, 당신은 이 가격에 포함된 이국적인 즐거움의 태국으로 가는 여행을 예약할 수 있습니다(English, 1986: 51).

관광산업과 덜 공공연하게 연계된 다른 형태의 매춘이 있다. '서비스'(services)는 바(bars), 나이트클럽(nightclubs)과 마사지실(massage parlours)과 같은 다양한 위치에서 국지적으로 구매되었고, 그리고 교통과 숙박의 수단으로 개별적 구입에 의해 또는 패키지 관광의 개별적 구입에 의해 일어났다(Truong, 1990: 127). 이런 상황에서, 관광목적지에서 얻을 수 있는 성적 서비스의 가격, 위치, 그리고 형태를 제공하는 것을 제외하고는 매춘과 관광의 공식적인 연계는 없다.

이처럼 실제로 일어나고 있는 성(sex)을 파는 것에 대한 도덕과 잠재적 수입 사이에 긴장(tension)이 있다. 상용 노동자와 일시 노동자가 동시에 존재하는 것은 이러한 결과의 하나이다(Truong, 1990: 127). 매춘의 경제적 잠재력은 정부로 하여금 눈을 감게 하거나, 그 활동을 규제하기 위하여 노력하게 한다. 동시에 매춘을 둘러싼 도덕적 문제는 공공 허용의 수준에 대한 제한을 강요한다. 특히 개발도상국에는, 이런 관행에 대한 많은 기득권이 존재하고 있다: 외국인과 내국인 양쪽의 많은 사람과 조직은 파이(pie)의 한 조각을 원한다. 노동계의 힘, 특히 여성 노동조합이 잘 조직되어 있지 않기 때문에 매춘에 대한 철저한 규제는 거의 불가능하다.

개발도상국에서의 여성 매춘은 노동의 새로운 국제적 분야와 성적 분야의 노동으로 취급하는 것 사이의 계속적인 상호작용을 의미한다(Mies, 1986). 오락산업에서 여성 노동의 동원은 정부정책과 사업실무에서 없어서는 안 되는 것이 되었다. 간단히 말해서, 여성의 성성(female sexuality)은 경제적 자산이 되었다. 필리핀 정부는 외화획득을 가져오는 노력으로써 매춘을 규제하는 데 있어서 정부 관여의 한 가지 사례를 제공했다. 1970년대 동안, 필리핀 정부는 소위 '환대'산업(hospitality industry)이라고 불리는 것이 무엇인지에 대해 법률을 제정하였고, 바와 마사지실에서 일하는 '환대소녀'(hospitality girls)에게 허가, 교육 및 정기적인 건강진단을 시작하였다. 정부의 특별부서인 여성청소년부(Bureau of Women and Minors)가 이에 대한 책임을 맡았다(Holden *et al.*, 1986: 61-2). 이 부서는 허가를 받기 위한 필수조건으로 교육과정을 만들었다. 대부분의 여성은 시골의 빈농이나 도시 슬럼지역의 극빈층 가정에서 왔다. '고용회사'(employment agencies)는 도시의 직업을 약속하고, 그들의 부모에게 선금을 지불하여 이 지역에서 여성을 모집했고, 그리고 나서 어린 여성에게 매춘을 강요하였다(Holden *et al.*, 1986: 63-4). '소녀'(girls)의 수는 1976년 10,000명에서 1986년 약 300,000명으로 급격히 증가했으며, 이들 중 약 20,000명이 9살에서 12살 사이의 아동매춘(소년과 소녀)로 추정되었다(Holden *et al.*, 1986: 62). 여성청소년부 관리자는 이런 여성을 매춘자로 인정하는 것을 거절하고, 그들을 '노동자'(workers)로 언급하는 것을 선호하였다.

여성의 성성을 착취하는 불분명한 조직과 결합한 정부 관여는 국가주의 및 개발에 대한 이데올로기와 연결되어 전통적인 여성의 역할에 대해 이데올로기적 묘사를 만들어 냈다. 비록 '국가와 가족을 위한 자기희생이라는 찬양이 매춘의 행위를 정당화시키지만… 매춘을 법으로 처벌하는 것은 노동 조직을 불가능하게 만들기' 때문에, 이것은 매춘 여성(혹은 남성)에 대한 모순을 나타낸다(Truong, 1990: 128).

지금까지 매춘은 제1세계 남성에게 서비스하는 제3세계의 여성의 형태로 논의되어 왔다. 이 형태는 관광목적지와 국가에서 가장 분명한 증거였지만, 제1세계 여성에게 서비스하는 제3세계 남성의 매춘 형태에 대하여도 탐구되어야 할 것이다. 데일스와 브라스(Dahles & Bras, 1999)는 이러한 관점을 인도네시아에서의 연구에 적용하여 대부분 서구 여성에게 광범위하게 다양한 서비스를 제공하는 '야생 안내인'(wild guides)을 면접하였다. 그들의 연구는 적용한 관점뿐만 아니라 그들의 연구를 특히 기업이라는 더 광범위한 개념과 연결하였기 때문에 중요하다. 프루이트와 라퐁(Pruiit & LaFont, 1995)은 자메이카(Jamaica)에서, 헤롤드 등(Herold *et al.*, 2001)은 도미니카 공화국(Domican Republic)에서 다소 유사한 연구를 수행하였다. 비록 후자는 관광객과 비치보이(beach boy) 모두를 면접했지만, 현재까지 제1세계 여성의 관점에서 이 현상을 탐구한 이 주제에 대한 연구는 찾을 수가 없었다. 여성 관광객이 혼자서, 짝을 이루어 또는 그룹으로 여행하는 현상이 증가하고 있기 때문에 이것은 당면한 연구 영역이다. 제3세계 관광목적지에서 남성 성적 서비스에 대한 수요가 있는가? 만약 그렇다면, 어디에서 어느 정도인가? 어떻게 이 관련성이 남성 관광객을 만족시키기 위한 더 '전통적인'(traditional) 조직 구조에 부합하는가? 제3세계 여성의 서비스, 친구 그리고 심지어 오랫동안 교제를 추구하는 남성 관광객의 동기에 대해 설명하는 많은 문헌은 서구의 여성이 너무 '페미니스트'(feminist)이거나 '인습에 구애되지 않고', 그리고 남성은 자신의 비위를 맞춰주고 어떤 특별한 요구도 하지 않는 여성을 원하기 때문이라고 설명했다. 인습에 구애되지 않는 여성과 그렇지 않은 여성 사이의 이데올로기적 구분은, 그리고 관광광고의 상상이 어떻게 구분을 제공하는지에 대하여는 앞의 단락에서 언급하였다. 인습에 구애되지 않는 여성이 원하는 것은 무엇인가? 그들 또한 집에서 만족하지 못한 욕구를 충족시키기 위하여 성적 서비스를 찾는가? 그녀는 남성 성별(male gender)을 지배하고 통제하기를 원하는가, 아니면 단지 그녀가 높은 지위를 가졌다는 것을 보여주는 맥락에서 그렇게 하는가?

보먼(Bowman, 1989)은 예루살렘(Jerusalem)에서 팔레스타인(Palestinian) 상인과 여성 관광객 사이의 성적 관련성(sexual relationships)을 조사했으나, 그는 단지 남성 상인의 입장에서만 논의했다. 그는 여성 관광객과의 성적 관계가 동료 상인 사이에서 지위를 얻기 위한 방법이라고 보고했다. 그들의 경제적으로 실패는 그들의 (상상 또는 현실) 외국여성에 대한 남성다움의 지배로 보상되었다. 보먼(Bowman, 1989: 84-5)은 상인과 관계하는 여성 관광객의 동기를 분석하는 것이 어려웠음을 인정하였고, 이에 따라, '남성 비밀의 영역'(domain of male tales)에 대한 그의 설명은 한계가 되고 있다.

이 논문은 남성과 여성의 관점에서 상황을 이해하는 것이 필요하다는 것을 입증하였다. 보먼(Bowman)의 설명이 합법적이고 잘 표현되었지만, 이 상황의 중심이 되는 여성 관광객의 목소리는 없었다. 개발도상국의 여성 매춘과 관련하여 이전에 비슷한 상황을 언급하였다. 특히, 교회조직 사이에서 관심이 증가하는 원인인 관광에서의 아동 성 착취(sexual exploitation)의 사례는 유럽공동체 위원회(European Commission)에 의해 공동으로 기금을 보조하는 한 국제 캠페인의 주제가 되었다. 또한 관광을 통한 에이즈(AIDS, 후천성면역결핍증)의 확산은 일부 연구의 주제가 되었다(Cohen, 1988; Arvidson *et al.*, 1996). 이러한 덜 극단적 상황에 대해 조사하는 것 또한 가치가 있다. 예를 들어, 스트립쇼(striptease)의 조사에서 라이언과 마틴(Ryan & Martin, 2001)은 단순히 지배적인 남성과 하위의 여성 또는 지배적인 여성과 수동적인 남성의 설명은 복잡한 상황의 해석에 불충분하다는 것을 밝혔다.

매춘에 대한 연구는 타당하고 계속되어야 하지만, 또한 덜 착취적인 그리고 보통 계속적으로 억압받고 있는 존재로 간주되지 않는, 특히 제3세계 여성의 관련성을 연구할 필요가 있다.

관광과 가족 Tourism and the Family

이전 단락에서 관광과 가족의 몇 가지 측면이 언급되었고, 분리되어 있는 주제와 상황을 보는 데 있어서의 위험에 대해 주목하였다. 관광고용의 사례에서, 가족의 상황과 가정의 상태는 시장에 나가기 위해 종종 생식과 생산 의무를 결합하여야 하는 여성의 고용기회를 대부분 결정한다. 스리랑카에서는 집 밖에서 일하는 것과 아이를 데리고 일하는 것을 수반하였고, 바베이도스에서는 가족 네트워크가 아이를 돌보는 책임을 돕기 위해 구성되었다.

관광이 관광수용 현지 사회에서 가족의 문화적 상황에 영향을 미친다는 것은 입증된 것이다. 현지 청소년과 여행을 하는 청소년 사이의 접촉은 주목할 만한 가치가 있는 많은 문제 중의 하나이다. 어떤 종류의 관계가 발전되고 있는가? 문화적 신념과 가치의 진정한 교환이 가능한가? 현지 청소년의 일부가 정통적인 삶의 방식을 버리고 소비주의와 서구적인 태도를 추구하려 하는가? 관광은 지역사회의 도덕과 성적품행(sexual conduct)에 극적인 영향을 가져오는가? 노동윤리의 변화는 무엇인가? 이것은 특별한 상황에도 적용되는지 알아보기 위해 체계적인 조사를 요구하는 매우 광범위한 문제이다. 많은 문헌의 결점은 관광유형과 단계에 대한 명확한 구체적 설명이 없이, 그리고 지역적 특수성과 문화의 역동성의 중요성을 간과하면서 관광과 그 효과에 관련된 것만을 일반화하여 왔다는 것이다. 코우시스(Kousis, 1989)는 크레타(Creta) 섬 농촌 지역사회의 관광과 가족에 대한 연구에서, 관광이 가족 변화의 원인일 수 있지만 이것을 유발하는 것은 경제적 요인이지 이데올로기적 요인은 아니라고 결론지었다. 그녀의 연구는 가족통제의 영향, 결혼 준비의 중요성과 혼수 시스템이 그들이 관광 이전에 즐겼던 중요성을 잃게 하지는 않는다는 것을 밝혔다(Kousis, 1959: 318). 변화한 것은 고용형태, 가족의 규모와 정착 그리고 부의 소유형태이다. 여성은 대부분 자영업을 하는 여성과 근로자로 일을 하는 여성 양쪽으로 구성된다는 것이 다시 언급되었다. 이 논문은 크레타 사회에서 단독 여성 관광객의 출현이 어떻게 성적, 도덕적 규범에 영향을 미치는지에 대해 접근하고 있다. 현지 남성과 여성 관광객의 관계는 예민하고 논쟁의 여지가 있는 문제를 포함한다. 현지 남자의 일부는 종종 카마키아(kamakia) 또는 작살(harpoons)이라고 불리고(남자는 작살, 여자는 물고기라는 것을 은유적으로 의미하는 것), 체계적으로 외국여성과 데이트했다. 전체 관광단계에서, 정기적으로 여성 관광객과 데이트를 하는 16살에서 30살 사이의 독신 남성 집단이 10개 정도 있었다(Kousis, 1989: 329). 비록 관광의 도입으로 성적, 도덕적 규범이 변하였지만, 그 효과는 크레타 남성에게만 제한되었다. 현지 남성과 외국 여성 사이의 느슨해진 관계에도 불구하고 엄격한 현지 여성의 성적 품행은 변하지 않고 있다. 그러므로 남성과 여성의 성적 규범의 격차는 더 벌어지고 있다.

코우시스(Kousis)의 논문은 관광개발이 이루어지기 이전 또는 관광정책이 실행되기 이전에는 거의 고려되지 않았던 문제를 부각시켰다. 변화의 요인 사이의 상호작용에 대한 체계적인 조사, 현지의 사회문화적 맥락 및 가족관계는 다소 결여되어 있다. 성별은 이러한 모든 관심의 중심이다.

다른 간과되고 있는 연구영역은 가족이 휴가를 보내는 동안의 성별과 가족관계에 대한 것이다. 여성은 종종 다른 가족, 특히 남편이나 아이의 여가를 돌보는 사람이다. 관광객 역할이 되는 것이 여성의 '파편화된'(fragmented) 여가시간을 수정하여 줄 것인가? 여성은 여전히 가족의 여가만족을 책임지는 것을 우선하고 자신의 것은 다음으로 하는가? 여성은 시작에서 끝까지 가족의 휴가를 - 관광목적지, 숙박시설, 여가활동 - 편성하는가? 수많은 질문이 이 영역에서 탐구되었을 것이고, 많은 질문에 대해 산업에서 관심을 가질 것이다. 여성 여가경험의 본질을 탐구한 페미니스트 여가연구에서 수행된 작업은 이러한 연구의 유용한 시발점을 제공할 것이다.

가족의 구성이 점점 다양해지고 있는 것만큼 관광 제공자는 틈새시장에 영합하려고 시도하고 있는 것은 일반적 지식이다. 그러므로 특수한 시장을 위한 관광과 레크리에이션 제공에 대한 관심이 증가하고 있다: 젊은 독신자, 신혼부

부(Dubinsky, 1999), 비지니스 여성 및 동성애자(게이와 레즈비언) 시장(Pritchad *et al.*, 2000) 등이 사례이다(Holcomb & Luongo, 1996; Hughes, 1997; Jhonston, 2001).

논 의 Discussion

성별과 관광 사이의 관계를 나타내는 여섯 개의 주제를 논의하였다. 분명한 이론적인 틀은 제공되지 않았고, 이 관계의 모든 측면이 다루어지지는 않았다. 선택된 주제는 관광개발에서 나타나는 성별화 과정(gendered processes)을 이해하기 위한 중요성 때문이지만, 많은 사례에서, 이것은 이미 관광연구의 주요 초점으로 설명되고 있다. 여성의 관점을 포함으로써 인간의 행동에 대한 이해가 더 확장되고 향상될 수 있다. 여성이 관광을 경험하기 때문에 담론의 주제가 될 필요가 있으며, 그들에 관한 생각의 정보에 포함되어야 한다: 관광객으로서, 관광 종사원으로서 그리고 관광의 주인으로서. 여성은 무엇이 그들의 삶에서 타당하고, 진실하고, 의미 있는 것인지를 정의하고 결정하기 위한 권리를 가지고, 사유의 중심에 위치할 필요가 있다(Henderson *et al.*, 1989). 이론적이고 경험적 수준에서 관광의 실무와 연구는 남성중심적 지향(androcentric orientation)을 넘어서서 여성의 관점과 결합되어야 할 것이다.

나가야 할 방향은? Which Way To Go?

관광연구에서 성별관점(gender perspective, 성 인지적 관점)을 결합시키기 위한 필요성과 여성과 관광의 체계적 연구가 수행되어야 할 필요성을 지적하였다. 어디에서 시작을 하여야 하고, 어떻게 하게 할 지에 대하여 언급하였다. 많은 부분이 일반적인 페미니스트 연구 문헌에서 뿐만 아니라 여가와 개발연구의 성별 영역에서 이루어진 이전 연구로부터 도출될 수 있다. 노동과 계층화(stratification)라는 사회적 구분의 각도로 여가를 보고 있는 페미니스트 여가연구는 생산과 생식의 역사적 특수성의 관점에서 여가의 분석을 위한 기준을 제공한다(Truong, 1990: 97). 여가에 대한 이런 관점은 관광객 행동연구의 응용과 성별에 대한 의미를 조사하는 실무로 확장될 수 있다. '사회적 시간'(social time)은 페미니스트 여가연구에서 유래한 다른 개념적 증분(addition)이다. 새로운 여가(혹은 관광)의 형태는 나머지에게 손해를 끼치면서 사회의 한 부분을 위해 더 여가를 촉진할지도 모른다. 쯔엉(Truong, 1990)은 이 문제를 설명하는 네 가지의 특별한 질문을 제시한다. 여가와 '자유시간'에 접근하는 사람은 누구인가? 비생산적이라고 여겨지는 '자유시간'은 얼마만큼 확장할 수 있는가? '자유시간'은 해방효과(liberating effect)를 가지는가? 이 장의 맥락에서, 관광은 '자유시간'으로 대신할 수 있다. 이런 문제에 대한 성별관점은 관광의 본질과 관련하여 집중 조명될 수 있었다.

개발 문헌에서 성별은 노동의 국제적 성별 구분, 그리고 변화하는 경제적, 정치적, 사회적 및 기술적 시점에서 여성의 경험을 설명하기 위한 분석적 구성을 제공한다. 관광은 노동의 국제적 구분으로 가는 여가의 입구를 구성하고, 담론, 문화, 경제와 기술 사이, 그리고 선진국과 개발도상국 사이의 상호작용을 만들어 낸다. 이것은 개발도상국의 여성이 관광산업의 생산구조와 단지 특별한 방식으로 통합되어 있다는 것을 보여주는 것이다. 관광연구는 생식과 생산 사이의 관계 안에서 이루어져야 하고, 계급, 성별, 인종과 연령을 기초로 하여 사회적 차이를 설명하는 역사적으로 특별한 관점에서 분석되어야 한다고 할 수 있다(Truong, 1990: 97).

관광연구에 대한 이론적 그리고 경험적 기여는 또한 성별과 관광연구에 기여를 하여 온 많은 학문으로부터 왔다. 비록 성별이 많은 분석에서 중심 구성이 되지는 못하였지만, 모델과 이론적 틀은 여성의 관점을 포함하기 위하여 수정되고 확장될 수 있다. 또한 이것은 성별에 대한 관심의 부족을 평가하는데 있어서 하나의 토대를 제공한다. 페미니스트 틀에서 관광을 이해하는 것은 진부한 이미지와 설명을 뛰어 넘는 것이며, 그리고 여성에 대한 관광의 상징적 의미와 관광을 둘러싼 사회적 문제를 이해하게 할 것이다. 만약 관광이 극적으로 사회적, 문화적, 경제적, 지리적 그리고 정치적 변화를 촉진할 수 있는 능력을 가지고 있다면, 관광목적지 지역사회에서 지역주민 사이의 성별관계, 관광객 사이의 성별관계, 그리고 이 둘 사이의 관계가 연구되어야 할 것이다. 만약 성별관계가 이러한 연구가 통합되지 않다면, 이는 불완전한 것이 될 것이다.

비 고 Note

1. 처음 논문은 'Gender and tourism' in Volume 6 of *Progress in Tourism, Recreation and Hospitality Management* (1994), pp. 57-78.

| 참고문헌 | References

Aitchison, C.(1999) New cultural geographies: The spatiality of leisure, gender and sexuality. *Leisure Studies* 18(1), 19-40.

Armstrong, K.(1978) Rural Scottish women politics without power. *Ethnos* 43(1-2), 51-72.

Arvidson, M., Hellberg, D. and Mardh(1996) Sexual risk behavior and history of sexually transmitted diseases in relation to casual travel sex during different types of Journeys. *Acta Obstetricia et Gynecologica Scandinavia* 75, 490-94.

Bandarage, A.(1984) Women in development: Liberalism, Marxism and Marxist-feminism. *Development and Change* 15(3), 495-515.

Beezer, A.(1993) Women and 'Adventure Travel' tourism. *New Formations* 21, 119-130.

Bella, L.(1989 Women and leisure: Beyond androcentrism. In E.L. Jackson and T.L Burton(eds) *Understanding Leisure and Recreation: Mapping the Past and Charting the Future.* State College, Pennsylvania: Venture Publishing.

Birkett, D.(1990) *Spinsters Abroad: Victorian Women Explorers.* Oxford: Basil Blackwell.

Blunt, A. and Rose, G.(eds)(1994) *Writing Women and Space: Colonial and Postcolonial Geographies.* London: Guildford Press.

Bolla, P.A.(1990) Media images of women and leisure: An analysis of magazine advertisements. *Leisure Studies* 9(3), 241-52.

Boserup, E.(1970) *Women's Role in Economic Development.* St Martin's Press: New York.

Bowman, G.(1989) Fucking tourists: Sexual relations and tourism in Jerusalem's Old City. *Critique of Anthropology* 9(2), 77-93.

Britton, R.A.(1979) The image of the Third World in tourism marking. *Annals of Tourism Research* 6(3), 318–29.

Carr, N.(1999) A study of gender differences: Young tourist behaviour in a UK coastal resort. *Tourism Management* 20(2), 223–28.

Cazes, G.H.(1989) Alternative tourism: Reflections on an ambiguous concept. In T.V. Singh, H.L. Thuens and F. Go(eds) *Towards Appropriate Tourism: The Case of Developing Countries*(pp. 117–26). Frankfurt–am–Main: P. Lang.

Clift, S. and Carter, S.(2000) *Tourism and Sex: Culture, Commerce and Coercion.* London: Pinter.

Cohen, E.(1972) Towards a sociology of international tourism. *Social Research* 39, 64–182.

Cohen, E.(1988) Tourism and AIDS in Thailand. *Annals of Tourism Research* 15(4), 467–86.

Cohen, E.(1989) Alternative tourism – a critique. In T.V. Singh, H.L. Thuens and F. Go(eds) *Towards Appropriate Tourism: The Case of Developing Countries*(pp. 127–42). P. Lang. Frankfurt–am–Main.

Cukier, J. and Wall, G.(1995) Tourism employment in Bali: A gender analysis. *Tourism Economics* 1(4), 389–401.

Cukier, J., Norris, J. and Wall G.(1996) The involvement of women in the tourism industry of Bali, Indonesia. *Journal of Development Studies* 33(2), 248–70.

Dahles, H. and Bras, K.(1999) Entrepreneurs in romance: Tourism in Indonesia. *Annals of Tourism Research* 26(2), 267–93.

De Beauvoir, S.(1971) *The Second Sex.* Edited and translated by H.M. Parshley. New York: Alfred A. Knopf.

De Kadt, E.(1979) Tourism: *Passport to Development?* New York: Oxford University Press.

Deem, R.(1996) Women, the city and holidays. *Leisure Studies* 15(2), 105–19.

Dubinsky, K.(1999) *The Second Greatest Disappointment: Honeymooners, Heterosexuality and the Tourist Industry in Niagara Fails.* New Brunswick, NJ: Rutgers University Press.

Elsrud, T.(1998) Time creation in traveling: The taking and marking of time among women backpackers. *Time and Society* 7(2), 309–34.

English, P.E.(1986) *The Great Escape?* An Examination of North–South Tourism. Ottawa: North–South Institute.

Fox, K.(1992) Choreographing differences in the dance of leisure: The potential of feminist thought. *Journal of Leisure Research* 24(4), 333–47.

Graburn, N.H.H. and Jafari, J.(eds)(1991) Tourism social science. *Annals of Tourism Research* 18(1) 1–169.

Guelke, J.K. and Morin, K.M.(2001) Gender, nature, empire: Women naturalists in nineteenth century British travel literatures. *Transactions of the Institute of British Geographers* 26(3), 306–26.

Henderson, K.(1994a) Broadening an understanding of women, gender and leisure. *Journal of Leisure Research* 26(1), 1–7.

Henderson, K.(1994b) Perspectives on analysing women, gender and leisure. *Journal of Leisure Research* 26(2), 119–37.

Henderson, K.A., Bialeschki, M.D., Shaw, S.M. and Freysinger, V.J.(1989) *A Leisure of one's Own: A Feminist Perspective on Women's Leisure.* Pennsylvania: State College, Venture Publishing.

Herold, E., Garcia, R. and Demoya, T.(2001) Female tourists and beach boys: Romance or sex tourism. *Annals of Tourism Research* 28(4), 978–97.

Hess, B. and Ferree, M.M.(1987) Analyzing Gender: *A Handbook of Social Science Research.* London: Sage.

Heyzer, N.(1986) *Working Women in South-East Asia: Development, Subordination and Emancipation.* Milton Keynes: Open University Press.

Holcomb, B. and Luongo, M.(1996) Gay tourism in the United States. *Annals of Tourism Research* 23(3), 711–12.

Holden, P.(ed.)(1981) *Alternative Tourism. Report of the Workshop on Alternative Tourism with a Focus on Asia.* Chiang Mai, Thailand: Ecumenical Coalition on Third World Tourism.

Holden, P., Pfafflin, G.F. and Horlemam, J.(1986) *Third World People and Tourism.* Bangkok: Ecumenical Coalition on Third World Tourism and the Third World Tourism Ecumenical European Network.

Hughes, H.(1997) Holidays and homosexual identity. *Tourism Management* 18(1), 3–7.

Jackson, E.L. and Burton, T.L.(eds)(1989) *Understanding Leisure and Recreation. Mapping the Past and Charting the Future.* Pennsylvania: State College, Venture Publishing.

Johnston, L.(2001)(Other) bodies and tourism studies. *Annals of Tourism Research* 28 (1), 180–201.

Jeffrey, J.R.(1988) There is some splendid scenery: Women's responses to the Great Plains landscape. *Great Plains Quarterly* 8, 69–78.

Jeffreys, S.(1999) Gobalizing sexual exploitation: Sex tourism and the traffic in women. *Leisure Studies* 18(3), 179–96.

Kay, J.(1991) Landscapes of women and men; rethinking the regional geography of the United States and Canada. *Journal of Historical Geography* 17(4), 435–52.

Kinnaird, V. and Hall, D.(1994) Tourism: A Gender Analysis. Chichester: Wiley.

Kinnaird, V. and Hall, D.(1996) Understanding tourism process: A gender aware framework. *Tourism Management* 17(2), 95–102.

Kousis, M.(1989) Tourism and the family in a rural Cretan community. *Annals of Tourism Research* 16(3), 318–32.

Kroller, E.–M.(1987) *Canadian Travellers to Europe 1851–1900.* Vancouver: University Of British Columbia Press.

Leacock, E. and Safa, H.I.(1986) *Women's Work: Development and the Division of Lanbour by Gender.* South Hadley, MA: Bergin and Garvey.

Lever, A.(1987) Spanish tourism migrants: The case of Lioret de Mar. *Annals of Tourism Research* 14(4), 449–70.

Levy, D.E. and Lerch, P.B.(1991) Tourism as a factor in development: Implications for gender and work in Barbados. *Gender and Society* 5(1), 67–85.

Lewis, C. and Pile, S.(1996) Women, body, space: Rio Carnival and the polities of performance. *Gender, Place and Culture* 3(1), 23–41.

McDowell, L.(2001) Father and Ford revisited: Gender, class and employment change in the new millennium. *Transactions of the Institute of British Geographers* 26(4), 448–65.

Meethan, K.(2001) *Tourism in Global Society: Place, Culture, Consumption.* Basingstoke: Palgrave.

Mellor, M.(1992) *Breaking the Boundaries: Towards a Feminist Green Socialism.* London: Virago Press.

Middleton, D.(1965) *Victorian Lady Travellers.* London: Routledge and Kegan Paul.

Mies, M.(1986) *Patriarchy and Accumulation on a World Scale.* London: Zed Book.

Miller, D.B. and Branson, J.(1989) Pollution in Paradise. Hinduism and the subordination of women in Bali. In P. Alexander(ed.) *Creating Indonesian Cultures*(pp. 91–112). Sydney: Oceania Publications.

Mills, S.(1991) *Discourses of Difference: An Analysis of Women's Travel Writing and Colonialism*, London: Routledge.

Mohanty, C.T., Russo, A. and Torres. L.(1991) *Third World Women and the Politics of Feminism.* Indianapolis: Indiana University Press.

Morgan, S.(1996) Place Matters: *Gendered Geography in Women's Travel Books About Southeast Asia.* New Brunswick, NJ: Rutgers University Press.

Morin, K.M.(1999) Peak practices: Englishwomen's 'heroic' adventures in the nineteenth–century American West. *Annals of the Association of American Geographers* 89(3), 489–514.

Oppermann, M.(1998) Sex *Tourism and Prostitution: Aspects of Leisure, Recreation and Work.* Elmsford, NY: Cognizant Communication.

Oppermann, M.(1999) Sex tourism. *Annals of Tourism Research* 26(2), 251–66.

Phillimore, J.(1998) Gender, employment and training in rural tourist attractions: The case of Herefordshire, England. *Tourism Recreation Research* 23(2), 53–60.

Pritchard. A. and Morgan, N.J.(2000) Constructing tourism landscape – gender, sexuality and space. *Tourism Geographies* 2(2), 115–39.

Pritchard, A., Morgan, N.J., Sedgeley, D., Khan, E. and Jenkins, A.(2000) Sexuality and holiday choices: Conversation with gay and lesbian tourists. *Leisure Studies* 19(4), 267–82.

Pruitt, D. and S. Lafont(1995) Love and money: Romance tourism in Jamaica. Annals of Tourism Research 22(2), 422–40.

Riley, P.J.(1988) Road culture of international long–term budget travelers. *Annals of Tourism Research* 15 (3), 313–28.

Robinson, J.(1990) *Wayward Women: A Guide To Women Travellers.* Oxford: Oxford University Press.

Rupena–Osolnik, M.(1983–1984) The role of farm women in rural pluriactivity: Experience in Yugoslavia. *Sociologia Ruralalis* 23–24, 89–94.

Russell, M.(1988) The Blessings of a Good Thick Skirt: *Women Travellers and Their World.* London: Collins.

Ryan, C. and Hall, C.M.(2001) *Sex Tourism: Marginal People and Liminalities.* London: Routledge.

Ryan, C. and Martin, A.(2001) Tourists and strippers: Liminal theater. Annals of Tourism Research 28(1), 140–63.

Samarasuriya, S.(1982) *Who Needs Tourism? Employment for Women in the Holiday Industry of Sudugama, Sri Lanka.* Colombo and Leiden: Research Project Women and Development.

Schwartz, R.(1997) *Pleasure Island, Tourism and Temptation in Cuba.* Lincoln: University of Nebraska Press.

Scraton, S.A. and Watson, B.(1998) Gendered cities: Women and public leisure space in the 'Postmodern City'. *Leisure Studies* 17(2), 123–37.

Sinclair, M.T.(ed.)(1997) *Gender, Work and Tourism.* London: Routledge.

Singh, T.V., Thuens, H.L. and Go, F.H.(eds)(1989) *Towards Appropriate Tourism: The Case of Developing Countries.* Frankfurt–am–Main: P. Lang.

Squire, S.(1995) In the steps of 'Genteel Ladies': Women tourists in the Canadian Rockies 1885–1939. *Canadian Geographer* 39(1), 2–15.

Stamp, P.(1990) *Technology, Gender and Power in Africa.* Ottawa: International Development Research Centre.

Stanley, L. and Wise, S.(1982) *Breaking Out: Feminist Consciousness and Feminist Research.* London: Routledge and Kegan Paul.

Swain, M.B.(1989) Cuna women and ethnic tourism: A way to persist and an avenue to change. In V.L. Smith(ed.) Hosts and Guests: *The Anthropology of Tourism*(pp.

71–81). Philadelphia: University of Pennsylvania Press.
Swain, M.B.(1995) Gender in tourism. *Annals of Tourism Research* 22(2), 247–66.
Swain, M.B.(2001) Gender, tourism and tourism research: Of waitrons and patrons, paradigms and praxis. In G. Wall(ed.) *Contemporary Perspectives on Tourism*(pp. 233–53). Occasional Paper No. 17. Waterloo: University of Waterloo.
Swain, M.B. and Momsen, J.(eds)(in press). *Gender Tourism, Fun?* Elmsford, New York: Cognizant Communication Corporation.
Talbot, M.(1979) *Women and Leisure. London*: Sports Council/Social Sciences Research Council.
Thrane, C.(2000) Men, women, and leisure time: Scandivian evidence of gender inequality. Leisure Sciences 22(2), 109–22.
Tiffany, S.W. and Adams, K.J.(1985) *The Wild Women: An Inquiry into the Anthropology of an idea. Cambridge,* MA: Schenkman Publishing Company.
Tong, R.(1989) *Feminist Thought.* Boulder, CO: Westview Press.
Truong, T.–D.(1990) *Sex, Money and Morality: Prostitution and Tourism in Southeast Asia.* London: Zed Press.
Turner, L. and Ash, J.(1975) *The Golden Hordes.* London: Constable.
Veijola, S. and Jokinen, E.(1994) The body in tourism. *Theory, Culture and Society* 11(3), 125–51.
Virden, R.J. and Walker, G.J.(1999) Ethnic/racial and gender variations among meanings given to, and preferences for, the natural environment. *Leisure Sciences* 21 (3), 219–39.
Weaver, D.B.(1991) Alternative to mass tourism in Dominica. *Annals of Tourism Research* 18(3), 414–32.
Wheeller, B.(1991) Tourism's troubled times: Responsible tourism is not the answer. *Tourism Management* 12(2), 91–6.
Wiley, C.G.E., Shaw, S.M. and Havitz, M.E.(2000) Men's and women's involvement in sports: An examination of the gendered aspects of leisure involvement. *Leisure Sciences* 22(1), 19–31.
Wilkinson, P.F. and Pratiwi, W.(1995) Gender and tourism in an Indonesian village. *Annals of Tourism Research* 22(2), 283–99.
Wimbush, E. and Talbot, M.(1988) *Relative Freedoms: Women and Leisure.* Milton Keynes: Open University Press.
Yule, J.(1997) Engendered ideologies and leisure policy in the UK. Part 1: Gender Ideologies. *Leisure Studies* 16(2), 61–84.
Zimmerman, M.E.(1994) *Contesting Earth's Future: Radical Ecology and Postmodernity.* Berkeley: University of California Press.

| 찾아보기 |

ㄱ

ㄷ

ㄹ

ㅁ

ㅂ

ㅅ

ㅇ

ㅈ

ㅊ

ㅍ

ㅎ

옮긴이 소개

고동완은 성균관대학교 조경학과 및 동 대학원에서 환경계획설계 및 관광개발 분야를 수학하여 공학박사 및 조경기술사 자격를 취득하였고, 현업에서 관광개발계획 실무를 거쳐 현재 경기대학교 관광개발학과 부교수로 지역관광개발, 관광지계획설계 등을 강의하고 있다. 2000년과 2007년에 미국 일리노이대학교(UIUC)에서 방문학자로 연구하였고, 한국관광학회, 한국조경학회 등에서 주로 활동하고 있다. 번역서로 『관광개발론: 개념과 이슈』(2006)가 있고, "A Structure Equation Model of Residents Attitudes for Tourism Development"(Tourism Management, 2002), 지역사회 애착과 관광개발에 대한 태도(2004, 국토계획), 지속가능한 지역관광개발을 위한 허용변화한계 기법의 적용(2007, 관광학연구) 등 다수의 논문이 있다. dwko@kgu.ac.kr

포스트모던 관광의 이해와 연구

2008년 3월 20일 초판 인쇄
2008년 3월 25일 초판 발행

엮은이 크리스 쿠퍼
옮긴이 고 동 완
펴낸이 류 제 동
펴낸곳 (주)교 문 사

책임편집 이경인
본문디자인 정연성
표지디자인 반미현
제작 김선형
마케팅 김재광 · 정용섭 · 송기윤

우편번호 413-756
주소 경기도 파주시 교하읍 문발리 출판문화정보산업단지 536-2
전화 031-955-6111(代)
팩스 031-955-0955
등록 1960.10.28 제406-2006-000035호

홈페이지 www.kyomunsa.co.kr
이메일 webmaster@kyomunsa.co.kr
ISBN 978-89-363-0912-1 (93980)

값 18,000원

* 본 연구는 2006년도 경기대학교 학술연구비
지원(학술도서 연구과제)에 의하여 수행되었음